本书系国家社会科学基金一般项目
"族群互动与语言接触——撒拉语的人类学研究"
（批准号：12BYY037）成果

青海民族大学中国语言文学学科建设文库

族群互动与语言接触

撒拉语的人类学研究

马 伟 著

学苑出版社

图书在版编目（CIP）数据

族群互动与语言接触：撒拉语的人类学研究 / 马伟著 . -- 北京：学苑出版社，2024. 10. --（青海民族大学中国语言文学学科建设文库）. -- ISBN 978-7-5077-7048-3

I. H232

中国国家版本馆 CIP 数据核字第 202469XL20 号

责任编辑：许　力
出版发行：学苑出版社
社　　址：北京市丰台区南方庄 2 号院 1 号楼
邮政编码：100079
网　　址：www.book001.com
电子信箱：xueyuanpress@163.com
联系电话：010-67601101（营销部）、010-67603091（总编室）
印　刷　厂：北京建宏印刷有限公司
开本尺寸：710 mm × 1000 mm　　1/16
印　　张：21.75
字　　数：489 千字
版　　次：2024 年 10 月第 1 版
印　　次：2024 年 10 月第 1 次印刷
定　　价：200.00 元

青海民族大学中国语言文学学科建设文库

总　序

　　青藏高原是世界上海拔最高的高原，有"世界屋脊""地球第三极"之美称，也是中国最大的高原，是中华民族和中华文明的发祥地之一。因此，青藏高原不仅以其雄奇壮美的自然风光吸引着世人的目光，同时也以其悠久灿烂的民族文化著称于世，汉、藏、回、土、撒拉、蒙古等多民族语言文学就是青藏高原民族文化最为耀眼的明珠。坐落于湟水河畔的青海民族大学是青藏高原第一所现代意义上的高等学府，学校自成立后就展开了对青藏高原民族语言文学的教学与研究工作。1949年学校成立后开展了汉、藏、蒙古三语课程教学，1958年设置相关学科专业，开展本科教育。李克郁、韩建业、王青山等学者参加了20世纪50年代全国民族语言大调查与研究工作；1960年承担全国少数民族文学史《藏族文学史简编》编写工作，搜集、整理青海民间文学三套集成等，为该学科发展奠定了坚实基础。1979年开始藏缅语族语言方向研究生教育。1981年国务院批准本校为首批硕士学位授予单位，培养中国语言文学硕士研究生，汉、藏、蒙古语言文学等学科得到进一步发展。1995年起，藏、汉语言文学先后被列为省级重点学科。2011年中国语言文学获硕士学位授权一级学科，设置文艺学、语言学及应用语言学、汉语言文字学、中国古典文献学、中国古代文学、中国现当代文学、中国少数民族语言文学（分语族）、比较文学与世界文学8个学科方向，以及自主设置的格萨尔学方向。2013年本学科招收我校第一位留学研究生。2014年起和天津大学联合培养汉藏翻译方向博士研究生。至此，本学科具备了从本科到研究生（包括留学研究生）完整的高层次人才培养体系，在学科梯队、学术研究、人才培养、条件建设等方面得到了快速发展，形成了自己的学科特色。2018年青海省教育厅、财政厅立项我校中国语言文学为省内一流建设学科。2019年，我校中国语言文学学科被列为国家民委重点学科。2024年，获批中国语言文学博士一级学科点。同年，该学科被列为青海省国内一流学科。

在学校中国语言文学学科发展史上，涌现了前赴后继的名师学者，其中一些来自国内著名高校，曾受过良好的专业熏陶。他们怀着对民族高等教育的满腔热情，披荆斩棘，砥砺前行，在昆仑山下，湟水河畔，开拓出一方中国语言文学学科建设的充满活力的精神高地。这些前辈学者有：

李文实（1914—2004），青海化隆人，1945年毕业于成都齐鲁大学，后在上海诚明文学院中文系任教授；20世纪70年代末到90年代初在青海民族学院汉语言文学系任教。李文实先生师从顾颉刚大师，继承"古史辨"派的学术思想，从民族、宗教、民俗、语言等学科对西北古代历史地理及羌藏文化展开了深入研究。先生曾承担汉语言文学系本科生中国文学史、少语系硕士研究生中国古典文学课程及辅导讲座，并编写了几十万字的《中国古典文学作品选读辅导讲话》《中国史籍举要》《诗经》《楚辞》等讲稿。特别是对西北的历史、文化、地理、风俗的考察和对青海地方史志的整理编纂做出了突出贡献。《西陲古地与羌藏文化》是其学术思想的集中呈现，获青海省第六次哲学社会科学优秀成果一等奖。

胡安良（1934—2023），湖北武汉人，当代著名语言学家、全国优秀教师、享受国务院政府特殊津贴专家，先后担任中国语言学会理事、中国修辞学会理事、西北修辞学会会长、青海省语言学会会长、青海民族学院汉语言文学系主任等职。早年师承王力、岑麟祥、商承祚等语言文字大师。20世纪50年代在中山大学语言学系就读，后随王力先生北上。1957年毕业于北京大学中文系。1958年来青海民族学院工作至退休。胡教授是青海省最早培养硕士研究生的专家之一，曾培养数届汉语言文字学等方面的硕士研究生，其学生大多成为省内外语言学界、出版界、文化界的科研骨干。胡先生发表论文40余篇，出版《词语漫笔》《老庄衍论》《老庄语冰录》《言语的内察与外观》等8部专著。其中《现代汉语》（与黄伯荣、廖序东合著）一书获国家高等院校文科教材二等奖。

程祥徽（1934—2023），湖北武汉人，北京大学文学学士，香港大学哲学硕士，语言学教授。曾任澳门大学中文学院院长、澳门语言状况关注委员会委员、澳门政府文化委员会委员、澳门语言学会会长、中国修辞学会常务理事。1958—1979年在青海民族学院任助教、讲师，破格晋升教授。1981年后在澳门东亚大学和澳门大学任教，曾任东亚大学中文系主任。主编《澳门语言论集》《语言风格论集》《语言与传意》《方言与普通话》《港澳通用普通话教材》《澳门文学研讨集》等。

祝宽（1921—2005），陕西乾县人。1942年考入兰州西北师范学院中国文学系，1943年受聘于乾县简易师范学校任国文教师。1944年秋，去兰州西北师范学院复学，潜心研究五四运动以来新诗发展史，参加革命活动。1946年进入北平师范大学中国文学系读四年级，次年毕业。1949年乾县解放后，任县支前委员会主任秘书、县人民政府文教科长兼乾县中学校长、共青团县工委委员兼组织部部长、县人代会常委等。1950年，调往北京师范大学中文系，讲授中国新文学史，参与组建师大民盟组织，担任民盟北京市委委员。1960年10月调青海民族学院中文系任教。曾任青海省文学学会副会长兼秘书长，中国现代文学研究会北京总会四届理事。著有《中国现代诗歌简史》《五四新诗史》等，后者获青海省人文社会科学优秀成果一等奖。

邵祖平（1898—1969），江西南昌人。因家境贫寒未入过正式学校，自学成才，喜欢写诗交友，早年肄业于江西高等学堂，为章太炎高足。1922年后历任《学衡》杂志编辑，东南大学、之江大学、浙江大学教授，章氏国学会讲席，民国政府铁道部次长曾养甫秘书，朝阳法学院、四川大学、金陵女子大学、华西大学、西北大学、西南美术专科学校、重庆大学、四川教育学院教授。1949年后，历任四川大学、中国人民大学、青海民族学院教授。著有《中国观人论》《文字学概论》《国学导读》《词心笺评》《乐府诗选》《七绝诗论七绝诗话合编》《培风楼诗存》《培风楼诗续存》《培风楼诗》等。《培风楼诗》曾获教育部一等奖。

贾晞儒（1934—　），陕西蓝田人。1955年毕业于西北民族学院语文系蒙古语言文学专业，毕业后留校任教。1960年12月调至青海民族学院任教，先后在民族研究所、蒙学系、文学与新闻传播学院等工作，讲授《汉语文》《蒙古语文》《现代蒙古语》《翻译教程》《语言学概论》《民族语言与民族历史》《普通语言学》《文化语言学》等课程。先后担任过蒙古语教研室副主任、系副主任、民族研究所所长等职，兼任《青海民族研究》主编、中国蒙古语文学会常务理事、学术委员、青海省民族古籍工作评审委员会委员等职。出版《民族语文散论》《青海湖畔的传说》《中华各民族谁也离不开谁的故事》《现代化进程中的民族问题》《贾晞儒民族语言文化研究文集》《青海蒙古语言文化纵论》《德都蒙古文化简论》《语言·心理·民俗》《蒙汉对比语言学基础》《文化语言学》等10多部著作，发表论文120余篇，荣获省级科研优秀成果二、三等奖多项。

此外，冯育柱、彭书麟、浦汉明等著名学者也曾在文学院工作，为学院发展做出了很大贡献。正是这些前辈前赴后继的努力与付出，才使学院有了深厚的学术积淀，成为学院永远的宝贵精神财富，激励着加入学院的新人奋发图强，勇攀学术高峰。数代学者的薪火相传为学院的学科建设打下了坚实的基础。目前，学校的中国语言文学学科已经形成了如下几个特色鲜明的研究方向：

语言学及应用语言学方向主要以少数民族濒危语言的研究和保护、汉藏语系和阿尔泰语系语言的历时与共时演变、语言接触规律、语言与文化关系、藏文信息处理等领域为专业特色，致力于用语言学的视角服务国家"一带一路"倡议和国际语言文化的交流和研究。

中国少数民族语言文学方向以青藏高原藏、回、土、撒拉、蒙古等世居民族作家文学、民间文学为研究特色。努力在探索青藏高原民族民间文学、作家文学，传承民族文化、构建多元共生的民族精神高地建设等方面形成一定优势。

中国古典文献学方向以藏文木刻本、写本、金石、木牍、缣帛等古典文献古籍为重点研究领域，在敦煌文献、藏医药古籍、藏纸工艺、翻译规范化与标准化等领域形成学术优势。通过藏汉、梵藏等古籍的搜集、整理、翻译，服务于民族文化的传承保护。

比较文学与世界文学方向以民族文学比较、东方文学为研究特色，在中外国文学比较、中外文学思潮比较、形象学等研究领域形成学术合力。通过南亚、中亚文学研究，有效融入"一带一路"中外文化交流与少数民族文化弘扬工作。

格萨尔学方向以"格萨尔史诗"的活态搜集与整理、说唱艺人口述史为研究特色，努力在格萨尔信仰、口头程式等研究领域形成学科优势。

我校中国语言文学学科涉及文学与新闻传播学院、藏学院、蒙学系等相关单位，现有专任教师82人，其中具有正高级职称53人，副高级职称22人；获博士学位教师66人，有海外经历教师25人。有国家级教学名师、享受国务院政府特殊津贴专家、博士生导师、国家级教学团队和精品课程负责人。多人获得青海省千人计划领军人才、拔尖人才称号，青海省135高层次人才拔尖学科带头人、创新教学科研骨干称号，青海省优秀教师、青海省省级骨干教师等称号，并在学术组织中担任研究会副秘书长、理事等职务。近五年学科方向带头人在研的国家级、省部级科研项目达40多项，发表论文约260篇，出版专著约60部。藏语言文学、土族语、撒拉语等方面的研究居全国一流水平，并具有一定的国际影响力。

本学科在丰富中国语言文学内涵，传承与保护青藏高原民族语言文化，加强各民族语言文化的交流交融与促进国家认同，铸牢中华民族共同体意识，推动"一带一路"共建国家的语言文化交流等方面发挥了不可替代的作用。

虽然我校学科建设取得了一定的成绩，但我们清醒地意识到自己还有许多不足，尤其需要处理好基础学科与特色学科之间的关系，需要提高师资学缘结构，需要提高人才培养质量，其中很重要的一点就是需要提高科研成果质量。为了在科学研究方面推出一些标志性成果，我们特此组织出版《中国语言文学学科建设文库》，希望能为我校中国语言文学学科建设添砖加瓦。这些著作也许还存在不少问题，但我们希望先迈开步子，在大家的批评指正中，继续努力，不断取得新的成绩。

是为序！

马　伟　王志强
2024年10月16日

目 录
Contents

第一章 绪论 ··· 1
第一节 研究目的与方法 ·· 1
第二节 撒拉族历史源流 ·· 5
一、撒拉族的自称与他称 ·· 5
二、撒拉族的祖先——Qarïmang（尕勒莽）与中亚
　　等地的 Karaman ·· 6
三、中国撒拉族与 Salur（撒鲁尔）人 ··· 10
四、Salğur 的由来 ·· 13
第三节 族群互动与撒拉族语言接触研究的回顾 ······················· 21
第二章 撒拉语在突厥语中的地位 ·· 29
第一节 古突厥语成分在撒拉语中的保存 ·································· 29
一、音义基本相同的词 ··· 30
二、词义有变化的词 ··· 35
三、语音有变化的词 ··· 36
四、音义皆有变化的词 ··· 42
五、音义相关的词 ··· 43
六、古突厥语和撒拉语词汇的比较分析 ······································ 44

    第二节　撒拉语的特征 ………………………………… 45
        一、撒拉语的地位 …………………………………… 45
        二、撒拉语的乌古斯语特征 ………………………… 47
        三、撒拉语的克普恰克语特征 ……………………… 58
        四、撒拉语的维吾尔语特征 ………………………… 60
        五、撒拉语的突厥语特征比较 ……………………… 61

第三章　撒拉语与阿拉伯—波斯语的接触 ……………… **66**
    第一节　撒拉族及其先民与阿拉伯—波斯民族的互动 … 66
        一、撒拉族先民与阿拉伯—波斯民族的互动 ……… 66
        二、撒拉族与阿拉伯—波斯民族的互动 …………… 70
    第二节　撒拉语中的阿拉伯—波斯语成分 …………… 75
        一、撒拉语中的阿拉伯语词语 ……………………… 75
        二、撒拉语中的波斯语词语 ………………………… 85
    第三节　从语言接触看撒拉族与阿拉伯—波斯民族的互动层次 ……… 89
        一、伊斯兰教的信仰 ………………………………… 89
        二、波斯人在撒拉族先民中的伊斯兰教传播 ……… 94
        三、传统生活方式的转变 …………………………… 96
        四、其他概念和语言表达方法的吸收 ……………… 97

第四章　撒拉语与蒙古语的接触 ………………………… **98**
    第一节　撒拉族与蒙古语民族的互动 ………………… 98
        一、蒙古高原上的族群交往 ………………………… 98
        二、蒙古西征时的族群交往 ………………………… 102
        三、青藏高原上的族群交往 ………………………… 103
    第二节　撒拉语和蒙古语中的共同成分 ……………… 107
        一、两种语言中的共同词汇 ………………………… 108

二、共同词语的语音对应关系 …………………………………… 128
　第三节　从语言接触看撒拉族与蒙古族的互动层次 ……………… 134
　　一、早期蒙古人的突厥化过程 …………………………………… 134
　　二、从借词看蒙古族文化对撒拉族的影响 ……………………… 140

第五章　撒拉语与藏语的接触 ……………………………………… **146**
　第一节　撒拉族与藏族的互动 ……………………………………… 146
　　一、突厥与吐蕃的交往 …………………………………………… 146
　　二、撒拉族与藏族的互动 ………………………………………… 148
　第二节　撒拉语中的藏语成分 ……………………………………… 158
　　一、撒拉语中的藏语借词 ………………………………………… 159
　　二、语法成分的借用 ……………………………………………… 168
　第三节　从语言接触看撒拉族与藏族的互动层次 ………………… 173
　　一、婚姻关系 ……………………………………………………… 174
　　二、社会生活 ……………………………………………………… 176
　　三、经济生活 ……………………………………………………… 181
　　四、日常生活 ……………………………………………………… 183
　　五、人体形貌 ……………………………………………………… 185
　　六、文学艺术 ……………………………………………………… 186
　　七、其他方面 ……………………………………………………… 187

第六章　撒拉语与汉语的接触 ……………………………………… **189**
　第一节　撒拉族与汉族、回族的互动 ……………………………… 189
　　一、我国古代北方民族与中原王朝的互动 ……………………… 189
　　二、撒拉族与汉族的互动 ………………………………………… 190
　　三、撒拉族与回族的互动 ………………………………………… 195
　第二节　国家通用语言文字认同与语言接触 ……………………… 200

  一、社会经济变化与语言接触 …………………………………… 200

  二、语言文字态度 ………………………………………………… 204

  三、语言功能的变化 ……………………………………………… 211

 第三节 撒拉语中的汉语成分 ………………………………………… 213

  一、撒拉语中的汉语借词 ………………………………………… 213

  二、撒拉语和汉语中的远古共有词 ……………………………… 237

  三、深度接触的实例："工"的词源 …………………………… 241

  四、汉语对撒拉语语音的影响 …………………………………… 250

  五、语法成分的借用 ……………………………………………… 253

 第四节 从语言接触看撒拉族与汉族、回族的互动层次 ………… 255

  一、政治社会 ……………………………………………………… 255

  二、经济生活 ……………………………………………………… 257

  三、宗教文化 ……………………………………………………… 260

  四、饮食习俗 ……………………………………………………… 262

  五、服饰变迁 ……………………………………………………… 265

  六、学校教育 ……………………………………………………… 266

  七、其他方面 ……………………………………………………… 267

第七章 新疆撒拉语和维吾尔语的接触 …………………………… **269**

 第一节 撒拉族与维吾尔族的互动 ………………………………… 269

  一、撒拉族和维吾尔族的历史联系 ……………………………… 269

  二、撒拉族和维吾尔族的互动 …………………………………… 270

  三、新疆撒拉族 …………………………………………………… 272

 第二节 新疆撒拉语中的维吾尔语成分 …………………………… 281

  一、新疆撒拉语中的维吾尔语借词 ……………………………… 281

  二、"水乳交融"的亲属语言接触结果 ………………………… 293

  第三节　从语言接触看新疆撒拉族与维吾尔族的互动 …………… 304
    一、政治社会 ……………………………………………………… 304
    二、生活方式 ……………………………………………………… 305
    三、教育科技 ……………………………………………………… 306
    四、人体名称 ……………………………………………………… 307
    五、其他方面 ……………………………………………………… 309

结　语 ………………………………………………………………… **311**
  一、撒拉语中的古突厥语成分 ……………………………………… 311
  二、撒拉语与不同语言的接触特点 ………………………………… 312
  三、从语言接触看撒拉族的形成与发展 …………………………… 314

参考文献 ……………………………………………………………… **316**

第一章　绪论

第一节　研究目的与方法

语言与文化之间有着密切关系。帕默尔说："文化上的接触导致语言货物的交换。反之，如同考古学根据陶器、装饰品和武器等文物的分布情况做出推论一样，对于语言借贷情况的分析也会给文化接触以及民族关系的研究提供线索。"[①] 因此，结合语言研究历史文化是一种很有益的方法。国内外关于语言学与人类学相结合的研究已有很多，如洪堡特、鲍阿斯、萨丕尔、海姆斯、帕默尔、杜兰特、福勒、罗常培、李如龙、周振鹤、游汝杰、孙宏开、曲彦斌、申小龙、戴庆厦、邢福义、高长江、邓晓华、戴昭铭、陈保亚、杨占武、张公瑾、丁石庆、李壬癸、朱文俊、纳日碧力戈、王士元、何俊芳、哈斯巴特尔、周庆生、黄涛、曹道巴特尔、谭志满、赵杰、贾晞儒等学者的成果，但从族群互动角度对民族众多、语言丰富的我国西北民族地区进行的语言接触与文化交流研究还较少，针对撒拉族的研究更是空白。

撒拉族主要聚居在青海省循化撒拉族自治县，此外，撒拉族还居住在青海省化隆回族自治县和甘肃省积石山保安族东乡族撒拉族自治县，其余的散居在青海省的西宁市、黄南州、海北州、海西州，甘肃省的临夏市、夏河县、兰州市和新疆维吾尔自治区的乌鲁木齐市、伊宁县等地。撒拉族的主要聚居地都在黄河沿岸，相互毗邻，历史上通称"积石川"，自然地理条件基本相同。散居在各地的撒拉族绝大多

---

① 帕默尔：《语言学概论》，李荣等译，商务印书馆，2013，第154页。

数是在历史上从循化迁离的。2010年,全国撒拉族人口达13万人。根据循化县统计局提供的第六次人口普查数据,全县常住人口123814人,其中撒拉族77960人,藏族28268人,回族9337人,汉族7930人,其他民族319人,撒拉族占总人口的62.97%。

撒拉族源自我国隋唐时期突厥乌古斯撒鲁尔部。撒拉族的先民后来从天山东部西迁至中亚锡尔河流域。11世纪的塞尔柱帝国历史中,撒拉族先民曾扮演着重要角色。此时,他们已经信仰了伊斯兰教。据研究,13世纪,撒拉族先民随蒙古军队征战。之后,在今天的青海省循化地区定居,并繁衍生息至今。①

与汉族等其他民族浩如烟海的典籍文化相比,撒拉族由于未能在历史上普及、推广自己曾有的"土尔克—撒拉文",其典籍显得非常匮乏,元代、明代直至清乾隆前的关于撒拉族的汉文资料也非常稀少。因此,以语言为载体的口承文化承载着其全部历史,撒拉族的语言成为撒拉族民族文化最典型的表征,成为该民族的文化"基因"。破解该文化基因意味着就能最大限度地还原历史的真相,就能获取以其他手段无法得到的重要历史文化信息。深入而细致地分析撒拉语,不仅对最大限度准确还原撒拉族历史文化有重大学术意义,而且通过对语言这个文化"基因"的分析,可以揭示出撒拉族先民东迁后如何完成"中国化"(与蒙古族、藏族、回族、汉族、维吾尔族等的融合)过程,这对于从撒拉族角度理解中华民族多元一体格局具有重要的现实政治意义。同时,就语言接触研究而言,撒拉语与以上不同语言的接触研究将提供突厥语内部接触,撒拉语与作为闪含语系、印欧语系语言的阿拉伯—波斯语的接触,作为突厥语的撒拉语与蒙古语的阿尔泰语内部接触,撒拉语与汉藏语的接触等非常重要的语言接触个案,这对丰富语言接触理论及撒拉语研究也有着重要的学术价值。

根据目前已知的撒拉族历史研究成果以及课题组成员十几年来对撒拉族地区的田野调查,我们认为撒拉族曾与突厥语其他部落、阿拉伯—波斯民族、蒙古族、藏族、回族、汉族和维吾尔族等有过直接或间接的族群互动。这种互动肯定会引起语言的接触,会在撒拉语中留下化石般的材料。研究分析这些语言成分有助于我们获

---

① 芈一之:《撒拉族史》,四川民族出版社,2004,第32~36页。

取更多的关于撒拉族与这些民族之间的具体互动信息,有助于我们深化对撒拉族形成与发展过程的理解,同时不同语言之间的接触研究,也使我们有可能了解到撒拉语与不同语言之间的接触特点。

本书将采用语言学与人类学相结合的研究方法,用人类学的研究方法与研究成果进行撒拉语与其他语言的接触研究,用语言学的研究打开撒拉族历史文化研究新的突破口。笔者利用自己的母语为撒拉语的优势,十几年来在青海省循化撒拉族自治县街子和孟达两个撒拉语土语点、化隆回族自治县阿什奴撒拉语土语点,新疆伊犁伊宁县撒拉村撒拉语土语点和甘肃省积石山保安族东乡族撒拉族自治县大河家镇关门村等地进行田野调查,获得了大量第一手的语言材料。在土库曼斯坦、土耳其、美国进行的学术考察与交流过程中,广泛收集相关撒拉族的历史文化资料,大量参考突厥语、阿拉伯—波斯语、蒙古语、藏语、汉语、维吾尔语等相关研究成果,了解撒拉族与相关族群的互动情况,分析撒拉语在突厥语族中的地位及因接触引起的撒拉语的变化,并从语言材料入手,分析撒拉族在形成发展过程中与相关族群接触交流的事实,分析撒拉族的中国化过程。

本书对撒拉语采用以下拼写符号,见表1-1:①

表1-1 撒拉语拼写符号

拼写符号		音位	音素	实例	释义
小写	大写				
a	A	/a/	a, ɑ	bala	孩子
o	O	/o/	o, ɔ	qol	胳膊
e	E	/e/	ɛ, e, ɤ	emex	馍馍
i	I	/i/	i, ɪ, ɿ	bixi	高
u	U	/u/	u, ɯ	ulï	大
ü	Ü	/y/	y, ʏ	yür-	走
ö	Ö	/ø/	ø, ɵ	öt	胆
ï	Ï	/i/	i, ə	altï	六
b	B	/p/	p	bal	蜜

① 本拼写系统设计曾得到撒拉族语言学家韩建业先生(已故)、美国堪萨斯大学杜安霓(Arienne Dwyer)教授的热情帮助,谨致谢忱。

续表

拼写符号		音位	音素	实例	释义
小写	大写				
p	P	/pʰ/	pʰ	purnï	鼻子
m	M	/m/	m	mal	彩礼，牲畜
f	F	/f/	f	für-	吹，编织
d	D	/t/	t	dal	树
t	T	/tʰ/	tʰ	tam	淡
n	N	/n/	n	on	十
l	L	/l/	l	qal-	留下
g	G	/k/	k	gir-	进入
k	K	/kʰ/	kʰ	kem	谁
q	Q	/q/	q, qʰ	qïz[q] / qïš[qʰ]	女孩，女儿/冬天
ğ	Ğ	/ɣ/	ɣ, ʁ	miniği[ɣ] / bağ[ʁ]	我的/花园，带子
x	X	/x/	x, χ, ç	xay[x] / ax[χ] / küx[ç]	鞋/白/糠
h	H	/h/	h	heli	钱
j	J	/ʧ/	ʧ	jatux	绳子
č	Č	/ʧʰ/	ʧʰ	čala-	叫
š	Š	/ʃ/	ʃ	ešex	驴
zh	ZH	/tʂ/	tʂ	zhuši	主席
ch	CH	/tʂʰ/	tʂʰ	chezi	车子
sh	SH	/ʂ/	ʂ	shizi	狮子
r	R	/r/	ɹ, r, ʐ	bar	富
z	Z	/z/	z	zanzi	碗
s	S	/s/	s	sal	船
y	Y	/j/	j	yel	风
ng	NG	/ŋ/	ŋ	nang	什么
v	V	/v/	v, w	var-	去

一、这个方案中的符号主要采用国际突厥学所通用的突厥语拼写符号，并考虑撒拉语的实际情况，采纳了汉语拼音的 zh、ch、sh 三个符号。在表1-1中只用 ğ 来表示 ɣ、ʁ 两个音素，这是因为 ɣ 一般只会出现在前元音的后面，而 ʁ 只会出现在后元音的后面。它们可以被看作同一音位的不同变体。用 x 来表示 x、χ、ç

三个音素也基于同样的考虑。用 q 字母来表示 q、qʰ 两个音素，这是由于用 q 字母来表示 q、qʰ 两个音素不会造成歧义现象。当 /q/ 后为 –ïs, –us, –üš, –iš 等音时，则发为送气音 qʰ；在一般情况下 /q/ 只发 q 音。š 位于词末时有个别词弱化为 sh，如 qoš > qosh（双），üš > üsh（三）等，但由于不区别意义，书写时我们仍取 š。

二、在拼写过程中因使用 ng 双字母而发生歧义时，可使用 "'" 隔音符号。

三、此符号系统已作为抢救保护撒拉语这一非物质文化遗产而被民间组织青海省撒拉族研究会刊物《中国撒拉族》所使用。

第二节　撒拉族历史源流

关于撒拉族的源流，学界有很多研究，主流的看法是撒拉族的先民约在元代从中亚一带迁徙到了中国[①]，但在撒拉族来源与形成问题方面我们还有许多地方需要深入研究。在此，我们以学界长期以来所忽视的撒拉族相关族名为重点，通过语言人类学的研究，对撒拉族历史源流做一梳理分析。

一、撒拉族的自称与他称

撒拉族自称 Salïr（撒拉尔），周边汉族、回族、藏族等一般称之为"撒拉"。在汉文史料中有许多译名，如"撒剌"（《明永乐实录》卷一二一）、"沙剌族"（《明宣德实录》卷一八）、"撒剌"（顾炎武《天下郡国利病书》卷五九）、"萨拉"、"萨拉尔"、"撒拉儿"（《清高宗实录》）、"撒喇族"、"撒拉回子"（《循化志》）、"撒拉尔番回"、"撒拉番回"、"撒拉回"、"番回"等。[②] 以上名称要么是 Salïr 的不同音译，要么是之后再加"番"或"回"的称呼。究其原因，是因为在历史上很长一段时间内撒拉族被认为是藏族或回族的一部分。新中国成立后，"撒拉族"成为正式名称。在我们能见到的自 20 世纪 30 年代以来的英文文献中（其实 19 世纪末已经有关于撒拉族的外文记载），都是 Salar 一名。由于拼写问题，汉文和英文名称都未能准确

---

① 马伟：《撒鲁尔王朝与撒拉族》，《青海民族研究》2008 年第 1 期。
② 芈一之：《撒拉族史》，四川民族出版社，2004，第 3 页。

反映 Salïr 的发音，二者都将该名称中的第二个闭元音记成开元音，汉文名称还省写了词尾颤音 r。毫无疑问，所有关于撒拉族的中外文名称都源于 Salïr。

二、撒拉族的祖先——Qarïmang（尕勒莽）与中亚等地的 Karaman

撒拉族民间至今还有尕勒莽和阿合莽（Axmang）兄弟带领族人从撒马尔罕迁到今天青海省循化撒拉族自治县的传说，并且认为后来的撒拉族是始祖尕勒莽及其亲友的后代逐渐发展起来的。①虽然尕勒莽、阿合莽两兄弟为撒拉族祖先的说法非常流行，但也有三个疑点：第一，在撒拉族自己的早期书面文献中，阿合莽一人根本不存在②；第二，在撒拉族的民间传说中只说尕勒莽的六个儿子形成了"六门八户"（现代撒拉族社会形成的基础）。撒拉族的发祥地街子，在撒拉语中被认为是埋葬尕勒莽六个儿子地方（Altiuli），在此也只提到尕勒莽，没有阿合莽一名；第三，据撒拉族学者韩建业先生的回忆，在修建目前的街子尕勒莽、阿合莽两拱北之前，他只看到相传是尕勒莽的坟墓，并未有阿合莽的坟墓③。因此根据这些材料，我们对阿合莽是否到过中国青海还不敢完全肯定。

国外一些相关资料也为我们提供了非常有用的信息。13 世纪末塞尔柱帝国解体以后在小亚细亚（今土耳其地区）建立尕勒莽王朝（Karamanid Dynasty），王朝建立者源于撒鲁尔（Salur）土库曼部落中的尕勒莽部（Karaman）。其王朝统治者谱系中至少有 4 位就以 Karaman 作为名字④。在土耳其，目前还有许多人以 Karaman 或 Salur 作为姓氏。在土耳其央行工作的笔者好友 Doğan 博士就以 Karaman 作为他的姓。根据 Yıldız 科技大学 Mehmet Ölmez 教授提供的材料，土耳其在 15 至 17 世纪期间就有多达七八百个 Salur 社区，是当时构成土耳其人的最重

---

① 个人调查，循化县孟达大庄 Raxman 老人，1999年；撒拉族简史编写组：《撒拉族简史》，青海人民出版社，1982，第 8~9、18 页；陈云芳、樊祥森：《撒拉族》，民族出版社，1988，第 6~8、19 页。
② 韩建业：《青海撒拉族史料集》，青海人民出版社，2005，第 4 页。
③ 个人访谈，2007 年 6 月。
④ Houstma, M. Th., A. J. Wensinck, H.A. R.Gibb, W. Heffening and E. Levi-Provençal ed. 1934. *The Encyclopaedia of Islam*. London: E. J. Brill, Leyden: Vol. IV.: 749.

要的部落之一^①。20世纪20年代，集中居住在土库曼斯坦撒热赫斯（Sarahas）和散居在土库曼斯坦和伊朗边境靠近哈里鲁德（Harirud）的撒鲁尔人认为自己是最古老、最高贵的土库曼人。他们分为三支：阿拉瓦奇（Alavač）、尕勒莽（Karaman）和安纳别勒格（Anabeleghi）^②。

2009—2010年，笔者与张进成、韩锦华、韩小军（都为撒拉族）多次在土库曼斯坦与有关学者及关注中国撒拉族的人士进行交谈时被告知，在土库曼斯坦及哈萨克斯坦的土库曼人中间有一些大同小异的传说：很久以前，在土库曼人中间有一对兄弟叫Karaman（尕勒莽）和Aqman（阿合莽），他们在当地人中具有很高的威望，后与当时的宗教领袖霍加·艾合买提·亚萨维（Khodja Ahmet Yasavi）发生冲突，他们被迫迁向曼格什拉克（Mangyshlak）。在经过努尔塔（Nur Ata Dag）时，有一部分人留在了那儿。笔者也曾与来自今天乌兹别克斯坦努尔塔地区的一名研究Salur的学者有过交谈，证实了这一事实。这个故事也曾被中央民族大学米娜瓦尔教授所记录、发表。^③另根据笔者2009—2011年对来自哈萨克斯坦曼格什拉克地区的土库曼人霍加·穆拉特·鲍别科夫（Khoja Murat Baubekov）的采访与通信交流，传说Salur人在曼格什拉克地区曾生活了很长一段时间，后来才迁到现在的土库曼斯坦东南地区。在曼格什拉克地区，目前还保存有为纪念去世的两兄弟之一的尕勒莽先祖（Karaman-ata）而修建的地下清真寺——尕勒莽清真寺和他的坟墓。尕勒莽先祖的坟墓就在清真寺旁边，但具体位置目前已不清楚。让人感兴趣的是，在清真寺附近的坟墓上有个清晰可见的箭形符号↑。这个符号跟11世纪麻赫默德记载的乌古斯撒鲁尔部的印记↑非常接近（见图1-1）。^④

尕勒莽先祖清真寺被认为是个非常神圣的地方。人们经常去那儿以尕勒莽先祖的名字起誓，以证实自己的清白。据说，曾发生过因说假话，发誓者及其家人死去

---

① Halaçoğlu, Yusuf. 2009. *Anadolu'da Aşiretler Cemaatler Oymaklar (1453-1650) IV*. Ankara: Türk Tarih Kurumu Basımevi: 1942.

② Houstma, M. Th., A. J. Wensinck, H.A. R.Gibb, W. Heffening and E. Levi-Provençal ed. 1934. *The Encyclopaedia of Islam*. London: E. J. Brill, Leyden: Vol. IV.: 120.

③ 米娜瓦尔：《再论撒拉族的族源与形成问题》，《中央民族大学学报》2001年第6期。

④ 麻赫默德·喀什噶里：《突厥语大词典》（第一卷），民族出版社，2002，第62~64页；此外，拉施特的记载中，乞尼黑部的印记为↑，但麻赫默德记载的该部落印记却为另一个不同的形状。拉施特主编：《史集》（第一卷第一分册），余大钧、周建奇译，商务印书馆，1983，第144页。

图 1-1 哈萨克斯坦曼格什拉克的尕勒莽坟墓

的事情。在16—18世纪，当土库曼人和哈萨克人因水、土地、马匹等问题发生所有权纠纷时，他们往往去尕勒莽先祖清真寺以先祖尕勒莽的名字发誓裁决。根据记载，亚萨维是12世纪著名的苏菲领袖，他出生、生活在今天的哈萨克斯坦的突厥斯坦，并于1166—1167年在那里逝世①。因此，无论是努尔塔地区、曼格什拉克地区，还是中国撒拉族的关于尕勒莽和阿合莽两兄弟的传说应发生于亚萨维去世前，即1167年前。这也意味着中国撒拉族传说中的两兄弟离开突厥斯坦地区是12世纪，即他们并没有直接于此时东迁到中国，而应该是从突厥斯坦西迁后在某地生活了50—70年时间，然后才东迁中国的。因为，关于中国撒拉族东迁时间，最早也被认为是成吉思汗西征返回之时，即13世纪20年代②。

因此，中国撒拉族关于两兄弟东迁的故事应是更早的历史记忆，从突厥斯坦离开时可能确实有尕勒莽和阿合莽两人，但来到中国的可能只是尕勒莽的后代，也取名尕勒莽。以父亲的名字来称呼儿子在撒拉族历史上是较为常见的。而且，从关系而言尕勒莽显然从属于撒鲁尔部（Salur）。因为较早的麻赫默德的《突厥语大词典》中只有撒鲁尔的记载，并没有尕勒莽一名。此外，如前所述，在20世纪20年代的土库曼斯坦，撒鲁尔部中包含有尕勒莽一支。

Qarïmang（尕勒莽）一词的意义，无论是根据相关材料还是笔者近十多年的田野调查都没有得到较为合理的解释。根据传说中Qarïmang（尕勒莽）和阿合莽（Axmang）并提的情况，我们可以推测qarï和ax分别意为"黑"和"白"。在和撒拉族关系密切的土库曼人历史上，也曾有Kara Qoyunlu（黑羊王朝）和Aqa Qoyunlu（白羊王朝）的记载。另外，"喀喇汗王朝"中"喀喇"（qara）一词也具有"伟大""总""最高"等意义③。在古突厥语中，除了"黑"以外，qara还有"强大"之义④。至于–mang部分，应该和土耳其语、土库曼语的–man一致，因为撒拉语的–ng经常对应于土耳其等语的–n，如⑤：

---

① 巴托尔德著：《中亚突厥史十二讲》，罗致平译，中国社会科学出版社，1984，第146页。
② 马伟：《撒鲁尔王朝与撒拉族》，《青海民族研究》2008年第1期。
③ 魏良弢：《喀喇汗王朝史稿》，新疆人民出版社，1986，第52页。
④ 力提甫·托乎提：《阿尔泰语言学导论》，山西教育出版社，2004，第467页。
⑤ 马伟：《撒拉语和土耳其语语音对比研究》，《青海民族研究》2012年第1期。

土耳其语	撒拉语	词义
bin	ming	千
yeni	yangï	新
tan	tang	黎明

也就是说，撒拉语的 Qarïmang 与土耳其语、土库曼语的 karaman 是对应的。-man 的意义如同 turkman"土库曼"中的 -man 一样在突厥语中不是很清楚。在《先祖科尔库特》中一位乌古斯英雄也使用这一名称。-man 的意思可能为"真正的，纯粹的"，如 turkman 意为纯粹的突厥人[①]。对此，勒内·吉罗也指出，土耳其语中的 koda-man（贵族），雅库特语中的 ata-man（首领、集团的头子、大师），哈萨克语和柯尔克孜语的 ata-man（司令）等也有 -man，是加强意义的词缀[②]。因此，qarïmang/karaman 可能意为"最伟大的，特别强大的（人）"。中国 qarïmang 撒拉族、土库曼和土耳其的 Karaman、乌兹别克的努尔塔 Salur 人都应是源自历史上一位著名领袖 Karaman，他们都属于 Salur 乌古斯部。至少历史上的曼格什拉克的 Salur 人、努尔塔的 Salur 人和中国撒拉族都共同拥有尕勒莽和阿合莽两兄弟被迫离开故土（即突厥斯坦，在今天的哈萨克斯坦）的历史记忆。

三、中国撒拉族与 Salur（撒鲁尔）人

中国撒拉族没有以其祖先尕勒莽的名字作为族称，而继续保持其 Salïr 的名称，说明 Salïr 一名历史非常悠久而且可能更加重要。从语言学的角度而言，Salïr 应该是由 Salur 演变过来的，这可以从土耳其语末音节中的 u 和撒拉语末音节的 ï 系统对应得到证明[③]，如：

土耳其语	撒拉语	词义
ulu	ulï	伟大，大

---

① Clark, Larry. 1998. *Turkmen Reference Grammar*. Harrassowitz Verlag · Wiesbaden: 4.
② 勒内·吉罗：《东突厥汗国碑铭考释》，耿昇译，新疆社会科学院历史研究所，1984，第 103 页。
③ 马伟：《撒拉语和土耳其语语音对比研究》，《青海民族研究》2012 年第 1 期。

| otur– | utïr– | 坐 |
| doğru | doğrï | 正确 |

  据14世纪的《史集》，乌古斯24部落中有Salur[①]，中国撒拉族也应该源自此部。Salur一词还大量出现在《先祖科尔库特》传说中，以此命名的一个人物是该传说中最重要的主人公。该传说被认为反映的是9—13世纪乌古斯部落的生活[②]，甚至可能发生于伊斯兰时代或更早，但其抄本语言可能在11—16世纪[③]。

  需要注意的是，无论是《史集》还是《先祖科尔库特》书中的Salur都应该是Salğur的音变。Salğur一词最早出现于《突厥语大词典》中，而该著作被认为完成于11世纪[④]。因此，从词源来说，Salğur要早于Salur。在《史集》中当提及撒鲁尔王朝统治者时，则出现的是"撒勒古尔"[⑤]。《世界征服者史》中出现的是Salğur[⑥]。在《剑桥伊朗史》中Salğur和Salur同时出现，并且认为二者是相同的[⑦]。Salğur早于Salur的事实也可以从11世纪麻赫默德和14世纪拉施特的乌古斯部落名称对比中看出来，麻氏的Qayïgh和Yazghïr变成了后来拉氏的Qayï和Yazïr，和Salğur一样，共同的变化都是ğ音的脱落[⑧]。

  拉施特认为Salur的意义是"到处挥动剑和锤矛者"。17世纪的《突厥世系》中，Salur的意义为"以刀剑武装者"[⑨]。后者的许多材料来自《史集》，因此对Salur的释义也可能如此。而拉施特的解释是怎么来的呢？他自己没有说明。根据目前的撒拉语，没有一个表示刀剑等武器的词与Salur或Salğur在语音上相关，也没有以–r

---

① 拉施特主编：《史集》（第一卷第一分册），余大钧、周建奇译，商务印书馆，1983，第142~145页。
② Sümer, Faruk & Uysal, Ahmet E. and Walker, Warren S.. 1972. *The Book of Dede Korkut (Kitab-iDede Qorqud)*. Austin: University of Texas Press: X.
③ 雅沙尔·卡拉耶夫：《操突厥语族语言民族的"父辈典"——〈先祖考尔库德书〉》，《中央民族大学学报》2000年第2期。
④ 麻赫默德·喀什噶里：《突厥语大词典》（第一卷），民族出版社，2002，第7、62页。
⑤ 拉施特主编：《史集》（第二卷），余大钧、周建奇译，商务印书馆，1983，第53页。
⑥ 志费尼：《世界征服者史》（下），何高济译，翁独健校，江苏教育出版社，2005，第346页。
⑦ Boyle, J. A.1968.*The Cambridge History of Iran*. London: The Syndics of Cambridge University Press: 172.
⑧ 麻赫默德·喀什噶里：《突厥语大词典》（第一卷），民族出版社，2002，第62页；拉施特主编：《史集》（第一卷第一分册），余大钧、周建奇译，商务印书馆，1983，第142~143页。
⑨ 阿布尔·哈齐·把秃尔汗：《突厥世系》，罗贤佑译，中华书局，2005，第26页。

或 –ur 结尾的词表示从事什么事情或工作的人。即使在古代突厥语中，我们也见不到相关的词。Salur 或 Salğur 是两个音节，应该是由词根与词根或词根与词缀组成的，但撒拉语的构词法中，表示什么人的构词法主要有名词 + –jI 或 –jIn，动词 + –GUjI，动词 + (A)X，形容词 + –lIX 等，如：

  maljï（牧人）< mal（牲畜）+ –jï
  dimurji（铁匠）< dimur（铁）+ –ji
  yiğüji（吃的人）< yi–（吃）+ ğüji
  išgüji（喝的人）< iš–（喝）+ –güji
  yağlax（爱哭的人）< yağla–（哭）+ –x
  siyix（经常尿床的人）< siy–（尿）+ –ix
  ulïlïx（大老婆）< ulï（大）+ –lïx
  kijilïx（小老婆）< kiji（小）+ –lïx

在古代波斯语中，sālār 是"指挥官"的意思①，确实跟军事相关。芈一之先生在解释撒拉族的名称时也提及这一点，他说："'撒拉尔'一词的意义，在波斯语中有'领兵官'、'领兵统帅'之义。一些撒拉族老人和撒拉族地区的大阿訇也有这样的说法。"② 因此，拉施特及撒拉族老人和阿訇可能只是从波斯语的角度作出了解释，但如果这种解释正确，那么说 Salur 是从 sālār 演变来的还可以接受，但 sālār 跟 Salğur 就有一定的差异，我们怎么解释 Salğur 是从 sālār 演变来的呢？拉施特说：

  在乌古斯及其诸子以后的漫长时间和许多岁月中，从这些部落中出过许多君主。每个时代，都从上述二十四支中出过威武幸运的君主。帝位长期保留于乌古斯家庭；君主的尊号如此长久地保留于撒罗儿（即 Salur——引者）的嫡支，以后又保留于……一支，另几支［中也］出过受尊敬的帝王；他们每一

---

① Houstma, M. Th., A. J. Wensinck, H.A. R.Gibb, W. Heffening and E. Levi–Provençal ed. 1934. *The Encyclopaedia of Islam*. London: E. J. Brill, Leyden: Vol. IV.: 749.
② 芈一之：《撒拉族史》，四川民族出版社，2004，第 4 页。

个的传记，都将逐一载入本书补编《乌古斯史》中。他们的政权和统治达到了我伊朗国，在［伊朗］各地都有许多出身于乌古斯氏族的，伟大的、很著名的、受到颂扬和尊敬的君主和异密；但并非［其中］每人都知道自己［属于］乌古斯的后裔。①

可见，包括 Salur 的乌古斯及 24 部落传说产生于拉施特自己所处时代之前的非常遥远的时期，而且他们是后来才进入伊朗地区的，因此，拉施特当时从波斯语的角度去解释突厥乌古斯语部落名称的含义显然是行不通的。Salǧur 名称的产生时间可能很早，在拉施特时期人们可能早已忘记其原有的含义。实际上，在 11 世纪的《突厥语大词典》当中也没有对此做出任何解释。麻赫默德在整个突厥语地区作了长时间的旅行与调查，但他未对 24 部落名称做出较为详细而合理的解释，可能是要么他有意忽略这个问题，要么他也不清楚这些部落名称的含义。Salǧur 名称的含义可能需要从突厥语自身去寻找。

四、Salǧur 的由来

我们认为 Salǧur 来自 sarïg oğur，其中 sarïg 就表面意思看是"黄，黄色"，而 oğur 是 oğuz 的另一方言形式。

巴斯卡科夫在给突厥语进行分类时提出，随着匈奴部落联盟的瓦解，产生了东西两个突厥部落，由此也产生了突厥语的两个分支——西匈语支和东匈语支。前者包括以现代楚瓦什语为代表的布勒加尔语群，以土耳其语、土库曼语等为代表的乌古斯语语群，以哈萨克语等为代表的克普恰克语群，和以维吾尔语等为代表的葛逻禄语群。后者包括以雅库特语、图瓦语、哈卡斯语等为代表的维吾尔—乌古斯语群，和以吉尔吉斯语及阿尔泰语等代表的吉尔吉斯—克普恰克语群。②对巴氏的分类法，李增祥教授给予了客观的分析，认为其既有科学性的一面，对研究和探讨突厥语族的现状和历史演变有重要价值，但也有不足的一面，如"东匈语支"和"西匈

---

① 拉施特主编：《史集》（第一卷第一分册），余大钧、周建奇译，商务印书馆，1983，第 146 页。
② 巴斯卡科夫：《阿尔泰语系语言及其研究》，内蒙古教育出版社，2004，第 16~17 页。

语支"概念过于突然等。① 我们在此无意探讨其分类法的合理性，我们感兴趣的是他提出的以下内容，在匈奴时期还形成了某些突厥语的基本语群，如匈奴的西支——后来的阿提拉国家有许多部落：奥古尔、库图尔~呼图尔~奥图尔~奥古尔，撒拉~撒拉—奥古尔等，他们的名称显示其语言有别于除楚瓦什语言外的所有现代突厥语，他们的语言有 l 音化和 z 音化，即 l~š、r~z 对应。在巴氏看来，撒拉—奥古尔是匈奴的西支之一（当然巴氏持匈奴—匈人一体的观点），且其语言属于布勒加尔语群。② 耿世民教授也认为可以把匈奴—匈人—布勒加尔人联系到一起，并且楚瓦什人可能是布勒加尔人的后代。他还翻译了普里察克（Pritsak）的文章，介绍其匈奴语属于突厥语的观点。③ 普里察克指出，根据拜占庭史料（Rhetor Prislos, Suidas），公元 463 年一些匈奴部落西迁加入了当时在东欧的阿提拉死后的匈奴联盟（以阿提拉的幼子 Irnek 之名命名）当中，这些迁徙的匈奴部落是：萨拉古尔人（Saragur）、乌罗格人（Urog）和奥诺古尔人（Onogur）。这个新的联盟在拜占庭史料中以布勒加尔（Bulgar）一名出现，在叙利亚史料中则仍以匈奴人（Hun）一名出现。④ 因此，巴斯卡科夫的"撒拉—奥古尔"部落毫无疑问就是普里察克的"萨拉古尔（Saragur）"部落，且此词应来自 *sarïg ogur。另一部落名称 Onogur 当来自 *on ogur。

乌古斯（Oğuz）是突厥人的一支，该词曾在 8 世纪出现在蒙古高原用突厥如尼文写的碑铭上，写作九姓乌古斯（Toquz Oğuz）或乌古斯（Oğuz）⑤。勒尼·格鲁塞援引 10 世纪波斯地理书《世界地志》说，现今巴尔哈什湖以北吉尔吉斯—哈萨克地区，居住着乌护或古斯的突厥部族，他们在拜占庭作者们的笔下被称之为兀思，这些人就是后来的土库曼人。⑥ 在汉文史料中，乌古斯分别有"护骨"（《魏书·高车传》）、"纥骨"（《魏书·官氏志》）、"乌讙"（《隋书·铁勒传》）、"斛薛"（《隋书·铁勒传》）、"乌护"（《北史·铁勒传》）、"骨纥"（《通典》卷一九九，《铁勒》）、"乌骨"（《西州图经残卷》）、"乌鹘"（《新唐书·王方翼传》）等多种汉语音

---

① 李增祥：《突厥语言学基础》，中央民族大学出版社，2011，第 436 页。
② 巴斯卡科夫：《阿尔泰语系语言及其研究》，内蒙古教育出版社，2004，第 132～133 页。
③ 耿世民：《阿尔泰共同语、匈奴语探讨》，《语言与翻译》2005 年第 2 期。
④ 普里察克：《匈奴人的语言和文化》，耿世民译，《民族译丛》1989 年第 5 期。
⑤ 耿世民：《古代突厥文碑铭研究》，中央民族大学出版社，2005，第 245 页。
⑥ 勒尼·格鲁塞：《草原帝国》，魏英邦译，青海人民出版社，1991，第 169 页。

译名称。这些不同的名称实指同一内容。对此已有学者指出，古斯前身为"乌护"，从6世纪起自东向西迁移，经热海迁居到黑海、咸海一带，被称为"古斯""乌古斯"。后来向南向西迁徙，史称"土库曼"①。在巴托尔德看来，锡尔河下游兴起的古斯或乌古斯与中国西域的突厥语群体同样是苏禄死后分散在各地的西突厥人的一部分。②因此，乌古斯、九姓乌古斯、古斯、乌护基本上应是指同一部落。

《新唐书·回纥传》说："袁纥者，亦曰乌护、乌纥，至隋曰韦纥。"唐朝中后期，又写作"回纥"。这说明袁纥是乌护与回纥共同的祖先，即乌护（Oğuz）与回纥（回鹘）同出一源。"回纥"（后汉文名改为回鹘）在古代突厥文碑铭中为Uyğur③。作为回鹘后裔的现代裕固族自称为Sarïğ Yoğur或Yoğur④。Uyğur和Yoğur在词源上应是相同的，因为，在古代突厥语中，y～ø也经常有交替现象，如：yïr和ïr（歌），ïra-和yïra-（逃），ïraq和yïraq（远）⑤。因此，回纥名称Uyğur应该曾经有过*Oğur的形式，这样Oğur和Oğuz的区别也只是-r和-z了。而且，我们认为在前文所述中，时间更早的、在欧洲出现的匈奴部落名称Saragur（*Sarïğ Ogur）和另一部落名称Onogur（*On Ogur）中的*Ogur与回纥名称*Oğur是一致的，只不过后者中的ğ是g擦音化的结果。如Oğur和Oğuz的区别在于-r和-z的对应，在突厥语还有许多同样的对应现象，如：⑥

楚瓦什语	突厥语	撒拉语	词义
her	qiz	qïz	姑娘
par	buz/muz	muz	冰
ker	kuz	güz	秋天
yer	iz	iz	痕迹
warah	uzaq	uzax	远、长

（撒拉语为笔者所加）

---

① 蒋其祥、周锡娟：《九至十三世纪初突厥各部的分布与变迁》，《新疆社会科学》1983年第4期。
② 巴托尔德：《蒙古入侵时期的突厥斯坦》（上），张锡彤、张广达译，上海古籍出版社，2007，第233页。
③ 耿世民：《古代突厥文碑铭研究》，中央民族大学出版社，2005，第258页。
④ 钟进文：《甘青地区特有民族语言文化的区域特征》，中央民族大学出版社，2007，第231页。
⑤ 冯·加班：《古代突厥语语法》，耿世民译，内蒙古教育出版社，2004，第137页。
⑥ 普里察克：《匈奴人的语言和文化》，耿世民译，《民族译丛》1989年第5期。

当然，我们并不是说前文中的 Oğur、Oğuz、Yoğur 等词的内涵完全相同，但这些名称所指族群之间存在非常紧密的关系则是毫无疑问的。对此，有学者早已明确指出：（南北朝时期的）铁勒分为东部铁勒和西部铁勒，东部铁勒主要有九部，因此称九姓铁勒，其中包括回纥；西部铁勒，主要活动于天山以北，其中包括乌护。突厥文碑铭所说"乌古斯"或"九（姓）乌古斯"，是指东部铁勒，即九姓铁勒，与西部铁勒中的乌护无关。波斯文著作中所说的乌古斯，则是指西迁、南下的由回纥、乌护等形成的维吾尔族及其有密切关系的突厥语诸部①。这些名称语音形式的同源性应该是很清楚的。Golden 也指出，Oğur 和 Oğuz 有可能属于公元 5 世纪前的铁勒，并引用 Czeglédy 的文章说，Oğuz-Uyğur 和 Oğur 都属于铁勒，于公元前 3 世纪分裂，但不间断的、松散的联盟关系之后继续存在。②

关于 Oğur/Oğuz 的词源问题，目前有不同的解释。

在谈及维吾尔族（Uyğur）的族源时，历史文献有不同的解释：1)《突厥语大词典》说为"自食其力"之义，认为其来自亚历山大东征时说的一句话："inan ğuzğurand"，意为他们是自食其力者，不仰赖他人的；野牲逃不出他们的掌心，他们随时都可猎取野牲果腹。③ 2)指"联合、结合、同盟辅助"等义，是动词词根 uy- 与词缀 -ğur 的结合，其意为"他和我们合并，并协助我们"④。3)"聚合在一起的人"，词根 uyu- 意为"依附、粘住、凝结"等⑤。对这些解释，目前学者们基本倾向于"联合、结合、同盟辅助"之义⑥。此外，源自回纥且与维吾尔族具有同源关系的裕固族，自称 Sarïğ Yoğur 或 Yoğur，一般被认为具有"黄回鹘"的意思。⑦ 如

---

① 杨建新：《中国西北少数民族史》，民族出版社，2003，第 410 页。
② Golden, Peter B. 1992. *An Introduction to the History of the Turkic Peoples: Ethnogenesis and State-Formation in Medieval and Early Modern Eurasia and the Middle Eas t*. Otto Harrassowitz · Wiesbaden: 96.
③ 麻赫默德·喀什噶里：《突厥语大词典》（第一卷），民族出版社，2002，第 120 页。
④ 拉施特主编：《史集》（第一卷第一分册），余大钧、周建奇译，商务印书馆，1983，第 136 页。
⑤ 阿布尔·哈齐·把秃尔汗：《突厥世系》，罗贤佑译，中华书局，2005，第 36 页。
⑥ 刘义棠：《维吾尔研究》，正中书局，1997，第 17 页；杨圣敏：《回纥史》，广西师范大学出版社，2008，第 26 页；维吾尔族简史编写组：《维吾尔族简史》，民族出版社，2009，第 17 页；李树辉：《乌古斯与回鹘研究》，民族出版社，2010，第 127 页。
⑦ 裕固族简史编写组：《裕固族简史》，民族出版社，2008，第 12 页；陈宗振：《西部裕固研究》，中国民族摄影艺术出版社，2004，第 6 页；钟进文：《甘青地区特有民族语言文化的区域特征》，中央民族大学出版社，2007，第 231 页。

前所述，Yoğur 和 Uyğur 同出一源，如果用具有"联合"等意义的词根 uy- 去解释 Yoğur 则很困难。此外，哈密顿也指出拜占庭史料中的 Oğur 等于古突厥文碑铭等中的 Uyğur①，但考虑到前者出现于 5 世纪，而后者出现于 8 世纪的碑铭中，笔者觉得不能用基于晚期词 Uyğur 的词根 uy- 去解释早期词 Oğur，也不能用它去解释 Yoğur。

关于 Oğuz 的词源，哈密顿总结说②：马夸特认为是由 oq"箭"与 -uz（人）组成的，其意为"会射箭的人"；路易·巴赞认为是"小岁口的公牛"，这种解释都源于图腾崇拜，因为在《乌古斯可汗的传说》中确实画有一头公牛，这可能源于图腾崇拜；伯希和刚开始认为 Oğuz 意为"初乳"，后又改变看法认为 Oğuz 来自 Oğuš（姓）。哈密顿自己则认同"姓氏"说。勒内·吉罗也认为是"牛犊"之义③。在《突厥语大词典》中 Oğuz 一词没有关于"牛"、"乳"或"姓"的释义，有表示"牛，健牛"的 öküz 一词，但其中 k 为舌根音，元音都为前元音，与 Oğuz 相差较远；有表示"初乳"的 ağuz，但和 Oğuz 的第一个元音不同，麻赫默德也没有把它们当一个词对待；有表示"氏族、宗族"的 oğuš，但最后一个辅音为 š，与 Oğuz 中的 z 并不一致。④无论是伯希和还是哈密顿都没有对 š 如何变成 z 的假设给予充分的证明。同样，麻赫默德也没把它们当成同一个词对待，而是分列条目进行说明。

我们认为，Uyğur 和 Yoğur 都来自 Oğur，而 Oğur 与 Oğuz 的区别只在于 -r 和 -z 的方言差别，而且我们同意马夸特的关于 Oğuz 来自 oq"箭"的观点，即 Oğuz 是由 oq 和 uz 构成的，但我们认为 uz 不是"人"之义，而是名词的复数词缀，即 Oğuz 原意为"箭"的复数形式。这样 Oğur/Oğuz 的词根部分为 oğ，来自 oq"箭"，词缀部分为具有方言差别的 -uz/-ur。

克劳森指出，由于被用于各种仪式和庆典过程中，Oq"箭"很早就有了部落分支的意义，而且形成了如 On Oq"十箭"这样的部落名称。⑤在关于乌古斯可汗的传

---

① 哈密顿：《九姓乌古斯和十姓回鹘考续》，耿昇译，《敦煌学辑刊》1984 年第 1 期。
② 哈密顿：《九姓乌古斯和十姓回鹘考续》，耿昇译，《敦煌学辑刊》1984 年第 1 期。
③ 勒内·吉罗：《东突厥汗国碑铭考释》，耿昇译，新疆社会科学院历史研究所，1984，第 266 页。
④ 麻赫默德·喀什噶里：《突厥语大词典》（第一卷），民族出版社，2002，第 65、61、67 页。
⑤ Clauson, Sir Gerard. 1972.*An Etymological Dictionary of Pre-Thirteenth-Century Turkish.* London: Oxford University Press: 76.

说中，就记载有乌古斯汗向六个儿子分发弓和箭的情节。给太阳、月亮和星星三兄弟给的是弓，说将来出自获弓诸子的各部落以 Būzūq "孛祖黑"（意为"折成数段"）的名号称呼，给天、山和海三兄弟给的是箭，说将来出自获箭诸子的各部落以 aūč aūq "兀赤·兀黑"（意为"三箭"）的名号称呼。撒拉族先民 Salur 或 Salğur 属于"三箭"之一，其部落印记为↑，跟箭的形状也非常相似。[①] 在蒙古族中，有成吉思汗折箭警示诸子要团结努力的故事[②]。吐谷浑历史上有阿豺临终折箭教育子女团结齐心的故事[③]。在青海的土族中目前也有神箭崇拜的民间信仰[④]。在满语中有 niru 一词，它表达"箭"的含义，同时也表达一级军事组织名称和官职名称"牛录""佐领"，其语义的变化过程为：牛录制是明代女真人在氏族社会末期的一种生产和军事行动相结合的组织形式，即"出兵校猎，不论人数多寡，各随族长屯寨而行。每人取矢一，每十人设一牛录额真领之"。因此，牛录的出现与"矢"相关[⑤]。可见，"箭"与部落名称、社会军事组织等的联系，在北方民族文化中具有普遍性的意义。由于"箭"在北方游牧民族的狩猎、作战等活动中具有非常重要的地位，"箭"在这些民族的文化中成为民族精神的重要组成部分，他们以"箭"来命名其部落或社会组织也就毫不奇怪了。这种文化应是 Oğur/Oğuz 部落名称中其词根 oq 的心理来源。其实汉语"族"字的本义也为"箭头"，后来发展有"氏族、家族、宗族、民族"等表示社会组织的意义。《说文解字》解释："族，矢锋也。束之族族也。"因此，在汉文化中"箭"也与社会组织密切相关。

在 oq 一词中，辅音 –q 在其后面出现词缀元音后往往浊化为 –ğ，如：

维吾尔语：

qulaq 耳朵 — quliğ-i 他的耳朵

[①] 拉施特主编：《史集》（第一卷第一分册），余大钧、周建奇译，商务印书馆，1983，第140页。
[②] 志费尼：《世界征服者史》（下），何高济译，翁独健校，江苏教育出版社，2005，第496页；但在《蒙古秘史》（道润梯布,1979:11）中记载的不是成吉思汗本人，而是其神话般的女祖先阿阑豁阿。
[③] 《魏书》列传第八十九。
[④] 杨卫、杨德：《青海土族"神箭"崇拜初探》，《青海民族学院学报》2005年第1期。
[⑤] 哈斯巴特尔：《阿尔泰语系语言文化比较研究》，民族出版社，2006，第234页。

qonaq 玉米 — qoniğ-imiz 我们的玉米①

撒拉语：

古突厥碑铭语言：aq（白）— 撒拉语：ax（白）— ağ-ar（变白）

古突厥碑铭语言：azuq（口粮）— 撒拉语：azux（口粮）— azuğ-ïm（我的口粮）②

Oğur/Oğuz 中的词缀 –ur/-uz 在突厥语中具有复数意义。耿世民教授等指出古代突厥语言中存在着表示双数的词缀 –z，部分词还残存在现代突厥语词中，如：köz"眼睛"、kögüz"乳房"、omuz"肩"、müngüz"（兽）角"、tiz"膝"、yodaz"大腿"等③。其实，在 13 世纪的书面蒙古语和现在的东部裕固语中，也存在着 –s/-ïs 等复数词缀形式④，这与突厥语的 –z 很接近。Golden 指出，尽管在整个历史时期，复数形式只有 –lar/-ler，但其他一些表示复数的残存形式仍是典型的共同阿尔泰语的特点，并且在古代突厥语、麻赫默德的《突厥语大词典》以及许多部落名称和称号中发现。复数形式是由两个后缀 –l-ar（或 –la-r）组成的，后缀 –l 在通古斯语是应用最广泛的复数形式。–(a)r 作为阿尔泰语的复数形式，在部落名称中相当普遍。⑤力提甫教授也说：突厥语言中最常用的复数词缀 –lar/-ler 和蒙古语言的 –nar/-ner 之间有一个共同性，即两者都以 r 结尾。共同阿尔泰语中确实有过表示复数的 *-r´ 附加成分，而这个 *-r´ 在突厥语里一般都演变为 –z，如 biz（我们）< *bir´ < *bi（我），siz（你们）< *sir´ < * si（你）。而 –z 还出现在表示双数的一些词中。楚瓦什语中 *-r´ 还是表现为 –r，如 epir（我们）、esir（你们）等，当然目前的楚瓦什语还有更常用的 –sam/-sem。……共同阿尔泰语的复数附加成分 *-n、*-l 等与另一个复数附加成分 *-r（*-r´）的结合在蒙古语言里形成了 –nar/-ner，在突厥语言

---

① 赵相如、朱志宁：《维吾尔语简志》，载《中国少数民族语言简志丛书》（卷五），民族出版社，2008，第 11 页。

② 碑铭语言例子来自耿世民：《古代突厥文碑铭研究》，中央民族大学出版社，2005，第 231~232 页。撒拉语例子由笔者添加。

③ 耿世民、魏萃一：《古代突厥语语法》，中央民族大学出版社，2010，第 101 页。

④ 孙竹：《蒙古语族语言研究》，内蒙古大学出版社，1996，第 259、265 页。

⑤ Golden, Peter B. 1992. *An Introduction to the History of the Turkic Peoples: Ethnogenesis and State-Formation in Medieval and Early Modern Eurasia and the Middle Eas t*. Otto Harrassowitz・Wiesbaden: 111.

里形成了 –lar/–ler。① Johanson 也指出，很有可能古代的 *–r 在 Oğur 语言里变成了 –r，在共同突厥语里变成了 –z。② 因此，我们认为 Oğur/Oğuz 中的词缀 –ur/–uz 是由共同阿尔泰语的复数附加成分 *–r（*–r´）演变而来的（元音 –u– 为过渡音）。从时间上来说，–r 比 –z 更古老一点。这可以从公元 5 世纪出现的 Oğur 等词和公元 8 世纪出现的 Oğuz 一词得到证明。

因此，综上所述，Salïr 的早期形式 Salğur 应是拜占庭史料中出现的 Sarağur 的进一步演变，该词是由 *Sarïg Oğur 组成的，其意应为"黄箭（部落）"。③ 以颜色词来修饰部落名称在阿尔泰语系民族的历史上屡见不鲜。Sarïg 中 –g 的脱落，在撒拉语中是常见的现象。*Sarïg Oğur 是个很古老的名称，当时撒拉族先民的语言中复数形式还是 *–r，后来复数形式变成 –z 乃至更往后变成 –lar/–ler 时，作为部落专有名称 *Sarïg Oğur 经过简化合并后却如语言化石般继续保留下来。这种现象在撒拉语中还存在着其他的例子，如古代突厥语的 adaq（脚）在许多现代突厥语中都变成了 ayaq（即 –d– 变为 –y–），在撒拉语中"脚"一般都为 ayax，但在表示"光脚"之义时，却为 yalangqadax。很显然古代突厥语的 –d– 依然在这个词里保留着。Oğur 一词还在后来土库曼人的历史上作为人名出现过，如在土库曼斯坦广泛流传的传说中，有一个来自 Salur 部的叫 Oğurjik 的人，成为后来 Teke、Salor、Sariq、Yomut、Erasi 等各部的共同祖先，此人被认为是乌古斯汗的孙子 Salğur（或 Salur）的后代④。由于 Sarïg 中 –g 的脱落，*Sarïg Oğur 可能变成了 *Sarïoğur，之后又变成 *Salïoğur。元音间的 r 变成 l 也是较为常见的现象，如古代突厥语的 bärü"……以来"⑤、boyunduruq"牛轭"⑥ 在撒拉语中为 bele"……以来"、boyuntulux"牛轭"。哈萨克语和柯尔克孜语 kerek bol–"需要"中的 kerek 在撒拉语中为 kele–"需要、要"⑦。

---

① 力提甫·托乎提：《阿尔泰语言学导论》，山西教育出版社，2004，第 401 页。
② Johanson, Lars and Csato, Éva Á. 1998.*The Turkic Languages.* London and New York: Routledge: 104.
③ 其实笔者在写此篇论文的过程中也发现早已有学者把撒拉族与匈奴部落 Sarağur 联系起来了（见：朱学渊：《中国北方诸族的源流》，中华书局，2002，第 133 页），但未做具体分析。
④ Irons, William. 1975. *The Yomut Turkmen: A Study of Social Organization among a Central Asian Turkic-speaking population.* Ann Arbor: The University of Michigan: 40–41.
⑤ 耿世民、魏萃一：《古代突厥语语法》，中央民族大学出版社，2010，第 326 页。
⑥ 张铁山：《回鹘文献语言的结构与特点》，中央民族大学出版社，2005，第 144 页。
⑦ Özpopçu, Kurtuluş etc. 1996.*Ditionary of the Turkic Languages.* London and New York: Routledge:99.

正是 –r– 变成 –l–，*Sarïoǧur 变成了 Salïoǧur，最后 l 和 ǧ 之间元音脱落形成了 Salǧur。因此，撒拉族（Salïr < Salur < Salǧur）（以及其他乌古斯部）与维吾尔族（Uyǧur）和裕固族（Sarïǧ Yoǧur 或 Yoǧur）都同出于 Oǧur 部。Oǧur 是否就是汉文史料中的乌揭或呼揭，Golden 认为目前还不是很清楚①。乌揭或呼揭被认为是匈奴时期的一个部落，后来成了乌护、回纥的祖先②。

综上所述，撒拉族源自 Qaramang "尕勒莽" 部，和土库曼、土耳其的 Karaman、乌兹别克的努尔塔 Salur 人都应源自历史上一位著名的属于 Salur 乌古斯部的领袖 Karaman。历史上的曼格什拉克的 Salur 人、努尔塔的 Salur 人和中国撒拉族等都共同拥有尕勒莽和阿合莽两兄弟被迫离开故土（即突厥斯坦，在今天的哈萨克斯坦）的历史记忆。撒拉族的他称 "撒拉"、Salar 等来自其自称 Salïr，后者的演变过程为：Salïr < Salur < Salǧur < *Saraǧur < *Sarïǧ Oǧur。Sarïǧ Oǧur 意为 "黄箭（部落）"，曾是匈奴的一个重要组成部分。撒拉族等一些乌古斯（Oǧuz）民族和维吾尔族、裕固族的祖先回纥（Oǧur）都同出一源。当然，*Sarïǧ Oǧur 只是撒拉族的源头，现代撒拉族的形成发展，还与其他突厥语民族、蒙古族、藏族、回族、汉族等密不可分。

第三节　族群互动与撒拉族语言接触研究的回顾

族群之间的互动必然会导致他们所操语言间的接触。著名语言人类学家萨丕尔说："语言，像文化一样，很少是自给自足的。交际的需要使说一种语言的人和说邻近语言的或文化上占优势的语言的人发生直接或间接接触。交际可以是友好的或敌对的。可以在平凡的事务和交易关系的平面上进行，也可以是精神价值——艺术、科学、宗教——的借贷或交换。很难指出有完全孤立的语言或方言，尤其是在原始人中间。一个部落往往很小，和说别的方言甚至说完全无关的语言的陌生部落

---

① Golden, Peter B. 1992. *An Introduction to the History of the Turkic Peoples: Ethnogenesis and State-Formation in Medieval and Early Modern Eurasia and the Middle East*. Otto Harrassowitz · Wiesbaden: 93.
② 钱伯泉：《乌揭——阿尔泰历史和草原丝路的早期主人》，《西域研究》2000 年第 4 期。

通婚不是罕见的事。甚至可以猜想，在原始的水平上，通婚、部落之间的交易和一般文化交换，比在我们的水平上更具有相对重要性。邻居的人群互相接触，不管程度怎样，性质怎样，一般都足以引起某种语言上的交互影响。"①可见，语言接触首先并不是语言之间的自动接触，而是说不同语言的不同族群之间相互交往后导致的语言之间的接触。语言之间长时间的接触，自然会在语言中留下相互影响的痕迹。因此，通过语言接触研究，可以了解该语言使用群体在历史上与其他族群相互交往的历史事实。对缺乏文字或历史文献不丰富的族群来说，通过语言来研究其历史文化尤其意义重大。

撒拉族曾在历史上使用过一种叫"土尔克文"的文字，②但由于种种原因，这种文字未能在撒拉族社会广泛普及开来，目前已基本失传。因此，关于撒拉族的历史文献记载非常匮乏。基于这样的现实，学者们也试图从语言接触的角度入手分析撒拉族文化的多元性特点，以此揭开这种多元文化背后的不同族群间的交流事实。

前人关于撒拉语的研究，较为科学的第一篇文章应为美国华盛顿大学的尼古拉斯·鲍培（N. Poppe）于1953年发表的有关撒拉语基本特征和语源归类的文章。他通过从语音方面的对比研究，提出：虽然撒拉语与东突厥语的现有其他方言有不同点，但也仅仅是其一种方言，而不是独立的一种语言。③20世纪50年代，国家展开了大规模的民族语言历史等方面的调查。曾参与撒拉族语言调查的林莲云和韩建业于1962年共同发表了《撒拉语概况》④，于1982年发表了《撒拉语词汇概述》⑤。1985年，林莲云研究员出版了作为国家民委民族问题五种丛书之一中国少数民族语言简志丛书的《撒拉语简志》。撒拉族学者韩建业发表出版了一系列论著，其中代表性的作品有《现代撒拉语》（以系列论文形式在20世纪八九十年代连载于《青海民族研究》《青海民族学院学报》等）、《撒拉族语言文化论》、《韩建业民族语言文化研究文集》等。以撒拉语作为博士学位论文研究题目的苏联突厥语专家捷尼舍夫，曾

---

① 爱德华·萨丕尔：《语言论》，陆卓元译，商务印书馆，2007，第173页。
② 依布拉·克力木（韩建业）：《谈历史上的撒拉文——土尔克文》，《语言与翻译》1989年第3期。
③ Poppe, Nicholas. 1953. Remarks on the Salar Language. *Harvard Journal of Asiatic Studies* © Harvard-Yenching Institute.
④ 林莲云、韩建业：《撒拉语概况》，《中国语文》1962年第11期。
⑤ 林莲云、韩建业：《撒拉语词汇概述》，载《民族语文研究文集》，青海人民出版社，1982，第566~585页。

于20世纪50年代在青海省循化撒拉族自治县等地做了较为深入的调查,并先后发表了《撒拉语初探——汉语对撒拉语的影响》《撒拉语》《撒拉语材料》《撒拉语的结构》《撒拉语和裕固语在突厥语中的地位》《撒拉语和裕固语的地域现象》《撒拉语数词》等许多论著。在《突厥语言研究导论》中,捷氏设专章对撒拉语语音和语法方面做了介绍。母语为撒拉语的马成俊教授(1990)发表了《撒拉语谐音词》,对撒拉语的谐音词做了描写与研究。现在美国堪萨斯大学人类学系的 A. Dwyer(杜安霓)教授长期以来研究撒拉语等我国西北民族语言和汉语方言。1998年,她发表了 The Turkic Stratigraphy of Salar: An Oghuz in Chagatay Clothes?(《撒拉语的突厥语因素:一种具有察哈台语形式的乌古斯语?》)。2000年她发表了《撒拉语中的直接体验和间接体验》一文。2007年她出版了专著《撒拉语:亚洲内陆地区的接触过程,第一部分:语音》(*Salar: A Study in Inner Asian Areal Contact Processes, Part I: Phonology*)。

维吾尔族学者阿不都热西提·亚库甫先生(1997)根据其1986年在伊宁县撒拉村的初步调查和1992年的普查所收集的材料,对新疆撒拉语区别于青海撒拉语的结构特点及其形成原因进行了探讨。许伊娜和吴宏伟研究员(2005)的《新疆撒拉语》以新疆伊犁伊宁县萨木于孜乡撒拉村的田野调查为材料,描写分析了新疆撒拉族所使用的语言结构和现状。

中央民族大学维吾尔语言文学系的米娜瓦尔教授也以撒拉语为题目通过了博士论文答辩(1998年),其中对撒拉语和土库曼语做了比较,这是作者在土库曼斯坦进行实地考察后获得的材料。米娜瓦尔教授的博士学位论文还未出版,但已以系列论文形式发表在《民族语文》《中央民族大学学报》等刊物上,其作品有:《撒拉语动词陈述式研究》《撒拉语数词的特点及功能》《撒拉语动词祈使式探源》《撒拉语的副动词》《撒拉语与土库曼语的关系——兼论撒拉语发展简史》等。她还出版了《撒拉语话语材料集》。

马伟也从多个角度对撒拉语展开了研究,主要作品有《循化汉语的"是"与撒拉语 -sa/-se 语法功能比较》《语言接触与撒拉语的变化》《濒危语言与撒拉语的保护措施》《撒拉语的 diu 和 šu》《从语音对比看撒拉语的突厥语特点》《撒拉语和土耳其语语音比较研究》《新疆撒拉语的浑沌学分析》《撒拉语动词传据范畴研究》

《撒拉语形态研究》等。

遗憾的是，以上关于撒拉语的研究中只有很少的部分涉及撒拉族与其他族群的互动导致语言之间的接触这一内容。林莲云和韩建业对撒拉语的词汇做了专题研究。其中，除了对撒拉语中的固有词外，还分析了部分汉语借词、阿拉伯语—波斯语借词、藏语借词和蒙古语族语言借词。① 虽然涉及的面较广，但由于篇幅所限，文中列出的借词数量并不是很多，也没有从语言角度谈及撒拉族文化的特点。马成俊教授在对撒拉族地名进行考证时，也谈到一些撒拉语地名中的其他语言来源的词，如"期孜""上房"等。② 韩建业先生在《从外来词透视撒拉族文化》一文中，通过阿拉伯语—波斯语和汉语借词探讨了撒拉族文化中的伊斯兰文化和汉文化特点。作者明确指出：

> 语言是文化的载体，外来文化的特征必然要通过语言体现出来。撒拉族在不断扩大自己的活动范围时，与各种文化和语言互相接触、交流和融合。在这种交流、融合中，通过借词输入新概念而不断丰富撒拉族文化的内涵，同时也反映了撒拉族文化吸收外来文化的历史。分析语言中各种外来词的来源、数量以及进入该语言的途径、时代，有助于理解这种语言所载负的文化曾受益于哪些外来文化、对各种外来文化的好恶程度，以及外来文化浪潮的规模及发展趋势。③

作者举出了来自阿拉伯语—波斯语的关于伊斯兰教生活方面和日常生活方面的借词各 22 个，来自汉语的各类借词 67 个。通过对这些外来词的分析，作者认为：

> （撒拉语是）一种开放性的语言，从撒拉语的发展历史来看，显示出极大的宽容性，它吸收了大量的异族语言成分来充实自身，并且始终以一种积极主动的姿态凭借撒拉语固有的生命力把那些外来语加以涵化，融入撒拉语内，使

---

① 林莲云、韩建业：《撒拉语词汇概述》，载《民族语文研究文集》，青海人民出版社，1982，第566~585页。
② 马成俊：《青海撒拉族地名考》，《青海师范大学学报》1989年第2期。
③ 韩建业：《从外来词透视撒拉族文化》，《青海民族研究》1995年第1期。

之成为撒拉语的有机组成部分。其途径往往是伴随着外来文化的冲击、影响和交融，不可避免地要跟其他文化进行接触并从其他文化中吸收养料来充实自身的。纵观历史，撒拉族对各种类型的外来文化，包括域外文化以及域内各兄弟民族文化采取兼收并蓄的态度，这种文化上的宽容性，既构成了撒拉族文化的主要特点，又是使撒拉族博采众长为己所用，不断丰富和发展自身的文化内涵，创造出灿烂多姿的民族文化。①

韩建业先生的这篇文章对我们从语言词汇的角度认识历史上的撒拉语与阿拉伯语—波斯语和汉语具有重要意义。然而，在该文中提到的借词数量有限，不足以真实地反映历史上的族群互动现象。韩建业先生在探讨撒拉族的姓名问题时，也提及了撒拉族姓名中有阿拉伯—波斯语、汉语及个别藏语成分。如男子名字穆罕买德、阿里、奥买尔、达吾德、胡赛尼、伊卜拉欣、伊斯玛依力、热买赞、古尔班、居玛尔、撒仙拜等，女子名字阿依霞、法图买、艾米乃、居玛姑、茹札姑等都来自阿拉伯语—波斯语。男子名字赛尔提（三十七）、吾西（五十）、吾西九（五十九）、刘西九保（六十九保）等来自汉语。Serangbo（＜才让+bo）、Darlangbo（＜达尔朗+bo）、Hanšangsagu（＜韩+香撒+gu）等则主要来自藏语。从这些名字可以看到撒拉族文化的多元性特点。② 米娜瓦尔教授在《撒拉语词汇探析》中，也对撒拉语中的汉语、藏语、阿拉伯语—波斯语和蒙古语族语言的借词进行列举分析。在各种借词的数量上，比前人研究有所增加，但也列举了一些来源不明的词，认为这些词既不同于同语族的其他语言中相应的词，也不同于邻近的汉语、藏语和蒙古语族语言中相应的词。③ 但其中有些词的来源应该是很清楚的，如 kele-（需要）就是固有词，这个词的名词形式在哈萨克语、吉尔吉斯语、土库曼语、乌兹别克语和维吾尔语等中都存在。öt-（盖）也是个固有词，这个词在阿塞拜疆语、土耳其语和土库曼语中也都存在。

苏联著名突厥语学家捷尼舍夫的博士学位论文《撒拉语结构》是撒拉语研究中

---

① 韩建业：《从外来词透视撒拉族文化》，《青海民族研究》1995年第1期。
② 韩建业：《撒拉人的名姓》，《青海民族学院学报》1992年第1期。
③ 米娜瓦尔·艾比布拉：《撒拉语词汇探析》，《民族语文》2002年第1期。

的重要著作，在国际突厥语学界有较大影响。作者通过实地考察，不仅对撒拉语结构进行了较为科学而全面的分析，而且还收录了为数不少的撒拉语词汇。这些词汇是在之前其他人出版的文本资料以及作者自己于1957年夏在循化县调查撒拉语期间所做记录的基础上编纂而成的，这对撒拉语词汇乃至文化研究都具有重要意义。尤其宝贵的是，捷尼舍夫将部分撒拉语与其他突厥语，甚至汉语、蒙古语族语言、藏语、阿拉伯语、波斯语等进行了对比，分析了一些词的词源。因此，作者不仅仅收录了20世纪50年代的撒拉语词汇，而且进行了难度极高的词源研究。这是该书中最具学术价值的研究内容之一。如作者对以下两个词的解释，显示了他宽广而深厚的语言学知识：

KŌJA（大）"小麦粒做的粥，在葬礼后第3天、第7天、第14天、第21天和第100天熬制"。比较：吉尔吉斯语köžö"煮黍米或小麦"；吉尔吉斯语塔拉斯土语"面条"；南方方言"大粒的熟燕麦粉，炒熟的碎小麦粒和大麦粒"；阿尔泰语图瓦方言köče、köčö"浓汤"；阿尔泰语捷列乌特方言、列别金方言köčä"用整大麦粒做的汤或粥"；阿尔泰语列别金方言、邵尔语köjö"大麦汤或大麦粥"；哈卡斯语萨盖依方言、考依巴耳方言köčä"大麦汤或大麦粥"；哈卡斯语köče"大麦"，köče ügre"大麦汤"。

KÖLEX（乌、大）"母牛"：kölex jıł"牛年"。见JIŁ。比较：土耳其语方言gölek"驴"，gölük"可以骑的动物，驴驹，驴群，马群，骟马，母马，骡子，绵羊，母牛，山羊"，gülek"瘸驴，马群"，gülük"驴，驴驹"，kolik"无角的公山羊，短角动物"，kölük"无角动物，小耳朵的无角山羊，马，骡子等，驮载的动物，караман品种的长尾巴绵羊"，külük"大犄角的山羊"；土耳其语古语gölük（kölük）"驮载的动物"；吉尔吉斯语kölük"用来干活的牲畜，驮载的牲畜（主要是马）"，külük"善跑的马，赛马"；哈萨克语kölük"用来干活的牲畜，良种马"；乌兹别克语花剌子模方言kölyk"运输工具，交通"；阿尔泰语kölkö"拉车的牲畜"；雅库特语kölgö"畜力，马或牛"，kölö"套在一起的几匹马，载货用的马车，拉车的牲畜"；雅库特语方言kolgöm"马"；克普恰克语külük"驴，骡子"；察合台语külük"大狗"；Suv.：Kölük"驮载的牲畜"；《突厥语大辞典》kölük"驮载的动物",QB：külük"赛马",Тоньюкук：kölük"驮载的动物";蒙古语 xülegčin"白色带黑斑的马";卡尔梅克语 kölgn"交通工具,用于驮载和骑人的动物,大车","（厄鲁特人）马的最高风格"。

捷尼舍夫认为,撒拉语从根本上说,与土库曼语、土耳其语、阿塞拜疆语、克里米亚—鞑靼语和嘎嘎乌孜语一样,完全属于乌古斯（西南）语支的语言。也许,乌古斯部落撒尔古尔（11 世纪）的语言就是这种特点。根据语音比较研究,撒拉语确实和现代土库曼语、土耳其语、阿塞拜疆语等具有更多共同的特点。捷尼舍夫把撒拉语与乌古斯（西南）语支联系起来是完全正确的。与此同时,他还看到了撒拉语的克普恰克语特征。他认为,现代撒拉语是一种融汇了乌古斯语核心和克普恰克语底层的独立的突厥语,它在总体上保留了和乌古斯语其中包括土库曼语的相似性。但严格地说,既不能把它完全归入乌古斯语,也不能完全归入克普恰克语。实际上,撒拉语以乌古斯语为主,兼具克普恰克语成分。因此,如果用乌古斯—克普恰克语次语支来确定撒拉语的地位可能更准确。虽然捷尼舍夫的研究也存在一些明显的错误,而且捷尼舍夫也只是对撒拉语本体进行了研究,但他无论是关于撒拉语结构还是词汇的研究都对本课题研究具有重要的参考意义。①

此外,美国学者 A. Dwyer（杜安霓）教授分析了撒拉语中的突厥语因素②,荷兰学者 Hans Nugteren（汉斯·内和泰仁）研究员分析了撒拉语中的乌古斯语和非乌古斯语词位③,米娜瓦尔·艾比布拉教授分析撒拉语与土库曼语的关系、撒拉语中的古突厥语成分等④,这些研究对我们分析撒拉语与其他突厥语关系都提供了较好的参考材料。

---

① 马伟、马成俊：《〈撒拉语结构〉中文版序》,《青藏高原论坛》2014 年第 2 期。
② Dwyer, Arienne. 1998. The Turkic Stratigraphy of Salar: An Oghuz in Chagatay Clothes? *Turkic Languages 2.1*: 49–83.
③ Nugteren, Hans（汉斯·内和泰仁）. Lexeme of Oghuz and Non-Oghuz in Salar language. In Boeschoten, H., & Stein, H. (eds.). 2007. *Einheit und Vielfalt in der türkischen Welt. Materialien der 5. Deutschen Türkologenkonferenz Universität Mainz, 4.–7. Oktober 2002 (Turcologica 69)*;该文的中文译文见：赵琳、马伟译：《撒拉语中的乌古斯语和非乌古斯语词位》,《青海民族研究》2014 年第 3 期。
④ 米娜瓦尔·艾比布拉：《撒拉语与土库曼语的关系》,《中央民族大学学报》2003 年第 3 期;《撒拉语中保留的〈突厥语大词典〉古词语》,《民族语文》2009 年第 4 期。

从族群互动角度研究语言接触的专题文章，目前只有马伟的《语言接触与撒拉语的变化》一文①。该文根据撒拉语与汉语之间的语言接触情况，分析了撒拉语在词汇、语音、语法方面所发生的朝着汉语方向发展的趋势，并指出来自汉语方面的持续而强烈的影响是撒拉语濒危的主要因素。虽然，这篇文章着眼于语言的濒危问题，但其中分析的撒拉语中的汉语成分对本课题研究也同样具有参考意义。

2015年，法国的Camille Simon博士对撒拉语和藏语接触做了研究，在其文章中提出了撒拉语的pong（身体）、gača（话）、qo（门）、gala-（高兴）、gur（蹲）等几个词来自藏语，而且撒拉语名词短语的语序方面也受到了藏语影响。②

总之，前人关于撒拉语的研究主要集中在语言结构的描写、系属问题及使用状况等。对于因族群互动导致的语言接触现象，从语言接触看历史上的族群互动事实，以及撒拉语与不同语言接触时的特点等，前人的研究很少或几乎完全是空白。

---

① 马伟:《语言接触与撒拉语的变化》,《青海民族学院学报》2009年第3期。
② Simon, Camille. 2015. Linguistic Evidence of Salar-Tibetan Contacts in Amdo. In Hille, Marie-Paule etc. ed. *Muslims in Amdo Tibetan Society: Multidisplinary Approaches.* Lanham·Boulder·New York·London: Lexington Books: 87–107.

第二章　撒拉语在突厥语中的地位

第一节　古突厥语成分在撒拉语中的保存

6—9世纪，在我国北方建立的突厥汗国（552—745年）和回纥（古代维吾尔）汗国（745—840年）曾使用过一种文字。这种文字因其在外形上与古代日耳曼民族使用的如尼（rune）文相似，被有些学者称之为古代突厥如尼文。又因为用这种文字写成的主要碑铭是在蒙古鄂尔浑（Orkhon）河流域发现，所以也称之为鄂尔浑突厥文（Orhon Turkic Script），语言称之为鄂尔浑突厥语（Orhon Turkic）。[1] 许多学者认为，鄂尔浑突厥语是现代所有突厥语所共有的，并不只属于某一个特定民族语言。当然，也有学者认为，其更接近于现在的乌古斯语。[2] 撒拉语作为乌古斯语组的一种语言，应该也与这种古代突厥语[3]有着重要的联系。在此，我们将以著名学者耿世民教授所研究的古突厥文碑铭材料为主，同时参考塔拉提·铁肯（Talat Tekin）先生的研究，分析鄂尔浑古突厥语词汇在现代撒拉语中的保留情况。

---

[1] 耿世民：《古代突厥文碑铭研究》，中央民族大学出版社，2005，第23页。
[2] Erdal, Marcel. 2004. *A Grammar of Old Turkic*. Brill: Leiden · Boston: 11.
[3] 关于古代突厥语的分期，学者们有不同的意见。此处的古代突厥语指鄂尔浑碑铭突厥语。

一、音义基本相同的词

ač-[①] "打开"。撒拉语：aš-"开、打开、揭开、开办等"。如：sen yolnï aš. "你开路。" u ağïs bir ağïs ašmur. "他一句话也不说。"

ağïr "重"。撒拉语：ağïr "重"。如：bu ašlïx ağïr ira. "这粮食重。"

ağrï- "生病"。撒拉语：ağrï- "生病"。如：men geji ağïrjï. "我昨天生病了。"

ağu "毒"。撒拉语：ağu "毒草"。如：u ağu yimiš. "他吃了毒草了。"

altï "六"。撒拉语：altï "六"。如：ular altï kiš ge(l)miš. "他们来了六个人。"

altun "金"。撒拉语：altun "金"。如：u altun sïrğa daxanba(r). "她戴着金耳环。"

anča "那样"。撒拉语：anja "那样"。如：u anjaniği demese öyine yanmas. "他除极个别情况外不回家。"

anï "把他"。撒拉语：anï "把他"。如：men anï čala gelji. "我把他叫过来了。"

aq "白"。撒拉语：ax "白"。如：men ax boz alğur. "我要买白布。"

ara "中间"。撒拉语：ara "中间"。如：dal arasïnda kiš vara. "树林中有人。"

arïl- "消失、除尽"。撒拉语：arïl- "完、变干净"。如：aniği helisi arïlmïš. "他的钱完了。" bu biqerax da yuja arïlmamïš. "这衣服还没洗干净。"

arqa "后背"。撒拉语：arxa "后背"。

aruq "瘦"。撒拉语：arux "瘦"。如：bu qoy arux ira. "这只羊较羸弱。"

aš "饭"。撒拉语：aš "饭"。如：men aš išji. "我吃了饭。"

at "马"。撒拉语：at "马"。如：u at min gelji. "他骑马来了。"

at "名字"。撒拉语：ad "名字"。如：miniği adïm Yunus dïr. "我的名字叫伊奴斯。"

ata "父亲"。撒拉语：ata-(a)na "父母"。如：ata-(a)nağa yaxšï vol keler. "应该对父母好。"

ay "月"。撒拉语：ay "月、月份"。

aya- "爱护"。撒拉语：aya- "爱护、爱惜"。如：u yangï xayïnï hama ayaba(r). "他

---

① 本节句首所有未标注语言类型的词语都为古代突厥语。

对新鞋很爱惜。"

az "少"。撒拉语：az "少"。

azuq "口粮"。撒拉语：azux "干粮"。

ä "叹词（称呼词）"。撒拉语：e "叹词（称呼语）"。如：e, balalar. "哎，孩子们。"

älig "手"。撒拉语：el "手"。如：u ili el čïxjï. "他先出手了。"

ämgäk "困难、痛苦"。撒拉语：emgex "麻烦、困难"。如：seni emgex etji. "麻烦你了。" ular emgex hama görmiš. "他们经历了很多困难。"

är "人、男人"。撒拉语：er "男"。如：er kišler va(r)mïš. "男人们去了。"

är- "是"。撒拉语：er- "是"。如：men axun e(r)mesdïr. "我不是阿訇。"

ät- "做"。撒拉语：et- "做"。如：sen nang etbïr i? "你在做什么呢？"

bars "虎"。撒拉语：bas "虎"。如：mini bas yïlda doğqanï idïr. "我是虎年出生的。"

bas/baš "头"。撒拉语：baš "头"。

basa "再次、以后"。撒拉语：basağün "后天"。

bašla- "率领"。撒拉语：bašla- "率领"。u bašlağujï kiš dïr. "他是带头的人。"

bat- "下降、（日）落"。撒拉语：bat- "（日）落"。u gün batqanda gelji. "他日落时分来了。"

bäg "官"。撒拉语：beğ "官"。u beğ čïxmïš. "他当了官。"

bäš/biš "五"。撒拉语：beš "五"。

bičin "猴子"。撒拉语：bijin "猴子"。如：u bijin yïl dïr. "他是猴年的。"

bil- "知道"。撒拉语：bil- "知道"。

bir "一"。撒拉语：bir "一"。

birlä "一起"。撒拉语：bile "一起"。如：men ala bile varjï. "我和他一起去了。"

bišinč "第五"。撒拉语：bišinji "第五"。如：bu jijex bišinji ayda ačïlar. "这花在五月份盛开。"

biti- "写"。撒拉语：piti- "写"。如：u oxïš pitiba(r). "他在写字。"

bitig "书"。撒拉语：pitix "文书"。如：mende bu išniği pitix var. "我有关于这

件事的文书。"

pitit-"让写"。撒拉语：pitit-"让写"。如：men anï adïnï pititji. "我让他写了名字了。"

biz "我们"。撒拉语：pise "我们"。

bökä "勇士"。撒拉语：bökö "大力士"。如：Boylar bököni čalašsa hama dïr deba(r). "据说波列大力士很擅长摔跤。"

böri "狼"。撒拉语：böri "狼"。

bu "这"。撒拉语：bu "这"。

buz-"破坏"。撒拉语：buz-"破坏、擦除"。如：aniği osïna kine en'genini kišge yaša yoxa, buzqa dimišde xorğaba(r). "怕遭到诋毁破坏，（他们）不让别人知道他儿子定亲的消息。" bu oğïšnï buzduğu. "擦掉这个字。"

en-"下"。撒拉语：en-"下"。

ingäk "乳牛"。撒拉语：inex "乳牛"。

ini "弟弟"。撒拉语：ini "弟弟"。

iš/is "事情"。撒拉语：iš "事情"。如：manga buğün iš var. "我今天有事。"

itgüči "作者、制造者"。撒拉语：etgüji "做的人"。

käm/kim "谁"。撒拉语：kem "谁"。

mu "吗"。撒拉语：mu "吗"。

näkä "为什么"。撒拉语：neğe "为什么"。

nänčä "多少"。撒拉语：neče "多少"。

näng "任何事物"。撒拉语：nang "任何事物"。

oğlan "孩子们、儿子们"。撒拉语：oğlan "孩子"。

oğul "儿子"。撒拉语：oğul "儿子"。

on "十"。撒拉语：on "十"。

onunč "第十"。撒拉语：onunjï "十"。

ot "火"。撒拉语：ot "火"。

otuz "三十"。撒拉语：otus "三十"。

öd "胆"。撒拉语：öt "胆"。

öl-"死"。撒拉语：ül-"死"。

ölüg "尸体"。撒拉语：ülex "尸体"。

qač-"逃跑"。撒拉语：qaš-"逃跑"。

qačan "何时"。撒拉语：qačang "何时"。

qal-"留下"。撒拉语：qal-"留下"。

qan "血"。撒拉语：qan "血"。

qanï "在哪儿"。撒拉语：qala/qali "在哪儿"。

qatan "从哪里"。撒拉语：qadan "从哪里"。

qar "雪"。撒拉语：qar "雪"。

qara "黑"。撒拉语：qara "黑"。

qïl-"做"。撒拉语：qïl-"做"

qïš "冬天"。撒拉语：qïš "冬天"。

qïšïn "冬天"。撒拉语：qïšïn "冬天"。

qïz "姑娘"。撒拉语：qïz "姑娘"。

qïz-"变红热、生气"。撒拉语：qïz-"发热"。

qïzïl "红的"。撒拉语：qïzïl "红的"。

qon-"住下"。撒拉语：qon-/qom-"降落、住下"。

qontur-"使住下"。撒拉语：qondïr-"使降落、住下"。

qulqaq "耳朵"。撒拉语：qulax "耳朵"。

qum "沙子"。撒拉语：qum "沙子"。

qura-"组织、集中"。撒拉语：qïl-"集中"。

sanga "对你"。撒拉语：sanga "对你"。

sağïn-"想"。撒拉语：sağïn-"想念"。

säkiz "八"。撒拉语：sekis "八"。

sämiz "肥、胖"。撒拉语：simes "肥"。

sän "你"。撒拉语：sen "你"。

sini "把你"。撒拉语：sini "把你"。

singil "妹妹"。撒拉语：singni "妹妹"。

sïngar "一双中的一个"。撒拉语：sïngar "一双中的一个"。

sür- "驱赶"。撒拉语：sür- "驱赶"。

tuğ "旗帜"。撒拉语：duğ "旗帜"。

tut- "抓住"。撒拉语：tut- "抓住"。

ulğart- "加大"。撒拉语：ulğat "使变大"。

uzun "长"。撒拉语：uzun "长"。

üz- "折断、停止"。撒拉语：üz- "折断、停止"。

yalang "赤裸的"。撒拉语：yalang "赤裸的"。

yan "边、方向"。撒拉语：yan "边、方向"。

yan- "返回"。撒拉语：yan- "返回"。

yantur- "使返回"。撒拉语：yandïr- "使返回"。

yara- "合适"。撒拉语：yara- "合适"。

yarat- "造"。撒拉语：yarat- "造"。

yaš "岁"。撒拉语：yaš "岁"。

yaš "泪"。撒拉语：yaš göz "泪水"。

yaša- "活着"。撒拉语：yaša- "活"。如：men otus beš yašabïr. "我三十五岁。"

yašïl "绿"。撒拉语：yašïl "绿"。

yat- "躺下"。撒拉语：yat- "躺下"。

yay "夏天"。撒拉语：yi "夏天"。

yaz "春天"。撒拉语：yaz "春天"。

yazï "平地"。撒拉语：yazï "平地"。

yazuq "罪"。撒拉语：yazux "罪"。

yä-/yi- "吃"。撒拉语：yi- "吃"。

yägirmi/yigirmi "二十"。撒拉语：yiğirme "二十"。

yär/yir/yer "地方"。撒拉语：yer "地、地方"。

yät- "达到"。撒拉语：yet- "达到"。如：men yürjene gišanga yetji. "我走到了县城。"

yäti/yiti "七"。撒拉语：yide "七"。

yätmiš "七十"。撒拉语：yidemiš "七十"。

yitinč "第七"。撒拉语：yidenji "第七"。

yïğ- "集中"。撒拉语：yïğ- "集中"。

yïl "年"。撒拉语：yïl "年"。

yïlan "蛇"。撒拉语：yïlan "蛇"。

yoğun "粗"。撒拉语：yoğïn "粗"。

yol "路"。撒拉语：yol "路"。

yoq "没有"。撒拉语：yox "没有"。

yurt "住地"。撒拉语：yut "住地"。

yükün- "敬拜"。撒拉语：yükün- "跪"。

yüküntür- "使敬拜"。撒拉语：yükünter- "使跪"。

yüz "百"。撒拉语：yüz "百"。

yüz "脸"。撒拉语：yüz "脸"。

二、词义有变化的词

ağïl "畜圈"。撒拉语：ağïl "村子"。如：men Dašnax ağïldağï dïr. "我是石头坡村的。"

al- "拿"。撒拉语：al- "拿、买、娶"。如：manga emni bir aldïr. "给我拿一下药。" u da kine almajï. "他还没结婚。"

anta "在那里，从那里"。撒拉语：anda "在那里"。如：anda kišör vara. "那儿有个人。" 撒拉语中该词没有 "从那里" 的含义。

apa "祖先"。撒拉语：aba "父亲"。

bas- "袭击、镇压"。撒拉语：bas- "压、镇压"。如：sen miniği ayaxïmnï basjï. "你踩了我的脚。" terengüjilerni man basmïš. "造反的人都被镇压了。"

bizintä "在（从）我们这里"。撒拉语：pisede "在我们这里"。

bulğa- "弄乱"。撒拉语：bulğa- "搅动"。如：u sunï bulğajanï qoylantïrjï. "他把水搅浑了。"

čöl "草原、平原、沙漠"。撒拉语：čel "野外、田埂"。如：inim čele mal kütme varjï. "我弟弟到野外放牧去了。" ular azat arasïna čel qoymïš. "他们在田地之间拢了田埂。"

čub "枝条"。撒拉语：čöp "草"。如：gölexge čöp biji čöyde verduǧu. "给牛喂些草料。"

ägir- "跟随、包围"。撒拉语：iǧer- "纺、捻（线）"。如：yipex iǧer. "纺线"。

gölik "驮畜"。撒拉语：gölex "牛"。

kötür- "举起"。撒拉语：köder- "背"。

ög "母亲、继母"。撒拉语：ög "后继的"。

sanč- "刺"。撒拉语：sanči- "绞痛"。

sïn- "破"。撒拉语：sun- "折断"。

sök- "跪、折破"。撒拉语：söx- "折叠"。

söktür- "使跪、折破"。撒拉语：söxder- "使折叠"。

yaylaǧ "夏牧场"。撒拉语：yilax "夏衣、夏粮"。

三、语音有变化的词

adaq "脚"。撒拉语：ayax "脚"。如：anda ayax ornï vara. "那儿有脚印。" 但在个别固定结构的词和地名中，该词以 adax 和 atax 形式存在，如：yalangqadax "光脚"，Atax "积石镇小别列村在牙木曲乎村西边的一个迁移村名" "地势较低的土地名称"。

adrïl- "分离"。撒拉语：ayaš- "分开"。如：kine andan ayašjï. "他妻子和他分开了。"

amtï "现在"。撒拉语：inji "现在、还"。如：inji men öyime va(r)ǧur. "现在我要回家。"

angar "向他"。撒拉语：anga "向他"。如：men anga armut bir verji. "我给了他一个梨。"

arïǧ "干净"。撒拉语：arï "干净"。如：aniǧi biqeraxï arï emesa. "他的衣服不

干净。"

artuq "多余的"。撒拉语：atux "多的、多余的"。如：bu mörende balux atux dïr. "这条河里鱼多。" atuxïndağï helini manga ver. "把多余的钱给我。"

ayt- "说"。撒拉语：ede- "说"。如：u va(r)ğur eder. "他说要去。"

äb "毡房、房子"。撒拉语：öy "房子、家"。

äbir- "围绕"。撒拉语：ilan- "转、散步"。如：u ayatda ilanba(r). "他在院子里转来转去。"

älig "五十"。撒拉语：elli "五十"。

ärt- "经过"。撒拉语：öt- "经过"。如：ular özenni ötmiš. "他们过了小河。"

äsid- "听"。撒拉语：išde- "听见"。如：bala yağlağanïnï išdemiš. "听到了孩子哭的声音。"

ba- "系、缚"。撒拉语：bağla- "系、缚"。如：u išdan bağïnï bağlajï. "他系了裤带。"

banga/manga "对我"。撒拉语：manga "对我"。如：u manga edir. "他对我说。"

bar "有"。撒拉语：var（孟达土语为 bar）"有"。manga ini bir var. "我有一个弟弟。"

bar- "去"。撒拉语：var-（该词为助动词时其语音形式为 bar-，在孟达土语中也为 bar-）"去"。如：u dağqa varjï. "他去山里了。" u aš uzat barjï. "他去送饭了。"

bay "富"。撒拉语：bar "富"。如：bar kiše heli atux dïr, yox kiše bala atux dïr. "富人钱多，穷人孩子多。"

män/bän "我"。撒拉语：men "我"。

bär-/bir- "给"。撒拉语：ver-（该词的助动词形式为 ber-，在孟达土语中该词也为 ber-）"给"。如：u anasïnï bar kiše ve(r)miš. "他将女儿许给了富人。" bu išni men anga yaša berji. "我将这事告诉了他。" 在语流音变中，有时撒拉语的 ver-/ber- 有 vi(r)-/bi(r) 的变体形式。

bärü "这边、到这边"。撒拉语：bele "这边、到这边"。如：andan bele men ağïrjï. "从那以后我病了。"

bing "千"。撒拉语：ming "千"。

bin-"骑"。撒拉语：min-"骑"。如：men ešex minjeni qolïm sunjï. "我因骑毛驴弄折了胳膊。"

bini "把我"。撒拉语：mini "把我"。如：ular mini datmajï. "他们没找到我。"

bintür-"使骑"。撒拉语：minter-"使骑"。如：u mini at minterji. "他让我骑马了。"

bizing "我们的"。撒拉语：pisiniği "我们的"。

bizingä "对我们"。撒拉语：piseğa/pisere "对我们"。

bol-"成为、是"。撒拉语：vol-（孟达土语为 bol-）"成为、是"。

bunča "这样的"。撒拉语：munja "这样的"。

bunï "把这"。撒拉语：munï "把这"。如：sen munï iš. "你喝这个。"

bunta "在这里"。撒拉语：munda "在这里"。

čärig "军队"。撒拉语：čirix "军队"。

ič "内"。撒拉语：iš "内"。

idi "主人"。撒拉语：isi "主人"。

iki "二"。撒拉语：išgi "二"。

ikinti "第二"。撒拉语：exinji "第二"。

ilgärü "向前"。撒拉语：iline "向前"。

ilk "前、首先"。撒拉语：il "前、首先"。

ilki "最先的"。撒拉语：iliği "前面的"。

ïğač "树木"。撒拉语：ağïš "树木"。

ïraq "远"。撒拉语：yïrax "远"。

ït "狗"。撒拉语：it "狗"。

käč-"过、渡过"。撒拉语：göš-"渡过"。如：u sunï göšji. "他渡河了。"

käl-"来"。撒拉语：gel-"来"。

kältür-"使来到"。撒拉语：gelter-"使来到"。

kičig "小"。撒拉语：kiji "小"。

kigür-"使进入"。撒拉语：giğer-"使进入"。如：men anï giğermeji. "我没让他进来。"

kir-"进入"。撒拉语：gir-"进入"。

kiši"人"。撒拉语：kiš"人"。

köbürgä"桥"。撒拉语：kömür"桥"。如：piser kömür čöyji."我们架了桥了。"

kök"蓝"。撒拉语：göx"蓝"。如：göx asman."蓝天"。

köl"湖"。撒拉语：göl"湖"。

kömür"煤"。撒拉语：gömür"炭"。

köngül"心情"。撒拉语：göngni"心情、心意"。

kör-"看"。撒拉语：gör-"看见"。

köz"眼睛"。撒拉语：göz"眼睛"。

küč"力量"。撒拉语：küč/küš"力量"。如：anga küš vara."他有力量。"

küčlüg"有力的"。撒拉语：küšli"肥的、浓的。"如：bu qoy küšli ira."这羊很肥。" bu ča küšli ira."这茶很浓。"

kün"日、天"。撒拉语：gün"日、天"。

kümüš"银"。撒拉语：gümüš"银"。

küntüz"白天"。撒拉语：güntüs"白天"。

mäning"我的"。撒拉语：miniği"我的"。

nä"什么"。撒拉语：nang"什么"。

ol"他、那"。撒拉语：u"他、她、它、那"。

olur-"坐下"。撒拉语：ot-/otur-"坐"。

oq"箭"。撒拉语：uxu"箭"。

oq/ök"强调助词"。撒拉语：ox"强调助词"。

ölür-"杀死"。撒拉语：ülder-"杀死"。

ör-"升起"。撒拉语：höre"（禾苗等）成长"。

ortu"中间"。撒拉语：otu"中间"。

öz"自己"。撒拉语：iz"自己"。

özi"他自己"。撒拉语：izi"他自己"。

özüm"我自己"。撒拉语：izim/eyim"我自己"。

qabïš-"会合"。撒拉语：qarïš-"加入"。

qan "汗"。撒拉语：xan "汗"。

qalïn "厚"。撒拉语：xalang "厚"。

qapïğ "门"。撒拉语：qo "门"。

qarï "老"。撒拉语：xarï "老"。

qarï- "变老"。撒拉语：xarï- "变老"。

qatïğdï "硬、坚固"。撒拉语：xïtï "硬、坚强"。

qïrq "四十"。撒拉语：qirïx "四十"。

qïs-/qïš- "挤、做"。撒拉语：xïs- "挤"。

qïsğa "短"。撒拉语：xïsqa "短"。

qïtañ "契丹"。撒拉语：xadï "汉族等讲汉语的人"。

qod- "放"。撒拉语：qoy- "放"。

qoñ "羊"。撒拉语：qoy "羊"。

qorq- "怕"。撒拉语：xorğï- "怕"。

sač- "头发"。撒拉语：saš "头发"。

sarïğ "黄色的"。撒拉语：sarï "黄色的"。

säbin- "喜爱"。撒拉语：söyin- "喜爱"。

sub "水"。撒拉语：su "水"。

süngük "骨"。撒拉语：sinex "骨"。

tabïšğan "兔子"。撒拉语：došan "兔子"。

tağ "山"。撒拉语：dağ "山"。

tam "墙"。撒拉语：dam "墙"。

taqï "再有"。撒拉语：dağï "还"。

taqïğu "鸡"。撒拉语：tox "鸡"。

taš "石头"。撒拉语：daš "石头"。

taš "外面"。撒拉语：daš "外面"。

tä- "说"。撒拉语：de- "说"。

täbi "骆驼"。撒拉语：döyi "骆驼"。

täg- "到达、袭击"。撒拉语：değ- "摸、触、分到"。

tägiš "接触、交战"。撒拉语：değiš "接触、冲突"。

tämir "铁"。撒拉语：dimer "铁"。

tär "汗"。撒拉语：der "汗"。

tik- "立起"。撒拉语：tix- "立"。

tir- "活"。撒拉语：dir "活"。

tiril- "复活"。撒拉语：diril- "复活"。

tïl "舌、语言"。撒拉语：dil "舌"。

tïnla- "听"。撒拉语：dingne- "听"。

tod- "饱"。撒拉语：döy- "饱"。

tonguz "猪"。撒拉语：dongus "猪"。

toq "饱"。撒拉语：dox "饱"。

toqï- "打"。撒拉语：döy- "打"。

toquz "九"。撒拉语：doqus "九"。

toqunzunč "第九"。撒拉语：doxsïnjï "第九"。

topul- "攻击"。撒拉语：dabla- "（蜜蜂等）落"、zabla- "打"（？）。如：a bašïnï baljün dablamïš. "他的头上落满了蜜蜂。" ular anï zablamïš. "他们把他打扁了。"

tök- "倒"。撒拉语：döx- "倒"。如：men sunï döxji. "我把水倒掉了。"

töpü "山峰、顶部"。撒拉语：Töbe "托坝（循化一村落名称）"。

töri-/törü- "生"。撒拉语：dur- "生、结（果实）"。

tört "四"。撒拉语：döt "四"。

tu- "堵"。撒拉语：tus- "堵"。

tudun "官号（土屯）"。撒拉语：dudu "官号"。

tur- "站立"。撒拉语：dur- "停止、积食"。

tün "夜"。撒拉语：dün "昨天"。

tüpüt "西藏"。撒拉语：tiut "藏族"。

türk/türük "突厥"。撒拉语：turki "突厥"。

tüš- "落下"。撒拉语：čiš- "落"、tiš- "产生"。如：a göngnine išör tišmiš. "他想到了一件事。"

tüšür-"使落下"。撒拉语：čir-"使落下"。

tüz "平直的"。撒拉语：düz "平直的"。

tüzül-"变平直"。撒拉语：düzel-"变平直"。

ubut "耻辱"。撒拉语：uyït "羞耻"。

uč "端、尖"。撒拉语：uj "端、尖"。

uč-"飞"。撒拉语：uš-"飞"。

uluğ "大"。撒拉语：ulï "大"。

una-"中意"。撒拉语：ona-"同意"。

ur-"打（造）"。撒拉语：vur-"打"。

urtur-"让打造"。撒拉语：vurtïr-"使打"。

uruš "战争"。撒拉语：vuruš-"打仗"。

utru "迎着"。撒拉语：učrï-"相遇"。

üč "三"。撒拉语：üš "三"。

üčünč "第三"。撒拉语：üčinji "第三"。

yalïngus "单独"。撒拉语：yağuz "单独"。

yana "又"。撒拉语：nene "又"。

yäg "好"。撒拉语：yaxšï "好"。

yinčgä "细"。撒拉语：lešgi "细"。

yïmšaq "软"。撒拉语：mišax "软"。

yïpar "麝香"。撒拉语：yofïr "麝香"。

yuyqa "薄"。撒拉语：yoxba "薄"。

yügür-"跑"。撒拉语：yükür-"跑"。

yügürt-"使跑"。撒拉语：yüküret-"使跑"。

四、音义皆有变化的词

ač "饥饿"。撒拉语：aš "贪婪、吝啬"。如：ubir aš irar a! "他真贪婪！" u aš piš, armutïnï izijüğü yije, bašqa kiše ve(r)mes. "他很吝啬，光自己吃梨，不给别人。"

ač-"感到饿"，ačsïq "饿"。撒拉语：ačïx-"感到饿"，ačïx "生气"。如：sen čuxur ačïxar mo? "你现在饿吗？" anga ačïx atux dïr. "他脾气大。"

boğuz "喉咙"。撒拉语：boğïs "（树或人脖子上的）肿瘤"。如：aniği boynïna boğïs čïxmïš. "他脖子上长了个肿瘤。"

ičğïn- "失去"。撒拉语：išqïn- "松开、解开"。如：išdan bağïm išqïnjï. "我的裤带松了。" gölex išqïnmïš. "牛脱（缰）了。"

kälingün "儿媳们"。撒拉语：kine "妻子"。

käyik "野兽"。撒拉语：kiyïx "野山羊、黄羊、岩羊"。

oqï- "叫、邀请"。撒拉语：oxï- "读"。

qat- "加入"。撒拉语：xat- "调（盐、醋等等）"。

qatun "可汗之妻"。撒拉语：qadïn kiš "妇女"。

qop "全部"。撒拉语：köp "大部分"。

qopïn "全部"。撒拉语：köpi "大部分"、xoban "帮（量词）"。

yiča "重新"。撒拉语：yačila "反复地"。

五、音义相关的词

ärklig "有力的、强大的"。撒拉语：erkex "男性的、雄性的"。

basïn- "被袭击、被镇压"。撒拉语：basïl- "平息"。如：bu iš basïljï. "这件事平息了。"

bïč- "切"。撒拉语：pičax "刀子"。

boğuzlan- "扼杀"。撒拉语：boğ- "勒（脖子）"。如：u boğulja ülmiš. "他自缢了。"

kärgäk "需要的"。撒拉语：kele- "需要"。

ötün- "请求、祈祷"。撒拉语：öde- "祈祷"。

qarğu "瞭望地"。撒拉语：qangran- "瞪"。

qïličla- "用剑斩杀"。撒拉语：qïlïš "剑"。

qïrğaqlïğ "镶边的"。撒拉语：qïrğï "边"。

qorğan "堡垒"。撒拉语：qur- "筑、垒"。
salla- "乘筏"。撒拉语：sal "筏、木洼"。
sïğït "吊唁"。撒拉语：sağïs "哭嫁歌"。
sözläš- "交谈"。撒拉语：söz "话"。
süčig "甜的"。撒拉语：süjimïğan "甘草"。
tabar "财物"。撒拉语：dohla- "（用财物）打发（客人）"。
tang "黎明"。撒拉语：tangat- "天亮"。
tarïğlağ "耕地"。撒拉语：darï- "耙（地）、梳（头发）"。
tarqïnč "涣散"。撒拉语：dağïl- "散开"。
täz- "逃走"。撒拉语：dezgen- "旋转、转圈"。
tizlig "有膝的"。撒拉语：düz "膝盖"。
tonluğ "有衣的"。撒拉语：don "长衫"。
yadağ "步行"。撒拉语：yada- "累"。
yağuq "近"。撒拉语：yaxïn "近"。
yapït- "使建造"。撒拉语：yasa- "造"。
yïlsïğ "温暖"。撒拉语：yili "热的"。

六、古突厥语和撒拉语词汇的比较分析

我们通过对耿世民教授字典中的950个古突厥语词和现代撒拉语词的对比，发现：

（一）古突厥语词汇的大约40%在撒拉语中得到了保留。从6—9世纪到现在，在经过了至少1100多年后，撒拉语仍然保留了如此多的古突厥语词汇。这些词汇在音义方面绝大部分和古突厥语词汇有着非常明显的联系。

（二）撒拉语对古突厥语词汇的继承主要有基本名词、数词、动词、形容词、代词，以及个别助词、语气词等，基本上涵盖了古突厥语词汇的各种词类。

（三）就词汇所反映的内容来看，主要有畜牧、农业、天文、地理、房屋、亲属称谓及个别的社会组织名称。通过这些词汇，我们基本上可以看到撒拉族先民在

1100多年的历史发展中对古代社会生活的继承情况：马、牛、羊、骆驼、鸡、虎、兔、蛇、猴、狗、猪、麝、狼等在撒拉族先民生活中是较为常见的动物；耕地、房屋、畜圈、住地等方面的词语，说明1100多年前的撒拉族先民已经有一定的农业生活，至少有时一定时间的定居生活；现代撒拉语基本上完整地继承了古突厥语中的十二生肖名称，说明这种历史纪年的方法，在1100多年来的撒拉族社会生活中始终发挥着重要作用；对年的季节划分，从那时到现在没有发生任何变化；古突厥语 salla-"乘筏"在撒拉语中有其词根 sal "筏、木洼"，说明撒拉族现在黄河上使用的交通工具早在古代时候就在其先民生活中占有重要地位。

（四）古突厥语词汇中的一些政治、宗教、军事、社会、地形、人物等的名称在现代撒拉语中大多消失了，说明10世纪以来，撒拉族先民以及撒拉族所生活的地理环境、政治制度、宗教生活、军事生活、社会制度及其他精神生活都发生了巨大变化。

（五）一些外来词从6—9世纪到现在一直在撒拉语中使用着，说明撒拉族先民在很早时候就与其他民族有了来往。如来自汉语的借词在古突厥语中为 tudun "官号（土屯）"，在撒拉语中为 dudu "官号"；古突厥语中的 tonluğ "有衣的"一词的词根为 ton，其意义为"衣服"，该词来自塞语（冯·加班，346①），而该词在撒拉语中以 don "长衫"和 išdon "裤子"的形式存在；撒拉语中 qadïn kiš "妇女"一词中的 qadïn 在古突厥语中意为"可汗之妻"，是来自古伊兰语的借词（Clauson，602）。这说明了撒拉族先民和中亚民族在政治文化方面的交流情况。

第二节　撒拉语的特征

一、撒拉语的地位

撒拉语，本民族称之为 "Salïr gačï" 或 "Turki söz"。11世纪，麻赫默德在其

---

① 括号中为作者及其著作页码，具体信息见参考文献。若同一作者有多部文献在本书中被引用，则给出出版日期及页码。下同。

《突厥语大词典》中，将撒拉族的先民撒鲁尔人列为乌古斯部之一。根据语言接触与影响情况，麻氏将当时的突厥语分为两组。他说，只讲一种语言而不与波斯人或其他民族接触的人的语言是最清晰和最准确的语言。和城市居民有往来而讲两种语言的人的语言是不纯的。黠戛斯、克普恰克、乌古斯、样磨、奥格拉克、恰鲁克等部落只讲一种纯粹的突厥语，因而是"最清晰、最准确"的语言。属于这种语言的还有耶麦克、巴什基尔、布尔加尔、苏瓦尔和佩切涅克等人的语言。他还说语言中轻柔的是乌古斯语，正确的是托赫锡和样磨语。伊犁河、亚马尔河、伏尔加河诸河流域的回鹘人的语言也是正确的，其中最正确的是哈卡尼王朝中央地区的语言。索格达克、坎切克、阿尔古等人通晓两种语言，因而是不纯粹的语言。由此可见，在11世纪，撒拉族先民只讲一种纯粹的突厥语，他们的语言属于"最清晰、最准确"的语言，并且和其他突厥语相比，他们的语言也是最轻柔的。①

19世纪以来，国外学者先后提出了许多种分类方法对突厥语进行分类。萨莫依洛维奇（S. N. Samojlovich）根据突厥语族语言中 toğïz "九"、ayağ（ayaq）"脚"、bol- "是、成为"、tağ "山"、sarïğ "黄"、qalğan "留下的"等6个词在不同语言中的语音和形态上的标志又将诸多突厥语划分为 r 组、d 组、taw 组、tağlaq 组、tağli 组和 ol 组。撒拉语被划归于 d 组，此组语也被称为维吾尔语组或东北语言组。

马洛夫把某一语言与古代的鄂尔浑—叶尼塞碑铭语言和回鹘文献语言作比较，根据该语言中保留下来的古代语言成分的多少而将突厥语分成四组：最古语言、古语言、新语言和最新语言。撒拉语被划在新突厥语中，此组语言中还有阿塞拜疆语、尕尕乌孜语、库曼都语、克普恰克语、佩切涅克语、波洛伏齐语、土耳其语、土库曼语、维吾尔语、乌兹别克语、察哈台语、楚雷姆语等。

门格斯、波普和巴斯卡柯夫等把撒拉语当成是维吾尔语的一个分支。根据铁肯的观点，撒拉语和乌古斯诸语言（土库曼语文学语言、乌兹别克语霍拉桑、花剌子模、乌古斯诸方言、阿塞尔人的语言或阿塞拜疆语文学语言，以及哈什凯、艾纳鲁、奇尔库克和叶尔比勒诸方言，土耳其文学语言、尕尕乌孜语文学语言）最接近，其次和克普恰克组语（塔塔尔语、巴什基尔语、哈萨克语、卡拉卡尔帕克语、

---

① 麻赫默德·喀什噶里：《突厥语大词典》（第一卷），民族出版社，2002，第30~33页。

诺盖语、库慕克语等）接近。柯尔什把撒拉语归入东部语组，讲这些语言的包括波罗维茨人（库曼人、克普恰克人）、察哈台人、古维吾尔人，鄂尔浑人，鄂尔浑人的后代——卡拉尕斯人，后来有柯依巴里人、萨盖人、撒洛尔人。包格洛吉茨以突厥语的地区分布原则为基础，将突厥语划为七个语组，撒拉语归入中亚语组，属于该语组的还有维吾尔语、西部裕固语、哈萨克语、吉尔吉斯语、乌兹别克语和卡拉卡尔帕克语。捷尼舍夫认为，撒拉语基本上是乌古斯语支的语言，但受到克普恰克语和汉语的深刻影响。①韩伦和杜安霓的观点基本上和捷尼舍夫的看法一致，他们都认为撒拉语是乌古斯语的一个分支，但同时带有克普恰克语的特点。②

二、撒拉语的乌古斯语特征

（一）撒拉语与《突厥语大词典》中的乌古斯语之比较

11世纪的麻赫默德《突厥语大词典》中，对当时突厥语方言之间的差别做了较为详细的记载。对乌古斯语和其他方言之间的差异，作者用专门篇幅给予了介绍：

1. 语音差异

作者认为，这些方言在词语上差别甚小，词语的差别仅表现为几个字母③的互相替代或脱落。如：④

（1）突厥人词首的 y 对应于乌古斯人和克普恰克人词首的 ø。如突厥人称"温水"为 yïlïg̈ suv，而乌古斯人和克普恰克人则称为 ïlïg̈ suv。在现代撒拉语中这个词的形式为 yili su。其词首音具有突厥人的发音特点，而不是乌古斯人的发音特点。

（2）乌古斯、克普恰克和苏瓦尔人将词首的 m 变为 b。如突厥人说"män bardïm 我去了"，他们则说"bän bardum 我去了"。这儿，突厥人的 män"我"对应

---

① 李增祥：《突厥语概论》，中央民族大学出版社，1992；Nicholas Poppe. 1953. Remarks on The Salar Language. *Harvard Journal of Asiatic Studies* ©. Harvard-Yenching Institute；捷尼舍夫：《突厥语言研究导论》，陈鹏译，中国社会科学出版社，1981。

② 莱茵哈德·韩伦：《论撒拉语的由来及其发展》，马福译，《中国撒拉族》1994年第2期；杜安霓：《撒拉语的突厥语因素——一种具有察哈台语形式的乌古斯语？》，赵其娟、马伟编译，《青海民族研究》2003年第3期。

③ 此处的"字母"就指"语音"。

④ 麻赫默德·喀什噶里：《突厥语大词典》（第一卷），民族出版社，2002，第35～37页。

于乌古斯的 bän "我"。在现代撒拉语中，该词形式为 men "我"，其语音也具有突厥人的特点，不具有乌古斯人的特点。

（3）乌古斯人及其附近的人词中的 t 变成 d。如突厥人称"骆驼"为 tävä，而他们则说 däwä。在现代撒拉语中，该词形式为 döyi "骆驼"，具有乌古斯人的发音特点。

（4）乌古斯人从不用 ż[ð]，总是将其变为 y。如突厥人将"桦树"称为 qažïng，而乌古斯人称为 qayïng。在现代撒拉语中，称"桦树"为 qayïn，显然具有乌古斯人的发音特点。

（5）乌古斯人将派生表示时间和处所的名词所用的附加字母 ğ 改为 ø。如突厥人称"要去的地方"为 "barğu yär" 而乌古斯人则说成 "barasï yär"。在现代撒拉语中，"要去的地方"既有 va(r)ğu yer 的形式，也有 va(r)ğusï yer 的形式，而且两者意思相同。

（6）乌古斯人往往将音节首的 ğ 省略。如突厥人的 barağan "去"、urağan "打"在乌古斯人的方言中为 baran "去"、uran "打"。现代撒拉语具有突厥人的特点，这两个词的词首都保留了 ğ，如 va(r)ğan "去"、vurğan "打"。

2. 词语差异

在《突厥语大词典》中，作者专门指出一些乌古斯语词。在现代撒拉语中，和这些词相关的一部分词已经消失了，一部分词还存在，如：

（1）和撒拉语对应的乌古斯语词。这些词被认为是乌古斯语的词在撒拉语也存在，如：

uč "某种事物的终结、完结、穷尽"（麻赫默德，1-49[①]）。撒拉语：uj "末端、终点"。

yağ ügüri "芝麻"（麻赫默德，1-61）。撒拉语：yağur "芝麻"。

aruq "瘦弱的，羸弱的"（麻赫默德，1-71）。撒拉语：arux "瘦弱的"。

ašaq "低"（麻赫默德，1-72）。撒拉语：ašax "低"。

[①] 此处连字符之前的1、2、3分别表示麻赫默德·喀什噶里的《突厥语大词典》第一卷、第二卷和第三卷，连字符后面的数字表示页码。

第二章　撒拉语在突厥语中的地位

saq älik "右手"（麻赫默德，1-78）。撒拉语：sïx el "右手"。

äkin "庄稼地"（麻赫默德，1-84）。撒拉语：ixen "庄稼"。

aq "白、白色的"（麻赫默德，1-87）。撒拉语：ax "白、白色的"。

äzä "姐姐"（麻赫默德，1-97）。撒拉语：azï "姐姐"。

äpmäk "馕"（麻赫默德，1-109）。撒拉语：emex "馍馍"。

äšyäk "驴"（麻赫默德，1-119）。撒拉语：ešex "驴"。

öylä "中午、响午"（麻赫默德，1-122）。撒拉语：öyle "中午"。

äylä "那样、就那样"（麻赫默德，1-122）。撒拉语：eli "那样"。

ašlïq "粮食"（麻赫默德，1-123）。撒拉语：ašlïx "粮食"。

imdi "现在、刚刚"（麻赫默德，1-134）。撒拉语：inji "现在"。

alma "苹果"（麻赫默德，1-140）。撒拉语：alima "海棠果"。

ätti "乌古斯人做一件事时说这个词，而突厥人则说 qïldï"（麻赫默德，1-185）。撒拉语：etji "做了（一件事）"。

angladï "懂、领悟"（过去时形式）（麻赫默德，1-311）。撒拉语：olan "懂、明白"。

sän "你。突厥人把这个词用于孩子、仆人以及年龄比自己小、地位比自己低的人。对于较自己年长的以及自己所尊敬的人则用 siz。与此相反，乌古斯人对年长者用 sän，对年幼者用 siz"（麻赫默德，1-358）。撒拉语：sen "你"。现代撒拉语没有 siz 一词，sen 可被用于所有人。

tarïğ "黍"（麻赫默德，1-391）。撒拉语：tarï "黍"。

balčïq "泥泞"（麻赫默德，1-493）。撒拉语：palčïx "泥土"。

qušluq "上午"（麻赫默德，1-501）。撒拉语：qušlïx "早上（清晨与中午之间）"。

taqdï "结、绾、拴"（麻赫默德，2-16）。撒拉语：dax "系、戴"。

kep "模样，宛如，像，一样"（麻赫默德，2-117）。撒拉语：keme "像、一样"。

boq "大便、粪"（麻赫默德，3-126）。撒拉语：box "粪便"。

säčä "麻雀"（麻赫默德，3-214）。撒拉语：seji "麻雀"。

kämi "船"（麻赫默德，3-230）。撒拉语：kimu "船"。

borsuq"獾"（麻赫默德，3-408）。撒拉语：borsux"獾"。

savčï"媒人。亲家之间传递信息的媒人"（麻赫默德，3-431）。撒拉语：sojï"媒人"。

（2）和撒拉语相矛盾的乌古斯语词。这些词被作者认为不是乌古斯语，但在撒拉语中却保留有这些词。如：

ayaq"碗、盘。乌古斯人不懂这个词"（麻赫默德，1-91）。撒拉语：ayax"木碗"。

qum"沙、沙子。乌古斯人不懂这个词"（麻赫默德，1-357）。撒拉语：qum"沙子"。

yüküngüči"跪拜者、叩拜者。乌古斯人不这样说，他们说yükündäči"（麻赫默德，2-166）。撒拉语：yükünğüji"跪拜者"。

（3）在撒拉语中不存在的乌古斯语词。《突厥语大词典》中还有其他一部分乌古斯语词，但这些词在现代撒拉语已不复存在，如：

äm"女性生殖器"（麻赫默德，1-43）。

oğur"顺利、顺遂"（麻赫默德，1-60）。

3. 比较分析

在语音方面，《突厥语大词典》就乌古斯语的特征归纳了六点。如果将现代撒拉语与之相比，我们发现，撒拉语与乌古斯语在两个方面相符，但在三个方面则完全不相符合（这三点反而与其他方言相符），还有一个方面，撒拉语体现出乌古斯语和其他方言混合的特征。因此，仅靠语音特点，我们很难说撒拉语体现的只是乌古斯语的特点，也无法说撒拉语体现的只是其他方言如突厥语的特点。换句话说，现代撒拉语既体现了乌古斯语的特点，也体现了其他方言的特点。造成这种现象的原因可能有两点：一是当时的《突厥语大词典》作者并没有能完全准确地归纳出各方言的特点；二是现代撒拉语可能是乌古斯语和其他方言接触后混合形成的。

在词汇比较方面，《突厥语大词典》指出一些词是乌古斯语的词，但这些词在现代撒拉语中是缺乏的。我们不清楚这些词不出现在现代撒拉语中的真正原因，因此，如果排除这部分词语，而只考虑《突厥语大词典》和现代撒拉语共有的一些词，那么，我们发现，有28个乌古斯语词和现代撒拉语一致，而只有3个乌古斯语和现代撒拉语不一致，撒拉语的 3 个词和《突厥语大词典》中其他方言却保持一致。

可见，我们无法说现代撒拉语体现的只是《突厥语大词典》中的乌古斯语特征或其他方言特征，但总体而言，现代撒拉语确实更多地体现了当时的乌古斯语特征。

(二) 撒拉语与现代其他乌古斯语之比较

在现代突厥诸语言中，土耳其语、土库曼语、阿塞拜疆语、尕尕乌孜语等被学者们划归到乌古斯语组。目前学术界主流的看法是撒拉语也属于这一语组。前人的研究或以语音，或以语音、词汇、语法等方面数量较少的标准探讨撒拉语的归类问题，对撒拉语特点的认识往往先入为主地选择分类标准，难免具有以偏概全的问题，也未能较为全面地认识撒拉语的特点。

在此我们对《突厥语词典》[①]收录的阿塞拜疆语、哈萨克语、吉尔吉斯语、塔塔尔语、土耳其语、土库曼语、维吾尔语和乌兹别克语的 2000 个词作为比较对象，和撒拉语进行较为全面的对比，从语音方面分析撒拉语和其他主要的几种突厥语之间的关系，以期对以上学者的分类工作提供更多的支持或反对材料。根据学术界较为公认的分类法，我们将阿塞拜疆语、土耳其语和土库曼语当作乌古斯语，将哈萨克语、吉尔吉斯语和塔塔尔语当作克普恰克语，将维吾尔语和乌兹别克语当作葛逻禄语来和撒拉语进行对比。由于语音对应是确定语言亲属关系的决定性步骤，[②]因此，我们认为基于 2000 个词的撒拉语和其他突厥语之间的语音对比基本能反映撒拉语的突厥语特点。在这些词中，各突厥语所具有的共同词、撒拉语中根本无法对应的词都不是我们所比较的对象。

通过撒拉语和乌古斯语（阿塞拜疆语、土耳其语和土库曼语）之间 2000 个词的语音对比，我们发现，撒拉语的以下 133 个词在语音方面和乌古斯语有紧密的联系，其中：

---

① Özpopçu, Kurtuluş etc. 1996. *Ditionary of the Turkic Languages*. London and New York: Routledge.
② 徐通锵：《历史语言学》，商务印书馆，2008，第 37 页。

1. 撒拉语和乌古斯语所独有的词：①

撒拉语	土耳其语	土库曼语	阿塞拜疆语	其他语言	词义
öldeng songa	öğleden sonra	öyle			下午
ašaxda	ašağïda	ašakda	ašağïda		下面
süxse		sübse			扫帚
üxsürüx	öksürük	üsgülewük	ösküräk		咳嗽
ašax	ašağï	ašak	ašağï		下面
biz-	(boz-)	boz-			擦除
ver-	ver-		ver-		给
nine	nine	ene	nänä	哈萨克 ene（婆婆）	奶奶
el	el	el	äl	维吾尔 el-qol	手
dodïx	dudak	dodak	dodak		唇
öylilix	öğle yemeği				午饭
öyle	öğle				中午
soğan	soğan	soğan	soğan	塔塔尔语 sugan	葱
sovan	saban			塔塔尔语 saban	犁
sïx	sağ	sağ	sağ		右
seji	serče	serče	särčä		麻雀
yadï-		yadaw			累
deyi	dayï	dayï	dayï		伯父
xus		xoz	qoz		核桃

2. 撒拉语的部分辅音 x 对应于乌古斯语组阿塞拜疆语的 x：

撒拉语	阿塞拜疆语	其他语言	词义
ox	ox	ok、jebe 等	箭
yaxa	yaxa	yaka 等	领子
čïx-	čïx-	čïk- 等	出
yïxïl-	yïxïl-	yiqil 等	倒
vax-	bax-	bak- 等	看
sïx-	sïx-	sïq-、bas- 等	挤压

---

① 此处"独有的词"指这些词是撒拉语和乌古斯语所共有的，而在克普恰克语和葛逻禄语中一般找不到。下同。

续表

撒拉语	阿塞拜疆语	其他语言	词义
uxï-	oxu-	oqï- 等	学习
six	six	qoyuk 等	厚
yaxïn	yaxïn	yakïn、yeken 等	近

3. 撒拉语的部分不送气清塞音 g（有个别学者认为其也为浊音或半浊音）对应于乌古斯语的浊塞音 g（二者都是弱音），与克普恰克语和葛逻禄语的清塞音 k（实为送气音，即强音）形成了较大差别，① 如：

撒拉语	土耳其语	土库曼语	阿塞拜疆语	其他语言	词义
gören-	görün-	görün-	görün-	körün- 等	出现
güz		güyz		küz 等	秋季
göx	göy	gök		kök 等	蓝色
güy	güvey			küyov 等	新郎、女婿
göm-	göm-	göm-		köm- 等	埋
gün	gün	gün	gün	kün 等	天、日子
güntüs	gündüz	gündiz	gündüz	kündüz 等	白天
gir-	gir-	gir-	gir-	kir- 等	进入
göz	göz	göz	göz	köz 等	眼睛
gözlix	gözlük		gözlük	küzlek 等	眼镜
göl	göl		göl	köl 等	湖
geš	geč	gič	gej	keč 等	晚
gürğenčix	güverjin		göyïrčin	kögeršin 等	鸽子
giy-	giy-	gey-	gey-	kiy- 等	穿
gïngnanjilï			gïnančlï	qayğuluq 等	伤心的

---

① 我们之所以将撒拉语的不送气清塞音 g 与乌古斯语的浊塞音 g 归在一起，而不与其他语言的清塞音 k 进入同一类别，是因为撒拉语的 g 及相对应的乌古斯语 g 都是从古代突厥语的 k 演变过来的，是 k 的变化；同时，撒拉语的 g 及与之对应的乌古斯语的 g 都是弱音，与其他语言的强音 k 形成了对比。下文中的撒拉语的 d 对乌古斯语的 d、撒拉语的小舌不送气清塞音 q 和乌古斯语的小舌浊塞音 g 之间的对应也基于同样的考虑。

续表

撒拉语	土耳其语	土库曼语	阿塞拜疆语	其他语言	词义
gör–	gör–	gör–	gör–	kör– 等	看见
gümüš	gümüš		gümüš	kümüš 等	银
gez	gezin–	gezmele–	gïzin–	aylan– 等	散步
gün	gün	gün	gün	kün 等	太阳
görges–	göster–	görkez–	göstïr–	körset– 等	展示
gel–	gel–	gel–	gäl–	kel– 等	来

4. 撒拉语的小舌不送气清塞音 q 对应于土库曼语的小舌浊塞音 g（都为弱音），而跟其他语言小舌清塞音（强音）等不同，如：

撒拉语	土库曼语	其他语言	词义
qanat	ganat	kanat 等	翅膀
qurux	guyruk	kuyruk 等	尾巴
qïlïč	gïlïč	kïlïč 等	剑
qar	gar	kar 等	雪
qal–	gal–	kal– 等	留下
qïzïl	gïzïl	kïzïl 等	红
qoy–	goy–	koy– 等	放
qaš–	gač–	kač– 等	逃跑
qïrğï	gïra	qirra 等	边缘
qulax	gulak	kulak 等	耳朵
qur–	gura–	quru– 等	干
qïz	gïz	kïz 等	女儿
qaz	gaz	kaz 等	天鹅
qazï–	gaz–	kaz– 等	挖
qarangqu	garanggu	karanlïk 等	黑暗
qaymax	gaymak	kaymak 等	奶油、乳脂
qol	gol	kol、qol 等	手臂
qan	gan	qan 等	血
qoš–	goš–	qoš– 等	加

5. 撒拉语的部分不送气清塞音 d（也有学者认为其为浊音或半浊音）对应于乌古斯语的浊塞音 d（二者都为弱音），而不同于克普恰克语和葛逻禄语的清塞音 t（实为送气音，即强音），如：

撒拉语	土耳其语	土库曼语	阿塞拜疆语	其他语言	词义
doğ-	doğ-	doğul-	doğul-	tuğul- 等	出生
düğme	düğme		düymï	tügmä 等	纽扣
döyi	deve	düye	dävä	tüye 等	骆驼
dašï-			dašï-	tašï- 等	搬运
düzet-	düzelt-	düzet-	düzält-	tüzet- 等	弄直
doğrï	doğru	doğrï		toğra 等	正确的
damjï	damla	damja	damjï	tamjï 等	（水）滴
ding		deng		teng 等	平等、一样
doldïr-	doldur-	doldur-	doldur-	toltur- 等	填
döt	dört	dört	dörd	töt 等	四
dong-	dong-	dong-	don-	tong- 等	冻
dolï-	dolu-	dolï-	dolu-	tolï- 等	满
dimur	demir	demir	dämir	temir 等	铁
ülder-	öldür-	öldür-	öldür-	öltür- 等，乌兹别克语 öldir	杀死
düz	diz	dïz	diz	tiz 等	膝盖
düğüm	düğüm	düwün	düyün	tügün 等	结扣
dingne-	dinle-	dingle-	dinlä-	tïngla- 等	听
qarïšdïr-		garïšdïr-	qarïšdïr-	katïštïr 等	混合
dağ	dağ	dağ	dağ	tağ 等	山
dïrnïx		dïrnaq	dïrnaq	tïrnaq 等	指甲
ad	ad		ad	at 等	名字
dar	dar	dar	dar	tar 等	窄
düz		düzlük	düzänlik	tüz 等	平原
dat-			dart-	tart- 等	拉
došan			dovšan	tošqan 等	兔子
duz		duz	duz	tuz 等	盐
daš		daš	daš	taš 等	石头

续表

撒拉语	土耳其语	土库曼语	阿塞拜疆语	其他语言	词义
düz	düz		düz	tüz 等	直
derle-		derle-		terle- 等	出汗
dat-		dat-		tat- 等	品尝
dil	dil	dil	dil	til 等	舌头
değ-		değ-	däy-	teg- 等	触摸
deli		däli		tälvä 等	疯狂、无知

6. 一些撒拉语词的语音与其他语言相比更接近于乌古斯语，如：

撒拉语	土耳其语	土库曼语	阿塞拜疆语	其他语言	词义
irix		erik	ärik	örük 等	杏子
sor-	sor-			sora- 等	问
uyan-	uyan-			塔塔尔语 uyan-	醒
emex	ekmek			ikmäk 等	馍馍
etilix		ertirlik		irtänge aš 等	早饭
čene-		čeyne-		čäynä- 等	咀嚼
öli		öli		üle、ölük 等	死的
er		ir		erte 等	早（副词）
azal-	azal-	azal-	azal-	azay- 等	减少
yumuta	yumurta	yumurtga	yumurta	yomïrka 等	鸡蛋
saš	sač	sač	sač	soč、čač 等	头发
ağïr	ağïr	ağïr	ağïr	eğir、avïr 等	重
ïssï		ïssï		esse、issiq 等	热
at	art	art	art	köböy 等，塔塔尔语 art	增加
kiči	kiči			kičik 等	小
bağïr		bağïr		boor、jigar 等	肝
palčïx			palčïx	balčiq 等	泥
armut	armut	armït	armud	amut、almurt 等，塔塔尔语 armut	梨
it-		it-		iter- 等	推
yorğan	yorğan	yorğan	yorğan	yurgan、yotqan 等	被子

续表

撒拉语	土耳其语	土库曼语	阿塞拜疆语	其他语言	词义
yağmur	yağmur			yamğur 等	雨
čix	čiğ	čiğ		či、xom 等	生的
čür–	čürü–	čuyre–	čürü–	čiri– 等	腐烂
yağnï		egin		iyïq 等	肩膀
bile		bile		bergä 等	一起
ajï	ajï	ajï	ajï	ačï 等	苦
baba			baba	boppa、bopa、bowa 等	爷爷
inji			indi	endi、amti、amdi 等	现在
xağït	kağït			qäğäz 等	纸
fïkïr	fakir			peqir 等	穷人
boğas	boğaz	boğaz	boğaz	boğaq、boğuz 等	咽喉
xïtï	katï	gatï		qattïq 等	硬

除了以上语音和词的特征外，把撒拉语和其他现代乌古斯语联系到一起的一个重要特征是 –mIš 这个出现在动词词干后面的过去时形态标记。如撒拉语：

inji Monigu sïxlamïš. Monigu sïxlasa, yon gi(l)miš, gi(l)mišde qaynatmïš. Monigu banding'ačüx belenmišde ot qa(l)mïš. čosï geljeni, "bada bada mian chuley, bada bada you chuley," dimiš. burmaxï arasïndan un čïx gi(l)miš, yağ čïx gi(l)miš. neme qaynatmïš. Monigu xorğamïšda čosïnï čutalmamïš.

于是，莫尼古（留下来）看守了。莫尼古看守时，（三个姑娘）又来了，做了饭。莫尼古变成了凳子。（她们）几个来了以后，说："啪嗒，啪嗒，面出来；啪嗒，啪嗒，油出来。"从她们的手指间出来了面，出来了油。做了饭。莫尼古吓得没能捉住她们。①

---

① 马伟：《Atden Čïxqïn Masinbo》，《中国撒拉族》2010 年第 1 期。

这种标记在古代鄂尔浑碑铭突厥语中就已经出现，如：

yabğuğ šadïğ anta bärmiš. biriyä tabğač bodun yağï ärmiš, yïraya baz qağan, toquz oğuz bodun yağï ärmiš, qïrqïz, qurïqan, otuz tatar, qïtañ, tatabï qop yağï ärmiš.

并在那里（赐）给了叶护及设（的称号）。在右边（南方）唐人是敌人，在左边（北方）巴兹（baz）可汗及九姓乌古斯是敌人，黠戛斯、骨利干、三十姓鞑靼、契丹、奚，都是敌人。①

不仅撒拉语，在现代土耳其语、阿塞拜疆语、尕尕乌孜语以及书面土库曼语等乌古斯语中，也存在着 –mIš 标记。显然，这些语言中的 –mIš 是对古代突厥语的继承，也是相互之间存在密切关系的重要证据。在察哈台语、雅库特语中也有这个标记，但在这些语言中，一般认为 –mIš 只是偶然出现或历史上的假设形式。

三、撒拉语的克普恰克语特征

（一）词汇和语音方面

如前文所述，此处我们所谈的克普恰克语包括哈萨克语、吉尔吉斯语和塔塔尔语。在我们对《突厥语词典》②收录的阿塞拜疆语、哈萨克语、吉尔吉斯语、塔塔尔语、土耳其语、土库曼语、维吾尔语和乌兹别克语的 2000 个词同撒拉语比较时发现：

1. 有些词语只在撒拉语和克普恰克语中存在，如：

撒拉语	哈萨克语	吉尔吉斯语	塔塔尔语	其他语言	词义
qumusqïn	qumïrsqa	qumursqa	qïrmïsqa	qarïnča 等	蚂蚁
ničix			niček	qandaq 等	如何

撒拉语的以上 2 个词语和克普恰克语很明显同出一源，但与其他语言却有着很大不同。

---

① 耿世民：《古代突厥文碑铭研究》，中央民族大学出版社，2005，第 124 页。
② Özpopçu, Kurtuluş etc. 1996. *Ditionary of the Turkic Languages*. London and New York: Routledge.

2. 和其他语言相比，有些撒拉语词语在语音方面更接近克普恰克语，如：

撒拉语	哈萨克语	吉尔吉斯语	塔塔尔语	其他语言	词义
akel-	äkel-	alïp kel-	alïp kil-	elip käl- 等	拿来
kem			kem	kim	谁
mamux			mamïk	pamuk 等	棉花
tireng	tereng	tereng	tirän	derin 等	深
anï	anï	anï	anï	onu 等	他（宾格）
aniǧi		anïkï	anïkï	onunki 等	他的
išinde	išinde	ičinde		ičeride 等	在里面
ili			elek	ilgiri、aldi 等	前（副词）
özen	özen			ägiz、derya 等	河
neǧe	nege		nigä	nimigä、näme üčin 等	为什么
qadïx			qadak	mix 等	钉子
ajï			äči	aččiq、turšï 等	酸

（二）形态方面

著名突厥语学家捷尼舍夫认为，能够解释撒拉语所经历的结构变异的唯一理由是语言的深度干扰。而且，他指出，13—14 世纪，撒拉族在西部撒马尔罕地区时，与克普恰克部落有过接触。撒拉语从克普恰克语借入了以 –GA 结尾的与格形式（与 –A 结尾的固有形式并存）和以 –nI 结尾的宾格形式、形动词和以 –GAn 结尾的过去时（与 –mIš 形式并存）、以 –GUjI 结尾的现在时形动词、以 –GI 结尾的愿望式（与 –a/-al/-ale 形式并存）等。① 然而，撒拉语的与格形式 –(G)A 在鄂尔浑古代突厥碑铭语言中就已经存在②；撒拉语的宾格标记 –nI 除在克普恰克语中存在外，还在维吾尔语、西部裕固语、图瓦语等非克普恰克语中也存在，而且无论是在土库曼语、阿塞拜疆语等现代乌古斯语中，还是在鄂尔浑古代突厥碑铭语言中，–nI 标记都是存在的；撒拉语的形动词标记 –GAn 除在克普恰克语中存在外，还在维吾尔语、西部裕固语、图瓦语等非克普恰克语中也存在。实际上土耳其语、土库曼语、

---

① 捷尼舍夫：《撒拉语结构》，白萍译，民族出版社，2014，第218~219页。
② 耿世民：《古代突厥文碑铭研究》，中央民族大学出版社，2005，第76页。

阿塞拜疆语等乌古斯语中的 –An 形式可能也是 –Gan 标记的变化，但撒拉语中确实看不到具有乌古斯语特征的 –mIš 形式形动词；撒拉语以 –GUjI 结尾的现在时形动词标记其实在维吾尔语中也可看到，但正如麻赫默德所言，11 世纪的乌古斯语不具有这个特点，现代其他乌古斯语中也看不到这个特点；撒拉语以 –GI 结尾的愿望式形式，捷尼舍夫自己也认为应来自 –Gay[①]，而后者在古代突厥语中早就出现了[②]。因此，就形态而言，我们还没有足够的证据说撒拉语在历史上受到了克普恰克语的影响。

四、撒拉语的维吾尔语特征

在我们对《突厥语词典》[③]收录的阿塞拜疆语、哈萨克语、吉尔吉斯语、塔塔尔语、土耳其语、土库曼语、维吾尔语和乌兹别克语的 2000 个词同撒拉语比较时发现，在语音方面更接近以维吾尔语为代表的葛逻禄语的撒拉语词有：

撒拉语	维吾尔语	乌兹别克语	其他语言	词义
yaman	yaman	yomon	jaman 等	坏
pičïx	purčaq		buurčak 等	豆子
yarux	yoruq		jarïk 等	明亮
uxla–	uxla–	uxla–	ukla– 等	睡觉
yağla–	yiğla–	yiğla–	ağla– 等	哭
yïğ–	yiğ–	yiğ–	yïğna– 等	收集
samsux	samsaq		sarïmsaq 等	蒜
u	u	u	o、ul 等	他
örğen–		örgan–	öğren– 等	学习
ağrïx	ağriq	oğriq	ağrï 等	病（名词）
yončux	yančuq		čöntök 等	口袋
müsüx	müsük		mïsïq、pišik 等	猫

---

① 捷尼舍夫：《突厥语言研究导论》，陈鹏译，中国社会科学出版社，1981，第 570 页。
② Erdal, Marcel. 2004. *A Grammar of Old Turkic*. Brill: Leiden · Boston:242.
③ Özpopçu, Kurtuluş etc. 1996. *Ditionary of the Turkic Languages*. London and New York: Routledge.

虽然以上撒拉语词和维吾尔语等葛逻禄语在语音方面最为接近，但与这些词相类似的词在别的语言中也存在。因此，我们没有发现只有在撒拉语和维吾尔语等葛逻禄语当中存在而不在别的语言当中存在的词语。

美国著名学者尼古拉斯·鲍培，曾对撒拉语作了较为深入的研究，认为撒拉语和维吾尔语很近，而且，他将撒拉语划为维吾尔语的一种方言。他指出：

撒拉语属于东突厥语（维吾尔语）的证据：
二者都是 ayaq- 和 tağ- 语言；
二者都在词首有 y-，没有 j-；
二者都有 š，而没有类似哈萨克语的 s；
二者词末音节中的辅音 r 在许多情况下都脱落。
撒拉语不同于东突厥语（维吾尔语）的特点：
撒拉语的 –miš 形式不同于维吾尔语；
撒拉语中词末 –č > –š，维吾尔语没有这个特点；
撒拉语中在 *i、*ü 和 *ï 之前的辅音 *t 变为 č，但维吾尔语诸方言不存在这个特点。
所以，尽管撒拉语不同于维吾尔语等，但撒拉语仍然是其一种方言，而不是独立的一种语言。①

但鲍培所提出的撒拉语属于维吾尔语的特点，基本上也在其他乌古斯语如土耳其语、土库曼语等语言中存在。因此，在撒拉语和维吾尔语之间还找不到具有排他性很强的共同语言特征。

五、撒拉语的突厥语特征比较

通过对《突厥语词典》中所选 2000 个词语语音的对比，我们发现：

---

① Nicholas Poppe. 1953. Remarks on the Salar Language. *Harvard Journal of Asiatic Studies* ⓒ. Harvard–Yenching Institute。

（一）撒拉语和乌古斯语（土库曼语、土耳其语、阿塞拜疆语）共有的而在其他语言中缺乏的词语有 19 个，撒拉语和克普恰克语（哈萨克语、吉尔吉斯语、塔塔尔语）共有的而在其他语言中缺乏的词语有 2 个，撒拉语和维吾尔语等葛逻禄语共有的而在其他语言中缺乏的词语有 0 个（见图 2-1）。

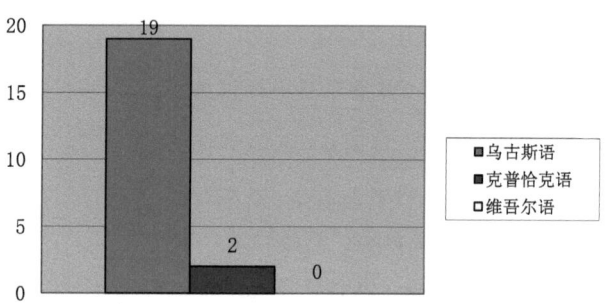

图 2-1　各语言和撒拉语共有词语数

（二）撒拉语在语音方面更接近乌古斯语的词有 114 个（其中 82 个为不送气舌根清塞音 g 与舌根浊塞音 g 的对应、不送气小舌清塞音 q 与小舌浊塞音 g 的对应、不送气舌尖清塞音 d 与舌尖浊塞音 d 的对应、小舌清擦音 x 与小舌清擦音 x 的对应），更接近克普恰克语的有 12 个，更接近葛逻禄语的有 12 个，如图 2-2 所示。

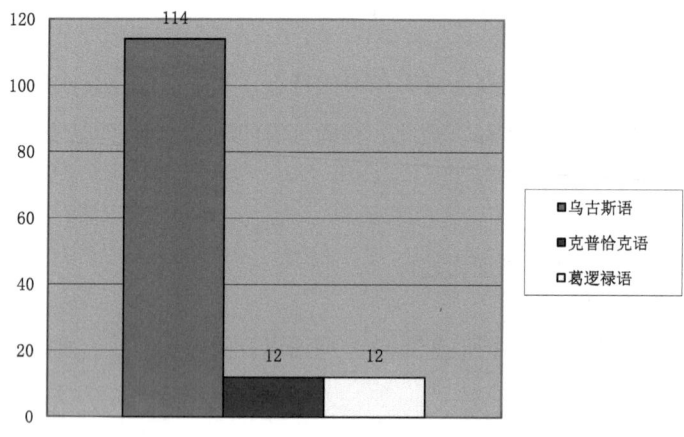

图 2-2　更接近撒拉语的各语言词语数

（三）撒拉语和乌古斯语、克普恰克语共有词有 14 个，和克普恰克语、葛逻禄语的共有词有 26 个，和乌古斯语、葛逻禄语的共有词有 4 个。如：

1. 撒拉语、乌古斯语和克普恰克语共有的词①

撒拉语	乌古斯语	克普恰克语	词义
tox	土耳其 tabaq	哈萨克 tabaq	碟子
qazqïn-	土耳其 qïsqan-	哈萨克 qïzqan-	羡慕
sender-	土库曼、土耳其、阿塞拜疆 söndür-	塔塔尔 sünder-、哈萨克 söndir-	熄灭
üx-	土耳其 öğüt-、土库曼 üwe-、阿塞拜疆 üyüt-	哈萨克 ügit-	磨
qonax	阿塞拜疆 qonaq	哈萨克 qonaq	客人
bixi	土库曼 beyik	哈萨克 biyik	高
bal	土耳其 bal	哈萨克 bal	蜜
čïxrï-	土库曼 čaqïr-	哈萨克 čaqïr-	邀请
et	土耳其 et	哈萨克 et	肉
pišqu	土库曼 bïčqï	塔塔尔 pïčqï	锯子
čüb čarïš	土耳其 čöp	塔塔尔 čüp čar	垃圾
olan-	土耳其 anla-	塔塔尔 angla-	明白
sarï	土耳其 sarï	哈萨克 sarï	黄
biya quš、üğü	土耳其 bayquš	哈萨克 üki、ükü	猫头鹰

2. 撒拉语、克普恰克语和葛逻禄语共有的词

撒拉语	克普恰克语	葛逻禄语	词义
kiš	哈萨克 kiš	维吾尔 kiš	砖（土坯）
kön	哈萨克 keng	维吾尔 käng	宽
tire	塔塔尔 tire	乌兹别克 teri	皮
tiš	吉尔吉斯 tiš	乌兹别克 tiš	牙齿
bala	哈萨克 bala	维吾尔 bala	孩子
tang	哈萨克 tang	维吾尔 tang	黎明

---

① 此处的"共有词"指撒拉语、乌古斯语和克普恰克语所共有，而在葛逻禄语中没有或与之在语音上相差较大的词。下文中的这一术语也指同样的含义。

续表

撒拉语	克普恰克语	葛逻禄语	词义
buǧu	吉尔吉斯 buǧu	乌兹别克 buǧu	鹿
yangï	塔塔尔 yanga	乌兹别克 yangi	新鲜
yaxšï	塔塔尔 yaxšï	维吾尔 yaxšï	好
ešgu	吉尔吉斯 ečki	乌兹别克 ečki	山羊
ašlïx	塔塔尔 ašliq	维吾尔 ašliq	粮食
yašïr–	塔塔尔 yašer–	乌兹别克 yašir–	藏
tišix	吉尔吉斯 tešix	乌兹别克 tešix	洞
mongïs	塔塔尔 mögez	维吾尔 mönggüz	角
muz	哈萨克 muz	维吾尔 muz	冰
kirit	哈萨克 kilit	乌兹别克 kalit	钥匙
yalǧan	塔塔尔 yalǧan	维吾尔 yalǧan	谎言
oxšï	塔塔尔 oxšaš	维吾尔 oxšaš	像
išde–	哈萨克、吉尔吉斯 izde–	维吾尔 izdä–	寻找
učraš–	塔塔尔 očraš–	维吾尔等语 učraš–	相遇
alaniği、ulaniği	塔塔尔等语 alarnïng	维吾尔等语 ularning	他的
alar、ular	塔塔尔等语 alar	维吾尔等语 ular	他们
böri	塔塔尔等语 büre	维吾尔等语 börä	狼
yoxba	塔塔尔等语 yuqa	乌兹别克 yupqa	薄
yalat–	塔塔尔等语 yugalt–	维吾尔 yoqat–	丢失
terji	哈萨克等语 tereze	维吾尔等语 derizä	窗户

3. 撒拉语和乌古斯语、葛逻禄语所共有的词

撒拉语	乌古斯语	葛逻禄语	词义
boynï	土库曼等 boyun	维吾尔等 boyun	脖子
yaǧ–	土库曼等 yaǧ–	维吾尔等 yaǧ–	下（雨、雪）
oǧul	土库曼等 oǧul	维吾尔等 oǧul	儿子
inex	土耳其等 inek	维吾尔 inek	母牛

以上词语是根据《突厥语词典》统计后再酌情参考其他语言的实际情况而来，其实这并不完全符合各语言的实际情况。该词典作者在收集各语言词语时，肯定还有遗漏未收的词条（我们发现确实有此现象），因而我们的数据对比可能并不完全

准确。但总体来说，这种对比还是较客观地反映了撒拉语和各语言之间的关系，反映了各语言对古代突厥语的继承与创新、相互间的接触与影响等许多复杂的问题。

通过撒拉语和各语言词语较为系统全面的语音对比，以及个别形态特征的比较，我们发现撒拉语确实跟乌古斯语较近，而且不少词语的语音同时具有东部乌古斯语和西部乌古斯语的特点。因此，"撒拉语属于乌古斯语"的观点是正确的。撒拉语和克普恰克语之间存在着某种特殊的关系，这反映的是包括撒拉语在内的乌古斯语和克普恰克语在历史上的交流事实，还是对古代突厥语的共同继承，需要我们进一步研究；撒拉语和葛逻禄语之间缺乏不同于乌古斯语和克普恰克语的独有词语。因此，说撒拉语是维吾尔语的一种方言根本不成立。同时，撒拉族在东迁过程中，其语言受维吾尔语影响的可能性非常小，这既没有语言学方面的证据，也没有历史文献的记载。二者之间的一些相似特点，一方面可能是对古代突厥语的继承，另一方面可能是地区性特点的显示。塔塔尔语比起其他克普恰克语有时更接近于撒拉语。此外，由于撒拉语自13世纪以来远离突厥语中心区，保留了许多古突厥语的特点，这对突厥语的比较研究、构建突厥语发展史等将是非常有价值的材料。

第三章 撒拉语与阿拉伯—波斯语的接触

第一节 撒拉族及其先民与阿拉伯—波斯民族的互动

一、撒拉族先民与阿拉伯—波斯民族的互动

如前所述,撒拉族源自历史上著名的乌古斯二十四部之一"撒鲁尔",属于兀出黑(üč ox,意为三箭)。根据14世纪波斯学者拉施特的《史集》记载,乌古斯有六子,分别为坤(太阳)、爱(月亮)、余勒都思(星星)、阔阔(天)、塔黑(山)和鼎吉思(海)。这六个儿子又分别有四子,共二十四子,这就是乌古斯部族的二十四部落。①苏联学者巴托尔德将11世纪的麻赫默德·喀什噶里所记载的乌古斯部与拉施特的乌古斯部做了对比,并说前者的名称更古老。②乌古斯(Oghuz)是突厥人的一支,在8世纪的突厥如尼文碑铭中,被写作九姓乌古斯(Toquz oğuz)或乌古斯(Oğuz)。乌古斯人是鄂尔浑突厥汗国的重要组成部分,巴托尔德甚至认为鄂尔浑突厥汗国就是由突厥乌古斯人或是九姓乌古斯人统治的。③

公元552年,突厥土门可汗大破柔然,并正式建国。在木杆可汗时期,突厥日益强盛,开始争夺中西交通商路的控制权。为了对付共同的敌人嚈哒,突厥可汗遣女与波斯萨珊王朝和亲,结成军事同盟,最终双方共同消灭了嚈哒。这时突厥与波

---

① 拉施特主编:《史集》第一卷第一分册,余大钧、周建奇译,商务印书馆,1983,第142~145页。
② Barthold, V. V., translated by V. and T. Minorsky. 1962. A History of Turkman People. In *Four Studies on the History of Central Asia*. Leiden: E. J. Briill.: 110.
③ 威廉·巴托尔德:《中亚突厥史十二讲》,罗致平译,中国社会科学出版社,1984,第7页。

斯的界线大概是在现在的阿姆河与铁门关一带。后来，突厥打破与波斯之间的和约强行南下，进一步控制了丝绸之路，并利用粟特商人推进中西商贸交流，获取丰厚的利润。粟特商人为了打开更大的丝绸市场，将目光瞄准了波斯，但遭到了波斯的拒绝。公元567年，波斯人毒杀了前来谈判的突厥使者，两国关系更加趋于恶化。于是，突厥开始与东罗马帝国结盟，发起对波斯长达20年的战争。至公元618年，分化后的西突厥已确立了对中亚的统治地位。当时突厥管辖下的中亚地区有吐火罗、粟特和花剌子模，除吐火罗人外，其居民主要为东伊朗人和突厥人。至公元999年，讲东伊朗语的萨曼王朝被突厥人所灭。11世纪，突厥人在中亚相继建立了喀喇汗王朝、哥疾宁王朝、塞尔柱王朝。随着时间的推移，中亚当地居民逐渐完成了突厥化的过程，游牧的突厥人也开始走向定居的过程。①

喀喇汗王朝是突厥第一个伊斯兰教国家。据史书记载，公元960年，有多达20万帐的突厥人民改信了伊斯兰教。② 关于这个王朝的民族起源，并没有可靠的史料记载。后世学者们对此有不同的见解，有葛逻禄、样磨、乌古斯、回鹘等起源说。喀喇汗王朝境域的居民，主要由突厥语各民族和伊朗语各民族构成，有葛逻禄、突骑施、样磨、处月、乌古斯、回鹘、粟特人等。喀喇汗王朝的建立，加速了中亚地区"突厥化"的过程，实质上这是个讲突厥语的民族和讲东伊朗语的民族不断相互融合和异化的过程。③ 在这一突厥化的过程中，喀喇汗王朝统治者受波斯文化影响很深。英国学者伯纳德·刘易斯说《突厥人过去的历史》："都已在伊斯兰教中被人忘记了。甚至像喀喇汗国那样一个在10世纪新建立起来的伊斯兰化了的塞尔柱王朝，其统治者们也已不记得他们的突厥前身，而是给自己取了一个来自波斯传说的名称额弗拉昔雅卜（Afrasiyab）王室。"④

塞尔柱王朝是由乌古斯人建立起来的国家。乌古斯人在6世纪以前居住于天山东部，在西突厥政权解体后，乌古斯人便大量西迁，开始生活在锡尔河流域。10

---

① 马大正、冯锡时：《中亚五国史纲》，新疆人民出版社，2005，第18~20页；薛宗正：《突厥史》，中国社会科学出版社，1992，第105~109页。
② 威廉·巴托尔德：《中亚突厥史十二讲》，罗致平译，中国社会科学出版社，1984，第74页。
③ 魏良弢：《喀喇汗王朝史稿》，新疆人民出版社，1986，第66~69页。
④ Lewis, Bernard. 1988. *The Emergency of Modern Turky*, Second Edition. Oxford University Press, London. 转引自王治来：《中亚通史》（下），新疆人民出版社，2004，第55页。

世纪初期，乌古斯人的游牧领地东至古斯沙漠和河中诸城镇，南邻古斯沙漠的一部分和可萨海，西面与北面为也的里海。由此可见，乌古斯人的游牧区域在咸海周围和里海北岸，包括曼格什拉克半岛。乌古斯的东邻是葛逻禄部落，北连基马克地界，西面是可萨人和保加尔人，南面和东南面为阿巴斯王朝的边远地区，许多穆斯林在此居住。但乌古斯人最主要的根据地是锡尔河中下游地区。①

在锡尔河时期，撒鲁尔部在乌古斯突厥人当中占有显著的地位，许多其他部落被认为是从撒鲁尔部分化发展而来的。当时从锡尔河到阿姆河再到木尔合卜河的地方都属于居住在养吉干的乌古斯阿里汗。他儿子沙马里克的暴躁脾气引发了由托格里尔（Toghrul）领导的反叛。结果沙马里克被杀，阿里汗不久也去世。这导致了乌古斯各部的纷争，绝大部分乌古斯人遂迁向其他地方。那些留在锡尔河和阿姆河河口的乌古斯人承认托格里尔是他们的汗，从他之后到塞尔柱帝国的崛起，还产生了好几个汗。相当一部分乌古斯人包括撒鲁尔人迁到曼格什拉克半岛。然而，为数达一万帐的撒鲁尔人去了呼罗珊，之后到了伊拉克和法儿思。②格鲁塞也提到在 11 世纪第二个 25 年，这个乌古斯集团分头去到俄罗斯南部或伊朗那里去寻找生活。以塞尔柱人为核心的一部分乌古斯人在波斯和小亚细亚取得了非常辉煌的成就。③

关于乌古斯人皈依伊斯兰教的时间，并无可靠的史料记载。伊本·阿勒·阿西尔记载，某些呼罗珊的历史家提道，在哈里发麦海迪（775—785）时期，古斯（乌古斯）人从遥远的突厥地区来到河中，接受伊斯兰教并参与了木坎纳起义。④从阿拉伯人在中亚的发展来看，早在 7 世纪时期就有阿拉伯军队在该地区活动。在伍麦叶王朝时期，阿拉伯人在中亚取得了重大胜利。在 8 世纪的前一二十年，中亚的巴里黑、布哈拉、撒马尔罕甚至于锡尔河流域的费尔干纳等相继被他们征服。但

---

① 敬东：《试论乌古斯突厥蛮塞尔柱克人的联系与区别》，《西北民族研究》1996 年第 2 期。
② Barthold, V. V., translated by V. and T. Minorsky. 1962. A History of Turkman People. In *Four Studies on the History of Central Asia*. Leiden: E. J. Briill.: 131–132.
③ 勒尼·格鲁塞：《草原帝国》，魏英邦译，青海人民出版社，1991，第 170 页。
④ Houstma, M. Th., A. J. Wensinck, H. A. R. Gibb, W. Heffening and E. Levi-Provençal ed. 1934. *The Encyclopaedia of Islam*. London: E. J. Brill, Leyden: Vol. II.: 168；王治来：《中亚通史》（古代卷·下），新疆人民出版社，2004，第 71 页。

乌古斯等突厥人是否在这一时期接受了伊斯兰教还没有可靠而确切的史料证据。

可以推测，最晚于10世纪前后，乌古斯人（包括撒鲁尔人）应该是穆斯林了。如前文所说，10世纪前后的乌古斯叶护阿里汗和其儿子沙里克已经是穆斯林名字了。在一般情况下，当一个人改信另一种宗教后，在日常生活中用宗教名字代替其原有名还需要较长的时间，因此，乌古斯人也许早在阿里汗时期就已经接受伊斯兰教了。当乌古斯人变成穆斯林后，乌古斯一名便逐渐被土库曼所代替了。

10世纪末，以塞尔柱为核心的乌古斯人（包括撒鲁尔人）开始南下，成为波斯萨曼尼王朝的边防军，驻于布哈拉附近，并先后夺取了马鲁、内沙布尔、呼罗珊、伊斯法罕、巴格达等地。阿拔斯王朝哈里发被迫赐予塞尔柱王朝的首领托格里尔"苏丹"称号，封他为"东方与西方之王"。在11世纪末期，帝国达到了鼎盛时期，塞尔柱人先后攻占了拜占庭亚美尼亚省首府阿尼、耶路撒冷、大马士革，从什叶派法蒂玛王朝手中收回了麦加和麦地那，并俘获了拜占庭皇帝，小亚细亚东部地区也尽在其控制之中。1091年，该帝国又将其首都迁至巴格达，在星期五的聚礼祈祷中，塞尔柱苏丹的名字与哈里发并列。至此，塞尔柱帝国的版图东至中亚并与中国接壤，西达叙利亚和小亚细亚，南临阿拉伯海，北接俄罗斯。①

乌古斯撒鲁尔部在塞尔柱帝国的形成过程中起了非常重要的作用。随着对伊朗的征服，大量撒鲁尔人来到了这里。1148年，由宋廊尔领导的撒鲁尔人夺取了设拉子城（位于现在的伊朗），并宣布独立，取号穆扎法拉丁（Muzaffar-ad-Din），并自封为法尔思的阿塔伯克，此政权也被称为撒鲁尔阿塔伯克，按汉语来说就是撒鲁尔王朝②。撒鲁尔王朝持续了近150年，在其鼎盛时期，伊斯法罕、哈马丹等整个法尔思地区都在其版图之内。在塞尔柱王朝及后来的撒鲁尔王朝时期，上流社会在文学方面使用波斯语，在政府管理和科学工作方面使用阿拉伯语，但普通突厥百

---

① 《中国伊斯兰百科全书》，四川辞书出版社，1996，第471页。
② 阿宝斯·艾克巴尔·奥希梯扬尼：《伊朗通史》（下），叶奕良译，经济日报出版社，1997，第602~608页；Houstma, M. Th., A. J. Wensinck, H.A. R.Gibb, W. Heffening and E. Levi-Provençal ed. 1934. *The Encyclopaedia of Islam*. London: E. J. Brill, Leyden: Vol. II.: 106-107; Boyle, J. A.. 1968. *The Cambridge History of Iran*. London: The Syndics of Cambridge University Press.: 172-173; 拉施特主编：《史集》（第二卷），余大钧、周建奇译，商务印书馆，1983，第361~363页。

姓不懂这些语言，只会说突厥语。①

二、撒拉族与阿拉伯—波斯民族的互动

撒拉族先民从中亚东迁至今天的青海省循化地区时，曾带来了一部手抄本《古兰经》。2004年9月8日，由国家文物局和国家宗教局联合组织的专家考察团一行六人到青海省循化撒拉族自治县街子清真寺，考察鉴定了该寺所藏手抄本《古兰经》的历史渊源。之后专家组成员之一陈进惠先生撰文认为该《古兰经》是在阿拔斯王朝时期，即公元11世纪前后形成的。根据笔体推断，此经很有可能由名家书写。"阿拔斯王朝（750~1258年）是阿拉伯书法形成发展的鼎盛时期，书法家人才辈出，其中被称为书法三杰之一的伊本·班瓦卜（？~1022年）就是这一时期著名的《古兰经》缮写家，他一生写了64部《古兰经》，流传各地。已知保存至今的尚有两部：一部在爱尔兰的都柏林；一部在土耳其的伊斯坦布尔。其余62部下落不明。"②撒拉族所藏《古兰经》是否与此有关，还有待于进一步的研究，但根据陈先生的鉴定意见，这部抄本出自阿拔斯王朝时期是肯定的，且很有可能出自名家之手。在撒拉族先民到了中国以后，这部《古兰经》也一直由作为上层统治人物的尕最保管，直到近来才被存放于撒拉族的祖寺——街子清真寺当中。

定居循化后，由于宗教原因撒拉族依然保持着同西方伊斯兰世界的联系。据撒拉族民间传说，很久之前，阿拉伯伊斯兰国家派来了四十个"舍海"③。孟达地区他沙坡舍海是从伊拉克巴格达来的，是这些舍海中年纪最大、品位最高、辈分最大的一个舍海。每年农历五月十三日，是他沙坡舍海的忌日。这一天，他沙坡村和木厂村的男女老少都来到舍海的"拱北"④里，宰牛宰羊，诵经祈祷。在当地，还流传着有许多关于舍海显示奇迹的传说。在他沙坡拱北内舍海墓旁还有两个舍海墓。⑤在

---

① 以上关于撒拉族先民在中亚的活动内容主要来自马伟：《撒鲁尔王朝与撒拉族》，《青海民族研究》2008年第1期。
② 陈进惠：《对撒拉族珍藏手抄本〈古兰经〉鉴定的初步见解》，《中国穆斯林》2004年第6期。
③ 舍海：阿拉伯语，原意为"长者、长老"，在撒拉语中指苏菲领袖或威望很高的宗教人士。
④ 拱北：阿拉伯语，原意为"圣墓、坟、圆顶建筑"，在撒拉语中指伊斯兰苏菲派为纪念重要宗教人士而在其坟墓上方所修的建筑。
⑤ 循化撒拉族自治县文化馆编：《撒拉族民间故事》（第一辑），内部出版，1988，第12页。

清水地区，当地人们还有个关于马尔坡拱北的传说：

很早以前，有七个舍海牵着七条哈巴狗，从阿拉伯圣地麦加出发，走过千山万水，来到随尼①地方。过了一段时间，七人分了手，有个舍海来到撒拉之乡。有一次，舍海牵着小狗去孟达工，没有想到遇上了一帮强盗，不仅抢走了舍海的钱财，还割下了舍海的头。那个头顺着山坡滚到山下。

小狗一看主人被杀，赶紧下山到庄子里叫人。先到了河东清真寺，正遇上人们做礼拜，急忙叫唤了几声，不但没有人应声反而把它赶出了清真寺。小狗又跑到河西阿什匠清真寺，人们快做完礼拜了，小狗急忙"汪汪"地叫唤了几声，人们又把它赶出了清真寺。小狗最后跑到田盖清真寺，人们做完礼拜往回走，小狗像疯了似的"汪汪"叫起来。人们一看这情景觉得有些奇怪，但也有人要打着赶走它，这时寺里的阿訇出来挡住打狗的人们说："哎，不要打！不要打！这小狗急成这样子，说不定发生了什么要紧的事。"便跟着小狗去看看究竟。

就这样，小狗一直把人们领到马尔坡山下，那里看见一个人头落在地上，明白出了什么事情。人们正在商量办后事时，突然从那人头的上方出了一道耀眼的彩虹，那虹一起通到马儿坡山顶。不一会儿，那人头也不见了，随着虹上去，只见那落地的头好端端长在尸身上。那小狗也死在舍海的身边。人们看到这种情景惊呆了，阿訇坐在地上晕晕乎乎地做了个梦，梦见那亡人给阿訇说了他的身世。醒来后，他把梦中的事说给众人。大家才明白，这亡人不是一般的人，而一个舍海。事后，众人将他的尸体埋葬在马尔坡山顶上，还给他修了一个拱北，把舍海的小狗也埋在拱北的旁边。

从此，人们为了纪念这个舍海，每年到马尔坡拱北去念经祈祷。清水地区还立下了规矩，田盖人是拱北的管家，田盖人不去，其他庄子上的人不能去，所以，田盖人第一天去，阿什匠、河东大庄的人第二天才去。②

---

① 随尼：阿拉伯语，意为"中国"。
② 循化撒拉族自治县文化馆编：《撒拉族民间故事》（第一辑），内部出版，1988，第25~26页。

这些传说故事的真实性已无法考证，但撒拉族地区一些大大小小传教士拱北的存在，说明历史上撒拉族和阿拉伯世界的联系并没有完全中断。

一般认为，撒拉族先民初来循化时信仰"格底目"教派。格底目，为阿拉伯语，意为"遵古"，因而信仰格底目的人又称"遵古派""老古派"，多称"老教"。在清代之前，并无此专门称呼，后因其他教派相继传入，为示区别，才给其冠以"格底目"之名。18世纪，花寺门宦传入循化地区，格底目派发生变化，其教徒多转入花寺门宦。其创始人为马来迟（1681—1766年），甘肃临夏人。雍正六年（1728年），马来迟赴麦加朝觐，在也门、大马士革、巴格达、开罗等地广会伊斯兰教学者，并到麦加虎夫耶道堂学习了苏菲主义学派的知识。回国后，马来迟的声望很高，各地穆斯林纷纷前来探望。马来迟乘此开始传播虎夫耶主张。雍正十二年（1734年）马来迟在循化、化隆一带讲经论道，受到撒拉族群众的拥护。据当地阿訇讲，在撒拉族地区至今还存有用"土尔克"文撰写的有关马来迟的故事。尤其是马来迟在化隆卡力岗地区成功劝服藏族群众信奉伊斯兰教，使其声名远扬，接受其花寺门宦的信众也越来越多。据一位撒拉族阿訇收藏的用波斯语撰写的马来迟朝觐过程材料，在马来迟朝觐时，随行几人中有一位叫撒拉尔韩师傅，他于返回途中去世。①

乾隆二十六年（1761年）甘肃安定回族马明心所创哲赫林耶派传入循化，为了与花寺格底目相区别而称新教，也因其主张高念而称"高声派"或"高念派"。马明心9岁时跟叔父取道新疆去麦加朝觐。途经中亚卡拉库姆沙漠时遇到风沙，叔侄二人失散。马明心流落布哈拉，被一老人收留达四五年，后被引至也门沙孜林耶的一个道堂学习。在逗留中亚时，他学会了与撒拉语非常接近的当地突厥语，对突厥民族的生活习俗也很熟悉。因此，他决定以循化为立足点，传播他的苏菲学理。他开始招收一些阿訇、满拉为门徒，不仅用撒拉语传授其哲赫林耶，而且决意改革中国伊斯兰教。他的主张受到了花寺派一些人的拥护，贺麻路乎、苏四十三、韩二个等当时在撒拉族地区很有影响的人物成了马明心的坚强支持者，哲赫林耶得到了极大的发展，这种局势影响了花寺上层人士的教权和经济利益，因此引起了教派纠纷。由于清政府的处理不当，最终导致苏四十三反清起义。起义失败后，清政府进

---

① Yiburaheyme（何永福）阿訇，2010年8月个人访谈。

行了残酷的镇压，撒拉族社会遭受了空前的浩劫，原来的十二工缩为八工。①

　　历史上与阿拉伯世界联系较为频繁的撒拉族往往都是一些宗教人士。如据甘肃省积石山县崖头门宦的内部材料，其宗教领导人反他黑（撒拉族）临终前留下遗言，要其子韩振绪（道号穆恒本拉黑，教徒又称哈智老人家）完成学业和朝觐功课后，接替他传教。韩振绪（1890—1960）在37岁时完成了学业，1943年去麦加朝觐、学习，并接受了麦加阿卜都里改夫荣的虎夫耶传教口唤。1949年回国，开始主持教务。曾在兰州、循化等地清真寺任教长，是当时甘、青著名阿訇之一。②

　　在交通不发达的过去，虽然去一次阿拉伯国家非常困难，但有时不仅仅是为了朝觐，还为了求证在本地无法解决的问题，一些撒拉族也不辞辛苦，专程去麦加求取知识。据传，民国时期循化撒拉族地区嘎地林耶内部对一些宗教仪式的理解产生了分歧，为了求得"经证"，他们派舍木苏阿訇于1939年去麦加取经。舍木苏阿訇则专程到了麦加一长老家取回了当时仅存的两本《白海哲土里艾思热阿热》中的一本。③

　　在伊赫瓦尼派别传入撒拉族地区之前，撒拉族的宗教教育中阿拉伯文、波斯文和"土尔克文"（实际上是历史上的撒拉文）都是必修内容。即使在现在，一些花寺、嘎地林耶等派别的撒拉族宗教人士仍熟练地掌握着这几种语言文字。用波斯文和"土尔克文"来解释阿拉伯文的宗教经典甚至用于日常生活交流的文献作品在撒拉族地区也时有发现。撒拉族已故语言学家韩建业先生说：

> 所谓"土尔克文"就是用阿拉伯、波斯文字母为基础拼写撒拉语的一种拼音文字。根据现有材料，19世纪时"土尔克文"在撒拉族群众中不仅用于宗教方面注释经文、翻译经典、进行并发展经堂教育，而且已成为社会通信、书写契约、纪事立传、著书立说的应用文字而被一部分人所掌握。至今，在撒拉族群众中还保留着一些用这种文字书写的有关历史、文学、宗教等方面的文献。

---

① 撒拉族简史编写组：《撒拉族简史》，青海人民出版社，1982，第31~47页；芈一之：《撒拉族史》，四川民族出版社，2004，第168~234页。
② 原崖头门宦负责人韩振绪孙子韩延成，2010年8月个人访谈。
③ 《嘎地林耶道统记》（内部材料），1982年。

青海民族学院民族研究所收藏的《土尔克菲杂依力》(《择要注释杂学》)以及其他的文献如《朝觐途纪》《历代帝王年表》就是用这种文字拼写撒拉语写成的。其中《菲杂依力》是一部宗教伦理道德方面的专著,在(哈万德)老三大爷主持下,由(卡提布)鲁格曼毛拉写于光绪八年(惜该书年代已久,前面几页残缺不全)。这部手抄本不仅对研究撒拉族的宗教有一定参考价值,而且为我们研究19世纪撒拉族的语言和文化提供了重要材料,同时,也再现了一百多年前撒拉族人民使用文字的情况。①

撒拉人还曾经使用过波斯文,其使用范围也在宗教方面。2003年,笔者等在循化县石头坡村调查时,村里一位老人讲,他小的时候,人们做礼拜时还使用波斯文举意。他还向我们出示了他的一本宗教常识读物,书名是《择要注解杂学》,为波斯文和汉文对照版本。当时,我们在一户人家还发现了一把用于驱邪的木制剑,撒拉语称"šikil"。剑身长54厘米,宽6厘米,在剑的两面都有用波斯文写的"都哇"(祈祷语)。我们请当时循化街子清真大寺教长来鉴别,他认为此段文字为波斯语都哇,由于时间久,剑身文字已无法辨认清楚,其中有一句意为:你慈悯我们。可见,在过去,波斯文在撒拉族的宗教生活中也占有非常重要的地位。

至于阿拉伯语方面的文献,更是宗教人士的必修内容。2003年夏天,我们采访了循化县石头坡村清真寺的白克日阿訇,他说他从7岁开始学习《古兰经》经文。本村克力木阿訇在纸上给其抄写《古兰经》经文,然后带回家在空闲时候不断学习。读完《安麦》后,到开学阿訇牙海牙家学习,后在本村清真寺学习,阿訇仍为牙海牙。当时从三十本《古兰经》开始,学习"塞日夫"(词法)、"满俩"(语法)、"白亚尼"(修辞学)、"伟嘎业"(教法)、"明文"(《古兰经》意思)、"哲俩来尼"(对《古兰经》的注释),等等,前后共读了六七年。然后去积石山县大河家河沿寺、尕周家清真寺随清水田盖奥四马乃阿訇学习。除以上内容外,还学习了"克俩目"(教义学)、"尕最"(《古兰经》注释)、"伊海牙伊奥洛米地尼"(宗教复兴学)、"特热格提穆罕默地也"(穆圣的路线)、"米什卡提"(圣训)等,共学习了六七年。之

---

① 依布拉·克力木(韩建业):《谈历史上的撒拉文——土尔克文》,《语言与翻译》1989年第3期。

后回到本村，向当时主持该村清真寺寺务的撒俩阿訇学习，又继续学习以上经文一年多时间。1995年在西宁南关清真寺跟随马长庆阿訇学习"麦克托布"（性理学）、"非格亥艾可布日"（诚信）、"索黑合布哈拉"（圣训）、"索黑合穆斯林"（圣训）、"沙米"（法学）等，共学习了一年多时间。1997年在兰州七里河华林山清真寺马成龙阿訇处学习，学习了两年多时间，内容基本与以上同。之后在积石镇河北村清真寺任教员约一年。其间，参加了青海省伊斯兰经学院组织的阿訇进修班，经考试合格后，取得结业证和阿訇合格证。1999年，再次去兰州七里河柏树巷清真寺掌学阿訇处学习半年多。2000年7月任本村清真寺教长，任期两年。到期后，又一直被续聘。教授满拉（学生）最多时达30多人，满拉除来自本村外，还来自外村。后来，白克日阿訇也前去沙特麦加朝觐了。

目前，仅循化撒拉族自治县每年都有约200人去沙特麦加朝觐。此外，还有为数不少的撒拉族学生在沙特、埃及、巴基斯坦、伊朗、土耳其等伊斯兰国家学习宗教知识。甚至，有个别撒拉族人长期定居在这些国家。学成归国的人员中有相当一部分成为撒拉族地区的阿訇，在清真寺里主持宗教事务。

第二节 撒拉语中的阿拉伯—波斯语成分

正是由于撒拉族及其先民与阿拉伯—波斯民族长期的交流互动，撒拉语也自然吸收了许多阿拉伯词语和波斯语词语。这些词语已经成为撒拉语词语很重要的一个方面。

一、撒拉语中的阿拉伯语词语

abtus "小净，即礼拜前按一定的程序和仪式要洗漱手、口、鼻、生殖器、肛门、脸、胳膊、头、耳朵、脚等"。阿拉伯语：ābdast "穆斯林在做礼拜前按一定仪式洗浴手、脸等身体部位；奉献、忠诚、祈祷；虔诚的人；心灵手巧的、有技术的；繁荣的"。（Steingass, 6）

adam "人"。阿拉伯语：adam "人"。（周正清, 24）

Adan "阿丹（圣人）"。阿拉伯语：adan "阿丹（圣人）"①。

Alahu ekber "真主伟大、真主至大"。阿拉伯语：Allāhu akbar "真主伟大、真主至大"。（Wang, 8）

alan "宇宙"。阿拉伯语：alyā "宇宙、世界"。（Wang, 7）

Allahu "真主"。阿拉伯语：Allāh "真主"。（Steingass, 95）

alin "知识、学者、有知识的人"。阿拉伯语：a'lam "博学的"。（Steingass, 75）

ameli "（宗教）善行、功课、施济"。阿拉伯语：'amal "行为、举动、施济"。（Wang, 7）

aqïl "理智、礼貌"。阿拉伯语：aqīl "智力、智慧"。（Steingass, 859）

axïr "后世、来世"。阿拉伯语：ākhar "最后、最终"。（Steingass, 25）

ayde "节日"。阿拉伯语：'īd "节日"。（Wang, 25）

ayet "《古兰经》经文"。阿拉伯语：āyāt "迹象、奇迹、《古兰经》经文"。（Steingass, 128）

ayde fiter "开斋节"。阿拉伯语：'īd al-fiṭr "开斋节"。（Wang, 26）

ayïp "谎言、缺陷、毛病"。阿拉伯语：'aib "毛病、缺陷"。（Wang, 25）

azabu "罪过"。阿拉伯语：'adhāb "过错、惩罚"。（Wang, 10）

balǧan "痰"。阿拉伯语：balgham "痰"。（Steingass, 198）

belia "灾难"。阿拉伯语：balā' "浩劫、灾难"。（Wang, 12）

berket "吉祥、福气、造化"。阿拉伯语：barakat "吉祥、吉利、福气"。（Wang, 12）

bexir "吝啬、小气"。阿拉伯语：bakhīl "吝啬、小气"。（Wang, 11）

beytulla "天房"。阿拉伯语：bāit allāh "朝堂、天房"。（Wang, 12）

bidayet "异端"。阿拉伯语：bidaaiti "新生、独创、异端"。（Wang, 14）

bismilia "以真主之命"。阿拉伯语：bism allāh "以安拉之命"。（Wang, 15）

boroto "白拉提"。阿拉伯语：barā'a "赦免、无罪"。（Wang, 11）

damax "食欲"。阿拉伯语：tamax "贪婪、贪欲"。（周正清, 1753）

---

① Beker 阿訇，循化积石镇石头坡村人，撒拉族，45 岁，个人访谈，2017 年 2 月 19 日。

dasdar "缠头巾"。阿拉伯语：dastār "缠头巾"。（Wang, 21）

dovu "祈祷"。阿拉伯语：da'ā "祈祷"。（Wang, 23）

dunya "世界、今世"。阿拉伯语：dunyā "今世、现世"。（Wang, 23）

eboli "可怜的"。阿拉伯语：'ibar "可怜、贫困"。（Wang, 119）

edep "礼貌"。阿拉伯语：adab "文明、礼貌"。（Steingass, 27）

emen "安静"。阿拉伯语：eman "自由、安全"（Steingass, 132）

emür "寿命"。阿拉伯语：a'mār "生命、寿命"。（Steingass, 75）

ersa "拐杖"。阿拉伯语：a'ṣāh "拐杖、法杖"。（Wang, 28）

esseliamu alikum "（穆斯林问候语）色俩目、安宁、和平"。阿拉伯语：al-salāmu'alaykum "愿（你）平安"。（Wang, 8）

fayda "好处、利益"。阿拉伯语：fā'ida "好处、利益、帮助"。（Wang, 31）

ferizi "（伊斯兰教）主命"。阿拉伯语：farẓ "必须、义务"。（Steingass, 319）

fitire "开斋捐、施舍物"。阿拉伯语：fidya "施舍"。（Wang, 32）

fïqïr "贫穷"。阿拉伯语：faqīr "贫困"。（Wang, 30）

hadi "赠品、施济物"。阿拉伯语：hadīya "赠品、施济物、报酬"。（Wang, 41）

hadis "圣训"。阿拉伯语：ḥadīṣ "言语、圣训"。（Steingass, 413）

hafiz "能背诵整本《古兰经》的人"。阿拉伯语：ḥafiẓ "诵经师"。（Wang, 47）

hal "力量"。阿拉伯语：ḥāl "名誉、地位、健康"。（Wang, 44）

haliali "合法的"。阿拉伯语：ḥalāl "合法的"。（Steingass, 427）

hanqï "义务、责任"。阿拉伯语：ḥaqq "真理、义务、责任"。（Wang, 46）

haram "非法的、禁止的"。阿拉伯语：ḥarām "非法的、禁止的、错误"。（Steingass, 414）

haqiqeti "真实、实在"。阿拉伯语：ḥaqīqat "真实、实在"。（Steingass, 426）

hasat "嫉妒"。阿拉伯语：ḥasrat "野心、嫉妒"。（Steingass, 419）

hayi "城镇"。阿拉伯语：ḥayy "城区"。（Wang, 46）

hayi mišt "城区清真寺"。阿拉伯语：ḥayy masjid "城区清真寺"。（Wang, 47）

hayvan "动物、牲畜"。阿拉伯语：ḥaiwān "野兽、动物、生命"。（Steingass, 436）

hazhi"朝觐、哈志（指去麦加朝觐过的人）"。阿拉伯语：ḥāj"（到麦加）朝觐"。（Steingass, 467）

hazïr"现在"。阿拉伯语：ḥāẓir"现在、当前"。（Steingass, 408）

hukum"教法"。阿拉伯语：ḥukm"法制、判断、教法"。（Wang, 51）

ibadet"（宗教）义务"。阿拉伯语：i'bādāt"（宗教）义务"。（Wang, 125）

iblis"魔鬼、阴险狡猾者、拨弄是非者"。阿拉伯语：'iblīs"魔鬼、阴险狡猾者、拨弄是非者"。（Wang, 126）

insani"人、人类"。阿拉伯语：insān"人、人类"。（Steingass, 110）

imam"领拜人"。阿拉伯语：'imām"教长、领拜人、师傅"。（Wang, 128）

imani"（伊斯兰）信仰"。阿拉伯语：'imān"信仰、意志"。（Wang, 128）

isliam"伊斯兰"。阿拉伯语：islām"顺从主的旨意"。（Steingass, 59）

Israli"摄取生命的天仙"。阿拉伯语：'Izrā'īl"摄取生命的天仙"。（Wang, 29）

in sha anla"若真主允许"。阿拉伯语：in shā'a allāh"若真主允许"。（Wang, 129）

ixlias"诚意"。阿拉伯语：ikhlāṣ"纯洁、诚意、忠诚"。（Steingass, 26）

Ixvani"伊赫瓦尼（伊斯兰教派之一）"。阿拉伯语：'ikhwān"伊赫瓦尼（兄弟）"。（Wang, 127–128）

izhabu"同意、证书"。阿拉伯语：'ījāb"征婚经文、答应、同意、证书"。（Wang, 131）

izhazet"允许、口唤、传教凭证"。阿拉伯语：al-'ijāza"允许、口唤、传教凭证、结婚证词"。（Wang, 132）

jinni"精灵"。阿拉伯语：jinn"精灵"。（Wang, 136）

jüd"祖先"。阿拉伯语：jadd"爷爷、祖先"。（Steingass, 357）

jurtu"倔强"。阿拉伯语：jur'at"勇敢、勇气、勇猛"。（Steingass, 359）

kafir"异教徒"。阿拉伯语：kafara"异教徒"。（Wang, 57）

karbe"天房"。阿拉伯语：al-ka'ba"天房、方形房屋"。（Wang, 59）

kefen"裹尸布、白布"。阿拉伯语：kafan"裹尸布、白布"。（Wang, 57）

keliam"伊斯兰教义学"。阿拉伯语：al-kalām"伊斯兰教义学"。（Wang, 58）

kelime shahada "作证词"。阿拉伯语：kalima al-shahāda "作证词"。（Wang, 60）

kelime teybe "清真言"。阿拉伯语：al-kalima al-tayyiba "证词、清真言"。（Wang, 60）

keramet "奇迹"。阿拉伯语：karāmat "奇迹、灵性"。（Wang, 60）

kitap "经书"。阿拉伯语：kitāb "书写、描述，书、字母"。（Steingass, 1014）

kufïr "严重违反宗教教义的想法、言行"。kufr "轻视宗教，违背教律的想法、言行"。（Wang, 62）

kumbat "拱北"。阿拉伯语：qubbat "圣墓、坟、圆顶建筑"。（Wang, 38）

malla "（经学院、清真寺）学生"。阿拉伯语：maulā "主人、大师、法官"。（Steingass, 1347）。

man "所有的"。阿拉伯语：man "某人、任何人、所有人"。（Steingass, 1316）

mani "意思"。阿拉伯语：ma'nī "感觉、意义、现实"。（Steingass, 1276）

masïm "婴儿"。阿拉伯语：masïm "不到三岁的小孩"。（捷尼舍夫，2014: 384）

mazhab "道路，（伊斯兰）法学学派"。阿拉伯语：madhhab "道路，（伊斯兰）法学学派"。（Wang, 72）

meliayike "天仙、天使"。阿拉伯语：mal'ak "天仙、天使"。（Wang, 70）

mesa "（礼拜时专用的）鞋袜"。阿拉伯语：mesḥ "袜子、鞋子"。（Wang, 71）

meszhidi "清真寺"。阿拉伯语：masjid "（礼拜）叩头处、清真寺"。（Wang, 71）

mexer "彩礼、聘礼"。阿拉伯语：mahr "彩礼、聘礼"。（Wang, 69）

meqsude "目的、意图"。阿拉伯语：maqṣūd "企图、目的、打算、意图"。（Wang, 69）

mijaru "（清真寺烧水、做饭、唤礼的）师傅"。阿拉伯语：mujāwira "寺师傅、（经学院）大学生"。（Wang, 83）

minber "（清真寺大殿内的）讲台、台子"。阿拉伯语：minbar "（清真寺大殿内的）讲台、台子"。（Wang, 77）

minshar "冥沙尔经"。阿拉伯语：minshār "拉锯、念经时身体前后摇动"。（Wang, 78）

miralu "宣礼楼"。阿拉伯语：manāra "宣礼楼"。（Wang, 77）

miyit"尸体、死人"。阿拉伯语：maiti"尸体、死人"。（Wang，72）

moluti"卯路提经"。阿拉伯语：maulūda"卯路提经"。（Wang，74）

momin"穆斯林"。阿拉伯语：mu'min"信仰、穆斯林"。（Steingass，1349）

munafiqe"伪信者、伪君子"。munāfaqa"伪信者、两面派、伪君子、拨弄是非者"。（Wang，82）

murit"信徒"。阿拉伯语：murīd"弟子、学道者"。（Wang，82）

mushrik"多神教徒"。阿拉伯语：mushrik"多神教徒"。（Wang，82）

mustanbu"嘉行、副功"。阿拉伯语：mustaḥabb"嘉行、副功"。（Wang，83）

namut"食物"。阿拉伯语：ni'māt"恩慈、食物、粮食"。（Wang，87）

nefis"脾气、情绪、欲望"。阿拉伯语：nafs"生气、发脾气、欲望、希望、情绪"。（Wang，85）

Neqeshbandiye"乃格什班底耶（苏菲派别之一）"。阿拉伯语：al-Naqshbandīya"乃格什班底耶（苏菲派别之一）"。（Wang，84）

nezer"行善、礼品"。阿拉伯语：naẓr"发誓、忠诚、礼品"。（Steingass，1394）

niyet"心意、动机、目的"。阿拉伯语：nīyat"目标、愿望、动机"。（Steingass，1441）

omine"愿如此"（宗教祈祷语）。阿拉伯语：āmīn"但愿如此"。（Steingass，102）

Qadïrïnye"嘎地林耶"。阿拉伯语：Qadrīya"命运、归宿、力量、宗教派别"。（Wang，34）

qat"疮"。阿拉伯语：qarḥ"伤口、疮疤"。（Steingass，963）

qazui"（伊斯兰）法官"。阿拉伯语：qāẓī"法官、教法官"。（Steingass，948）

qeder"前定、定然"。阿拉伯语：qadr"前定、定然、定夺"。（Wang，35）

Qedimu"格底目"。阿拉伯语：qadīm"古老、传统"。（Wang，37）

qeher"生气、愤怒"。阿拉伯语：qahr"生气、愤怒"。（Steingass，996）

qelem"笔"。阿拉伯语：qalm"笔、刀、剑、书法风格"。（Steingass，985）

qem"烦恼"。阿拉伯语：gham"悲伤、伤心、焦急"。（Steingass，894）

qemis"长衫"。阿拉伯语：qamīs"衬衣、长衫、长袍"。（Wang，38）

第三章 撒拉语与阿拉伯—波斯语的接触

qible"（清真寺）壁龛"。阿拉伯语：qibla"朝向、正向、清真寺壁龛、礼拜朝向"。（Wang, 36）

qïnso"（宗教）故事"。阿拉伯语：qaṣaṣ"故事"。（Wang, 38）

qïyamet"世界末日"。阿拉伯语：qiyāmat"人的复活、站起、清算日、后世"。（Wang, 37）

qomu"教民、教众"。阿拉伯语：qaum"民族、人民、群众、教民"。（Wang, 36）

qurban"牺牲、古尔邦节"。阿拉伯语：qurbānī"献出、牺牲"。（Steingass, 963）

Quran"古兰经"。阿拉伯语：Qur'ān"古兰经"。（Wang, 39）

qusli"大净"。阿拉伯语：ghusl"大净"。（Wang, 29）

raka"拜（礼拜量词）"。阿拉伯语：rak'a"行鞠躬礼、拜跪"。（Wang, 67）

ramzan"斋月、教历九月"。阿拉伯语：ramaḍān"斋月、教历九月"。（Wang, 63）

raxat"坟坑偏穴"。阿拉伯语：laḥd"坟坑偏穴"。（Wang, 92）

resuli"使者"。阿拉伯语：rasūli"邮递员、使者、钦差"。（Wang, 63）

reyisi"（宗教）首领、头目"。阿拉伯语：ra's"首领、头目"。（Wang, 93）

riba"利息、高利贷"。阿拉伯语：ribā"利息、高利贷"。（Wang, 65）

riya"虚伪、虚荣、沽名钓誉"。阿拉伯语：riyā'"虚伪、虚荣、沽名钓誉"。（Wang, 92）

riziqa"（真主给予的）给养、福分"。rizq"衣禄、供给生活资料，本领、好处、生活、生计，前定的经济状况"。（Wang, 65）

ruxu"灵魂"。阿拉伯语：rūḥ"灵魂"。（Wang, 67）

ruxset"允许、许可、同意"。阿拉伯语：ruhsat"允许、许可、同意"。（周正清，1563）

saliam"平安、和平"。阿拉伯语：salām"平安、和平"。（Wang, 95）

santŭx"面柜"。阿拉伯语：sandĭk"箱子、柜子、盒子"。（周正清，1594）

sebep"缘由、机会、机遇"。阿拉伯语：sabab"机会、媒介、运气"。（Wang, 94）

sedeqe"布施、施舍"。阿拉伯语：ṣadaqa"诚实、布施、施舍"。（Wang, 107）

sel"洪水"。阿拉伯语：sel"山洪、石洪、泥石流"。（周正清，1620）

Selefiye"赛莱菲耶（伊斯兰教派之一）"。阿拉伯语：al-Salafīya"坚持伊斯兰传统的人、宗教派别"。（Wang, 95）

selia"唤拜词"。阿拉伯语：salāt"礼拜"。（Wang, 51）

sezhidi"叩头"。阿拉伯语：sujūd"叩头"。（Wang, 108）

shaban"伊斯兰历八月"。阿拉伯语：shaʻbān"伊斯兰历八月"。（Steingass, 746）

shankï"怀疑、不确定"。阿拉伯语：shakk"怀疑"。（Wang, 101）

shahid"作证、证人"。阿拉伯语：shāhid"证人、媒人"。（Wang, 102）

shehit"殉教者"。阿拉伯语：shahīd"舍身者、殉教者、烈士"。（Wang, 103）

sheriha"（伊斯兰）教法、教规"。阿拉伯语：al-sharīʻa"伊斯兰教法、教规"。（Wang, 101）

shereti"教法、教乘"。阿拉伯语：shirʻat"教法、教乘"。（Wang, 103）

sheytuani"魔鬼、阴险狡诈者"。阿拉伯语：shaiṭān"魔鬼、阴险狡诈者"。（Wang, 94）

shuba"可疑的"。阿拉伯语：shubha"暧昧的、可疑的、不吉利的"。（Wang, 104）

sirat"火狱上的天桥"。阿拉伯语：ṣirāt"道路、火狱上的天桥、桥"。（Wang, 95）

sofi"苏菲（伊斯兰教隐士、修士，修道派、神秘主义派）"。阿拉伯语：ṣūfī"羊毛，伊斯兰教隐士、修士；al-ṣūfīya"苏菲（修道派、神秘主义派）"。（Wang, 105）

sohaba"（穆圣）老友、战友"。阿拉伯语：al-ṣaḥāba"（穆圣）老友、战友"。（Wang, 94）

sovab"回赐、赏赐、回报"。阿拉伯语：ṣawāb"回赐、补偿、报酬"。（Steingass, 347）

sovali"问题"。阿拉伯语：suwāl"问、请求、祈祷、问题"。（Steingass, 706）

subha"念珠"。阿拉伯语：subḥa"念珠"。（Wang, 105）

第三章　撒拉语与阿拉伯—波斯语的接触

Suini"中国"。阿拉伯语：al-sīn"中国"。（Wang, 18）

sunnet"圣行、圣行拜"。阿拉伯语：sunnat"圣行、圣行拜、行为、道路"。（Wang, 123）

suret"相貌、脸色"。阿拉伯语：ṣūrat"相貌、脸色"。（Wang, 108）

suure"古兰经文"。阿拉伯语：sūra"古兰经文"。（Wang, 105）

šiyïx"（宗教）长老、教主"。阿拉伯语：shaykh"长者、长老"。（Wang, 99）

tabur"梦"。阿拉伯语：taʻbīr"解释、翻译、告诉（头脑中的事情）"。（Steingass, 307）

tamčï"表演、娱乐"。阿拉伯语：tamāshā"表演、娱乐"。（Steingass, 323）

tefsir"（古兰经）注释"。阿拉伯语：tersir"解释、注释"。（周正清，1782）

tekbir"大赞词、口诵赞主词，真主至大"。阿拉伯语：takbīr"大赞词、口诵赞主词，真主至大"。（Wang, 111）

temen"土净（以土或石代水净礼）"。阿拉伯语：teymmün"土净（以土或石代水净礼）"。（周正清，1814）

terbet"坟墓、坟院"。阿拉伯语：tābūt"棺材、木盒、坟墓"。（Steingass, 272）

terjiman"译者"。阿拉伯语：tarjamān"译者"。（Steingass, 293）

tereha"间歇拜、圣行拜"。阿拉伯语：tarwīḥa"间歇拜、圣行拜"。（Wang, 113）

teterva"付功拜、自愿实行的"。阿拉伯语：taṭawwuʻ"付功拜、自愿实行的"。（Wang, 113）

tesbiha"赞主、念珠"。阿拉伯语：tasbīḥa"赞主、念珠"。（Wang, 110）

tezhvidi"（古兰经）诵读"。阿拉伯语：tecvit"（古兰经）诵读"。（周正清，1779）

tobey"忏悔"。阿拉伯语：tauba"忏悔"。（Wang, 111）

tofiqe"天赋"。阿拉伯语：taufīq"灵感、顺利、天赋"。（Wang, 112）

torat"旧约"。阿拉伯语：taurāt"旧约"。（Wang, 112）

toreqeti"道乘（苏菲功修）"。阿拉伯语：tarīqat"道路、道乘、教义、方法（苏菲功修）"。（Wang, 115）

tox"盘子"。阿拉伯语：tabak"盘子、碟子"。（周正清，1735）

tumur "护身符、驱邪符"。阿拉伯语：ṭūmār "书、书法"。（Steingass, 822）

ulamayi "（宗教）学者"。阿拉伯语：'ulamā' "宗教学者、科学家"。（Wang, 120）

umma "穆斯林社团"。阿拉伯语：umma "穆斯林社团、民族、百姓、人民、信徒"。（Wang, 120）

usdati "（宗教）导师、老师"。阿拉伯语：'ustāt "导师、老师、教长"。（Wang, 120）

ushiri "农业什一税"。阿拉伯语：'ushr "农业什一税、土地税"。（Wang, 89）

usla- "忧愁"。阿拉伯语：āsī "忧愁、挂念"。（Steingass, 61）

vaarzi "演讲、讲道"。阿拉伯语：wa'ẓ "讲演、讲道、宣讲教义"。（Wang, 118）

Vahabi "瓦哈比（伊斯兰教派之一）"。阿拉伯语：al-Wahhābīya "给予、贡献、宗教派别"。（Wang, 116）

vax "时间"。阿拉伯语：waqt "时间、机会"。（Steingass, 1476）

vazhibu "当然拜、职责"。阿拉伯语：wājib "当然拜、职责"。（Wang, 117）

veli "显示奇迹的人、苏菲品级很高的人"。阿拉伯语：wāllin "统治者、总督、对真主接近者、门宦教主、圣徒"。（Wang, 116）

veqefu "（宗教）公共财产"。阿拉伯语：waqf "宗教基金、教产"。（Wang, 118）

xaydïm "《古兰经》章节"。阿拉伯语：khatm "《古兰经》章节"。（Wang, 42）

xayni "凤仙花"。阿拉伯语：ḥinnā "凤仙花"。（Steingass, 431）

Xufiye "虎夫耶（门宦之一）"。阿拉伯语：khufī "隐藏的、低的，低念"。（Wang, 52）

xutup "聚礼或宗教节日时的演讲"。阿拉伯语：khuṭba "（宗教）演讲、讲经"。（Wang, 54）

yeqine "（想法）坚定"。阿拉伯语：yaqīn "主见、观念"。（Wang, 124）

yehude "犹太人"。阿拉伯语：yahūd "犹太人"。（Wang, 124）

Yinzhile "（基督教）圣经"。阿拉伯语：injīl "（基督教）圣经"。（Wang, 129）

yitem "孤儿、丧父或丧母儿童"。阿拉伯语：yatīm "孤儿、丧父或丧母儿童"。（Steingass, 1528） zaman "时间"。阿拉伯语：zaman "时间"。(Wang, 133)

zekati "天课、课税"。阿拉伯语：zakāt "纯洁、公正、诚实"。(Steingass, 619)

zhebeli "哲别列（天仙名字）"。Jibrīl "哲别列（天仙名字）"。(Wang, 55)

zhemat "（宗教活动时的）群、组，教众"。阿拉伯语：jamā't "一群、队，身体，会议、集会"。(Steingass, 370)

zhennet "天堂"。阿拉伯语：jannat "花园、天堂"。(Steingass, 373)

Zhexrinye "哲赫林耶（伊斯兰教派之一）"。阿拉伯语：al-Jahrīya "高念"。(Wang, 135)

zhinazi "（成殓的）遗体、葬礼"。阿拉伯语：junāz "葬礼"。(Wang, 134)

zhovab "回答"。阿拉伯语：jawāb "回答"。(Steingass, 375)

zhuma "星期五"。阿拉伯语：Jum'a "星期五"。(Wang, 20)

zhunbi "（礼拜时穿的）长衫"。阿拉伯语：jilbāb "长衫"。(Wang, 136)

zikir "记主词、赞主词"。阿拉伯语：dhikr "记主词、赞主词"。(Wang, 56)

zina "通奸、私通"。阿拉伯语：zanā' "通奸、私通、强奸"。(Steingass, 623)

二、撒拉语中的波斯语词语

armut "梨"。波斯语：armūt "梨"。(Steingass, 39)

axun "阿訇"。波斯语：ākhun "神学家、传道者、演说家、教师"。(Steingass, 26)

ason "慢"。波斯语：āsān "容易、方便"。(Steingass, 47)

asman "天"。波斯语：āsmān "天、屋顶"。(Steingass, 60)

aš "饭"。波斯语：āsh "饭、食品、饮食"。(Steingass, 62)

ašgïr "精确的、准确的、明显的、细致的、清楚的、清晰的、确实的"。波斯语：ashkār "清楚的、明显的、公开的"。(Steingass, 65)

eğe "那么"。波斯语：agar "如果"。(Steingass, 90)

emen "安静"。波斯语：eman "自由、安全"（来自阿拉伯语 āmīn "但愿如此"）。(Steingass, 132) baba"爷爷、长者、宗教领袖"。波斯语：bābā"父亲、爷爷、宗教领袖"。（Steingass, 135）

bad"鸭子"。波斯语：bat"鸭子"。（Steingass, 154）

bağ"花园"。波斯语：bāgh"花园、葡萄园、世界"。（Steingass, 148）

baja"朋友"。波斯语：bacha"婴儿、男孩、孩子、儿子、爱人"。（Steingass, 157）

bandït"晨礼"。波斯语：bāmdād"在早晨、黎明"。（Steingass, 151）

bande"仆人"。波斯语：banda"仆人、在下"。（Wang, 13）

badam"杏仁"。波斯语：bādām"杏仁"。（Steingass, 137）

bankï"宣礼"。波斯语：bāng"宣礼"。（Wang, 13）

bas"老虎"。波斯语：bars"老虎"。（Clauson，1972: 368）

bazar"庄廊"。波斯语：bāzār"市场、赶集日、讨价还价"。（Steingass, 144）

bemar"病"。波斯语：bīmār"病、疾病"。（Steingass, 224）

bijin"猴子"。波斯语：būzīna"猴子"。（Clauson，1972: 295）

čadar"帐篷"。波斯语：chādar"帐篷、披风、头巾、面纱"。（Steingass, 383）

čeden"背斗"。捷尼舍夫（2014: 276）认为该词来自波斯语，该词在克普恰克语中为čätän"篮子"，在嘎嘎乌孜语中为čiten"带把的圆形篮子"，在诺盖语中为šeten"藤条篮子"，在吉尔吉斯语南部方言中为četen"用树条编成的敞口大篮子"。波斯语（Steingass, 405）中有动词chīdan，意为"采集、摘"等。

češembe"星期三"。波斯语：chihāri shanbah"星期三"。（Wang, 18）

čira"油灯"。波斯语：chirākh"灯、蜡烛"。（Steingass, 389）

čirix"兵、士兵"。波斯语：charīk"士兵、军队"。（Steingass, 392）

čire"脸色、表情"。波斯语：chihra, chahra"脸、表情"。（Steingass, 405）

dal"树"。波斯语：dār"木材、架子、树、桩子"。（Steingass, 495）

daz"秃子"。波斯语：tez"秃子、锋利"。（Steingass, 341）

diğer"晡礼"。波斯语：dīgar"晡礼"。（Steingass, 1425）

dozax"地狱"。波斯语：dozakh"地狱、嫉妒、问题"。（Steingass, 543）

dosti"朋友"。波斯语：dost"朋友"。（Steingass, 544）

doš "响声"。波斯语：tāwush "响声"。(Steingass, 277)

dudar "可爱"。波斯语：dokhtara "小姑娘"。(Steingass, 541)

dušman "仇人、仇敌"。波斯语：dushman "仇人、仇敌"。(Wang, 24)

düšembe "星期一"。波斯语：dushanbah "星期一"。(Wang, 20)

Farsi "波斯、波斯语"。波斯语：Fars "波斯、波斯语"。(Steingass, 918)

fünür "威风"。波斯语：hunur "技艺、科学、知识艺术"。(Steingass, 1514)

gunaha "罪恶、罪过"。波斯语：gunah "罪恶、罪过"。(Steingass, 1100)

ham "也"。波斯语：ham "也、像、同样"。(Steingass, 1507)

heme "每个、所有"。波斯语：hama "所有、全部、每个"。(Steingass, 1512)

her "所有的、每个"。波斯语：har "每个、所有、任何"。(Steingass, 1493)

heš "任何（用于否定）"。波斯语：hech "什么也不、从不"。(Steingass, 1520)

jab "伙伴、同伴"。波斯语：jaft "一对、一双、伙伴、同伴、丈夫或妻子"。(Steingass, 365)

jağu "毛、毛毡、尿布"。波斯语：jabghūt "棉被、毛被"。(Steingass, 355)

jan "生命"。波斯语：jān "灵魂、精神、勇气、生命"。(Steingass, 352)

jayi "礼拜毯"。波斯语：jāy "地方、住所、礼拜毯"。(Steingass, 354)

kiret "钥匙"。波斯语：kalīd（kilīd）"钥匙"。(Steingass, 1045)

mağla "大豆"。波斯语：bāqilah "豆子"。(Wang, 15)

mamux "棉花"。波斯语：pamuk "棉花"。(周正清, 1477)

namas "礼拜"。波斯语：namāz "礼拜、敬仰、崇拜、虔诚、服务"。(Steingass, 1425)

padiša "皇帝"。波斯语：bādshah "皇帝"。(Steingass, 139)

piire "鬼"。波斯语：parī "（好）精灵、仙女"。(Steingass, 246)

periyen "精灵"。波斯语：paryān "巨神"。(Wang, 90)

pishen "响礼"。波斯语：peshīn "响礼"。(Steingass, 1425)

pešembe "星期四"。波斯语：panji shanbah "星期四"。(Wang, 20)

pehember "圣人"。波斯语：paighambar "先知、穆圣"。(Wang, 14)

pose "吻"。波斯语：bosa "吻"。(Steingass, 207)

qorï"瞎的、瞎子"。波斯语：kaur（kūr）"瞎的"。（Steingass, 1060）

roza"斋戒"。波斯语：roza"一天、每日的（旅程等）、斋戒"。（Steingass, 594）

sarï"（雕梁画栋的）房屋"。波斯语：sarā"皇宫、豪宅"。（Steingass, 667）

sinjir"链子"。波斯语：zinjīr"链子、链条"。（Steingass, 624）

sudu"（颜色）浅的"。波斯语：sada"简单的、单纯的、朴素的"。（周正清，1573）

šam"昏礼"。波斯语：shām"夜晚、晚饭、昏礼"。（Steingass, 724）

sešembe"星期二"。波斯语：sah shanbah"星期二"。（Wang, 20）

šembe"星期六"。波斯语：ruzi shanbah"星期六"。（Wang, 20）

tïxda"木板"。波斯语：takhta"木板、桌子"。（Steingass, 287）

umut"期望"。波斯语：umed"希望、期望、信任"。（Steingass, 101）

xaǧit"纸"。波斯语：kāghad"纸"（最终可能来自汉语的"榖纸"）。（Steingass, 1006）

Xuda"真主"。波斯语：khudā"真主、导师、主人"。（Steingass, 448）

Xudayang"哎真主"。波斯语：khudāyā"呀真主"。（Steingass, 449）

Xuda talia"至高无上的真主"。波斯语：khudā taʻālā"至高无上的真主"（其中taʻālā意为最高的，来自阿拉伯语）。（Wang, 51）

xudan"宵礼"。波斯语：khuftan（宵礼）。（Steingass, 468）

xus"核桃"。波斯语：gauz"核桃"。（Steingass, 1102）

yadï"记忆"。波斯语：yād"记忆、背诵"。（Steingass, 1524）

yarï"朋友"。波斯语：yār"朋友、爱人、伙伴、助理"。（Steingass, 1525）

yarmax"价钱"。波斯语：yarmaq"钱"。（Steingass, 1530）

yešembe"星期日"。波斯语：yak shanbah"星期日"。（Wang, 20）

yofïr"麝香"。波斯语：ipār"麝香草"。（Steingass, 12）

zimen"土地"。波斯语：ziman"地、土地"。（Steingass, 622）

第三节 从语言接触看撒拉族与阿拉伯—波斯民族的互动层次

通过以上词语,我们可以看出撒拉族尤其是撒拉族先民与阿拉伯—波斯民族在历史上的交往情况。交往与影响是相互的,也就是说这种交往中既有撒拉族先民等许多突厥语民族对阿拉伯—波斯语的大量借用,也有突厥语民族对阿拉伯—波斯语的一定程度的影响。基于本书主题的考虑,在此我们主要从撒拉语中的借词成分谈一谈阿拉伯—波斯民族在历史上对撒拉族的影响。这些影响大致来说有以下几个方面:

一、伊斯兰教的信仰

从撒拉语中的阿拉伯—波斯语成分来看,阿拉伯—波斯民族对撒拉族先民皈依伊斯兰教产生了重大影响。从借用词语的数量来说,以上近300个词语的内容也主要集中在伊斯兰教方面。

古代突厥人曾信奉过万物有灵论,这种北方民族的原始宗教一般被称为"萨满教"[①]。萨满教的信仰在目前的撒拉族社会中已不再存在了,但这种原始宗教的痕迹仍或多或少地保留在撒拉族文化中。在撒拉族民间流传有一则关于地震的传说(实为神话),其大意是这样的:大地由一头黄牛用两个角托着,黄牛又站在一条鱼的身上,鱼在水中浮游,若某个地方的人犯有罪恶,黄牛便把角上的大地移到另一支角上,那个地方就会发生地震。[②] 笔者清楚地记得,在小时候,当有小孩用脚猛力踩踏大地时,大人也会阻止,说这样会弄疼大地、恼怒大地。这些故事与现象在某种程度上反映了撒拉族先民对大地的崇拜心理。在过去,撒拉人相信火有一种神奇的功能,当人身上长有疖疮时,他们就用在火中烤过的土块拭擦;当小孩玩火时,大人警告小孩会在夜晚尿床,并不许人们向火中撒尿或从火上跨过等;尤其是当某人神志不清时,就被认为是鬼魂附身,就用破布烂鞋熏燎患者,认为这样能避邪。这种驱鬼魂的方法,在撒拉语中被称作 isle-(熏)。撒拉族认为人有三个灵魂,当

[①] 萨满,通古斯语,意为"巫师"。在古代突厥语中称巫师为 kam(喀木)。
[②] 循化县文化馆编:《撒拉族民间故事》(第二辑),内部出版,1990,第297页。

人们过度受惊或患有癔症时，他的一个灵魂就可能出窍了。这时一般由患者的母亲用芨芨草招魂。萨满巫师用肩胛骨占卜的方法在撒拉族目前的生活中已消失了，但这种习俗却以传说的形式保留了下来。过去，撒拉人认为牛羊的肩胛骨中间凸起的线条，寓示着世界末日的情况，那个线条不断向一边转移，当完全移到一边时，世界就到了末日。

日、月、星等是萨满教自然崇拜的重要对象。过去，当小孩用手指着太阳或者向着太阳撒尿时，大人都会警告他们。当用手指着月亮时，认为可能会被月亮割破耳朵。若发生日食或月食时，认为是某种动物在吞食日月等。在撒拉族的民间故事中有著名的"太阳姑娘""月亮姑娘"和"星星姑娘"的传说，撒拉族先民乌古斯的六个儿子分别以太阳、月亮、星星、蓝天、山和海命名，撒拉族的祖先撒鲁尔就是乌古斯第五子山汗的长子。萨满教认为某些动植物中存在精灵，是不能乱杀乱伐的。撒拉族发祥地街子清真大寺的对面有一棵巨大的杨树，撒拉人对此怀有深深的敬意，认为那是一棵生命之树，若砍该树，就会砍出红色的血液。当天上闪电打雷时，有时一些老树被雷电击倒，他们认为这是闪电在击打老树中的精气。

以上这些文化现象说明了撒拉族与萨满教的历史联系，这也是撒拉族文化中非常独特的部分。[①] 尽管在目前的撒拉族社会中已经没有人相信这些原始宗教信仰，但这些文化痕迹说明撒拉族先民在历史上确实与萨满教有着千丝万缕的联系。那么，到底是什么因素使撒拉族先民放弃了这些原始宗教而改信了伊斯兰教呢？应该说和阿拉伯—波斯民族的接触是撒拉族先民宗教信仰发生转变的主要原因，也使撒拉族先民的精神生活发生了重大转变，并一直延续至今。

（一）六大信仰

信真主是伊斯兰六大信仰的核心。伊斯兰所信仰的真主（安拉）具有许多特性和德行。目前撒拉族宗教信仰的核心是对造物主"真主"的信仰，而"真主"在撒拉语中用两个词来表示，一是 Xuda，二是 Alahu。前一个词来源于波斯语，在撒拉语的日常交际及用撒拉语祈祷的语言环境中经常出现，而且使用频率很高。后一个词来源于阿拉伯语，主要出现在使用阿拉伯语的《古兰经》文中，偶尔也出现在

---

① 马伟：《撒拉族风情》，青海人民出版社，2004，第 76~77 页。

使用撒拉语的祈祷语中。如果不考虑纯粹阿拉伯语的《古兰经》文，那么 Alahu 一词在撒拉语的环境中出现的频率很低。在波斯语中的 khudā 一词除了有"真主"之义外，还有"导师、主人"等意义（Steingass, 448）。因此，我们判断，撒拉族先民接受造物主"真主"的概念主要是通过波斯人接受的，而且，撒拉先民只接受了 khudā 一词的"真主"之义，并没有接受"导师、主人"等意义。

体现原始宗教信仰的古代突厥语中的 tängri（天）、yer（地神）、umay（生育女神）、sub（水神）等词，在现代撒拉语中要么彻底消失了，如 tängri 和 umay，要么其意义已经没有了宗教方面的内容，而只有一般事物的指称意义，如 yer（地）和 su（水）。

除信仰真主外，信天仙、信先知、信天经、信末日、信前定也是伊斯兰教对穆斯林所规定的基本信仰，是《古兰经》中多处提到的明文指令。撒拉语中表示这五大信仰的词 meliayike（天仙）、pehember（先知）、Quran（古兰经）、qïyamet（世界末日）、qeder（前定、定然），以及 dunya（世界、今世）、axïr（后世）、dozax（地狱）等来自阿拉伯语或波斯语。撒拉语的 imani 来自阿拉伯语，原意为"信仰、意志"，但进入撒拉语后特指伊斯兰信仰。

可见，和阿拉伯—波斯民族的接触使得撒拉族先民的信仰体系发生了根本性的变化。

（二）宗教义务

在伊斯兰教中，有很多宗教义务，这些义务由强到弱可以分为以下几类：主命、必定、圣行、嘉行。撒拉语中表示这些概念的词语如 ferizi（伊斯兰教主命）、vazhibu（当然拜、职责）、sunnet（圣行、圣行拜）、mustanbu（嘉行、副功）等完全来自阿拉伯语。

伊斯兰教中有五大宗教功课，中国穆斯林简称之为"五功"，又称"五桩天命"，是指念清真言、礼拜、斋戒、天课、朝觐，一般简称念、礼、斋、课、朝。撒拉语中表示"五功"的词 kelime teybe（清真言）、namas（礼拜）、roza（斋戒）、zekati（天课、课税）或 ushiri（农业什一税）、hazhi（朝觐）等都是来自阿拉伯语或波斯语的词。

namas（礼拜）有每天五时的礼拜，bandït（晨礼）、pishen（响礼）、diğer（晡

礼)、šam(昏礼)和 xudan(宵礼),这些词来自波斯语;有星期五的礼拜,zhuma(星期五聚礼),有两个节日的礼拜,roza aydenamas(开斋节礼拜)和 qurban aydenamas(古尔邦节礼拜),有斋月期间特有的礼拜,teterva(付功拜、自愿实行的礼拜),这些词都来源于阿拉伯语或波斯语。可见,撒拉族对"五功"的理解和实践完全是以引进阿拉伯—波斯语概念为基础进行的。

（三）宗教社会制度

在过去的撒拉族社会中实行着一种较为独特的宗教社会制度——"尕最"制度。撒拉族地区的尕最不仅全权管理宗教事务,而且往往与土司制度交融在一起参与政治事务。尕最处理教众户籍、婚嫁、钱粮、诉讼等事务,是十二"工"之总理掌教,撒拉族宗教上的最高世袭职位。在汉文历史文书中被称作"总掌教"或"总理掌教",在清廷档案中称作"世袭总理掌教"。循化街子清真大寺清乾隆二十六年(1761年)匾额上写有"总理掌教韩光明"。尕最驻在街子,主持街子大寺事务。撒拉族保存的那本珍贵的手抄本《古兰经》一直保存在历代尕最手里,作为教权的最高象征。从词源来看,"尕最"一词来源于阿拉伯语,原意为"法官、教法官"。

在撒拉族地区,村村都有清真寺。平时人们都各自在自己村子的清真寺做礼拜,但到了星期五都要到大清真寺做礼拜,这种大清真寺被称为"海依清真寺"。撒拉语中表示清真寺的词语 mišit(或 meszhidi)来自阿拉伯语 masjid。"海依"（hayi）一词,来自阿拉伯语,原意为"城区",在撒拉语中发展为"中心、人口多的地方"之义,而且也仅限于指做星期五聚礼的清真寺。在过去,撒拉族的"海依"制度往往和其社会组织"工"①结合起来,一般而言,一个"工"有一个"海依寺"。每个海依寺聘请大学"阿訇"（也称"海依开学"）一人,"二阿訇"一人（也称"二学"）,招收本工或从外地来求学的"满拉"（即学生）若干名。每个村里的支寺也有一个开学阿訇,一般情况下也招若干满拉。在清真寺里烧水、做饭、唤礼的人叫 mijaru（寺师傅）。"阿訇"（axun）是来自波斯语的借词,而"满拉"（malla）和寺师傅（mijaru）是来自阿拉伯语的借词。

在同一个清真寺里做礼拜的人群叫一个"者麻提"。"者麻提"（zhemat）,原意

---

① "工"是撒拉族地区相当于乡镇一级的社会组织,在历史上有"撒拉八工外五工"的说法。

是"一群""一伙""集体""社团""团体"等，但它在穆斯林生活中特别指的是一起礼拜的人群。这个词本身的含义可大可小，小则三个人就可以组成一个者麻提进行一天的五次礼拜，如果人数达到七个，就可以成立一个者麻提举行主麻聚礼。大则在开斋节和古尔邦节，就要求有较大规模的人数才能组成一个者麻提举行会礼。撒拉族地区基本上是一村一寺，每天的五次礼拜就在那里完成，也就是说，一个村为一个小者麻提。到了主麻日、开斋节和古尔邦节，则以工为单位，集中在海依寺，组成一个大者麻提举行聚礼或会礼，这种大的者麻提就是海依。者麻提基于共同的宗教信仰而形成，是服务于人们的宗教信仰的一种精神上的社会组织。

在撒拉族地区清真寺里的财产被称为"外格夫"（veqefu）。外格夫主要来源于人们的无偿捐赠，或者某人去世后因无嗣继承其遗产就归于清真寺。撒拉族社会有严格规定，任何人不得侵占外格夫财产。

以上这些宗教社会制度的名称都来自阿拉伯语或波斯语，是因撒拉族信仰伊斯兰教而从阿拉伯—波斯文化中吸收而来的。

（四）宗教派别与仪式

撒拉族先民迁徙至今天的循化地区后，在长期的生活过程中逐渐产生了不同的宗教派别，如格底目（Qedimu）、虎夫耶（Xufiye）、哲赫林耶（Zhexrinye）、嘎地林耶（Qadïrïnye）、伊赫瓦尼（Ixvani）等，其中除格底目和伊赫瓦尼外的其他派别都属于苏菲（sofi），虎夫耶和哲赫林耶被认为是乃格什班底耶（Neqeshbandiye）苏菲派的分支。这些分支是撒拉族地区最主要的宗教派别。从词源角度而言，这些名称都来源于阿拉伯语。

此外，mazhab（道路，法学学派）、ersa（拐杖）、izhazet（允许、口唤、传教凭证）、keramet（奇迹）、minshar（冥沙尔经）、kumbat（拱北）、moluti（卯路提经）、murit（信徒）、usdati（导师、老师）、shereti（教法、教乘）、toreqeti（道乘）、haqiqeti（真乘）、boroto（赦免、无罪）之夜、qeder（前定）之夜等与不同宗教派别或节日相关的内容都来自阿拉伯语。

（五）星期、部分月份名称等时间概念

在古代突厥语中，我们看不到当时有"星期"的概念，在现代的撒拉语中有完整的一周七天的名称，如 düšembe（星期一）、sešembe（星期二）、češembe（星期三）、pešembe（星期四）、zhuma（星期五）、šembe（星期六）、yešembe（星期日）。从词源角度看，除zhuma（星期五）为阿拉伯语外，其他的词都来自波斯语。因此，由于信仰了伊斯兰教，撒拉族先民才从阿拉伯—波斯人那儿接受了关于一周七日的时间概念。撒拉语中还存在关于月份的个别名称，如ramzan（斋月、伊斯兰历九月）、shaban（伊斯兰历八月）等，这些都是阿拉伯语借词，都跟宗教密切相关。

（六）其他与宗教相关的内容

除了以上内容外，撒拉语还有许多与宗教信仰相关的词语，如asman（天）、piire（鬼）、periyen（精灵）、jan（生命）、gunaha（罪恶、罪过）、pose（吻）等来自波斯语，dasdar（缠头巾）、dovu（祈祷）、esseliamu alikum（安宁、和平）、fitire（开斋捐、施舍物）、hadi（赠品、施济物）、izhabu（同意、证书）、kefen（裹尸布、白布）、qemis（长衫）、zhunbi（长衫）、qusli（大净）、abtus（小净）、temen（土净）、kitap（经书）、sedeqe（布施、施舍）、terbet（坟墓、坟院）、zhinazi（遗体、葬礼）、tumur（护身符、驱邪符）、miyit（尸体、死人）、mexer（彩礼、聘礼）、xayni（凤仙花）等来自阿拉伯语。撒拉语中的一些非阿拉伯—波斯语词也能够表达以上这些词的意思，如yazux（罪恶）、ax boz（白布）、don（长衫）、ülex（尸体）等，但这些阿拉伯—波斯语的使用显然带有特定的宗教意义，是伊斯兰教信仰在撒拉族先民生活方式中的具体体现。撒拉语中有许多关于饮食、服饰、婚丧、教育、命名等方面的有关伊斯兰文化的阿拉伯—波斯语词语，这说明由于伊斯兰教的信仰，撒拉族先民的文化生活发生了根本性的变化。

二、波斯人在撒拉族先民中的伊斯兰教传播

虽然伊斯兰教最初是在阿拉伯半岛的阿拉伯人中间产生的，但根据撒拉语中的一些关于伊斯兰教的核心词语来看，撒拉族先民最初是通过波斯人来接触并信仰伊斯兰教的，如Xuda（真主）、pehember（先知）、axun（阿訇）、roza（斋戒）、namas（礼拜）、bankï（宣礼）、bandït（晨礼）、pishen（响礼）、diğer（晡礼）、

šam（昏礼）和 xudan（宵礼）、düšembe（星期一）、sešembe（星期二）、češembe（星期三）、pešembe（星期四）、šembe（星期六）、yešembe（星期日）、piire（鬼）、periyen（精灵）、jan（生命）、gunaha（罪恶、罪过）等词，都是来自波斯语的词。此外，在撒拉语中存在的阿拉伯语词语绝大部分在波斯语中也都存在。这就意味着波斯人在信仰伊斯兰教时将许多阿拉伯语词语借入波斯语中，而撒拉族先民在通过波斯人接受伊斯兰教时又将这些词借入自己的语言中。对此，已故撒拉族学者韩建业先生早就指出：

> 从借词情况来看，无论是阿拉伯语还是波斯语，有些是符合撒拉语语音结构规律的，有些是不符合撒拉语语音结构规律，而在不同程度上影响了撒拉语固有的语音结构规律。从词汇方面分析，大致是这样，其中大部分阿拉伯借词不是直接从阿拉伯语吸收过来的，而是通过波斯语转借过来的。①

波斯的历史非常悠久，在波斯文化和阿拉伯文化的接触过程中，波斯人接受了伊斯兰教，但波斯人对阿拉伯人的影响也是深远的。法国当代著名东方学家阿里·玛扎海里提出，当时的阿拉伯统治者都以学习波斯文化为荣，都在学习和使用波斯语，甚至部分统治者不愿自称为阿拉伯人。波斯人接受了伊斯兰教并把它改造成一种定居的宗教。他们将伊斯兰教的"先知"变成了定居民中的英雄，正是由波斯人修改过后，这种伊斯兰教形式从11世纪逐渐向印度、中亚、中国和埃及等地扩展。在此过程中，波斯语在这些地区也逐渐居有非常重要的地位。蒙古帝国时期的官方用语是波斯语，在中亚、中国等地伊斯兰教传播过程中苏菲、阿訇等宗教人士的通用语言是波斯语，从中国到欧洲的丝绸之路上的通用语言也是波斯语。像马可·波罗那样的冒险者也都在学习波斯语。②因此，撒拉族先民在中亚地区从波斯人那儿用波斯语接受伊斯兰教在当时是有社会基础的。

---

① 韩建业：《撒拉族语言文化论》，青海人民出版社，2004，第51页。
② 阿里·玛扎海里：《丝绸之路——波斯—中国文化交流史》，耿昇译，新疆人民出版社，2006，序言、第6~7页。

三、传统生活方式的转变

和阿拉伯—波斯民族的接触，包括和波斯民族密切相关的东伊朗语民族粟特人、花剌子模人、塞人—马萨亥特人等部族的混合，使得撒拉族先民的生活方式发生了很大变化。撒拉族的先民原为北方草原民族，逐水草而居的游牧经济在生活中占有重要地位。迁徙中亚后，在与粟特等当地民族的接触中，逐渐由原来的游牧生活转向定居农业生活。现代撒拉语中的一些关于农业方面的伊朗语词语，如 armut（梨）、bağ（花园）、badam（杏仁）、dal（树）、mağla（大豆）、mamux（棉花）、xus（核桃）、zimen（土地）等可能就是在此时期进入的。这些词语反映的可能不仅是当时的突厥语民族由游牧向农业、由流动向定居生活的转变，也可能反映的是当时中亚突厥化的过程：操伊朗语的民族和操突厥语的民族融合后，由于突厥人在政治、军事上的取胜而使突厥语取代了伊朗语，但伊朗语却以底层的形式留存在突厥语当中。撒拉族先民东迁至中国后，这些词语一直被撒拉语继承到现在。

除了农业生活外，现代撒拉语中的伊朗语词语还告诉我们，当时的讲突厥语的撒拉族先民虽然本来就是游牧民族，但仍然借鉴了伊朗语民族的帐篷（čadar）；他们过上了定居生活，围起了四方形的庄廓（bazar），其中修建了"富丽堂皇"的房屋（sarï），而且房屋还有窗户（terje），他们甚至还修建了楼房（roxï，此词源于阿拉伯语）；他们和伊朗语民族进行商业往来，讨价还价（yarmax），他们买到了新的商品，如用树枝编成的背斗（čeden）、油灯（čira）、钥匙（kiret）、蜜（bal）、毛毡（jağu）、礼拜毯（jayi）、链子（sinjir）、木板（tïxda）、纸（xağït）等；他们开始吃和伊朗语民族一样的饭（aš）；他们学到伊朗语民族的各种技艺（fünür）；他们还开始饲养鸭子（bad）；等等。

和伊朗语定居民族的接触，使得撒拉族先民的社会关系也变得更加丰富了：他们开始把"爷爷、长者、宗教长老"称为 baba，把"宗教领袖"称为 axun，把"朋友"称为 baja，把"朋友、情人"称为 yarï，把"伙伴、同伴"称为 jab，把"仆人"称为 bande，把"朋友"称为 dosti（多用于宗教方面），把"仇人、仇敌"称为 dušman，把"兵、士兵"称为 čirix，把"皇帝"称为 padiša，等等。

四、其他概念和语言表达方法的吸收

和伊朗语民族接触后，撒拉族的先民们开始把"秃子"称为 daz，把"病"称为 bemar，把"脸色、表情"称为 čire，开始使用 dudar（可爱）、ašgïr（精确的、准确的、明显的、细致的、清楚的、清晰的、确实的）、emen（安静）、doš（响声）、umut（期望）、qorï（瞎的、瞎子）、sudu（颜色浅）、yadï（记忆）等词。

和伊朗语族语言的接触，使得一些功能词等也从伊朗语进入到撒拉族先民的语言中了，如 eğe（那么）、ham（也）、heme（每个、所有）、her（所有的、每个）、heš（任何）等，使得撒拉族先民的语言在表达方面变得更加细腻了。

撒拉语的阿拉伯语借词大多和伊斯兰教相关，但部分词在撒拉语中没有宗教色彩，或宗教色彩已经有所淡化，可以用在非宗教领域，如 alin（知识）、aqïl（礼貌）、ayïp（谎言）、balğan（痰）、belia（灾难）、bexir（吝啬）、damax（食欲）、eboli（可怜的）、edep（礼节）、emen（安静）、emür（寿命）、fayda（好处）、hal（力量）、hayvan（牲畜）、jüd（祖先）、jurtu（倔强）、man（所有的）、mani（意思）、masïm（婴儿）、meqsude（目的、意图）、namut（食物）、nefïs（脾气）、niyet（心意）、qat（疮）、qeher（生气）、qelem（笔）、qem（烦恼）、riba（利息）、riya（虚荣）、ruxu（灵魂）、santux（面柜）、sebep（缘由、机会）、sel（洪水）、suret（相貌）、tabur（梦）、tamčï（热闹）、tox（盘子）、usla-（忧愁）、vax（时间）、yeqine（坚定）、yitem（孤儿）、zaman（时间）等。这些词的意义和日常生活密切相关，说明阿拉伯人的日常生活方式，或者一些特定的语言表达方式也直接或间接地影响到了撒拉族的先民。

第四章 撒拉语与蒙古语的接触

第一节 撒拉族与蒙古语民族的互动

撒拉族与蒙古语民族之间的互动最早可以追溯到在蒙古高原上撒拉族的先民突厥人与蒙古人之间的交往,而后是在中亚地区撒拉族的先民与蒙古人之间的来往。在撒拉族先民东迁至今天的青海循化后,也与蒙古人、保安族等有过一段时间的接触。

一、蒙古高原上的族群交往

如前文所述,撒拉族源自历史上的突厥乌古斯部。突厥人的活动,初见于《周书·宇文测传》,在西魏大统八年(542年)以前,每当河水结冰,突厥就率兵入侵。在更早的战国时期成书的《吕氏春秋》中的"突人"也可能是后来的"突厥"。公元552年,突厥人在漠北建立了自己的汗国。

"突厥"一词,目前有两种不同的解释:一种是其来源于突厥人居住地金山的形状,因此山形状如兜鍪,而兜鍪在突厥语中被称为"突厥"(türkü),意为战士之盔;另一种是来自Türk的复数形式Türküt的音译,后者在突厥语中有"强力"或"气力"之义,即力量强大之人。但汉语音译可能是通过讲蒙古语族语言的柔然人介绍过来的,因为,Türk的突厥语复数形式为Türklar,而该词在蒙古语中的复数形式Türküt。[①] 学术界已普遍认为隋代之前的丁零和敕勒,以及隋唐时期铁勒都是

---

① 马长寿:《突厥人和突厥汗国》,广西师范大学出版社,2006,第1~2页。

"突厥"一词的不同音译。对此,周伟洲先生在追溯敕勒族的来源时明确指出:

> 赤狄、狄历、敕勒、高车、丁零,乃是汉文史籍在不同的时代所反映的各个民族对敕勒族的不同称谓。赤狄,是春秋时汉文史籍对该族的称谓;狄历,是该族的自号;敕勒,是西晋初年以后,塞外各民族对他的称谓;高车,是北朝人(包括北朝的汉人和汉化了的鲜卑等)对他的称谓;丁零,是很早以来汉族对他的称谓。
>
> 在南北朝时期,北朝人只把十六国之前迁入内地居住的敕勒族,称为丁零,其余称为高车或敕勒。南朝人则把北朝人称为高车、敕勒或丁零的民族,统称为丁零,不加区别。
>
> 丁零、狄历、高车、敕勒、铁勒等名,均是古代各族人民对属阿尔泰语系突厥语族的民族的统称或泛称。只是在一定的历史时期和一定的历史条件下,有的名称才是专指其中一部分。①

关于突厥族更早的来源,有认为是"匈奴之别种"②。虽然,这种看法并没有完全得到证实,但许多学者注意到突厥与匈奴之间的联系。亦邻真教授说:

> 匈奴人到了南北朝时期,是讲阿尔泰语系语族的某一种语言的。这里有两种可能:第一,匈奴语从来就是属于突厥语族的;第二,匈奴人在几百年的过程中,语言已被同化,改操突厥语,这也是无不可能的,因为匈奴单于庭从汉武帝时期由今内蒙古地区退到漠北之后,匈奴人便卷进了突厥语族牧人的汪洋大海中,几个世纪的时间足以使他们在语言上被同化……从历史上的匈奴找不出蒙古族族源有重大关连之处。与阿尔泰语系各族相比较,匈奴人更近似突厥语族各族。倘如匈奴人原来使用的是与阿尔泰语系完全不同的语言,那又该另当别论了。如果说匈奴人同后来的蒙古族有什么联系,恐怕只有一种情况是可

---

① 周伟洲:《敕勒与柔然》,广西师范大学出版社,2006,第8页。
② 《周书》卷五十《突厥传》。

以想见的：一部分匈奴人留在蒙古高原，同化在其他的民族和部落中，这些人的后裔在十三世纪以后成了蒙古族的成员。[①]

关于匈奴语，日本的白鸟库吉等学者认为匈奴语是由蒙古语构成的，而夏德等学者认为是由突厥语构成的。在这两种观点中，持突厥语观点的人数较多，而且论据也好像更充分一些[②]，像著名学者耿世民教授也倾向于匈奴语是突厥语的观点，他还专门介绍国外持这一观点的文章。[③] 此外，还有一种观点认为匈奴语可能就是突厥语、蒙古语和满—通古斯语的共同来源。如杨建新指出，从匈奴语与阿尔泰语系中突厥语、蒙古语和满—通古斯族的关系看，从它所处的时代条件看，它是属于一种在阿尔泰语系三种语族规范化以前的一种阿尔泰语系的语言，可以被称之为阿尔泰原语，即阿尔泰语系三种语族尚未分明时期的语言，它具有自己的特点，但又包含着其他相近语族的成分。匈奴语言的这个特点，正是匈奴由蒙古高原许多不同部落及部落联合体组成这一历史事实在语言上的反映。[④]

杨先生的观点其实受到了科特维奇关于阿尔泰语言研究的启发。科特维奇的基本观点是：在公元前几世纪的中国北方生活着突厥、蒙古和满—通古斯部落，这些人群说着类型相似的语言。在长期的征战和迁徙过程中，有些部落分离出去，与原有部落的关系处于孤立的状态之中，但和周边新的人群交往后获得了新的语言底层，如原始布尔加人和现代楚瓦什人的祖先和芬兰语民族的接触，使得他们的语言出现了新的特点——芬兰语底层。鉴于操突厥语、蒙古语和满—通古斯语的部落群体经常在迁徙，相互之间又往往有语言的接触，因此这些语言之间的关系非常密切。通过比较，科特维奇发现：蒙古语和突厥语之间共同的一致的基本现象在词法中占50%，在词汇中占25%左右；若以满—通古斯语为一方，突厥语和蒙古语为另一方，则其间共同之处在词汇方面约占10%，在词法方面约占5%。科特维奇虽然将这种相似现象基本归结于语言之间的接触，但他认为以下推测也是可能的，即

---

① 亦邻真：《中国北方民族与蒙古族族源》，《内蒙古大学学报》1979年第3、4期。
② 陈序经：《匈奴史稿》，中国人民大学出版社，2007，第96~97页。
③ 耿世民：《阿尔泰共同语与匈奴语》，《语言与翻译》2005年第2期。
④ 杨建新：《中国西北少数民族史》，民族出版社，2003，第32页。

这三大语族在远古时代曾经属于一种单一的祖始语，它由于受到不同的底层语言的影响而分化，形成了突厥、蒙古和满—通古斯等三个语族。①

虽然，关于阿尔泰语理论即突厥语、蒙古语和满—通古斯语之间具有发生学关系的假设还没有得到学术界的完全认可，但是这些语言之间在语音、词汇和语法方面的相似性却是不争的事实。因此，突厥语民族和蒙古语民族在公元前的若干世纪中就具有密切的交往应该是真实的，也就是说撒拉族的先民曾经在公元前时期就已经和蒙古语民族有了密切接触。

《魏书·高车传》说敕勒、高车、丁零："盖古赤狄之余种也。"在春秋时期，赤狄生活在中原北部即今天的河北、山西、陕西北部一带。春秋时的北狄包括赤狄、白狄、长狄等，都被认为是殷周甲骨文中的鬼方。②丁零曾生活在今天的贝加尔湖一带，在匈奴时期就曾与讲蒙古语的鲜卑等民族共同掀起多次反抗统治阶级的斗争。③公元1世纪末，北匈奴西迁后，丁零南下，与鲜卑等在漠北草原相遇。公元2世纪鲜卑兴起后，丁零与鲜卑发生了密切的关系，相互之间有不少融合。公元5世纪，讲蒙古语的柔然兴起于大漠南北，此时的敕勒处于柔然的统治之下，除了定期缴纳赋税外，还要经常参加对外的军事战争。后来，敕勒被铁勒、突厥等身份代替。突厥原来役属于柔然，是其"锻奴"。突厥人的兴起与突厥汗国的建立是同柔然的反抗斗争密切相关的。在柔然长期和北魏、东西魏之间的战争过程中，突厥人逐渐发展，最终由土门率兵起义，于公元552年大败柔然。自此，柔然汗国已四分五裂，名存实亡。而土门自称可汗，建立了突厥汗国。在木杆可汗时期，突厥人向汗国东面发展起来的契丹进攻，使得一小部分契丹逃往高丽外，其余绝大部分向突厥汗国投降，成为突厥贵族的统治对象。木杆可汗还向西征讨位于今天甘青地区的吐谷浑国，取得了对吐谷浑的重大胜利。军事上的失利使得许多讲蒙古语的民族被迫在突厥汗国内生活。

由此可见，在蒙古高原上，不管是作为被统治者还是作为统治者，讲突厥语的民族和讲蒙古语的民族总是交错生活在一起，这为突厥语和蒙古语之间的接触创造

---

① 科特维奇：《阿尔泰诸语言研究》，哈斯译，内蒙古教育出版社，2004，第4~5页。
② 王国维：《鬼方昆夷猃狁考》，载《观堂集林》，浙江教育出版社，2014，第307~318页。
③ 《后汉书》卷八十九《南匈奴列传》。

了客观上的便利条件。

二、蒙古西征时的族群交往

公元 745 年，趁突厥汗国内乱之际，同为讲突厥语的回纥从内部推翻了东突厥汗国，建立了回纥汗国。而西突厥汗国的突厥人则分散在准噶尔盆地及中亚各地。撒拉族的先民乌古斯突厥人在 6 世纪时，由热海迁居到黑海、咸海一带，之后再往南迁徙，在 10 世纪末时开始以土库曼人的名义活跃在中亚历史舞台上。11 世纪部分乌古斯人南下呼罗珊地区，并占领巴格达，建立了塞尔柱帝国。12 世纪下半叶，随着塞尔柱帝国的衰落，花剌子模开始摆脱塞尔柱帝国的控制走向独立。花剌子模人原是讲其他伊朗人所听不懂的一种伊朗方言。后来，在 11—13 世纪中亚突厥化的过程中，花剌子模人都转用了突厥语。到蒙古西征中亚的 13 世纪时，花剌子模已被视为专用突厥语的国家。①

成吉思汗统一蒙古诸部及西辽等国后，为了和西面的花剌子模通商，便派出 450 人的使团前往中亚，但使团成员却被花剌子模沙所杀，只有一人幸免于难。于是，蒙古人掀起了长达四五十年的三次西征。1219 年，成吉思汗率蒙古大军到达巴尔喀什湖东南，和葛逻禄突厥人联兵。此时，在蒙古军队中还有阿力麻里国王苏黑纳黑特勤以及从吐鲁番和库车而来的畏兀儿士兵。首先，成吉思汗围攻锡尔河中游的讹答剌，同时兵分几路，攻打锡尔河下游的毡的、巴尔吉里格、别纳克特、忽毡、布哈拉。当时的战争非常激烈，单是讹答剌之战就花去近半年时间。面对昔纳克城，蒙古士兵连攻七日，破城后杀尽其居民。在乌兹肯特城、巴尔吉里格城，蒙古军队未遇抵抗。至阿什纳斯城时，遇到当地人的反抗，得城后便实行屠城。由于毡的守将弃城而逃，蒙古人轻取此城。在别纳克特，守军抵抗三日后投降。然后，蒙古军队拿下忽毡。在攻打布哈拉的路上，蒙古人先招降了泽尔努赫城和努尔阿塔的守将，然后于 1220 年 2 月初到达布哈拉城下。当时，除部分人投降外，大部分布哈拉人对蒙古军队采取的是反抗态度。经过 10 多天后，布哈拉城终被攻破，守军都被杀。大批居民随成吉思汗去攻打撒马尔罕城。几天之后，撒马尔罕城也被攻

---

① 巴托尔德：《中亚突厥史十二讲》，罗致平译，中国社会科学出版社，1984，第 144 页。

下。居民之中有 3 万匠人被送到蒙古，年轻人被召去从事体力劳动。花剌子模沙摩诃末在蒙古军队的追击下，从河中逃到尼沙不儿，然后到今天的德黑兰附近，路上被追兵用箭射伤。他带伤逃至巴格达，再往北去，最后来到里海中一个岛屿，于 1220 年 12 月在该岛去世。1224 年成吉思汗班师东归。后来，蒙古人又对伊拉克、伊朗、印度、钦察、俄罗斯、匈牙利、波兰等国家和地区进行了长年的战争，建立了钦察汗国、伊利汗国、察合台汗国等。[①]

蒙古人在中亚地区的战争时期，和突厥人交流融合非常频繁。大量的突厥人被编入军队帮助蒙古人打仗，有的被作为工匠带至中国。当然，在征服中亚之后，那些留在中亚进行统治的蒙古人也信仰了伊斯兰教，被突厥化了。据史料记载，当时出自乌古斯突厥的撒鲁尔人，在今天的伊朗地区建立了撒鲁尔王朝。在蒙古西征时，为了免遭屠城之灾，撒鲁尔王朝的统治者艾布·白克尔归顺了蒙古窝阔台汗王，后者也册封艾布·白克尔为"幸福之汗"。艾布·白克尔还每年派其儿子或一侄子晋见蒙古汗王，并缴纳赋税，并对蒙古人提供各种便利的条件。后来撒鲁尔王朝的军队也随蒙古军队作战，并最终依附于伊利汗国。中国撒拉族的来源或许与这部分撒鲁尔人有关联。[②]

如果说 13 世纪之前突厥语对蒙古语产生较大影响的话，那么蒙古人西征之后，由于政治、军事方面的优势，蒙古语应该对突厥语也产生了很大影响。

三、青藏高原上的族群交往

（一）与蒙古族的交往

撒拉族的形成发展与蒙古族有着密切的关系。撒拉族先民在元代就被统治阶级蒙古人任命为积石州世袭"达鲁花赤"，管理包括今天循化地区在内的大片土地。在谈到撒拉族的来源时，清代乾隆时期的《循化志》卷五载："始祖韩宝，旧名神宝，系前元撒剌尔世袭达鲁花赤，洪武三年五月邓大夫下归附。"[③] "前元"一词说

[①] 志费尼：《世界征服者史》（下），何高济译，翁独健校，江苏教育出版社，2005，第 62~114 页；王治来：《中亚通史·古代卷》（下），新疆人民出版社，2004，第 132~194 页。
[②] 马伟：《撒鲁尔王朝与撒拉族》，《青海民族研究》2008 年第 2 期。
[③] 龚景瀚：《循化志》，青海人民出版社，1981，第 219 页。

明《循化志》所用材料应该为明代档案材料，也就是说在明朝时期，当时的政府官员认为撒拉族的祖先曾任元朝官职。根据撒拉族自己的文献，撒拉族的聚居地今循化地区是由他们占领的。① 很有可能，撒拉族的祖先和蒙古人共同占领了这片地方，否则，很难想象撒拉人在元代充任积石州世袭达鲁花赤。

据民间传说，撒拉族的先民到来之前，现在的循化地区本是"马祖乎"（蒙古人）居住的地方。蒙古人经营畜牧业，兼营小规模农业。撒拉人定居此地后，他们就游牧到了青海湖边的草原上去了。②

地下文物的出土证明蒙古人曾经在循化地区有过频繁的活动。1941 年，在循化街子骆驼泉附近出土了一具柏木棺材，内有无头男尸一具，身躯较高，穿黄缎子袍服，上绣螺形花纹。据考证，死者系蒙古族，而且可以推测是蒙古军官战死者。此外，在街子东边原先曾有喇嘛教寺院一座，在其遗址处曾挖出过蒙古族女尸一具，头戴金箍两个，每个重一钱八分，殉葬物有红铜钱等物。③

在撒拉族民间舞蹈《骆驼舞》中也有蒙古人迎接撒拉族先民到今天循化地区的情节。1954 年，循化县孟达乡汗平村的马拍先等人代表撒拉族参加了全国少数民族会演，演的就是《骆驼舞》。1984 年 9 月 1 日，马拍先、韩占祥等人在庆祝循化撒拉族自治县 30 周年大庆之际，再次将近于失传的《骆驼舞》展现给观众。1920 年出生的马拍先是当时循化县唯一保留和继承《骆驼舞》的民间老艺人。④ 据民间传说，现循化县积石镇别列村的撒拉族历史上就源自蒙古人。别列村人在当地撒拉族中有着一种特殊的地位：过去，街子地区撒拉族在每年举行开斋节和古尔邦节活动时，都要到空旷野外进行集中礼拜。出发前，他们都要等待别列村的人到达后才前行，并把别列村的会旗插摆在显要位置上，以示对他们的尊重。⑤

有学者甚至提出循化孟达清真寺和原木厂清真寺也和蒙古人有关：

---

① 韩建业：《青海撒拉族史料集》，青海人民出版社，2006，第 4 页。
② 撒拉族简史编写组：《撒拉族简史》，青海人民出版社，1982，第 15~16 页。
③ 芈一之：《撒拉族史》，四川民族出版社，2004，第 47 页。
④ 《青海民族民间舞蹈集成》，内部资料，1989，第 17~28 页。
⑤ 循化撒拉族自治县文化馆编：《民间故事》（第二辑），内部资料，1991，第 57~58 页。

第四章　撒拉语与蒙古语的接触

图 4-1　原木厂清真寺（2005 年 2 月摄）

（孟达清真寺）几何图案具有中亚风格，大殿顶部中间饰蒙古包顶的饰物，宣礼楼的顶部饰蒙古族兵器长矛的尖，以及地名孟达（蒙鞑的谐音）和孟达撒拉族土语中蒙古词汇较多等特点，证明这一地区的撒拉族主体为蒙古穆斯林转化而来。

……

（木厂清真寺）位于循化撒拉族自治县东部，甘、青交界的积石关口孟达山的半山腰。结构非常独特，与庄子连为一体，庄子如同城堡，为全封闭式的，依陡峭的山势，与外界完全隔绝，茂密的树林成为天然屏障。庄堡内呈营地格局，实为元代守关部队军营……（宣礼楼）顶部饰蒙古式矛尖……（礼拜殿）脊中间饰有蒙古包顶部的木饰。殿外宽敞的走廊两侧有两幅耐人寻味的大型砖雕，工艺精湛，栩栩如生，动中有静，静中有动，给人以无限的遐想和美的享受……大殿内还珍藏一个有600多年历史的木质藏经盒，仔细观察，藏经盒与该寺礼拜殿的内外开关一模一样。一米见方，硬木套合，未用一钉，却异常牢固，非等闲工匠能够造出如此精美的工艺品，中间为藏经处，曾珍藏过撒拉族先民从撒马尔罕携带来的另一部《古兰经》，该经于1958年丢失。该寺所处地理位置，寺院与庄堡结构，寺内保存历史文物，以及寺的下方大道旁一棵五六人伸出双臂方能抱合的巨大核桃树等，都充分表明这一清真寺为镇守积石关军户的礼拜场所，而军户又主要是蒙古族穆斯林。[①]

笔者不懂建筑艺术，也没有掌握直接材料能断言孟达撒拉族是否和蒙古族相关，但根据多次在孟达地区的田野调查，发现原木厂清真寺建筑特点确实独具一格，尤其是该寺宣礼楼、大殿外侧的砖雕、大殿内墙的六角形符号[②]，以及传说中的藏经盒[③]等给人深刻印象。

（二）与保安族、东乡族的交往

保安族是我国人口较少民族之一，约有两万人，主要分布在甘肃省临夏回族自

[①] 《青海省志·宗教志》，西安出版社，2000，第261~262页。
[②] 马伟：《论撒拉族的六角形符号》，《中国撒拉族》2008年第2期。
[③] 1998年笔者在木厂村调查时，也听老人讲，清真寺之前确实有该藏经盒，但近来已流失了。

治州积石山保安族东乡族撒拉族自治县。保安族原居住在今天的青海省同仁县保安城，其族名由该地名演变而来。关于保安族的族源，主流的说法是元明时期信仰伊斯兰教的部分蒙古人在和回族、藏族、土族、撒拉族的融合过程中逐渐形成了现代意义上的保安族；其他也有观点认为保安族是以西域色目人为主，融合当地东乡、撒拉、藏等而形成的一个独立民族[①]。根据保安族的语言实际（保安语属于阿尔泰语系蒙古语族），保安族与蒙古族拥有密切关系是不争的事实。清同治年间保安族从同仁迁往现在的居住地前，曾在循化撒拉族地区居住过几年。在此期间，两族之间有过密切接触。2010年8月23日，笔者在保安族地区大墩村调查时，就发现有韩姓保安族人，其祖上原为循化撒拉，据传就是当年跟随保安族来到了此地。在积石山县的大河家镇等地，许多撒拉族和保安族、东乡族交错杂居，使得撒拉语和属于蒙古语族语言的保安语和东乡语有了充分的接触条件。

第二节　撒拉语和蒙古语中的共同成分

　　撒拉族及其先民与蒙古民族的特殊关系使得撒拉语中存在许多和蒙古语（包括蒙古语族其他语言）相近的词语。由于对阿尔泰语系理论的不同理解，不同的学者对突厥语和蒙古语词语之间的相似性给予了不同的解释。以兰司铁为代表的阿尔泰语理论支持者认为，阿尔泰诸语——全部或除朝鲜语外——代表一群发生学上相关的语言。他们从建立的牢固的语音对应规律，大量的共同词尾，人称代词的相同结构，句法的相似性找到证据。本青等学者对是否存在同源关系作为绝对证明的事实犹豫不决。缺少共同数词是他们犹豫的原因。另外，克劳森等一些学者明确表示否定态度，反对同源关系，驳斥阿尔泰语理论。阿尔泰语理论的支持者处于比较有利的地位。他们的观点牢固地建立在词源学和以大量例证制定的语音规律上。而反对者必须证明阿尔泰诸语的共同成分是借词，还要证明原始突厥语真有那些只能用蒙

---

① 迈苏尔目·马世仁：《在"田野"中发现历史——保安族历史与文化研究》，中国社会科学出版社，2008，第6页。

古语材料构拟出来的位于词首的全部辅音。① 本书无意对此问题进行讨论，而只是对撒拉语和蒙古语（包括该语族的其他语言）中共同成分进行分析。

一、两种语言中的共同词汇

aba"父亲"。蒙古语：a:b"父亲"。土族语：aba"父亲"。（孙竹，1990:90）②

adï"之后、背后"。蒙古语：adag"末端"。（孙竹，1990:93）

ağa-ini"兄弟（引申为社会组织名称）"。蒙古语：axa"兄"。土族语：aqa"兄"。（孙竹，1990:126）

ağïl"村庄"。蒙古语：ɛ:l/æ:l/ail"村庄"。东乡语：ağən③"村庄"。（孙竹，1990:97）

ahla-"迈步"。蒙古语：alxax"迈步"。（孙竹，1990:105）

ahlam"步子"。蒙古语：alčim"步子"。（孙竹，1985:162）

ala"花色的"。蒙古语：alag"花色"。（孙竹，1990:101）

alima"海棠果"。蒙古语：alim-a"梨"。土族语：alima"苹果"。（内蒙古④，53；李克郁，8）

altun"金"。蒙古语：alt/altang"金"。（孙竹，1990:104）

am ede-"吃（儿语）"。蒙古语：am"嘴，口"。（孙竹，1990:105）

angar-"（马、驴等）嘶鸣"。蒙古语：engərša:x"马嘶"。（孙竹，1990:736）

ardï-"劝"。蒙古语：argadax"劝说"。（孙竹，1990:738）

ardï"后、背后"。蒙古语：dalda"隐蔽、背后"。（孙竹，1990:195）

argïs"凶恶"。蒙古语：xargis"凶恶"。（孙竹，1990:331）

arï"干净"。蒙古语：aru:n"干净、神圣"。（孙竹，1990:119）

arïl-"消失、完"。蒙古语：arilax"消失"。（孙竹，1990:118）

---

① 尼·波普：《阿尔泰语理论》，应琳译，载中国社会科学院民族研究所语言研究室编《阿尔泰语文学论文选译》（续集），1982，第34页。

② 首先给出的单词为撒拉语，不再另行注明，其他语言的词语将注明其所属语言。该书蒙古语有许多方言材料，本书只取比较接近撒拉语的一个例子。

③ 原材料中该单词为aɣən，为统一起见我们将本章蒙古语族语言材料中的符号 ɣ 拼写为 ğ，下同。

④ 引用语言材料时括号内的"内蒙古"为"内蒙古大学蒙古学研究院蒙古语研究所"的缩写，下同。

arxa"背"。蒙古语：ar"背后、北方"。（孙竹，1990：114）

asïra-"喂、养"。蒙古语：asrax"侍候"。（孙竹，1990：122）

aslan"大象"。蒙古语：arslan"狮子"。（孙竹，1990：119）

aš"饭"。蒙古语：ideš"食品"。（孙竹，1990：407）

at"马"。蒙古语：agt/axt"骟马"，at"骟驼"。（孙竹，1990：97、123）

ayax"木碗"。蒙古语：ayag"碗"。（孙竹，1990：99）

az"少"、azlan-"变少"。蒙古语：arilax"消失"。（孙竹，1990：118）

bağ"果园"。土族语：bag"果树"。（李克郁，29）

bağla-"捆、绑"。蒙古语：baglax"包装、捆包"。（孙竹，1990：132）

bal"蜂蜜"。蒙古语：bal"蜂蜜"。（孙竹，1990：139）

bala"孩子、幼崽"。土族语：bulai"孩子"。（李克郁，52）

bar"富"。蒙古语：bayan"富足、富裕的"。（孙竹，1990：138）

bar/var"有、在"。蒙古语：bä:n"有、在"。（孙竹，1990：150）

bas"虎"。蒙古语：bar"虎"。土族语：bas"虎"。东乡语：bas"虎"。保安语：bas"虎"。（孙竹，1990：141）

basağün"后天"（其中 gün 意为"天"，因此 basa 可能意为"后"。另外 bas- 意为"压"）。蒙古语：bas"还、再"。土族语：pusa"还、再"。东乡语：pusa"还、再"。保安语：pusə"还、再"。（孙竹，1990：145）

batur"胖子"。蒙古语：ba:tar"勇士"。（孙竹，1990：128）

bazar"庄廓"。土族语：bazar"城镇"。东乡语：baza"城镇"。保安语：bazər"城镇"。（孙竹，1990：140）

bel"腰"。蒙古语：bəl"山腰"。（孙竹，1985:201）

belen"现成的"。蒙古语：belen"现成的"。（孙竹，1990：148）

bijin"猴子"。蒙古语：məč"猿猴"。土族语：mučin"猿猴"。（孙竹，1985：209、李克郁，339）

bil-"知道、懂"。蒙古语：bilig"天才"。（孙竹，1990：151）

bili"磨刀石、磨"。蒙古语：bilü:"磨石"。（孙竹，1990：151）

bir"一"。蒙古语：bür"全、都"。土族语：bur"全、都"。（孙竹，1990：178）

birğe "跳蚤"。蒙古语：büürge "跳蚤"。土族语：burgə "跳蚤"。保安语：bərgə "跳蚤"。（内蒙古，509；孙竹，1990：513）

biyi- "高兴"。蒙古语：baylax "高兴"。（孙竹，1990：139）

biyix- "关闭"。蒙古语：bitü:lex "闭塞、封闭"。（孙竹，1990：153）

boğdax "咽喉"。蒙古语：bogalju:r "咽头"。（孙竹，1990：131）

boğdï "小麦"。蒙古语：buğudai "小麦"。土族语：bu:di "小麦"。（内蒙古，488；李克郁，49）

boğïl- "上吊、自缢"。蒙古语：booj üxex "上吊、自杀"。土族语：bo:rogle- "上吊、自缢"。（内蒙古，469；李克郁，47）

boğla- "煮（青豆、青麦等）"。蒙古语：bolgon "煮熟"。（孙竹，1985：194）

boğnïx "雷"。蒙古语：boro:n "雨"。（孙竹，1990：158）

bohor "一会儿、片刻"。蒙古语：ba:xən "一点儿、片刻"。（孙竹，1985：191）

bol- "成、可以"。蒙古语：bolox "成、可以"。（孙竹，1990：157）

bombulax "用泥做的圆形小坛子（小孩游戏玩具）"。蒙古语：bomba:x "鼓起、凸起"。（孙竹，1990：169）

box "粪"。蒙古语：ba:x "大便"。（孙竹，1990：129）

boy "身体"。蒙古语：bəy "身体"。（孙竹，1990：147）

boya- "染色"。蒙古语：budax "染色、上色"。土族语：budə- "染色、上色"。（孙竹，1990：165）

boyax "染料、颜料"。蒙古语：budag "染料、颜料"。（孙竹，1990：165）

böğrex "肾"。蒙古语：bö:r "肾脏"。（孙竹，1990：160）

bökö "大力士、摔跤手"。蒙古语：bökö "力士、摔跤手"。土族语：buko "力士、摔跤手"。（孙竹，1990：162）

boz "布"。蒙古语：bos "布"。（孙竹，1990：179）

bubuuch "布谷鸟"。蒙古语：boboolj "布谷鸟"。（孙竹，1985：198）

budax "树枝、分枝"。蒙古语：but/bot "灌木、草丛"、butarxai "分散的"。东乡语：pudura "分散的"。（孙竹，1990：171、172）

buğu "鹿"。蒙古语：bugu "鹿"。（孙竹，1990：166）

bulax"泉"。蒙古语：bulag"泉"。（孙竹，1990: 167）

bulǧa-"搅动、搅拌"。蒙古语：bülek"捣、搅拌"、bülü:r"捣杆"。（孙竹，1990: 177）

bulǧax"带子"、bulǧan-"系"。蒙古语：bisləx"包围、系带"。（孙竹，1990: 179）

burïl-"转弯、转折、转身"。蒙古语：buru:lax"背驰、掉头"。（孙竹，1990: 171）

burmax"指头"。蒙古语：barix"拿、抓"。（孙竹，1990: 143）

bürküt"鹰"。蒙古语：bürged"雕"。（孙竹，1990: 177）

buz-"擦、破坏"。蒙古语：bürkük"遮盖、蒙住"。土族语：burə"遮盖、蒙住"。（孙竹，1990: 178）

buzï"牛犊"。蒙古语：buru:"两岁牛"。土族语：buru:（孙竹，1990: 154）

čadï"胯"。蒙古语：salta:"胯"。（孙竹，1990: 590）

čala-"请、叫"。蒙古语：jalax"请"。（孙竹，1990: 426）

čalǧan"波涛、波浪"。蒙古语：dabalga:"波浪"。达斡尔语：dolgien"波浪"。（孙竹，1990: 184）

čamjï"长衫"。蒙古语：čämč"衬衣"。（道布，184）

čat-"砍"。蒙古语：čibčix"砍"。（孙竹，1990: 555）

čene-"咀嚼"。蒙古语：jejlax"咀嚼"。（孙竹，1990: 422）

či-"掉、落"。蒙古语：jibəx"沉"。（孙竹，1990: 442）

čida-"能、胜任"。蒙古语：čidax"会、能"。（孙竹，1990: 556）

čimji-"捏"。蒙古语：čimkek"捏"。（孙竹，1990: 571）

čira"油灯"。蒙古语：jol"佛灯、神灯"。土族语：jila:"灯"。（内蒙古，1362；李克郁，238）

čire"脸色"。蒙古语：čere"脸"。（孙竹，1990: 563）

čirix"士兵"。蒙古语：čireg"士兵"。（孙竹，1990: 567）

čix"生的"。蒙古语：tü:ke:"生的"。（孙竹，1990: 656）

čix-"抢夺"。蒙古语：šü:rek"掠取"。（孙竹，1990: 727）

čiyex "毡"。蒙古语：širdeg "毡褥子"。（孙竹，1990：719）

čïx "潮湿"。蒙古语：či:g "潮湿"。（孙竹，1990：568）

čoči "吃惊"。蒙古语：čočəx "吃惊"。（孙竹，1990：577）

čombux "串"。土族语：čumbog "堆子"。（李克郁，456）

čöm- "游泳"、jömne- "扑"。蒙古语：čömörkü "倒下"、šungax "潜水"。（孙竹，1990：578、726）

čubuǧan "枣"。蒙古语：čabga "枣"。（孙竹，1990：554）

čuxu "抽屉"。蒙古语：šurgu:l "抽屉"。达斡尔语：tatuku "抽屉"。（孙竹，1990：727）

čür- "腐烂"。蒙古语：iljirxü "腐化、腐蚀"。（孙竹，1990：408）

el "手"。蒙古语：alag "手掌"。（孙竹，1990：101）

emen "安静"。蒙古语：amar "平安"。（孙竹，1990：106）

er "男的"。蒙古语：er "男"。（孙竹，1990：264）

er "早"。蒙古语：ert "早"。（孙竹，1990：269）

da "也"。土族语：da "和、也"。（李克郁，60）

dadïla- "牵手（儿语）"。土族语：da:di "牵手（儿语）"。（李克郁，62）

daǧï "还、再"。蒙古语：daxin "倍、再"。（孙竹，1990：205）

daǧal- "散、散开"。蒙古语：tarax "散开"。土族语：stara:- "散开"。东乡语：taǧa- "散开"。（孙竹，1990：624）

dalax "脾"。蒙古语：dabsag "膀胱"、delü: "脾脏"。土族语：dölön "脾脏"。东乡语：dawala "膀胱"、dəliu "脾脏"。保安语：doləx "膀胱"。（孙竹，1990：185、215）

dam "墙"。蒙古语：terem "墙壁"。东乡语：dan "墙壁"。保安语：dam "墙壁"。（孙竹，1990：324）

danï- "认识"。蒙古语：tanix "认识"。（孙竹，1990：624）

dangna- "挑选"。蒙古语：tu:n "拣"。（道布，180）

daš "石头"。蒙古语：čulu: "石头"。土族语：taş "石头"。东乡语：taşu "石头"。保安语：taši "石头"。

dat-"拉"。蒙古语：datax"拉"。（孙竹，1990：627）

dax-"戴"、daxal-"抓、扶"。蒙古语：dagaldax"跟随、附带"、daxax"跟随、随从"。土族语：daqa-"跟随、随从"。东乡语：daǧa-"跟随、随从"。保安语：daqa-"跟随、随从"。（孙竹，1990：189）

delli"幼稚"。蒙古语：töl"幼畜"。（孙竹，1990：645）

dere-"捡、拾取"。蒙古语：tü:kü"捡、拾取"。（孙竹，1990：656）

deš-"着、燃"。蒙古语：tülek"烧"。（孙竹，1990：658）

deyin"艾灸"。蒙古语：tö:n"艾灸"。（孙竹，1990：643）

digene-"跳"。土族语：digine:-"跛、单腿跳"。（李克郁，85）

dimur"铁"。蒙古语：tömör"铁"。（孙竹，1990：647）

ding"均等"。蒙古语：teng"均等"。（孙竹，1990：632）

dïngnan-"沉"。蒙古语：tunax"沉淀"。土族语：dangla-"沉淀"。（孙竹，1990：653）

dïrnax"指甲"。蒙古语：turun"蹄子"。土族语：turun"蹄子"。（孙竹，1990：649）

dolï"满"、dol-"充满"。蒙古语：dü:reng"充分的、充满的"、dü:rek"满、挤满"。土族语：diurə-"满、挤满"。东乡语：duru-"满、挤满"。（孙竹，1990：243）

dombax"故事"。蒙古语：domog"奇谈、传说、神话"。（孙竹，1990：225）

dor"网"。蒙古语：tor"网"。（孙竹，1990：641）

dos-"完、结束"。蒙古语：do:sax"结束"。（孙竹，1990：233）

došlan-"绊"。蒙古语：tuša:"绊、枷锁"。（孙竹，1990：655）

döt"四"。蒙古语：döröb"四"。（孙竹，1990：231）

döye"骆驼"。蒙古语：teme:"骆驼"。（孙竹，1990：631）

doǧ-"生（孩子）"。蒙古语：török"生（孩子）"。（孙竹，1990：646）

došan"兔子"。蒙古语：tu:la"兔子"。（孙竹，1990：649）

doza-"起（灰尘等）"、tus"家肥"。蒙古语：to:s"灰尘"。（孙竹，1990：636）

duǧ"旗子"。蒙古语：tug"旗"。（孙竹，1990：650）

dura-"模仿"。蒙古语：du:rga:x"模仿"。土族语：daura:"模仿"。（孙竹，

1990：235）

　　duz"盐"。蒙古语：dabs"盐"。（孙竹，1990：185）

　　dün"昨天"。蒙古语：šon"夜"。（道布，185）

　　dürlex"种类"。蒙古语：töröl"亲族、种类"。（孙竹，1990：647）

　　düz"直"。蒙古语：as"直"。土族语：toš"直"。东乡语：tuš"直"。（孙竹，1990：121）

　　ejele-"占领"。蒙古语：ejelek"占领"。（孙竹，1990：253）

　　enger"鞍子"。eme:l"鞍子"、engger"襟"。（孙竹，1990：259、263）

　　em"药"。蒙古语：em"药"。（孙竹，1990：259）

　　ešex"驴"。蒙古语：iljig"驴"。（孙竹，1990：256）

　　eyši"下、下面"。蒙古语：do:š"下面"。（孙竹，1990：221）

　　geden-"骄傲、推辞"。蒙古语：gedi:k"向后仰"。（孙竹，1990：291）

　　gez-"逛"。蒙古语：kesex"逛"。（孙竹，1990：346）

　　giy-"穿（衣服等）"。蒙古语：ködörk"披（衣服）"，gubčisa"衣服"。（孙竹，1990：515、384）

　　gördi"韭菜"。蒙古语：gogod"韭菜"。（道布，187）

　　görex"显眼的、好看的"。蒙古语：körken"可爱的、好看的"、körög"肖像"。（孙竹，1990：370、376）

　　görle-"围"。蒙古语：xörx"囚禁、圈进"。土族语：xorə-"囚禁、圈进"。（孙竹，1990：366）

　　göx"蓝"。蒙古语：göx"蓝的"。（孙竹，1990：378）

　　gulu"轮子"。蒙古语：körd"轮子"。土族语：korlo"轮子"。（孙竹，1990：399）

　　güy"女婿"。蒙古语：kürgen"女婿"。（孙竹，1990：401）

　　güye-"等待"。蒙古语：küle:k"等待"。（孙竹，1990：398）

　　hurï-"生长"。蒙古语：urgax"生长"。（孙竹，1990：679）

　　iğer-"纺"。蒙古语：e:rek"纺"。（孙竹，1990：248）

　　ija"妈妈"。蒙古语：e:j"妈妈"。（孙竹，1990：247）

imax"群体"。蒙古语：aimag"部落"。土族语：imag"部落"。（孙竹，1990：98）

inčaxla-"呻吟"。蒙古语：inčaga:x"马嘶"。（孙竹，1990：736）

inex"母牛"。蒙古语：üne:"乳牛"。（孙竹，1990：694）

isgïnïx"口哨"。蒙古语：isgərəx"吹口哨"。（孙竹，1990：413）

issi"热"。蒙古语：ilči"热量、火热"。（孙竹，1990：409）

iš-"喝"。蒙古语：ö:šix"啜"。（孙竹，1990：523）

iz"足迹"。蒙古语：mör"足迹"。（孙竹，1990：491）

jağjax"蚂蚱"。蒙古语：jarčaxe:"蚂蚱"。（孙竹，1990：563）

jamna-"（将客人从一家）接请（至另外的家庭）、（将粪肥从一个地方）搬运（至别的地方）"。蒙古语：jam"路"、jamč"向导"。（孙竹，1990：428）

jamdox"侧脸"。土族语：jamtog"半个、一半"。（李克郁，225）

jara-"使用、用、宰"。蒙古语：jarax"使用"。土族语：jarə-"使用、宰"。（孙竹，1990：432）

jarïxjï"佣人、仆人、下属"。蒙古语：jarč"佣人、仆人"。达斡尔语：jarkuči"佣人、仆人"。（孙竹，1990：435）

jida"矛"。蒙古语：jid"矛"。土族语：jida:"矛"。（孙竹，1990：421）

jijex"花"。蒙古语：čičig"花"。（孙竹，1990：568）

ji:le-"移、挪"。蒙古语：je:lex"躲开、避开、移动"。土族语：je:le"躲开、避开、移动"。（孙竹，1990：425）

jille-"刺"。蒙古语：jilax"刺"。（孙竹，1990：421）

jir-jir"鸟叫声"。蒙古语：jirgek"鸟叫"。（孙竹，1990：447）

jiyi-"扶"。土族语：ji:"伸、伸展"。（李克郁，235）

jorğili"按顺序"。蒙古语：jaxsa:l"行列、列队"（孙竹，1990：423）

jüčüx"阴茎"。土族语：juğui"阴茎"。（李克郁，248）

kele-"讨要、需要"。蒙古语：xeregsexü"需要、需用、使用"。土族语：hgile-"讨要、需要"。（内蒙古，623；李克郁，193）

kem"谁"。蒙古语：xen/ken"谁"。（孙竹，1990：342）

kema"像"。蒙古语：keb"模子、模型"。（孙竹，1990: 338）

kerex"需要"。蒙古语：kereg"事情"、keregde"应该"、kürek"够"。（孙竹，1990: 343、344、400）

kezex"土块"、gizex"轮次"、gez"次"。蒙古语：keseg"部分、块儿"。（孙竹，1990: 345）

kiǧer-"打嗝"。蒙古语：kekerdex"打嗝"。（孙竹，1990: 347）

kir"污垢"。蒙古语：kir"污垢"。（孙竹，1990: 351）

kis-"切"。蒙古语：kerčix"切"。（孙竹，1990: 345）

kömer"桥"。蒙古语：kömörk"弄翻、倒扣"。（孙竹，1990: 373）

körex"胸腔"。蒙古语：kerseng"胸腔"。（孙竹，1990: 345）

köš-"反刍"。蒙古语：kebex"反刍"。（孙竹，1990: 349）

kurang"放牧用的简易房子"。蒙古语：xoro:"院子"、küre:leng"院、公园"、küre:"围墙"。土族语：kurang"院、围墙"。东乡语：qoruan"院"。（孙竹，1990: 366、400）

kürex"木锨（扬粮食工具）"。蒙古语：kö:röx"飞扬、激昂"。（孙竹，1990: 369）

küri"斗"。蒙古语：kö:rög"风箱"。（孙竹，1990: 369）

küš"力量"。蒙古语：küč"力量"。（孙竹，1990: 403）

küt-"鼓、涨"。蒙古语：kö:k"浮肿"、köbök"漂浮"。（孙竹，1990: 370、371）

küvüx"麸子"。蒙古语：xəbəg"（谷物的）壳"。土族语：kavag"麸子"。（内蒙古，603；李克郁，258）

küzex"脆"。蒙古语：kebreg"脆的"。（孙竹，1990: 338）

longxu"瓶子"。蒙古语：longk"瓶子"。（孙竹，1985: 254）

losa"骡子"。蒙古语：lu:s"骡子"。土族语：lausa:"骡子"。东乡语：laosa"骡子"。（孙竹，1990: 473）

loti"（旧式）皮鞋"。土族语：lo:ti:"皮鞋"。（李克郁，302）

loxda"笼头"。蒙古语：loxt"马笼头"。土族语：noqdo"马笼头"。（孙竹，

1990: 511）

ma"给（你）！"蒙古语：ma:"给你！"（孙竹，1990: 474）

ma"和"。蒙古语：ba:"和"。（孙竹，1990: 127）

mal"牲畜"。蒙古语：mal"牲畜"。（孙竹，1990: 477）

maljï"牧人"。蒙古语：malčin"牧民"。（孙竹，1990: 478）

maqa"羊（儿语）"。蒙古语：maxa"肉"。保安语：maqa"肉"。magiga"羊（儿语）"（孙竹，1990: 483，李克郁，306）

mangïsxïlčïx"九头魔怪"。蒙古语：manggas"魔怪"。（孙竹，1990: 480）

men"我"。蒙古语：bi:"我"。（孙竹，1990: 151）

ming"痣"。蒙古语：mə:ng"痣"。（孙竹，1990: 485）

ming"千"。蒙古语：ming"千"。（孙竹，1990: 485）

moğït（yiğni）"粗（针）"。蒙古语：moxor"钝的"。东乡语：muğutu"钝的"。（孙竹，1990: 488）

mönger-"牛叫"。蒙古语：mö:rök"牛叫"。土族语：mo:ro-"牛叫"。（孙竹，1990: 488，李克郁，333）

mören"河"。蒙古语：mörön"江"。（孙竹，1990: 492）

munang"笨"。蒙古语：munax"老朽"。（孙竹，1990: 495）

mu"吻"。土族语：mi:"吻"。（李克郁，324）

muz"冰"。蒙古语：mös"冰"。（孙竹，1990: 492）

müšüx"猫"。蒙古语：moor"猫"。土族语：mauši"猫"。（内蒙古，830；李克郁，320）

nöxür"情人"。蒙古语：nökör"朋友、同志、丈夫"。（孙竹，1990: 515）

odun"木柴"。蒙古语：modong"树、木头"。东乡语：mutun"树、木头"。（孙竹，1990: 486）

olan-"明白、理解"。蒙古语：oilgox"理解、明白、体会"。（孙竹，1990: 525）

oltang"鞋底"。蒙古语：ula:"脚掌、鞋底"。（孙竹，1990: 671）

orï"上面、高处"。蒙古语：ore"顶、山峰"、de:r"上、上面、高"。土族语：

diːre"上、上面、高"。（孙竹，1990：531、207）

ornï"位置"。蒙古语：bair"位置"、oron"地方、位置"。土族语：urong"位置"。东乡语：oron"位置"。保安语：orong"位置"。（孙竹，1990：137、531）

ota"中间"。蒙古语：dauda"中间"。（孙竹，1990：237）

oyna-"玩、游戏"。蒙古语：nadam"游戏"。（孙竹，1990：495）

öɡen"嚼子"。蒙古语：amga:"嚼子"。（孙竹，1990：107）

öy (dal)"柳树"。蒙古语：ud"柳树"。（孙竹，1990：666）

öyle"中午"。蒙古语：öɡlö"上午"。（孙竹，1990：541）

özen"小河"。蒙古语：mörön"江"。（孙竹，1990：492）

özüngü"梯子"。蒙古语：dörö："镫"。达斡尔语：durənggi"镫"。（孙竹，1990：230）

pičax"豆子"。蒙古语：burčag"豆子"。（孙竹，1990：171）

pit"虱子"。蒙古语：böːs"虱子"。（孙竹，1990：161）

pit-"完成"。蒙古语：bütek"成功"。（孙竹，1990：179）

piting"全部的"。蒙古语：putən"完整的"。（孙竹，1990：179）

piti-"写"。蒙古语：bičüx"写"。土族语：puči-"写"。（孙竹，1990：153）

pitix"文书"。蒙古语：bičig"文字、文件"。土族语：pučig"文字、文件、文书"。（孙竹，1990：153）

purnï"鼻子"（< burun"鼻子"，为身体最突出部分）。蒙古语：nurong"脊梁"、buruntag"穿驼鼻的小绳"。达斡尔语：darən"脊梁"。（孙竹，1990：519、170）

püx-"折、折叠"、püxel-"变弯、折弯"。蒙古语：bökek"弯腰"，ebkex"折叠"。（孙竹，1990：181、251）

qačang"何时"。蒙古语：xəjəː"何时"。（孙竹，1990：340）

qada-"钉"。蒙古语：xadax"钉"。土族语：qadə-"钉"。东乡语：qadu-"钉"。保安语：qadə-"钉"。

qadax"钉子"。蒙古语：gadas"钉子"。（孙竹，1990：277）

qadïn（kiš）"女（人）"。蒙古语：xatan"皇后、夫人"。（孙竹，1990：335）

qaja-"咬"。蒙古语：xajax"咬"。土族语：qaja-"咬"。东乡语：qaja-"咬"。

（孙竹，1990：316）

qala-"烧"。蒙古语：gal"火"、gallax"烧火"。土族语：qalda-"纵火"、qalla-"放火、焚烧"。（孙竹，1990：279、280，李克郁，134）

qamju"鞭子"。蒙古语：ganjag"梢绳"。（孙竹，1990：283）

qamuš"竹子"。蒙古语：xulus"竹子"。（孙竹，1990：388）

qan"血"。蒙古语：xanax"放血"。（孙竹，1990：325）

qar"雪"。蒙古语：kirmag"初雪"。（孙竹，1990：354）

qara"黑色"。蒙古语：xar"黑色"。土族语：xara"黑色"。东乡语：qara"黑色"。xəra"黑色"。（孙竹，1990：142）

qarangqu"黑暗"。土族语：xarangqu"黑暗"。（孙竹，1990：177）

qarïš-"参加、合伙"。蒙古语：goršix"合伙、合作"。（孙竹，1990：367）

qarğa-"诅咒"。蒙古语：xara:l"咒骂"。土族语：xara:"咒骂"。（孙竹，1990：330）

qarğa"乌鸦"。蒙古语：xere:/kere:"乌鸦"。（孙竹，1990：343）

qay"悬崖"。蒙古语：xad"岩石"。（孙竹，1990：314）

qaz"鹅"。蒙古语：galu:"鹅"。（孙竹，1990：281）

qazï-"挖"。蒙古语：gar"手"。土族语：qarla-"手抓"。（内蒙古，749，李克郁，138）

qazmax"锅巴"。蒙古语：xusum"奶锅巴"。（孙竹，1990：393）

qazux"铲"。蒙古语：xusu:r"刮具、铲"。（孙竹，1990：393）

qïl-"做"。蒙古语：ki:x"做"。土族语：gə-"做"。东乡语：giə-"做"。（孙竹，1990：348）

qïl"鬃毛、长毛、硬毛"。蒙古语：kilgas"长毛（马尾的）"。（孙竹，1990：352）

qïr-"剃、刮"。蒙古语：kerčik"切、雕"。（孙竹，1990：345）

qïrïğ"边"。土族语：qarqa:"旁边"。东乡语：qaruğa"旁边"。（孙竹，1990：316）

qïš"冬天"。达斡尔语：ugul"冬天"。土族语：rgul"冬天"。（孙竹，1990：538）

qïyrï-"喊叫"。蒙古语：kerü:l"吵架"。土族语：kəre:"吵架"。（孙竹，1990：

345）

qïyï"歪、斜"。蒙古语：gajix"变歪"。达斡尔语：qaijigər"斜的"。（孙竹，1990: 278、447）

qol"沟"。蒙古语：gol"河"。土族语：qul"沟"。（孙竹，1990: 298，李克郁，140）

qola-"驱赶"。蒙古语：xoon"驱赶"。（道布，190）

qonax"客人"。蒙古语：xonog"一昼夜"、xonox"过夜"。（孙竹，1990: 365）

qonax"谷子"。蒙古语：xonog bada:"小米"。（孙竹，1985: 275）

qongar"铃"。蒙古语：xongx"铃"。土族语：xongqor"铃"。（孙竹，1990: 365）

qongarčïx"膀胱"。土族语：xongǧurjag"豆角"。（李克郁，195）

qorï-"炒（粮食）"。蒙古语：xu:rən"炒"。土族语：kurgu-"炒"（孙竹，1985:312，李克郁，283）

qotaxla-"下（马驹、驴驹）"。蒙古语：botagln"下驼羔"。（孙竹，1985: 196）

qoxqa"肋骨"。蒙古语：xabirǧ-a"肋条、肋骨"。东乡语：qaruǧa"肋骨"。（内蒙古，544；孙竹，1990: 313）

qoy"羊"。蒙古语：xony"绵羊"。（孙竹，1990: 364）

qozï"羊羔"。蒙古语：xurga"绵羊羔"。（孙竹，1990: 391）

quda"亲家"。蒙古语：xuda"亲家"。（孙竹，1990: 384）

qudax"井"。蒙古语：xudag"井"。（孙竹，1990: 384）

quruq"尾巴"。蒙古语：xudraq"后鞦"。（孙竹，1990: 385）

saǧal"胡须"。蒙古语：sagal"胡须"。（孙竹，1990: 595）

saǧan-"思念、怀念"。蒙古语：sanax"想"。（孙竹，1990: 593）

saǧat"荞麦"。蒙古语：sagad"荞麦"。（孙竹，1985: 212）

sajax"叶子、穗子"。蒙古语：sačig"穗儿"。（孙竹，1990: 564）

sal"用圆木凿成的木船"。蒙古语：sal"筏子"。（孙竹，1990: 589）

samsux"蒜"。蒙古语：sarəmsag"蒜"。（孙竹，1985: 212）

sana-"算"。蒙古语：sanaǧ-a"想、意思、心意"。土族语：sana:"思想、想法"。达斡尔语：sana:"思想、想法"。东乡语：sanadal"思想、想法"。（内蒙古，855；孙竹，1990: 155）

sarï"黄色"。蒙古语：šar"黄色"。土族语：šəra"黄色"。（孙竹，1990: 707）

sarğïl-"变苍白"。蒙古语：sa:ral"灰白色的"。（孙竹，1990: 584）

saš-"洒"。蒙古语：sasax"洒"。土族语：saji-"洒"。（孙竹，1990: 564）

sen-"熄"。蒙古语：sönöx"灭亡"。（孙竹，1990: 609）

senger"清水（村名），因处于山岭延伸而得名"。蒙古语：sunax"伸长"。（孙竹，1990: 613）

si-"尿"。蒙古语：še:š"尿"。土族语：še:"尿"。（孙竹，1990: 711，李克郁，641）

silğe-"抖"。蒙古语：šilge:k"抖动"。（孙竹，1990: 717）

simur-"吮吸"。蒙古语：šimex"吸"。土族语：šimu-"吸"。（孙竹，1990: 717）

sinix"骨头"。蒙古语：čömög"骨髓"。达斡尔语：šiməg"骨髓"。（孙竹，1990: 578）

sing-"渗"。蒙古语：šinggek"渗入、消化"。（孙竹，1990: 718）

sirği"虮子"。蒙古语：širke"牲畜虱子、蚜虫"。（孙竹，1990: 721）

six-"性交"。蒙古语：še:k"小便"。（孙竹，1990: 711）

sïdï"突出部分"。蒙古语：se:r"脊椎"。（孙竹，1990: 596）

sïrnïx"（动物）蹄子"。蒙古语：ši:r"蹄子"。（孙竹，1990: 713）

sïx-"挤、容纳"。蒙古语：sa:x"挤奶"。（孙竹，1990: 585）

sïxsïğan"喜鹊"。蒙古语：ša:jagai"喜鹊"。（孙竹，1990: 699）

sïxla-"守"。蒙古语：sakix"守卫"、sublax"看护"。（孙竹，1990: 596、611）

sodu"虎牙"、šudu-šudu"窃窃私语的样子"。蒙古语：šüdü"牙"。土族语：šədən"牙"。（孙竹，1990: 728）

soğïljang"蚯蚓"。蒙古语：šorgo:lja:"蚂蚁"。（孙竹，1990: 722）

soğan"葱"。蒙古语：solongus"葱"。（孙竹，1990: 605）

sojï"媒人"。蒙古语：jo:lčin"媒人"。达斡尔语：jauči"媒人"。（孙竹，1990:

460）

  sor-"问"。蒙古语：surax/asux"问"。（孙竹，1990：122）

  su"水"。蒙古语：usu"水"。（孙竹，1990：682）

  südüx"尿"。蒙古语：še:sen"尿"。（孙竹，1990：711）

  sür-"扫"。土族语：šu:"扫"。（李克郁，665）

  süx-"揭开"。蒙古语：sökök"揭开"。（孙竹，1990：609）

  süt-"顶"。蒙古语：sejik"用角顶"。（孙竹，1990：598）

  süt"奶"。蒙古语：sü:"奶"。（孙竹，1990：614）

  šabax"扁平的"。蒙古语：šoba:x"出尖"、šöbög"锥子"。（孙竹，1990：721、723）

  šabla-"拍打"。蒙古语：šabax"抹泥"。（孙竹，1990：701）

  šalang"浅"。土族语：šalong"稀、疏、粗糙"。singgen"稀少的、稀疏的"。（李克郁，634；内蒙古，901）

  šangna-"纳（鞋等）"。蒙古语：šaglax"密缝"。（孙竹，1990：703）

  šangna-"施展本事、发挥能力"。蒙古语：šangnal"奖品"、šangnax"奖赏"、šalamga"敏捷"、šalgara"出众、出色"。（孙竹，1990：703、705）

  šar"（茶叶）渣子"。蒙古语：ša:r"渣滓"。（孙竹，1990：700）

  šilax"细树枝"。蒙古语：šile:ber"拨火棍"。（孙竹，1990：716）

  yitli、šili"锋利的"。蒙古语：ir"刀刃"。（内蒙古，180）

  šinağa"木勺、瓢"。蒙古语：šanag"勺子"。（孙竹，1990：707）

  šinağa balux"蝌蚪"。蒙古语：šanağan xorxo:"蝌蚪"。（孙竹，1990：707）

  šir-"纳、绗"。蒙古语：širek"纳、缝"。（孙竹，1990：720）

  šira"炕桌"。蒙古语：šire"桌子"。（孙竹，1990：719）

  šor"盐泥"。蒙古语：šor"咸味"、šoro:"土"。（孙竹，1990：722）

  šulï-"剔、割"、dil-"切"。蒙古语：šulaxu"剔去、剥掉"。土族语：šulə-"剔去、剥掉"。（孙竹，1990：727）

  tada-"摘、撕、揪"。蒙古语：tataxu"拉"。土族语：təda-"拽、拖"。（内蒙古，1018；孙竹，1990：572）

tağïn"炒面"。蒙古语：talx-a"粉、粉末、面儿"。土族语：talǧa"粉、炒面"。（内蒙古，1014；李克郁，552）

tangnï"上腭"。蒙古语：tangnai"上腭"。（孙竹，1990: 620）

tarï"糜子"。蒙古语：tara:"庄稼"。（孙竹，1990: 625）

teğe"公山羊"。蒙古语：teke"种山羊"。（孙竹，1990: 684）

teje-"抚养"。蒙古语：teje:k"饲养、养活"。（孙竹，1990: 630）

tire"皮子"。蒙古语：šir"皮"。（孙竹，1990: 719）

tiš"牙齿"。蒙古语：tu:š"牙关"。（孙竹，1985: 243）

tiyüx"毽子"。蒙古语：tebeg"毽子"。（孙竹，1990: 629）

tïxïl-"卡住"。蒙古语：tə:gləx"卡住"。（孙竹，1990: 629）

toğï"关节"。蒙古语：toig"膝盖骨"、toxo:"肘"。（孙竹，1990: 639、642）

toğïla"小鸡"。蒙古语：tugru:"鹤"。土族语：tuqurong"鹤"。保安语：təqrang"鹤"。（孙竹，1990: 638）

tox"鸡"。蒙古语：taka:"鸡"。（孙竹，1990: 628）

toxla-"（用手指）弹"、soğla-"啄（食）"。蒙古语：toxšix"敲"。（孙竹，1990: 638）

töle-"回送（财物）"。蒙古语：tölök"偿还"。（孙竹，1990: 646）

tulax"皮袋"。蒙古语：tulum"皮袋"。（孙竹，1990: 651）

tuturğan"大米、水稻"。蒙古语：dugtrəg"大米、水稻"。（孙竹，1985: 267）

turma"萝卜"。蒙古语：toorm-a"萝卜"。土族语：turma:"萝卜"。东乡语：turma"萝卜"。保安语：tərma"萝卜"。（内蒙古，1053；孙竹，1990: 473）

tütür-"颤抖"。蒙古语：čičirek"颤抖"。（孙竹，1990: 583）

učira-"相遇"。蒙古语：učrax"遇见"。达斡尔语：vačirəgu"相遇"。（孙竹，1990: 683、191）

uda-"迟到"。蒙古语：udağa"耽搁、迟延"。东乡语：uda-"迟到"。保安语：uda-"迟到"。（内蒙古，250；孙竹，1990: 357）

ula-"联结"、ulax"结头"。蒙古语：ulam"更、越"。（孙竹，1990: 672）

ulïš"份子"。蒙古语：olje"利润、战利品"。达斡尔语：ualji"利润、战利品"。

土族语：oːlbər"利润、战利品"。（孙竹，1990:526）

ujï"终、末尾"。蒙古语：ejes"终、末尾"。（孙竹，1990:273）

ujï"羊背子"。蒙古语：uːč"荐骨"。土族语：uːča"荐骨"。（孙竹，1990: 665）

un"声音"。蒙古语：duːn"声音、歌曲"。（孙竹，1990: 233）

unut-"忘记"。蒙古语：untax"睡觉"。（孙竹，1990: 676）

urlux"种子"。蒙古语：ur"种子"。（孙竹，1990: 696）

urux"亲戚"。土族语：urog"亲戚"。东乡语：urəu"亲戚"。（孙竹，1990: 586）

ux-"吞"。蒙古语：uːx"喝"。（孙竹，1990: 665）

uza-"生长"。蒙古语：ösöx"成长、长大"。土族语：oːsə-"成长、长大"。东乡语：osə-"成长、长大"。（孙竹，1990: 147）

üğü"猫头鹰"。蒙古语：ugəːl"猫头鹰"。（孙竹，1990: 663）

ül-"死"。蒙古语：ükül"死亡"。（孙竹，1990: 698）

ülex"尸体"。蒙古语：uxel"死亡"、üxüdel"尸体"、üxüxü"死、死亡"。土族语：oloq"尸体"。东乡语：uroː"尸体"。（内蒙古，309、310、308；孙竹，1990: 597）

ürğe-"（牲畜）受惊"。蒙古语：ürgek"惊跳"。（孙竹，1990: 696）

üšür-"看"。蒙古语：ujin"看"。（道布，173）

üzüm"葡萄"。蒙古语：üjüm"葡萄"。（孙竹，1990: 688）

xalğan"一种草名"。蒙古语：xalgai"蝎子草"。（孙竹，1990: 319）

xala-"骂"。蒙古语：xaral"咒骂、诅咒"。土族语：xaraː"骂、咒骂"。（内蒙古，593；李克郁，178）

xalang"厚"。蒙古语：xaluːng"热"。（孙竹，1990: 321）

xamur"流鼻涕的人（骂人话）"。蒙古语：xamar"鼻子"。（孙竹，1990: 323）

xan"汗"。蒙古语：xaːn"汗"。（孙竹，1990: 311）

xap"长袋子"。蒙古语：xaptağ-a"包、荷包袋"。（内蒙古，547）

xarï-"变老"。蒙古语：xarix"返回、减退"。土族语：xarə-"返回、减退"。（孙竹，1990: 353、372）

xarïn"可惜、可贵，好、善良"。蒙古语：xair-a"爱、恩爱、恩情"。（内蒙古，

535）

xašang"严肃、死板"。蒙古语：xušuːng"不敏、不灵"。（孙竹，1990: 378）

xaynax"牦牛"。土族语：xaimaq"牦牛"。（孙竹，1990: 594）

xïrǧa-"锯"。蒙古语：xərəː"锯"。（孙竹，1990: 376）

xïtï"硬"。蒙古语：xatuː"硬的、坚固的"。（孙竹，1990: 336）

xoǧïla-"烤"。蒙古语：xuːxulx"燎毛"。（孙竹，1990: 387）

xoltïx"腋下、凹陷处"。蒙古语：xotoːx"陷下去"。（369）

xudu"非常"。蒙古语：getu"极端、过分"。土族语：xudu"极、很、甚"。（孙竹，1990: 346、482）

xus-"呕吐、生泡沫"。蒙古语：xöːs"泡沫"。（孙竹，1990: 370）

xušang"酸"。蒙古语：gašuːng"苦味的"。（孙竹，1990: 288）

yada-"累"。蒙古语：yadax"累、难以"。（孙竹，1990: 731）

yağ"油"。蒙古语：dag"油垢"。（孙竹，1990: 189）

yağla-"丰收"。土族语：yagla-"丰收"。（李克郁，670）

yağur"鞍伤"、yarïn-"裂开、皲裂"。蒙古语：daːr"鞍伤"。（孙竹，1990: 183）

yağuz"单独"。土族语：šjaǧaːr"单独"。（李克郁，653）

yahrax"叶"。蒙古语：nabči"叶"。土族语：labji"叶"。（孙竹，1990: 497）

yala-"赢"。蒙古语：yalax"胜利、打败"。（孙竹，1990: 733）

yala-"舐"。蒙古语：doloːx"舐"。土族语：dolu-"舐"。东乡语：dolu-"舐"。保安语：dolə-"舐"。（孙竹，1990: 224）

yalang"赤裸"、yilan"蛇"、šilan"光滑"。蒙古语：šalang"赤裸"。土族语：jiloːn"光滑"。（孙竹，1990: 704，李克郁，238-239）

yalung"鬃毛"。蒙古语：del"马鬃"。（孙竹，1990: 212）

yama"疽"。蒙古语：yam"鼻疽"。土族语：yaraː"疮"。（孙竹，1990: 735；李克郁，676）

yama-"缝补"。蒙古语：nemeke"加、填、补"。土族语：nəmeː"加、填、补"。（孙竹，1990: 504）

yanša-"告诉"。蒙古语：yanšix"唠叨"。（孙竹，1990: 735）

yarïm"半"。蒙古语：jarim"有的、有些"。土族语：jarim"一半、半个"。（内蒙古，1319；李克郁，232）

yarma"冰雹"、yamïmtux"一半"。蒙古语：jarimduğ"不完全的、部分的、残缺的"。土族语：jarma"碎小的"①。（内蒙古，1320；李克郁，232）

yas"哀悼、悼念、骨骸"。蒙古语：yas"骨头"、nas"死"。土族语：yasi"骨，骸，骨头，骨骼"。（孙竹，1990: 737、502；李克郁，678）

yasa-"制造、修理"。蒙古语：jasax"治理、修饰"。（孙竹，1990: 435）

yaš"年龄"。蒙古语：nas"年龄"。（孙竹，1990: 501）

yaš"眼泪"。蒙古语：nölmes"眼泪"、nus"鼻涕"。（孙竹，1990: 518、519）

yašan-"躲藏"、yašïr-"隐藏"、yašančux"捉迷藏"。蒙古语：nu:š"秘密、隐事"、nu:xu"隐瞒、掩盖"、nju:gdax"潜伏、隐藏"、daldalax"掩藏、隐蔽"、daldrax"躲闪"、daldu:r"暗地里"。东部裕固语：daldarla-"躲闪"。（孙竹，1990: 517、516、195）

yatang"无故、白白地"。蒙古语：ja:dang"不备鞍的"。（孙竹，1990: 424）

yax-"贴"。蒙古语：daqa"跟随"、na:x"粘贴"。（孙竹，1990: 189、497）

yaxšï"好"。蒙古语：yag"恰好"。（孙竹，1990: 732）

yaxa"衣领"。蒙古语：jax"衣领"。土族语：jaqa"衣领"。（孙竹，1990: 417）

yaz"春天"。蒙古语：jun"夏天"。达斡尔语：najir"夏天"。土族语：jar"夏天"。（孙竹，1990: 463）

yazux"罪恶"。蒙古语：yal"罪"。（孙竹，1990: 733）

yeleng"乳房（畜）"。蒙古语：deleng"乳房（畜）"。（孙竹，1990: 213）

yersen"蝙蝠"。蒙古语：sersen pag"蝙蝠"。（孙竹，1985: 213）

yi-"吃"。蒙古语：idek"吃"。土族语：ede-"吃"。（孙竹，1990: 406）

yi"夏天"。蒙古语：jung"夏天"。（孙竹，1990: 463）

yibex"线"。蒙古语：šibex"针刺"。（孙竹，1990: 713）

---

① 原词典注明为"冰"，但根据作者的词组"jarma xura:（冰雹）、jarma taş（鹅卵石）"来分析，jarma意为"碎小"之意。这也与撒拉语的语义相符。在撒拉语中 yarma 还指"捣碎的青稞"，yarma daš 指"由颗粒状石子构成的大石头"。此外，yar- 指"劈开"。

yili"温"。蒙古语：böle:n"温"。（孙竹，1990: 176）

yiumiš"水果"。蒙古语：jiməs"水果"。（孙竹，1990: 445）

yirex"心、心脏"。蒙古语：jürex"心脏"。（孙竹，1990: 469）

yïl"年"。蒙古语：jil"年"。（孙竹，1990: 444）

yïrang"脓"。蒙古语：idə:ry"脓"。东乡语：irun"脓"。（孙竹，1990: 406）

yïrï"粗糙的"。蒙古语：šürü:n"粗糙的、凶恶的"。（孙竹，1990: 720）

yïrla-"唱情歌"。蒙古语：du:lar"唱歌"。土族语：daula-"唱歌"。东乡语：dəula-"唱歌"。保安语：dolə-"唱歌"。（孙竹，1990:235）

yorǧa"走马"。蒙古语：jorox"走马、大走"。（孙竹，1990: 453）

yox"贫穷"。蒙古语：jadu:"贫穷"。达斡尔语：yadəgu/mogčun"贫穷"。（孙竹，1990: 731）

yörǧe-"缠"。蒙古语：oro:x"缠"。（孙竹，1990: 531）

yorǧan"被子"。蒙古语：orxəmj"袈裟"。（孙竹，1990:533）

yuǧur-"揉（面等）"。蒙古语：nuxax"揉搓、和面"。达斡尔语：nogugu"揉搓、和面"。（孙竹，1990: 519）

yuǧurtux"拳头"（古代突厥语 yuduruk"拳头"，Clauson，893）。蒙古语：nudurgu"拳头"。土族语：nudurqa"拳头"。（孙竹，1990: 517）

yum-"闭（眼）"。土族语：jimu-"闭（口）"。（李克郁，239）

yumax"球"，bombulax"用泥做的圆形小坛子（小孩游戏玩具）"。蒙古语：bömbög"球"、bomba:x"鼓起、凸起"。（孙竹，1990: 162、169）

yumuta"蛋"。蒙古语：ondog"蛋"。（道布，173）

yung"（牛羊）毛"。蒙古语：nohong"（牛羊）毛"。（孙竹，1990: 675）

yut"家、屋基"。蒙古语：nutag"故乡、原籍"。（孙竹，1990: 519）

yüxle-"驮"。蒙古语：ü:rex"负、背"。（孙竹，1990: 686）

yüz"脸"。蒙古语：dür"形象、容貌"、jüs"容貌、脸"、nü:r"脸"。（孙竹，1990: 245、469、520）

zïǧa-"捋"。蒙古语：šu:xu"捋起"。土族语：su:gu"捋起"。（孙竹，1990: 725）

zoǧla-"拔"。蒙古语：zulga:lax"拔掉、揪去"。（孙竹，1990: 462）

zoğza-"坐"。蒙古语：zogsox"站立、停止"。（孙竹，1990: 450）

zorax"帽子"。蒙古语：du:lag"盔"、sagaldarag"腭带"。达斡尔语：sariky"盔"。（孙竹，1990: 235、587）

二、共同词语的语音对应关系

以上只是我们对部分蒙古语和撒拉语对比的结果，如果我们对这两种语言的词语进行全面的比较，相信两种语言中还有更多的共有词语。通过分析，我们发现两种语言的以上共有词语在音义对应主要有以下几种类型：

（一）音义相同或基本相同

这些词语在两种语言中要么音义完全相同，要么只有细微的差别，如：表示"蜂蜜"的词在两种语言中都为 bal；表示"虎"的词在撒拉语中为 bas，蒙古语中为 bar，但在蒙古语的亲属语言土族语、东乡语和保安语中都为 bas；表示"腰"的词撒拉语为 bel，蒙古语为 bəl，只有在元音上有微小的差别；表示"现成的"一词在两种语言中都为 belen；表示"磨刀石"的词在撒拉语中为 bili，在蒙古语中为 bilü:；表示"小麦"的词在撒拉语中为 boğdï，在蒙古语中为 buğudai；表示"排泄物、粪"的词在撒拉语中为 box，在蒙古语中为 ba:x；表示"身体"的词在撒拉语中为 boy，蒙古语中为 bəy；表示"布"的词在撒拉语中为 boz，在蒙古语中为 bos，区别只在于词尾的 z 和 s。

一个值得注意的现象是，2005年2月笔者在循化县孟达乡（现归清水乡）木厂村调查撒拉语时发现，其他地方撒拉语部分词尾 z 对应于木厂撒拉语词尾 s，如：

孟达木厂	孟达大庄	街子	伊犁	卡索	汉义
pös	böz	böz	böz	böz	布
tus	duz/jiz	duz	duz	duz	盐

舍秀存在其博士学位论文中指出孟达塔沙坡村撒拉语也具有这样的特点，如 qas"鹅"、tus"盐"、as"少"、gos"眼"、bis"锥子"、mus"冰"、bos"布"，并指出塔

沙坡撒拉语词尾 s 对应于其他地方（包括孟达大庄）撒拉语的浊音 z。①塔沙坡村跟木厂村是撒拉族地区传统村落中最靠东的两个村子，相互间距离很近，在撒拉语中分别被称为 išde ağıšli 和 jiuyi ağıšli。ağıšli 意为"多木的"，其义跟这两个村子坐落在孟达原始森林旁边有关，而 išde 意为"上"、jiuyi 意为"下"，也就是在当地撒拉族的眼中这两个村子原本就是一个村子。因此，这两个村子在语音上体现出不同于其他地方的一些共有特点是可以理解的。当然，笔者在离木厂村约 10 公里的西面的孟达大庄村也发现有极个别的类似语音特点。这些现象说明最东面的撒拉语词尾 s 对应于其他地方撒拉语 z。

为什么塔沙坡村、木厂村撒拉语词尾有这种不同于其他地方撒拉语的特殊现象呢？如果单纯从撒拉语内部去考虑，我们找不到确切的原因，但如果考虑到该地区历史上曾有蒙古驻军的因素，可能发生过蒙古语和撒拉语接触的事实，甚至可能有部分蒙古人和撒拉族融合的现象，存在的疑问可能会得到较为合理的解释，因为，蒙古语中没有浊音音位 z，与之接近的就是清擦音 s，如：

撒拉语	意义	蒙古语	意义
boz	布	bos	布
duz	盐	dabs	盐
gez-	逛	kesex	逛
muz	冰	mös	冰
qazmax	锅巴	xusum	奶锅巴
qazux	铲	xusu:r	刮具、铲
uza-	生长	ösöx	成长、长大
kezex	土块	keseg	部分、块儿

因此，很有可能在蒙古语的影响下，塔沙坡、木厂村的撒拉语词尾的浊音 z 被清化为 s，或者这两个村子的部分撒拉族可能源于蒙古人，这样蒙古人在发词尾 z 时存在困难，母语中的词尾 s 就以语言底层的形式在撒拉语中保留下来了。

下列撒拉语和蒙古语的这些词在音义对应方面也具有很大的相似：

---

① 舍秀存：《撒拉语语音研究》，上海大学出版社，2015，第 136 页。

撒拉语	意义	蒙古语	意义
bökö	大力士、摔跤手	bökö	大力士、摔跤手
buğu	鹿	bugu	鹿
bulax	泉	bulag	泉
čire	脸色	čere	脸
čirix	士兵	čireg	士兵
er	男的	er	男
em	药	em	药
göx	蓝	göx	蓝的
ija	妈妈	eːj	妈妈
kem	谁	xen/ken	谁
küš	力量	küč	力量
mal	牲畜	mal	牲畜
mören	河	mörön	江
sïx-	挤、容纳	saːx	挤奶
šinağa	勺子	šanag	勺子
šir-	纳、绗	širek	纳、缝
šira	炕桌	šire	桌子
tarï	糜子	taraː	庄稼
teğe	公山羊	teke	种山羊
xïrğa-	锯	xərəː	锯
xïtï	硬	xatuː	硬的、坚固的

（二）意义相同或相关，撒拉语词语语音对应于蒙古语词语部分音节

通过比较，我们发现撒拉语和蒙古语有些词的意义相同或相关，但在语音方面撒拉语音节相比蒙古语显得较短，如：

撒拉语	意义	蒙古语	意义
adï	之后、背后	adag	末端
ala	花色的	alag	花色
arï	干净	aruːn	干净、神圣
arïl-	消失、完	arilax	消失
burïl-	转弯、转折、转身	buruːlax	背驰、掉头
čida-	能、胜任	čidax	会、能

续表

撒拉语	意义	蒙古语	意义
el	手	alag	手掌
dağï	还、再	daxin	倍、再
dos-	完、结束	do:sax	结束
doğ-	生（孩子）	török	生（孩子）
dura-	模仿	du:rga:x	模仿
ejele-	占领	ejelek	占领
gez-	逛	kesex	逛
görex	显眼的、好看的	körken	可爱的、好看的
teje-	抚养	teje:k	饲养、养活
tütür-	颤抖	čičirek	颤抖
ürğe-	受惊	ürgek	惊跳

可见，部分蒙古语词末辅音 -g、-k、-x、-n 或带有这些辅音的音节在撒拉语中消失。

（三）词首 ø/y – n 的对应

部分蒙古语词首的辅音 n 在撒拉语中或消失不见，或变为 y，如：

撒拉语	意义	蒙古语	意义
oyna-	玩、游戏	nadam	游戏
yaš	年龄	nas	年龄
yaš	眼泪	nölmes/nus	眼泪/鼻涕
yahrax	叶	nabči	叶
yama-	缝补	nemeke	加、填、补
*yaš-	藏	nu:š	秘密、隐事
yax-	贴	na:x	粘贴
yuğur-	揉（面等）	nuxax	揉搓、和面
yuğurtux	拳头	nudurgu	拳头
yung	（牛羊）毛	nohong	（牛羊）毛
yut	家、屋基	nutag	故乡、原籍

在此我们利用的是现代撒拉语和现代蒙古语材料，如果我们考虑到语言的历

史演变，两种语言之间的对应就显得更清楚。如 oyna-（玩）的名词形式在现代撒拉语已不见了，但根据和亲属语言的对比，撒拉语中"玩"的名词形式应为 *oyun。*oyun 的更古老形式应为 *odun，因为古代突厥语两个元音之间的 -d- 在许多现代语言包括撒拉语中往往演变为 -y-，如古代的 adaq（脚）在许多语言中包括撒拉语中演变为 ayaq 或 ayax。其实，在现代撒拉语中，作为地名的 atax 形式依然存在，如循化县积石镇孖别列村在街子镇牙木曲乎村西边的迁移村被称为 atax，积石镇石头坡村东北方向的田地被称为 atax jiuyi。这两个地方共同的特点是地势很低，其他一些村子里一些低的地方也被称为 atax。撒拉语 yalangqadax（光脚）中 yalang 意为"赤裸"，因此 adax 就是"脚"的意思，其中的 q 可能是增音。我们认为作为地名的 atax（低地）和 adax（脚）（<adaq"脚"）应该就是来源于同一个词，因为它们都有"低"的含义，"脚"是身体最底端的部分。除了地名和固定短语外，古代突厥语的 adaq（脚）在现代撒拉语中已经演变为 ayax（脚）了。因此，我们认为 *oyun（玩）更古老的语音形式应为 *odun，而这个形式跟现代蒙古语的 nadam（游戏、那达慕）、土族语的 nadum（游戏、那顿）、东乡语的 nadun（游戏）等相比的话，也就只是词首 n 的不同，其余部分几乎完全相同。

（四）词首 y-d 对应

部分撒拉语词语词首 y- 在蒙古语词首为 d-，如：

撒拉语	意义	蒙古语	意义
yaǧ	油	dag	油垢
yaǧur	鞍伤	da:r	鞍伤
yala-	舔	dolo:x	舔
yalung	鬃毛	del	马鬃
yama	疽	yam	鼻疽
yeleng	乳房（畜）	deleng	乳房（畜）
yïrla-	唱（情歌）	du:lar	唱歌
yüz	脸	dür	形象、容貌

（五）词首 d–t 对应

撒拉语	意义	蒙古语	意义
delli	幼稚	töl	幼畜
dere-	捡、拾取	tü:kü	捡、拾取
deš-	着、燃	tülek	烧
deyin	艾灸	tö:n	艾灸
dimur	铁	tömör	铁
ding	均等	teng	均等
dïngnan-	沉	tunax	沉淀
dïrnax	指甲	turun	蹄子
dor	网	tor	网
došïlan-	绊	tuša:	绊、枷锁
döye	骆驼	teme:	骆驼
doğ-	生（孩子）	török	生（孩子）
došan	兔子	tu:la	兔子
doza-	起（灰尘等）	to:s	灰尘
duğ	旗子	tug	旗
dürlex	种类	töröl	亲族、种类

（六）š–1 对应

撒拉语	意义	蒙古语	意义
daš	石头	čulu:	石头
deš-	着、燃	tülek	烧
došan	兔子	tu:la	兔子
ešex	驴	iljig	驴

（七）z–r/l 对应

撒拉语	意义	蒙古语	意义
buz-	擦、破坏	bürkük	遮盖、蒙住
buzï	牛犊	buru:	两岁牛

续表

撒拉语	意义	蒙古语	意义
qaz	鹅	galu:	鹅
qazï-	挖	gar	手
qozï	羊羔	xurga	绵羊羔
yazux	罪恶	yal	罪
yüz	脸	dür	形象、容貌

（八）词首 ø–m 对应

蒙古语词首 m- 在撒拉语中有时就会消失，如蒙古语 mör（足迹），在撒拉语中为 iz（足迹）；蒙古语的 modong（树、木头）、东乡语的 mutun（树、木头）在撒拉语中为 odun（木柴）；蒙古语的 mörön（江），在撒拉语中为 özen（小河）。

第三节　从语言接触看撒拉族与蒙古族的互动层次

撒拉语和蒙古语拥有许多共同的词语，这是毫无疑问的事实。这种事实反映了这两个民族的先民在历史上的紧密关系。阿尔泰语系理论的支持者认为，突厥语和蒙古语中许多共同的词语成分是同源的证据，也就是二者共同继承于遥远的一种语言。反对阿尔泰语系理论的个别学者则认为，突厥语和蒙古语之间包括词语的相似是历史上讲突厥语和蒙古语的民族长期接触的结果。我们认为第一种观点的可能性较大，即突厥语和蒙古语具有共同的起源，否则，仅仅用接触的理论难以解释这两种语言中大量的相似点。但即使是两种语言具有同源关系，仍不能忽视历史上它们之间的接触事实。基于具有同源关系的观点，下面我们分析作为突厥语的撒拉语和蒙古语在历史上的接触关系，主要是对撒拉语中的蒙古语成分作较为详尽的分析，但在此之前也对蒙古语中的突厥语借词作一介绍。

一、早期蒙古人的突厥化过程

古代突厥语民族起源于草原，长期生活在草原上，相比而言，其从事畜牧和农业经济的时间要比古代蒙古人早，而蒙古人的祖先起初生活在森林，主要从事渔猎和采集经济，后来和突厥人接触后，在畜牧业和农业方面受影响较大。9—12世纪，蒙古人的祖先经历了深浅不同的突厥化过程。① 根据对14世纪《华夷译语》中17门846个蒙古语词目的研究，学者们发现当时的蒙古语中有许多突厥语借词。② 这些突厥语词语中的大多数在今天的撒拉语中也依然存在。

在标题是"天文门"的词语中，tenggiri"天"、kirağu:"霜"、tenggiriyin oyalar"天河"3个词被认为是突厥语词语，但未留存于今天的撒拉语中。

在"地理门"中，ğumaki"沙"（应来自突厥语 qum"沙"）、dalai"海"（< taluy"海"，可能最终来自汉语?）、bulağ"泉"、balağansu"城"（< balïq）、tariyan"田"（tarïğ）、ulus"国"（uluš）、ğuduğ"井"（quduğ）来自突厥语，bağ"园"（bağ）、badzağ"市"（bazağ）来自波斯语，但后两个也可能通过突厥语进入了蒙古语。其中除 taluy"海"、balïq"城"、uluš"国"外，其他5个词较完整地留存于今天的撒拉语中，tarïğ"田"一词未保留，但有 darï-"耙（地）"一词。

在"时令门"中，有一个突厥语借词，为 erte"清早"。此词保存于现在的撒拉语中。

在"花木门"中，有19个突厥语借词，为 boro"灰色"（bo:z）、jemi"果"（yemiš）、ji'ağ"胡桃"（yağaq）、alima"梨"（alma:苹果）、čečeğ"花"（čeček）、üdzün"葡萄"（üzüm）、ğonoğ"粟"（qonaq）、arbai"大麦"（arpa:）、buğudai"小麦"（bugda:y）、tuturğan"粳米"（tuturğa:n）、burčağ"豆"（burčak）、so'onggina"葱"（so:ğan/so:ğun）、sarimsağ"蒜"（sarumsaq）、ğabağ"葫芦"（qabaq）、ğa'ağun"甜瓜"（qa:ğu:n）、kiči"芥"（kiči:）、turma"萝卜"（turma:）等，其中 yemiš"果"、alima"海棠果"、jijex"花"、üzüm"葡萄"、qonax"谷子"、ahra"青稞"、boğdï"小麦"、tuturğan"米"、pičax"豆子"、soğan"葱"、samsux"蒜"、qabax"葫芦"、turma"萝卜"等在留存于现代撒拉语当中。

在"鸟兽门"中，有25个突厥语借词，为 ajirğa"儿马"（adgïr）、hüger"牛"（öküz，最终来自吐火罗语的 okso）、üne'en"乳牛"（ingek）、ğonin"羊"（qong）、

---

① 亦邻真：《中国北方民族与蒙古族族源》，《内蒙古大学学报》1979年第Z2期。
② 克劳森：《十四世纪蒙古语里的突厥语成分》，刘照雄、张继忠译，《民族语文研究情报资料集》1983年第1期。

buğa"牯牛"（buğa:）、güčüg"小狗"（kičig）、temeyen"骆驼"（tevey）、taulai"兔"（tavïšğan）、jiğar"麝"（yïpa:r）、arsalan"狮子"（arsla:n）、lu"龙"（突厥语＜汉语）、bars"虎"（突厥语＜伊朗语）、bečin"猴子"（突厥语＜伊朗语）、axta"骗马"（突厥语＜波斯语 axtan"阉割"的过去被动分词）、laosa"骡"（突厥语＜汉语？）、bürge"跳蚤"（bürge）、takiya"鸡"（takïğü:）、šingğor"猎鹰"（songqu:r 海青）、lačin"鸦鹰"（la:čin，在突厥语中也是起源不明）、kökörčigen"勃鸽"（kökürčgü:n）、del"鬃"（ya:l）等，其中有 17 个词留存于现代撒拉语中。

在"宫室门"中，有 4 个突厥语借词，为 ke'ürge"桥"（köprüg）、kerbiš"砖"（kerpič）、ordo ger"宫"（ordu:）、suburğan"塔"（suburğa:n），其中前两个留存于现代撒拉语中。

在"器用门"中，有 13 个突厥语借词，为 orangğa"旗"（orungu:）、körge"鼓"（kövrüg）、ğalğa"牌"（qalqa:n）、ši'ürge"扫帚"（süpürgü:）、jö'ün"针"（yigne:）、jula"灯"（yula:）、ayağa"碗"（ayaq）等，其中有 4 个留存于现代撒拉语中。

在"衣服门"中，有 3 个突厥语借词，为 jağa"领"（yaqa:）、bös"绵布"（bös, böz 最终来自希腊语 byssos）、čaruğ"鞋"（čaruq），另外，čama"衣服、长袍"来自波斯语 čama，但有可能是通过突厥语进入的。这几个都保留于现代的撒拉语中，其中 čaruq 应该是现代撒拉语中的 zorax"帽子"，其义在早期可能指包裹头脚等的东西。

在"饮食门"中，有 4 个明确的突厥语借词，为 ütmeg"烧饼"（etmek）、em"药"（em）、ğurud"干酪"（qurut）、širkie"醋"（sirke:），其中前两个在现代撒拉语中还存在。另外，ayirağ"驼奶"、ağarči"熬酪"、tarağ"酪"、bišlağ"乳饼"等词的词根也来自突厥语，这些词根同样存在于现代撒拉语中。

在"珍宝门"中，有 3 个突厥语借词，为 altan"金"（altu:n）、temür"铁"（temür）、erdini"宝"（最终来自梵语），其中前两个还存在于现代撒拉语中。

在"人物门"中，有 18 个突厥语借词，为 tariyači"农人"（tarïğčï:）、uran"匠"（u:z）、ejen"主"（idi）、ğağan"皇帝"（qağan）、čerig"军队"（čerig）、ğatun"娘子"（xatun，最终来自粟特语 ğwt'yn）、ğoninči"牧羊人"（*qongči）、hügeči"牧牛人"（*öküzči:）、bö'e"师公"（bögü:）、bičeči"吏"（bitigči，最终来自汉语"笔"）、

elčin"使者"(elči)、ba'atur"勇士"(bağatur)等,其中 8 个还存在于现代撒拉语中。

在"人事门"中,有 9 个突厥语借词,为 bayan"富"(ba:y)、tanï-"认"(tanï-)等,这两个词也都留存于现代撒拉语中。

在"声色门"中,有 9 个突厥语借词,为 boro"灰色"(bo:z)、šira"黄"(sarïğ)、kökö"青"(kö:k)、ğara"黑"(qara)等,后 3 个词都留存于现代撒拉语中。

在"数目门"中,有 8 个突厥语借词,为 mianğgan"千"(ming < bing)、jarim"半"(yarim)、jarimtuğ"半块"(čarimčuq,指小形式)、ğoš"双"(qoš)、keseg"块"、tümen"万"(tümen)(keseg)等,其中前 5 个都留存于现代撒拉语中。

在"身体门"中,有 10 个突厥语借词,为 ni'ur"面"(*nü:z > yüz)、nudurüğa"拳"(*nudruq > yudruq)、jirüken"心"(cürük > yürek)、sağal"胡须"(saqa:l)、bel"腰"(bel)、ula"脚底"(u:l)、tobuğ"膝盖"(tobuq)等,我们列出的这 7 个词都存在于现代撒拉语中。

在"方隅门"中,主要是表示基本方位等方面的词,其中没有突厥语借词。

在"通用门"中,有 3 个突厥语借词,其中 ari'un"干净"(arïg)、ğata'u"硬"(qatïğ)保留于现代撒拉语中。

在《华夷译语》总共 846 个蒙古语词中,其中至少 139 个词来自突厥语(其中个别是通过突厥语进入蒙古语的其他语言词)。这些突厥语中的 74 个留存于今天的撒拉语之中。当然,蒙古语中还有其他突厥语借词,如根据学者研究,esen"平安、顺利"、balta"斧头"、baja"娶姐妹二人的两个男人"、bürgü"帽子"、yara"伤"等都是来自突厥语的借词。① 由于全面细致的研究还未展开,或者由于语言的复杂性,对突厥语和蒙古语相互影响的具体情况我们知道的并不是十分清楚。

根据《华夷译语》中数量有限的蒙古语固有词的分析,学者们认为说蒙古语的各民族和比较先进的民族接触之前:

---

① 高·照日格图:《以词组分析法辨别蒙古语中的突厥语借词》,《中央民族大学学报》2004 年第 5 期。

他们居住在森林地带，自己有表示生长在森林地带的树和灌木的名称。他们还处在青铜时代，并不了解铁或黄金。他们有时住在房子里，但不是砖房。他们的家用器具简陋到既没有扫帚，也没有灯。他们的家族组织需要对有关亲属关系的术语煞费苦心地作注解，但是看来最大的社会单位是村子。就他们的宗教思想来说，他们相信灵魂（或鬼）onğon和妖čitkor的存在，但是他们没有表示"天国"的词（在突厥语里是 tengri）。他们有"师婆"，iduğan，但是没有"师公"（在突厥语里是 böe）。他们主要以狩猎、捕鱼和采集食品为生，但是养马、驴、狗，也许还养猪，而且他们可能已经经营一点非常原始的农业。他们有马车和挽具，并且修筑道路和大路使自己能四处活动。代表"钱"的词很可能原先表示别的东西，也许是"铜"，除了这个词以外，没有他们从事贸易的证据，而且，有他们不从事贸易的间接证据，因为表示"商贾"和"市"的是第三时期的波斯借词。他们的财产是否有明显差别是令人怀疑的；bayan"富"是突厥语借词而 üge'ü"穷"的语源上的意思是"不占有"。他们并不总是和平地生活，而且，除了狩猎武器之外，存有进攻和防御武器，但是他们没有正式作战用的各种物品，军队、旗帜、盾牌和大鼓。他们有还算精致的服装，包括厚的衣服，但是没有薄的棉织品，他们或许有绸衣服和长筒靴，但是没有鞋。他们不用针，或许衣服上没有领子。他们相当注意天气，并且能辨别基本方位。他们数到几百，但是没有更大的数。他们从来没有见过海。①

当蒙古人和突厥人接触后，受突厥语的影响，在蒙古语中出现了许多突厥语词语。根据这些词语和固有词语的对比，克劳森给我们描述了突厥人在哪些方面对蒙古人的社会生活产生了重要影响。他将这些影响描述为四幕剧：

第一幕的故事从西伯利亚森林开始，一群群的（aninist）——打猎的，捕鱼的和采集食品的——过着跟原始人不完全一样的生活，但是仍然十分原始并

---

① 克劳森：《十四世纪蒙古语里的突厥语成分》，刘照雄、张继忠译，《民族语文研究情报资料集》1983年第1期。

且没有组织。第二幕的地点移到比较温暖的地区，比较高级的社会形式的代表从舞台两侧登台表演，农民，养牲畜的，养家禽的和工匠，而在这一幕或下一幕里，医生带着草药登台了。人们度过青铜时期到铁器时期。建筑桥梁，挖掘水井。人们遇到像骆驼和野兔之类新出现的动物及蝗虫之类的昆虫，人们饲养家畜，栽培谷类和蔬菜，开始了原始的制酪业，食品变得种类更多了。社会组织发展到一些村庄成为市镇的阶段（point），而政治生活发展到首领们住在邸宅里，按照部落的风俗统治国家并且控制一批有组织的军队的阶段。需要更大的数字"千"和"万"了，十二属相也是在这个时期采用的。第三幕难以觉察地渐渐消失在第四幕里，因此往往不能确定在每一幕里产生进一步的发展。地点还是一样，但是随着经济进一步的多样化，人们的生活水准在稳步提高。在第三幕期间，一些农民成为园艺家和种果树的人；在第四幕里得到了别的新的经济作物。在第三幕里家庭用具得到改进而且有了灯。人们学会使用针并且对精心制作服装懂得更多了。第四幕里在这些方面产生进一步的发展。很可能在第三幕里有些牧人学会了叫卖的本领；在第四幕里他们感到需要像"骡子"和"阉割"之类的新的专门名词。更高级的宗教思想得到发展，尤其是在第四幕里。商人的出现和市场的建立也是在第四幕里，市场的货物用秤称量。总之，在13世纪的某个时候，说蒙古语的民族在当时他们已经长期接触的说突厥语的民族的帮助下，赶上了邻近的民族并且在世界上得到了他们的地位。①

总之，13世纪前的蒙古人受突厥文化影响很深。著名蒙古族学者亦邻真指出，蒙古语的qonin（绵羊）一词显然借自突厥语qony，这显示出蒙古人的祖先从突厥铁勒人学会养羊。蒙古语畜牧业术语中突厥语借词极多。蒙古人兴起后，那留在蒙古高原上的突厥语族居民及其畜群都落在他们手里，融合在蒙古人的氏族部落当中。由于和突厥铁勒人的混合，原蒙古人的民族学面貌进入变异过程。其语言由原蒙古语即室韦—达怛语向古蒙古语即元代蒙古语过渡，突厥语的前后元音体系浸入

---

① 克劳森：《十四世纪蒙古语里的突厥语成分》，刘照雄、张继忠译，《民族语文研究情报资料集》1983年第1期。

蒙古语中，开始形成原蒙古语所没有的古蒙古语八元音序列。原蒙古语的一些旧词消失了，代之而起的是一些突厥语借词。蒙古语的词法发生了简化的趋势。生活方式也改变了，毡包代替了皮棚。饮食也发生了变化。习俗开始突厥化。①

二、从借词看蒙古族文化对撒拉族的影响

13世纪蒙古人兴起后，对周边民族产生了极大影响，蒙古语成分也开始进入周边民族语言之中。也是从这个时期开始，撒拉语吸收了不少的蒙古语词。通过以下这些语言成分，我们可以清楚地看到蒙古族文化对撒拉族的影响是多么深刻。

（一）社会生活

ağa：该词在撒拉语中以短语形式出现，如 ağini（由兄弟家族组成的社会组织）。这个短语应是 ağa（哥哥）和 ini（弟弟）组合而成的。ağa（哥哥）一词在古突厥语中并不存在，因此学者们一般认为是来自蒙古语的 aqa（哥哥）。②

Beyen：地名，指循化县西北的化隆巴燕镇。该地名一般被认为是蒙古语词 bayan（富足、富饶）（孙竹，1990:138），但更早时期该词是由突厥语进入蒙古语的。

imax：该词在撒拉语中意为"群、组"。此外，在循化县清水乡、查汗都斯乡各有一个以 imax 命名的村子。捷尼舍夫认为该词来自蒙古语的 ajmag（行政单位，部落，分部，种类，世界）。③

mangïsxïlčïx：在撒拉语民间故事中该词指"九头魔怪"。该词可能来自蒙古语 manggas（魔怪）（孙竹，1990:480）。

Neman：在撒拉语中指循化县白庄镇的一个村子名称，该词应来自蒙古语 naim、土族语 naiman，都意为"八"（孙竹，1990:498）。在蒙古历史上还指一个部落名称"乃蛮"。

nöxür：该词意为"情人"，但在撒拉语使用频率不高，其应来自蒙古语

---

① 亦邻真：《中国北方民族与蒙古族族源》，《内蒙古大学学报》1979年第3、4期。
② Schönig, Claus. 2000. Mongolian Loanwords in Oghuz as Indicators of Linguistic and Cultural Areas in Southwest Aisa. *Turkic Languages*, (4).
③ 捷尼舍夫：《撒拉语结构》，白萍译，民族出版社，2014，第253~254页。

nökör"朋友、同志、丈夫"（孙竹，1990: 515）。

qud：该词在撒拉语中意为"姻亲"，如 qud bo（亲家公）、qud nine（亲家母）。这个词在日常生活用语中基本不使用，只有在偶尔说唱的婚礼祝词（urux söz）中的撒拉语中出现。此词来自蒙古语的 xud、xudu（亲家）、土族语的 quda（亲家）（孙竹，1990: 384）。表示"姻亲"意义的撒拉语固有词 qaynï 在撒拉语日常生活中经常使用，如 qaynï aba（公公）、qaynï ama（婆婆）等。这样 qud 和 qaynï 就形成了两个来源不同的同义词。撒拉语的 qaynï 应来自古突厥语的 qadïn，蒙古语的 xud 和 xudu 以及土族语的 qudu 最终都来自突厥语，而其更早的源头应是粟特语 ğwt'yn。①

*uram：该词不见单独出现在撒拉语中，但在循化查汗都斯乡的三个村名中可能包含了该词，如 ujiram, otarïm, yüzirim。这三个词的前半部分意义比较清楚，应为 uji（末端、尽头）、ota（中间）、yüz（脸）。就地理特点而言，这三个村子确实处于后、中、前的位置。因此，这三个村名的后半部分应该就是 *uram 的变化形式，而这个词就其根源来说被语言学家认为是来自蒙古语的成分，意为"街道"。② 该词在土耳其语中也是存在的，因此，如果确为蒙古语借词，那么其进入撒拉语的时间可能是在撒拉族先民东迁中国之前。

（二）物质生活

jida：在撒拉语中意为"矛"，该词来自蒙古语 jid（矛）、土族语：jida（矛）（孙竹，1990: 421）。该词在早在史诗《乌古斯可汗的传说》（耿世民，1980：54）和《先祖科尔库特书》（刘钊，420）语言中就已存在。

kurang：在撒拉语中意为"放牧用的简易房子"，该词来自蒙古语。在现代蒙古语中有 xoro"院子"、küre:leng"院、公园"、küre:"围墙"，土族语中有 kurang"院、围墙"，东乡语中有 qoruan"院"（孙竹，1990: 366、400）。

longxa：在撒拉语意为"瓶子"，该词应来自蒙古语 longk（瓶子）（孙竹，

---

① 克劳森：《十四世纪蒙古语里的突厥语成分》，刘照雄、张继忠译，《民族语文研究情报资料集》1983年第1期。

② Eva Csaki. 2006. *Middle Mongolian Loan Words in Volga Kipchak languages.* Harrassowitz Verlag·Wiesbaden: 208.

1985: 254），但也有可能这两种语言各自借用于一种共同的语言，因为在阿尔泰语系语言中一般情况下辅音 l 不会出现在词首。捷尼舍夫提到在 10—12 世纪的回鹘文、摩尼文、婆罗密文文献中就曾出现该词。①

loxda：在撒拉语中意为"笼头"，该词来自蒙古语 noqta（笼头）。从 loxda 的词首音 l 也可看出其为借词。

šarï：在撒拉语中意为"泡过的或喝完茶后剩下的茶叶"，该词被认为是来自蒙古语的 šar"碗底的剩茶，渣滓"（捷尼舍夫，2014: 276）。

šinaǧa：在撒拉语中意为"木勺、瓢"，该词来自蒙古语 šanag（勺子）（孙竹，1990: 707）。

šira:：在撒拉语中意为"炕桌"，该词来自蒙古语 šire（桌子）（孙竹，1990: 719）。除了蒙古语以外，在该词东乡语、保安语、土族语等蒙古语族语言中都存在，还有"座椅、长凳"等意义。维吾尔语、西部裕固语以及察哈台语和 10—12 世纪的回鹘文等都有这个词（捷尼舍夫，2014：482）。这说明，很有可能撒拉族先民从中亚迁徙到今天的青海之前已经从蒙古语中吸收了这个词。

xuazir：在撒拉语中意为"剪刀"，该词来自蒙古语 xaiči（剪刀）（内蒙古，534）。

（三）自然地理

mören：在撒拉语中意为"黄河、河"，该词一般被认为来自蒙古语 mörön（河）。但该词词根可能为 *mör-，意义为"水"，在撒拉语中本已存在。在朝鲜语、契丹语等语言中也有 mur 一词表示"水"（兰司铁，61）。在突厥语包括撒拉语中有 yaǧmur（雨水）一词，其可能是 yaǧ-（下）和 mur（水）组合而成的。

xuy：在撒拉语中意为"森林"，该词应该来自蒙古语 oy（森林）（内蒙古，185）。

（四）身体部分

čir：在撒拉语中意为"脸色"，该词应该来自蒙古语 čirai（内蒙古，1270）。和它对应的突厥语词应该是 yüz（脸）。撒拉语有 yüz（脸）这个词，但表示"脸色"

---

① 捷尼舍夫：《撒拉语结构》，白萍译，民族出版社，2014，第 380 页。

意义时则使用 čir 一词。

qoxqa：在撒拉语中意为"肋骨"，该词应该来自蒙古语。在中古蒙古语中有 qabirqa，在现代蒙古语中有 qabirǧa、qaburǧa、qoburǧa（Csaki，109），在东乡语中有 qaruǧa，都意为"肋骨"（孙竹，1990:313）。

xamur：在撒拉语中意为"流鼻涕的人（骂人话）"，该词应来自蒙古语 xamar（鼻子）（孙竹，1990: 323）。

（五）动作行为

asïra-：在撒拉语中意为"喂、养"，其应来自蒙古语。该词在中古蒙古语中为 asara-（保护、照顾、喂养、养育）（Csaki，37），在现代蒙古语中为 asrax（侍候）（孙竹，1990: 122）。

čida-：在撒拉语中意为"胜任、赢、抬动"等，该词应来自蒙古语 čidax（会、能）（孙竹，1990: 556）。

görle-：在撒拉语中意为"围"，其应该来自蒙古语 xörx（囚禁、圈进），土族语 xorə-（囚禁、圈进）（孙竹，1990:366）。

jamna-：在撒拉语中意为"（将客人从一家）接请（至另外的家庭）、（将粪肥从一个地方）搬运（至别的地方）"。该词词根来自蒙古语 jam（路），与其相关的另一个词为 jamč（向导）（孙竹，1990: 428）。

jara-：在撒拉语中意为"使用、用、宰"，该词来自蒙古语 jarax（使用），土族语 jarə-（使用、宰）（孙竹，1990:432）。

učira-：在撒拉语中意为"相遇"，该词应该来自蒙古语。在中古蒙古语中有 učira-（遇见）（Csaki，164），现代蒙古语中有 učrax（遇见），达斡尔语中有 vačirəgu（相遇）（孙竹，1990:683、191）。有意思的是，učira-（相遇）一词原来自突厥语 učur-（看）（Csaki，165-166）。古代突厥语的 utru（迎着）（耿世民，2005[①]: 258）应与此相关。

yada-：在撒拉语中意为"累"，该词来自蒙古语。在中古蒙古语中有 yadaǧu

[①] 在引用古突厥语资料时，括弧中出现"耿世民，2005"均指耿世民著《古代突厥文碑铭研究》，中央民族大学出版社 2005 年版一书。

（累）（Csaki, 103），在现代蒙古语中有 yadax（累、难以）（孙竹，1990: 731）。

yasa-：在撒拉语中意为"制造、修理"，该词来自蒙古语 jasax（治理、修饰）（孙竹，1990: 435）。

zoğza-：在撒拉语中意为"坐"，其应来自蒙古语。该词在中古蒙古语中为 toqta-（停止）（Csaki, 21），现代蒙古语为 zogsox（站立、停止）（孙竹，1990: 450）。

（六）性质状态

belen：在撒拉语中意为"现成的"，该词应来自蒙古语 belen（现成的）（孙竹，1990: 148）。

gönkür：在撒拉语中意为"愚呆"，该词来自蒙古语 qongğor（无知、不机灵的）（Starostin, 722）。

jerğeli：在撒拉语中意为"按顺序"，其词根 jerğe 来自蒙古语 jerge（顺序、次序）（Csaki, 248），在现代蒙古语中该词为 dara:lax（孙竹，1990: 200）。

mada：在撒拉语中意为"麻烦"，该词应来自蒙古语族语言，在土族语中存有此词（李克郁，305），原意为"弯腰"（孙竹，1990: 482），相当于突厥语 buda-（折），撒拉语中也存在这个词。蒙古语族语言的 mada- 和突厥语的 buda- 应为同源词。随着时间的变化，该词在蒙古语族语言中的语义演变为"麻烦"。

mokït：在撒拉语中意为"钝的"，该词应该与蒙古语 moxor（钝的）、东乡语的 muğutu（钝的）（孙竹，1990: 488）有关，而且后者的语音形式更为古老。

撒拉语中的蒙古语借词可能不止以上词语，但即使是通过这些词语，我们也可以认识到蒙古语民族曾对撒拉族及其先民的文化影响。ağa（哥哥）、qud（姻亲）和 nöxür（情人）等借词说明撒拉族及其先民曾经和蒙古人有过非常亲密的关系，甚至是通婚关系。在长期的共同生活中，撒拉族在一定程度上借用了蒙古人的社会组织方式 imax"群、组"。

撒拉族生活的地区从清代开始就有"撒拉八工外五工"的说法，其中"工"相当于乡镇一级的社会组织。作为撒拉族核心八工之一的"崖曼工"（Neman）名称，可能预示着撒拉族与蒙古人的社会联系。讲故事是传统社会重要的文化娱乐方式，撒拉族民间留传有非常丰富的故事歌谣等。以拥有九头而著称的 Mangïsxïlčïx "莽古斯"形象可能来自蒙古社会，它在撒拉族民间故事中占有极其重要的地位。这些词语使我们想象到两族人民共同居住、共同休闲的社会生活情景。

游牧是蒙古人重要的生活方式。撒拉族先民在定居之后甚至是在游牧时期，曾受到蒙古游牧生活的影响。在某个时期，蒙古人的 jida（矛）可能制作先进，以至于该词取代了突厥人原有的词语 süngüg（矛）；定居后的撒拉族也从事着一定程度的畜牧生活，需要离开定居点去较远的地方放牧，于是学习蒙古人，在放牧点修建临时的 kurang（棚栏），至今在撒拉族地区有个村子名为 Yangkurang（洋库浪），可能原意为"新的棚栏"。可能蒙古人的 noqta（笼头）不同于撒拉族先民自己的笼头，因此，撒拉族先民接受了新式用具。"瓶子""炕桌""木勺""剪刀"等可能是蒙古人重要的生活用具，同样因做法新颖或材质不同，撒拉族先民接受了这些用具。

撒拉族先民可能和蒙古人共同在河边生活，在森林里伐木或打猎，由于这些河流和森林可能是新的生活环境，撒拉族先民便跟随蒙古人使用了 mören（河）、xuy（森林）等名称。

在和蒙古人面对面交流的过程中，撒拉人借用了表示"脸色"的 čir 一词，和原有的表示"脸、脸色"的 yüz 一词并用。可能是在宰杀牛羊或食用牛羊肉时，借用了蒙古语的 qoxqa（肋骨）。在使用撒拉语固有词 purnï（鼻子）的同时，还借用了蒙古语表示"鼻子"一词的 xamur 来指称"流鼻涕的人"，用以骂人。

语言接触时不同语言借用最多的是名词，动词数量一般都很少。撒拉语中为数不少的表示动作行为的蒙古语借词说明撒拉语和蒙古语之间的接触面之广，接触时间之长。asïra-（喂、养）、čida-（胜任、赢、抬动）、görle-（围）、jamna-（接请、搬运）、jara-（使用、宰）、učira-（相遇）、yada-（累）、yasa-（制造、修理）、zoǧza-（坐）等借词的存在，说明撒拉族先民和蒙古人共同从事过许多活动，包括喂养牲畜、举重比赛、围猎、参加婚礼、宰杀动物、修理东西等，以及行走相遇、做事劳累、请人休息时撒拉族先民也用蒙古人的方式表达观念意义。

撒拉族先民还借用了蒙古人表示人或事物性质状态的方法，如 belen（现成的）、gönkür（愚呆）、jerǧe（顺序）、mada（麻烦）、mokït（钝的）。这说明在借用人或事物名称的同时，连修饰这些名词的一些方法也都被借用了。

第五章 撒拉语与藏语的接触

第一节 撒拉族与藏族的互动

藏族是青藏高原上历史悠久、人口众多的民族,无论是迁徙至青藏高原之后还是之前,撒拉族及其先民都曾与藏族发生过交往。撒拉族的形成发展与藏族有着密切关系。

一、突厥与吐蕃的交往

7世纪,吐蕃王朝兴起后开始向四周扩张。在7世纪末至9世纪中叶前期,吐蕃在西域的影响持续存在,西突厥十姓部落曾"附于吐蕃"。《新唐书》卷二百一十六上记载了早期突厥与吐蕃之间的关系:"太宗贞观八年(634年),(吐蕃)始遣使者来朝,帝遣行人冯德遐下书临抚。弄赞闻突厥、吐谷浑并得尚公主,乃遣使赍币求婚,帝不许。"在吐蕃击破吐谷浑之后,其势力进入西域,与西突厥部落联合攻唐。《新唐书》卷三《高宗纪》载:"是岁(677年),西突厥及吐蕃寇安西,诏吏部侍郎裴行俭讨之。"同书卷一〇八《裴行俭传》又载:"仪凤二年(677年),十姓可汗阿史那都支及李遮匐诱蕃落以动安西,与吐蕃连合。"《新唐书》卷二一五《突厥传》载:"其明年,西突厥部立阿史那俀子为可汗,与吐蕃寇,武威道大总管王孝杰与战冷泉、大领谷,破之。"同书卷二一六《吐蕃传》载:"首领勃论赞与突厥伪可汗阿史那俀子南侵,与孝杰战冷泉,败走。"这说明当时西突厥与吐蕃联合攻打唐朝的安西等地。

在后突厥汗国时期，吐蕃与突厥也多次联盟，保持着频繁的往来关系。《旧唐书》卷九十七载："突厥、吐蕃二寇频岁奄至城下，百姓苦之。"《新唐书》卷一二二载："突厥、吐蕃联兵寇凉州。"《新唐书》卷二一五载："吐蕃以书约与连和钞边，默棘连不敢从，封上其书。"《资治通鉴》卷二一三也载有此事：开元十五年（727年），"突厥毗伽可汗遣其大臣梅录啜入贡。吐蕃之寇瓜州也，遗毗伽书，欲与之俱入寇，毗伽并献其书"。两部史书中的默棘连和毗伽可汗实际上为同一人。

在著名的《阙特勤碑》中记载有突厥布民可汗和室点密可汗去世后，四方之族前来吊唁的情景："吊唁者从前面，从日出之方，有莫离（bökli）荒原人、唐人、吐蕃人（tüpüt）、阿瓦尔人、拂林人、黠戛斯人、三姓骨利干人、三十姓鞑靼人、契丹人、奚人——这样多的人民前来吊唁。"在阙特勤去世后，其兄毗伽可汗悲痛难忍，特撰文纪念，说：

> 我弟阙特勤去世了，我自己很悲痛……我自己十分悲痛。眼睛流泪，我强忍住；心里难过，我强抑住。我万分悲痛。我想，两设及我的诸弟、诸子、诸官、我的人民将哭坏他们的眼睛。作为吊唁者，udar 将军代表契丹、奚人民到来了。从唐朝皇帝那里来了御史吕向，并带来了许多珍宝和金银。从吐蕃（tüpüt）可汗来了伦（bölön）……①

如果没有紧密的关系，吐蕃不可能频繁地不远万里去突厥人的地方吊唁。这种交往源于双方在地理位置的邻近，畜牧和狩猎等经济生产方式的相似，政治同盟的需要等。据学者研究，吐蕃立国后的许多制度受突厥影响很深：

> 吐蕃王朝设立的行政建制如（ru）、职官奎本、如本和贡论、囊论、喻寒波等都是效法突厥，而非仿照唐制；吐蕃实行兵民合一，以十进制编制军队，设千户、万户，制定严刑峻法，犯罪必施以重刑，对盗窃罪按盗窃之物的数倍乃至几十倍追征等，亦是源自突厥；在苯教丧葬仪规中以羊马作为献祭品同样

---

① 耿世民：《古代突厥文碑铭研究》，中央民族大学出版社，2005，第121、135页。

也和突厥有一定关系。藏族传世史籍记载吐蕃法律及事业仿效突厥、回纥确有所据。①

11世纪70年代麻赫默德·喀什噶里记载了突厥人对吐蕃的认识：

最清晰和最准确的语言是只懂一种语言，从不与波斯人和其他外民族交融的人们的语言。凡是通晓两种语言并和城市居民有交往的人的语言是不纯的。"索格达克""坎切克""阿尔古"等部落就是通晓两种语言的。与外国人打交道并和城市居民有交往的某些"和阗""吐蕃"以及"党项"人也是如此。他们迁入突厥人的地区较晚……吐蕃人有自己的语言。

…………

吐蕃，生活在突厥地区的一个部落。麝就产于他们的乡土。麝的肚脐割下来，这就是麝香。吐蕃人是一个名叫"萨比特"的人的后裔。他原是也门人，因为他在那里（也门）杀了一个人，畏罪乘船潜逃到了秦。他看中了这个地方，便定居下来了。后来，他的子孙繁衍，占据了突厥人的居地一千五百法尔萨赫。这块地方，东面接秦，西面是克什米尔，北面是回鹘地区，南面与印度洋相连。他们的语言有阿拉伯语的影响，因为他们把"母亲"叫 uma，"父亲"叫 aba。②

以上突厥人对吐蕃的观点可能并不完全正确，但可以肯定的是，在东迁之前，撒拉族先民已经与吐蕃发生了较为密切的关系，双方在政治、军事等方面的相互交流自然也会引起语言接触。

二、撒拉族与藏族的互动

撒拉族自入居循化就与藏族发生了很密切的关系。在长期的共同生活中，他们

---

① 陆离、陆庆夫：《论吐蕃制度与突厥的关系》，《兰州大学学报》2005年第4期。
② 麻赫默德·喀什噶里：《突厥语大词典》（第一卷），民族出版社，2002，第31～32、373～374页。

不仅结下了深厚的友谊,而且还促进了文化的交流,为循化地区的发展作出了应有的贡献。

(一)族际通婚

撒拉族先民初到循化,由于人口较少,面临着一个现实的问题:要么融合于其他民族之中,要么吸收其他民族新鲜血液而保持独立性。撒拉族先民走的是第二条路,选择藏族作为扩大成员的主要对象。据循化地区撒拉族和藏族传说,撒拉族先民在循化定居下来后,便向邻近的边都沟(文都)的藏族求婚。藏族表示同意通婚,但提出四个条件要撒拉族接受:第一,要供拜藏传佛教菩萨;第二,要在屋顶安设嘛呢筒;第三,要在庭院中立木杆,上悬藏文经旗;第四,接受藏族的某些风俗。对前三个条件,撒拉族先民认为与伊斯兰教规定不合而未同意,但接受了第四个条件,于是两族顺利通婚,撒拉族的人口也得到了增长。据明朝张雨《边政考(卷九)》记载,"到嘉靖年间,撒拉族人口已达'男妇一万名口',约二千余户,比初来之时不啻增加十倍"。与藏族通婚有两个意义:一是扩大成员,发展自己;二是加强联系,求得保护。弱小的撒拉族先民经过长途跋涉,深入汉藏文化的腹地居住、发展,如果得不到周围藏民族的友好相待,或因宗教信仰不同而与他们时时发生纠纷的话,撒拉族的发展就难以想象了。因此,撒拉族先民与藏族的通婚不仅使撒拉族人口得到了增长,而且还获得了相安无事的生活环境。正是这种特殊的历史原因,循化撒拉族和藏族自称他们之间是"甥舅"关系。

撒拉族与藏族之间的血亲关系,不仅发生于撒拉族的形成时期,而且始终贯穿于以后的发展过程中。乾隆四十六年(1781年)反清起义著名领袖、清水阿什匠撒拉族韩二个之母就是保安(今属同仁县)番女。[①]当时撒拉族居住的"工"中也有藏族居住,《循化志(卷四)》说:"撒拉各工番回各半。"又说:"考撒拉各工,皆有番庄。查汗大寺有二庄,乃曼工有六庄,孟达工有一庄,余工亦有之,且有一庄之中,与回子杂居者"。[②]据当地人讲,清水阿什匠村在过去一直是藏族和撒拉族杂居村子,只是在20世纪初藏族才迁移到积石镇加入村和化隆县的金源乡科布等

---

① 龚景瀚:《循化志》卷六,青海人民出版社,1981,第259页。
② 龚景瀚:《循化志》卷四,青海人民出版社,1981,第157页。

地。在阿什匠村至今还遗留有藏族的玛尼房、火葬台等，孟达的马儿坡也是藏族和撒拉族杂居地方，后来藏族迁到黄河对岸的阿麻岔以及道帏等地，临走时还将原来玛尼房的木料送给了属于撒拉族人的清水拱北。玛尼房的田地，撒拉人现在叫"玛尼房地"。白庄乡的山根村、九家平，撒拉人现在仍叫它们 Tiut ağïl（撒拉语，意为藏族村）；白庄的贺隆堡、化隆的曲玛儿、塔玛儿至今还是杂居村。

贵德县圆珠沟十二族更是撒拉族与藏族血肉相连的典型。撒拉族先民从中亚迁徙而来时，途经贵德圆珠沟，有 12 个人曾在那儿留居。他们在以后的生活中与藏族通婚，繁衍子孙，形成了十二族（支）。据民间传说，他们原先带有一部《古兰经》，因无人会念，遇婚丧节日时，用手摸一摸经文，算作念经仪式。时间长了，逐渐失去了教门，与藏族不分畛域了。圆珠沟藏族有一句谚语说："东那圆珠沟索哇吉格尼，曼拉撒拉尔工吉格尼"，意即"圆珠沟十二庄，撒拉十二工。"这部分人及其后裔与撒拉人的关系一直很密切，他们称撒拉人为"夏尼"（本家），而不称"许乎"（乡亲）。光绪年间，圆珠沟藏族群众有人还到循化街子骆驼泉喝过泉水，拜过祖先。① 据传，在撒拉族祖先尕勒莽和阿合莽的坟墓旁边，他们还给街子附近的八个村庄各栽了一棵柏树，象征着他们的骨肉情谊似柏树那样万古长青。目前还存有几棵。②

在青海湖西部和南部分布着一个著名藏族部落——汪什代海部落。据内部传说，这一部落的形成发展与撒拉族有着重要关系：汪什代海的族源为黄南鲁盆族，约在 300 年前，居住在黄河南岸纳布楞地方，该地住有少数撒拉族，有一个撒拉族男子入赘到藏族家，生 3 子，长子尼化，次子厄化却阿诺，三子南果，渐随俗为藏族，以农业为主。后来长子尼化生养 7 子，次子厄化却阿诺生一子叫吉合果。因年成不好，生活所迫，他们以打猎劫掠为生。吉合果和其子哇洛胆大心细，智谋超群，骑射出色，成为众人推崇的"化吾"（英雄）。到邻近的王家旗、柯柯旗等地劫掠时，遭清政府派兵阻击，迫使他们迁居到倒淌河、恰不恰一带。此时，果洛一带部落间的劫掠频繁，王家旗、柯柯旗等不时遭到抢劫。此地旗民为了求得安宁，主

---

① 芈一之：《撒拉族史》，四川民族出版社，2004，第 49 页。
② 循化撒拉族自治县民间文学三套集成办公室：《民间故事》（第一辑），内部印刷，1989，第 11 页。

动与居住在倒淌河的哇洛联系，拉拢哇洛部落到海西居住，共同抵御犯寇。由于哇洛的女婿完托（为河南蒙古族，与海西蒙古族交往甚密）主张迁居海西，而"宁果尔"（住在阳山的一部分人）则主张投靠果洛。这样"宁果尔"和"术果尔"（住在阴山的一部分人）争执起来，分道扬镳。"宁果尔"迁往兴海地区曲格合纳尔塘，形成了现在的温泉乡藏族的主体，这就是上汪什代海部落；哇洛的"术果尔"迁至海西，和当地蒙古族交错杂居，后来，哇洛被清政府任命为汪什代海千户，在当地修建了汪什代海寺院，形成了下汪什代海部落，主要居住在今天的青海湖西部、天峻县境内。[①]

（二）社会关系

在长期的共同生活中，撒拉族和藏族之间形成了唇齿相依的民族关系。清光绪年间，撒拉族地区反清斗争连绵不断，社会动荡不安，一些社会势力趁机聚啸为匪，东掠西抢。有一年，曾有几百土匪从拉卜楞一带向循化白庄方向袭来，当地撒拉族村子遂派人堵截。土匪们见此情景大为恼火，扬言要烧掉撒拉人的科哇清真寺以作报复。在形势异常严峻的情况下，邻近的夕昌藏族立即派几百名人马前来协助保护清真寺。土匪闻风方不敢贸然行事，半途而返，科哇清真寺连同科哇群众才幸避一场浩劫。民国十七年（1928年），马仲英武装反对国民军，败北后逃到循化等地，扬言要烧掉夕昌藏族嘛喇寺院。正在危急时刻，科哇撒拉群众派了上百名壮丁前去援助，对方闻知有几百名撒拉人前来护卫，也就退回去了。夕昌寺院也免了一场战火。[②] 这两起撒拉族和藏族互相护寺的义举，进一步加深了两个兄弟民族亲密无间的友谊，成为循化历史上的一段佳话。

在毗邻而居的撒拉族与藏族地区，逢年过节他们都相互道贺。如藏族过"洛撒尔"（新年）时，附近相好的撒拉人都带些果品之类的特产前往祝贺；撒拉人的"尔德节"来到之时，藏族同胞也前来恭贺。积石镇的加入村是个藏、汉、撒拉、回等多民族杂居村，由于他们之间长期相互帮助、团结友爱，曾被国家民委评为"全国民族团结村"。

---

① 张济民：《青海藏区部落习惯法资料集》，青海人民出版社，1993，第83～85页。
② 循化撒拉族自治县民间文学三套集成办公室：《民间故事》（第二辑），内部印刷，1991，第30～31页。

甘肃拉卜楞藏族和青海循化撒拉族之间的关系被双方都传为佳话。撒拉族地区的伊麻目、科哇和张尕等地与拉卜楞寺在历史上保持着良好的关系。据说，嘉木样三世（灵童）从青海回拉卜楞寺，途中受阻，当时这些地方的撒拉族出兵帮助他顺利回到了拉卜楞寺。此后，撒拉族在拉卜楞所在地夏河设置了三个办事处，拉卜楞给撒拉人赠送了草山。嘉木样三世在正式掌握拉卜楞寺政教大权后，为感谢曾经帮助他的撒拉人，遂邀请他们来拉卜楞寺周围居住经商，还给予资金方面的支持。当时的撒拉族主要制作鞋和靴子。之后，随着人口增加，在当地还修建了清真寺。嘉木样对清真寺也很关心，给清真寺赠送了一块牌匾，上书"亘古一人"。每逢节日活动，藏族和撒拉族之间都相互来往问候。目前，在当地有五六十户撒拉族人家。除此之外，循化的科哇等地撒拉族与拉卜楞寺之间还存在着一种被他们称为"栓头"的关系：嘉木样派去的官员到这些撒拉族村子时会受到热情招待，一切食宿费用免收；撒拉人到拉卜楞也受到同样礼遇；逢年过节，相互之间也派代表祝贺。双方之间的这种"栓头"关系一直延续到20世纪50年代。至20世纪80年代，循化科哇撒拉族再次派人去拉卜楞寺提起历史联系时，夏河县政府又为科哇撒拉族划拨一亩多土地，重新修建了他们的办事处。①

撒拉族民间文化工作者、伊麻目村人张进锋先生曾记述伊麻目撒拉族和拉卜楞藏族之间的深厚情谊：

> 在拉卜楞镇上塔哇有拉卜楞寺院专门赐给伊麻目的"伊麻目官房"，也就是现在称的撒拉族在拉卜楞的办事处，门牌是上塔哇189号。伊麻目人每到秋天收完庄稼，便成群结队，把撒拉尔的面、油、辣椒、瓜果，源源不断驮到拉卜楞销售。在拉卜楞的伊麻目人不但有自己安全舒适的官房住，而且还有善良的藏族朋友协助卖货。更有趣的是，寺院的三千喇嘛和塔哇的居民，最喜欢穿撒拉尔鞋匠制作的靴子，当时我爷爷是鞋匠，他领着一帮徒弟进寺院，和阿卡们同吃同住，你念你的嘛呢，我作我的礼拜。伊斯兰斋月期间，鞋匠们有时睡过头，还得靠小阿卡叫醒。根据撒拉尔先祖初来循化时娶藏族姑娘为妻的传说，

---

① 马成俊：《"许乎"与"达尼希"：撒拉族与藏族关系》，《西北民族研究》2012年第2期。

藏族有句"撒藏为同根，口异而骨无异"之说，除了宗教信仰有别，几乎不分你我。双方都充分利用这个条件，更加深了相互间的友谊。寺院有重大事情还邀请我们伊麻目头面人物共同协商。在伊麻目村几乎没有没到过拉卜楞的，所以拉卜楞也就成了伊麻目人第二个经济文化交流之地。伊麻目人也为此培养了自己的"藏族通"。我所知道的就有我的爷爷——韩古尔班，还有韩三十九和韩奴日。韩奴日不但是伊麻目的藏族通，还是个藏语歌手，年轻时和甘都藏族歌手打擂台赛歌取胜为冠军。藏族人为他送了一个如花似玉的卓玛姑娘为妻。

1955年秋天，拉卜楞寺院接嘉木样活佛登基，甘青两省接送活佛的先头队伍抵达伊麻目，在渡口边的树林里扎下了无数五颜六色的帐篷，伊麻目村家家住进了各自的藏族朋友。活佛到来的那天早晨，爷爷宰了一只大绵羊，妈妈拌了一大木桶凉面，领着我送到树林里的大帐篷里。爷爷和妈妈用流利的藏语和他们谈笑……

嘉木样和我同龄，他妈妈给他穿了五六层衣服，最后还给他扎了一条黄色的腰带，由于穿的太多，他连走路都很困难。我们手牵着手在一起嬉戏玩耍。撒、藏群众在伊麻目渡口歇息数日后，嘉木样活佛被浩浩荡荡的队伍接往拉卜楞寺院。沿途由张尕、科哇的撒拉尔接送护卫。伊麻目人也顺带将货物驮往销售，撒藏友谊数百年连绵不断，有增无减。①

（三）经济交流

撒拉族和藏族间的血肉关系促进了他们在经济生活方面的相互交流。撒拉族先民从中亚迁徙到循化时，据传曾带来了黑芒麦和白芒麦。土和水是农业民族的最根本的生存环境，土壤的好坏是农业发展的前提。在民间传说中，撒拉族先民东迁路上秤水量土的行为②也给我们一个启示，在东迁之前撒拉族祖先是从事种植业的。这种事实在语言中得到明显的反映，如 sovan（犁）、kürex（木锹），boyun tulux（牛轭）、ixen（庄稼）、baš（麦穗）、ahra（青稞）、boğdï（麦、小麦）、mağla（大

---

① 张进锋：《我所知道的拉卜楞寺"伊麻目官房"》，载全国政协文史和学习委员会、青海省政协文史和学习委员会编《撒拉族百年实录》（上），中国文史出版社，2015，第 92~93 页。

② 循化撒拉族自治县民间文学三套集成办公室：《民间故事》（第一辑），内部印刷，1989，第 1~2 页。

豆）、ixen yatmïš（麦子倒伏了）、alima（原泛指苹果，后专指海棠）、xus（核桃、gemdur（大麻）、armut（梨）、tap（畦）、otïx（锄草）、or-（割、收割）等等都是突厥语的通用农业词语。如果，撒拉族先民来循化之前不从事农业活动的话，这种精细的农业词语不可能在撒拉语中大量存在。另外，撒拉人的庭院布置也较独特，其庭院一般都有或大或小的果园，培植果树或花草，与中亚一带近似，而与周边民族有着明显的不同。这些迹象说明撒拉族先民在来循化前是主要从事农业的。但是，由于当时循化地区的水利条件所限，加之地少人多、茶马互市的影响，撒拉族才慢慢开始兼营畜牧业，并形成了一定的规模。如在明代和清代的三百多年中撒拉族一直是"招茶中马十九族"之一，每年纳马易茶。明初制定"金牌信符"制度时，他们有金牌一面，每年纳马八十余匹。到嘉靖时整理金牌信符，撒拉族领有两面金牌，纳马倍之，达近二百匹。撒拉族的这种经济生活的转变跟藏族有着很大的关系，因为发展畜牧业所需要的牲畜就得跟周围藏族进行商业交换，这在客观上无疑会受到藏族畜牧业生产方式的影响。据《循化志》云，撒拉族在元、明，甚至清初，主要饲养的是马、牛、羊、鸡、狗等，这与藏族饲养的牲畜和家禽种类大体相同。康熙末年茶马互市的中止，使撒拉族半农半牧的生活方式又转向以农业为主了。

在长期的发展中，撒拉人的农业文化也对周围藏族的经济生活产生了较为重要的影响。琦善在道光三十年（1850年）十月十五日的奏折中曾谈到这种情况："巴燕戎格一带，从前本系番族之地，并无汉回之人。因番牧畜为生，不谙耕植，方募撒拉来此耕种，由来已久。"① 这说明了两个问题，一是当时周围藏族是以"牧畜为主""不谙耕种"；二是撒拉族到巴燕戎格教藏族耕种。

撒拉族和藏族在商业方面也有着密切的往来。撒拉族（包括其他一些部落）在以前被别的部落称Sart（撒尔特）。"撒尔特"其实是个突厥语，意为"商人、商业等"②。可见撒拉族的先民善于经商。因此，他们在明代的茶马互市中也必不会无动于衷。乾隆四十六年（1781年）反清起义失败后，在"善后事宜"中谈到以前（至少溯到清初）情况时说："各工回人（指各工撒拉人——笔者注）至循化、河州、

---

① 青海民族学院民族研究所：《撒拉族档案史料》，内部印刷，1981，第183页。
② 麻赫默德·喀什噶里：《突厥语大词典》（第一卷），民族出版社，2002，第361页。

兰州等处，或贸易绒褐，贩卖牛马，本不禁止。"①这说明了撒拉族早期的贸易情况。自康熙后随着茶马互市的中止，撒拉人的畜牧业规模也相应缩小，因此，他们进行贸易的畜产品就不可能仅仅是自己经营得来的，还会从周围藏族那里用自己的土特产或钱币收购畜产品做转手买卖，或者充当类似在清代出现的"歇家"角色。这无疑在客观上促进了撒拉族和藏族之间的商业交流。

由于生活的需要，两个民族也进行产品交换，互通有无，互相帮助，取长补短，这已成为他们经济生活的一个重要方面。"在经济方面，各族间物资交流、互通有无的关系很密切。循化撒拉族不足的粮食、柴草需要道帏、文都藏族农业区和化隆的回民供应，而藏族需要的蔬菜、果品、茶、布、工具等则由撒拉族和别族转运过去，并将藏族牧业区的羊毛等畜产品转运外地。……由于各族间经济上的密切关系，在循化地区出现了白庄、街子、城关镇三个市集，成为当地各民族物资交流的集散地。撒拉族的商业、副业活动起了活跃各族间的经济交往，丰富各族人民物质文化生活的作用。"②他们之间的这种相互依存的经济关系在商业活动中表现出一种良好的道德风范，如撒拉人去藏族聚居区做生意（其实用蔬菜瓜果换取粮食、柴草等）就住在自己的"许乎"家里，受到他们的盛情款待；而藏族来县城赶集或去某地朝圣途经撒拉村庄时，也住在他们家里，自然也受到优待，双方对对方的生活方式、风俗习惯都很尊重。这种亲情关系至今在循化地区还普遍存在。

民国时期，在循化街子镇塘坊村有个人名叫古里毛，他在尕司令（原名马仲英，因为年纪小，人称尕司令）手下任团长。当他带着军队经过查加沟时，曾在塘坊村暂住一段时间，在此期间，文都的藏族派代表来探望他，塘坊人则设宴盛情款待他们。吃饭时，古里毛团长说塘坊村的清真寺破烂不堪，需要加以修葺，希望对方助以木材（因为藏族聚居区森林多，盛产木材），以助他们实现扩建寺院的愿望。藏族代表们欣然同意了，他们将文都中库的一个松树林坡全部捐出，后来在此山坡上进行人工植林，并用藏语取名叫作"sivnegh"，意为"人造林"，以区别于原来的原始森林。当时所建的塘坊村清真寺至今还屹立在村子中。此故事至今广泛流传于

---

① 青海民族学院民族研究所：《撒拉族档案史料》，内部印刷，1981，第149页。
② 《撒拉族简史》编写组：《撒拉族简史》，青海人民出版社，1982，第77~78页。

查加沟和中库各村庄。有史以来，由于历史的原因，查加工撒拉族和文都中库藏族之间互称"阿乌—阿古"（awu-ahgu），意为"兄弟"，来往非常频繁。佛爷山是查加工的耕地和牧场，他们在那里种田和放牧，查加工只允许中库的藏族在那里放牧，而其他地区的任何人都不允许在那里放牧，此规矩至今如此。以上两个故事经常被查加工的老人们作为藏族、撒拉族民族团结、互助的教材，以此教育族人。①

20世纪80年代改革开放之后，大量撒拉人开始走出循化，将目光投向了市场发展前景广阔的藏族聚居区。看准内地与西藏经济联系的发展势头，撒拉人大胆投资运输行业，成立了雪域、高原、万里等运输公司。在鼎盛时期，这几个公司运营着108辆豪华卧铺客运车辆，327辆大型货车。此外，在青藏线上还活跃着1368家从事相关服务业的公司和16840人的劳务大军。循化客货运输占青藏线公路运输的80%，为拉动循化第三产业发展，带动循化劳务输出，促进循化农村经济发展和农民增收发挥了重要作用。运输业也因此成为循化劳务产业中收入和就业人数仅次于餐饮业的第二大支柱。②

（四）文化交流

由于撒拉族与藏族的通婚，藏族的一些习俗在撒拉族中留存的也较多，如撒拉人曾答应的通婚条件——在庄廓四角上放置白石头的习俗至今还可在撒拉族村庄见到。另外，在迎娶藏族姑娘的过程中，撒拉人可能遵从了当时藏族的一些习俗。在循化的加入、阿麻岔、专塘一带藏族村落中，我们还可以见到跟撒拉人很相似的庭院。他们一般打有四方形庄廓，修建坐北朝南、雕有精美花草图案的大房，并在院中种植一些花草树木等。这种居住习俗在其他藏族聚居区是少见的，无疑是受了撒拉族民居习俗的影响。

撒拉族人民在长期的生活中，创造了独特的撒拉族文化，民间文学则是其中最主要的部分之一。我们从中同样可以看到撒拉族与藏族关系的投影，例如用撒拉语演唱的脍炙人口的民间歌谣《阿丽玛》即是一例。它通过对撒拉族、藏族妇女服饰的描绘，表现了对美好生活的追求，也体现了他们之间和睦相处、密切往来的关

---

① 马成俊：《多重边界中的撒拉人》，博士学位论文，中山大学，2009，第216页。
② 先巴加、马文理：《青藏铁路通车对循化劳务输出的影响及对策》，《中国撒拉族》2008年第2期。

系。这种文学性的反映，无疑有着其现实生活的基础，它是这两个民族之间密切关系的写照，如：

……
阿丽玛，
　　撒哩（呀）撒开是——阿丽玛撒拉婆；
　　头上（呀）戴的是——阿丽玛黑粗布；
　　身上（呀）穿的是——阿丽玛红粗布；
　　脚上（呀）穿的是——阿丽玛阿拉鞋；
　　哎——才像个撒拉婆呀，奥斯。

阿丽玛，
　　西里（么）西开是——阿丽玛西蕃婆；
　　头上（呀）戴的是——阿丽玛尖尖帽；
　　身上（呀）穿的是——阿丽玛老羊皮；
　　脚上（呀）穿的是——阿丽玛牛皮子；
　　哎——才像个西蕃婆呀，奥斯。①

"格萨尔"是藏族人民理想中勇敢、力量和智慧的化身。这个英雄形象随着撒拉族与藏族的密切交往也进入了撒拉族民间文学之中。撒拉族民间故事中的"高赛尔""格赛尔"等都是藏族"格萨尔"形象的移植。撒拉族把有力量、有智慧、很勇敢的人一般称"格赛尔"或"格赛尔式"的人。撒拉族早期定居循化、向藏族求婚等历史也都以优美的传说形式留存在当地藏族民间故事中，为他们所流传。撒拉族花儿的颤音也受到藏族拉伊的影响，尤其是《孟达令》的开场音"哎哟"与拉伊的开头曲调完全一致。这种兼收并蓄的唱法，使撒拉族花儿在整个西北花儿中别具魅力，颇受人们欢迎。

---

① 循化撒拉族自治县民间文学三套集成办公室：《民间歌谣》，内部印刷，1989，第 124~125 页。

总之，撒拉族与藏族从一开始就形成了亲密无间的关系，藏族对撒拉族的影响较深。虽然他们有不同的宗教信仰、不同的文化价值观念，但他们相互尊重、相互帮助的事实却为民族平等团结增添了生动的一页。

第二节　撒拉语中的藏语成分

在小亚细亚、阿塞拜疆、高加索地区、伊朗、伊拉克、阿富汗、中亚五国、西伯利亚、伏尔加地区、蒙古国及我国的新疆、甘青等地区分布着许多使用突厥语的人口，其数量近2亿，这些突厥语有土耳其语、土库曼语、阿塞拜疆语、维吾尔语、乌兹别克语、哈萨克语、吉尔吉斯语、塔塔尔语、图瓦语、雅库特语、哈卡斯语、楚瓦什语、西部裕固语、撒拉语等约40种语言。历史上持续不断的游动生活，使突厥语与其他各种语言之间发生了强烈而长时期的接触。和突厥语接触的语言有汉语，印欧语系的伊朗语族、斯拉夫语族语言，芬兰—乌戈尔语系语言，阿尔泰语系中的蒙古语族及满—通古斯语族语言，闪含语系的阿拉伯语等。在我国西北地区，作为突厥语的西部裕固语和撒拉语还与藏语发生了密切接触。突厥语与这些语言之间的接触现象，为语言接触研究提供了丰富的材料，也引起了语言学家的极大关注，一些重要的论著也相继问世。[①] 这些研究涵盖了突厥语与许多语言之间的接触事实，但突厥语与藏语之间的接触现象还没有得到足够的重视与研究。目前，我们看到的仅有一篇文章谈及西部裕固语中的藏语借词。[②] 关于撒拉语与藏语之间的接触现象，只有个别学者如 Camille Simon（2015）等在文章中提及极少量的藏语借词，缺乏系统而专门的研究。

撒拉族和藏族的互动关系必然会导致撒拉语和藏语的接触。在长期而强烈的语言接触过程中，藏语对撒拉语产生了深远的影响，撒拉语中不仅吸收了许多藏语借词，甚至在语法方面也受藏语一定程度的影响。

---

① Johanson, Lars. 2010. Turkic Language Contacts. In Raymond Hichey eds. *The Handbook of Language Contact*. John Wiley & Sons: 652-672; Boeschoten, Hendrik and Johanson, Lars ed. 2006. *Turkic Languages in Contact*. Harrassowitz Verlag. Wiesbaden.

② 杜曼·叶尔江、吉合台：《西部裕固语中的藏语借词》，《民族语文》2005年第3期。

第五章　撒拉语与藏语的接触

一、撒拉语中的藏语借词

ačïš-"心疼、疼爱、爱"。藏语：htɕi"爱、抚爱、爱怜、爱惜"。（耿显宗，279）①

alï-balï"凑合、差不多"。藏语：a la pa la"草率、将就、凑凑合合、马马虎虎"。（华侃，639）

alïğ"（藏族）活佛"。藏语：a lak"活佛"。（华侃，639）

ana-mana"（做得）特别好，符合标准"。藏语：a na ma na"一模一样"。（华侃，637）

arang"舅舅"。藏语：a zaŋ"舅父、岳父、亲家公"。（华侃，638）

bağ-bağ"（说话）没完没了、不依不饶地"。藏语：nba ʏə nbə ʏə"叽哩咕噜、嘀嘀咕咕（背地里抱怨）"。（华侃，383）

bağdax"棉衣"。藏语：pɐk tɕɐk"棉衣"。（耿显宗，482）

bağrïxjagu"伴娘"。藏语：wak rok"伴娘"。（华侃，360）

baka"组、小组"。藏语：wa kha"组、同伙"。（耿显宗，527）

basgi"确实、真正地"（一般表示贬义或不好、不利的意义）。u basgi besgi kišör ira."他真是这样一个人。"（表示不喜欢等）藏语：wap kə"根本、完全、绝对、实在、确实"。（耿显宗，531）

čağïr"狗（斥狗停止喊叫）"。藏语：tɕhə ʏə"狗、小狗"。（华侃，66）

čam"客气"。藏语：tɕham"客气、谦让"。（华侃，66）

čamat"陌生"。藏语：tɕha met"陌生、生疏、不熟悉"。（耿显宗，290）

čanax"残渣"。藏语：tɕa hŋək"茶叶中煎熬后的残渣，茶叶中的沉淀物"。（华侃，202）

čayït"熟悉"。藏语：tɕha yot"熟悉、了解、认识"。（耿显宗，290）

---

① 除个别例子以外，此部分引用的藏语均来自耿显宗、李俊英、龙智多杰：《安多藏语口语词典》，甘肃民族出版社，2007；华侃、龙博甲：《安多藏语口语词典》，甘肃民族出版社，1993。括号中"耿显宗"代表耿显宗等作者，"华侃"表示华侃等作者，数字表示该作者所著书页码，下同。藏语符号保持原书中的国际音标拼写方法。

čarmux"浑浊的（水）"。藏语：tɕhər ŋok"浊水、浑水"。（华侃，190）

čïmsang"家庭"。藏语：tɕhəm tshaŋ"家庭、住户、宅子"。（华侃，67）

čo"们、群"。藏语：tɕho"们"。（华侃，68）

čoka"样子、形势"。藏语：tɕho ka"仪轨、仪式，方法、样子"。（华侃，195）

čola-"吱声、吭声"，čolaš-"吵"。藏语：tɕol"口角、纠纷"。（华侃，94）

čoldang"水坑"。藏语：tɕhə doŋ"水坑、水洞"。（耿显宗，191）

čovajï"水手"。藏语：tɕhə wa"水手"。（耿显宗，304）

čöy-"脱、解、放、下（面等）"。藏语：tɕhu"脱（毛）、褪（毛）；散开、脱开、解开"。（华侃，196）

čura"酸奶渣"。藏语：tɕhə ra"曲拉，奶渣"。（耿显宗，309）

čuxu"碗柜"。藏语：tɕha ka"碗架"。（耿显宗，289）

dağ"标记、标志"。藏语：htak"记号、标志、特征、预兆"。（华侃，239）

dambasï"头领"。藏语：hdam ba"主要的"。（华侃，301）

dang-"捆、绑"。藏语：ɣdam"捆、扎、绑、束、系"。（耿显宗，445）

data"马上、立即"。藏语：ta hta"现在、现今"，ta ta"马上、立刻"。（华侃，269）

dede"结巴、口吃"。藏语：htɕe tək"结巴、口吃"。（华侃，178）ta ɣə tə ɣe"结结巴巴"。（华侃，269）

dombu"节、块"。odunnï dombu dombu jada."把柴剁成一节一节。"藏语：təm bə"截、块、段、部"。（华侃，275）

duğu"手镯（卡索地区用语）"。藏语：hdə ɣə"镯子"。（华侃，286）duğu"手镯"。

düğ"悲伤、忧愁"。藏语：hdək"忧愁、痛苦、难过"。（华侃，302）

gağla-"阻挡"、gağlan-、galan-"阻塞、阻碍、卡住（反身态意义）"。ularnï gağladuğu."阻挡住他们。" bir gilengeni gačïm gağlan čïx gemur."一急之下，我的话被堵得（说）不出来了。" dalda bozor galanba."树上悬挂着一块布。"藏语：ngak"阻塞、阻碍"。（华侃，118）

gala-"笑、高兴"。藏语：kal mo"笑、嬉笑、大笑"。（华侃，81）hga"欢喜、

喜爱、高兴"。（华侃，106）hgal"笑、发笑"。（华侃，111）rga wa"开心、快活"。（耿显宗，168）

Garang"尕让"，循化的藏族村名，也有个别撒拉族男子以此作为名字的，如石头坡村一位老人年轻时曾在尕让工作，虽然他有自己的撒拉族经名，但人们更多用 Garang 来称呼他。藏语：ka reŋ（尕楞，地名，在循化县西南方向）。

garla-"分开、隔离"。藏语：hgar"分开、隔离、排斥"。（华侃，107）

gaǧ"调子、曲调、音调"，如 yürniği gaǧi "花儿的曲调"。藏语：hkal ŋak"音调"。（华侃，19）

gača"话、语言"。藏语：hka tɕha"话、语言"。（华侃，19）

gamčux"（未浇冬水的）干地"。藏语：ʂkam thek tɕhol "干透"。（耿显宗，27）kam thek"干透"（口语）。（仁增①）

gamna-"吃"。u tağan gamnaba."他在猛吃炒面。"藏语：ngam"干吞、干咽、抛入口（如炒面、糌粑）"。（华侃，118）

gar"（藏族）寺院"。藏语：hgar"寺庙、寺院；营房、营盘"。（华侃，140）

gashba"牦牛和黄牛所生之牛，说话不流利"。藏语 kar ba"牦牛和黄牛所生之牛，愚蠢"。（东主才让②）

geden"（背的）重担"。藏语：hke hten"桶垫子（背水时衬于后腰部垫水桶用）"。（华侃，25）

geser"格斯尔（民间传说中的英雄，与恶魔莽古斯斗争）"。藏语：ke shar"格萨尔（史诗《格萨尔》中的主人公）、英雄（本教用语）"（华侃，85）

giyle-"劈开"、giylen-"裂开"。藏语：ngi"裂开、劈开"。（华侃，119）

gohba"办法、计划、主意"。藏语：ɸkot pa"办法、计谋、计筹、措施"。（耿显宗，15）

gonba"关巴（化隆县甘都镇村名）"。藏语：hgom ba"寺庙、寺院"。（华侃，112）

---

① 仁增，47岁，藏族，青海尖扎人，青海民族大学藏学院教授，2017年11月20日个人访谈。此处藏语材料由仁增教授提供，下同。

② 东主才让，54岁，藏族，青海贵德人，青海民族大学藏学院教授，2018年5月5日个人访谈。

gongkïr"愚笨"。藏语：ngo nkhor"迷惑、上当、被骗、晕头转向"。(华侃，114）

gormo"钱"。藏语：ɣgor mo"钱、银元、钞票、货币、元"。(耿显宗，232）

goye goje"各自"。藏语：khe re khe re"一个一个，一个个"。(耿显宗，85）

gösgür"圆形、圆形的"。藏语：kor ʂkor"圆形的，圆圈的"。(耿显宗，5）

gurï"驼背"。藏语：hgə ro"驼背，弯曲的东西"。(华侃，109）

hali"瘦"、halïn–"变瘦"。藏语：xha łoŋ"变瘦"。(耿显宗，828）

hamba"贪心、欲望"。藏语：ham ba"贪心、贪婪"。(华侃，627）

heli"钱"。藏语：hla"工钱、租金、报酬"。(华侃，101）

isge / ga"份子"。藏语：ʂka / hka"份儿、份子"。(耿显宗，29；华侃，21）

jada–"撕、（弄）断、断绝"。藏语：tɕhot la"弄断、断绝、隔开、断绝"。(耿显宗，312）tɕhotha"弄断"（口语）。(仁增）

jadax"大"。藏语：tɕhe tɕhe ko"大大的"。(华侃，194）tɕhethəx"大"（口语）。(仁增）

jağla–："解大便"。藏语：htɕak kwa"粪、屎、大便"。(华侃，27）

jalax"待宰的牲畜"。藏语：tɕa lak"家具、用具、东西、物件"。(耿显宗，274）

jama"伙夫、炊事员"。藏语：tɕa ma"厨师、伙夫、炊事员"。(华侃，203）

jamba"腮、面颊、坡面、页"。藏语：ndʑam ba"腮、面颊"。(华侃，123）

jamtux"腮骨，下巴骨后部"。men seni jamtuxïngnï yiderer."我要抽你耳光。"（恐吓人的话语）藏语：ndʑam htak"腮骨，下巴骨之后部"。(华侃，123）

jatux"绳子"。藏语：tɕhon thak"帐房拉绳"。(耿显宗，312）tɕhi thak"捆经绳"。(耿显宗，313）

jayï"敌人"。藏语：hdʑaja"敌人、仇敌"。(华侃，112）

jerlen–"撒娇"。藏语：htɕe laŋ"娇惯、溺爱、惯纵"（华侃，172）

joğ"大勺、大瓢"。藏语：htɕok"大勺、大瓢"。(华侃，31）

jomu"蕨麻"。藏语：tɕo ma"蕨麻"。(华侃，100）

jongna–"骄傲"。藏语：ʑaŋ ŋa"傲慢"。(耿显宗，138）

jortu"固执、顽固"。藏语：ʝoŋ thi"硬的、顽固、倔强、生硬、执拗"。（耿显宗，143）

kama"机会、可能、标准、规格"。u sanga viğüsi kama yoxa. "他没有给你的可能。" aniği etgeni kamasï gelba. "他做得符合标准。"藏语：hka wa"机会、机遇"（华侃，21），khama"地位、位置、标准"。（耿显宗，62）

kama"很快、马上"。u kama vağa. "他很快要走。"藏语：kha mkho"急忙、匆忙"。（耿显宗，52）

karji"玩笑、取笑"。如 u meni karji etba. "他在取笑我。"藏语：kə re tɕhe wa"恶作剧"。（耿显宗，3）

katüx"细绳子"。藏语：kha dək, kha thək"带子（捆袋子口、系衬裤等的带子）"。（华侃，43）

kakïr"机会、空隙"。藏语：kha ɸkar"分开、隔开、隔离"。（耿显宗，50）

kačü"口水"。藏语：kha tɕhə"口水、唾液"。（华侃，41）

kačïx"裂缝、口子"。藏语：kha tsɐk"小缺口"。（耿显宗，63）

kaku"胯骨"。藏语：kha khor"裤腰、边沿、边子"。（耿显宗，52）

kalay"燕子"。藏语：kha la jək"燕子"。（耿显宗，68）

kanïx"牲畜吃剩的草茬"。藏语：kha ɬak"余、剩余"。（华侃，52）

kangtu"空"。anga kangtu qalmïš. "他轮空了。"藏语：khoŋ thi"洞、孔、穴、窟窿"。（华侃，58）

Kargang"卡力岗（地名）"。藏语：kha rgaŋ"卡力岗（地名）"。（耿显宗，53）

karta"驮畜"。藏语：kha hta"驮马（驮运东西的马）"。（华侃，56）

kašo"豁、豁口、豁嘴"。藏语：kha xho"兔唇、豁嘴"。（华侃，51）

kiple-"遮盖、遮挡"。藏语：ngep"盖、遮、掩盖"。（华侃，119）

kïx"借口"。藏语：kha ɣjar"借口、口实"。（华侃，67）

Lablang"拉卜楞"（地方）。藏语：ɣlap raŋ"拉卜楞"（地名，在甘南夏河县）。（耿显宗，553）

lağjï"手臂残废的人"。藏语：lak ɕa"独臂、缺一只手者"。（华侃，554）

lalax"树枝"。藏语：ra lak"树枝、树叉"。（华侃，532）

lama"（藏族）喇嘛、活佛"。藏语：la ma"喇嘛、活佛"。（耿显宗，554）

lan"答复、回复"。u manga lan verji."他回复我了。"u manga lan eter."他跟我顶嘴。"藏语：lan"答复、回话"。（华侃，555）

langsa"背斗"。藏语：hloŋze"钵"（口语）。（仁增）

lasgur"手磨、手推磨"。藏语：lɛk kor"手磨、手扒磨、碾子"。（耿显宗，793）

layï"拉伊（藏族情歌）"。sen layï bir yiur."你唱一下拉伊。"藏语：la zi"山歌、情歌"。（华侃，550）ɣlə ʏzi"歌曲"。（耿显宗，158）

lem-lem"摹拟词，闪烁的样子"。藏语：（o）lem lem"（光）闪闪的"。（华侃，503）

lïğ"黑鹰（卡索地区用语）"。藏语：hlak"雕、大鹰"。（华侃，102）

loğ-loğ"摹拟词，人山人海的样子"。藏语：lok lok"全体、全部"。（华侃，567）

loğma"冬天时期犁过的地"。藏语：lok ma"庄稼收割后犁过的田地"。（华侃，613）

lola-"炒（菜）"。藏语：rŋɵ len"炒、烘、煎、烙"。（耿显宗，266）

lolo"宝贝（指小孩）"。藏语：lo lo"小孩（爱称）"。（华侃，565）

lomba"财物"。藏语：nomba"财物"。（华侃，135）

lorčïxqa"突然地、猛然地"。藏语：hlor dʑak ʏa"忽然"。（华侃，105）

lošanbu"（年龄最小的）孩子"。藏语：lo tɕhoŋ kə"年龄小、年纪小"。（耿显宗，817）

lox"沸腾"。藏语：ɬok"沸腾"。（耿显宗，916）

marčïx"下门枢"。藏语：mar tɕhak"下降、降低"。（耿显宗，586）

mayï"助词，表示否定"。藏语：majə"实际上、原来，根本、基本"（口语）。（仁增）

maysï"原来、本来"。藏语：ma hzə"原来、当初，基础、根基"。（华侃，397）

merle-"（水等）溢出"。藏语：mer"（水）充满、溢出"。（华侃，410）

mörğü"容貌"。藏语：mor gol"漂亮、标致（指女子）"。（华侃，411）

mogu"牛（小孩语言）"。藏语：mor gu"小母犏牛（约两岁）"。（华侃，411）

muxu "女婿"。藏语：mak kwa, mok kwa "女婿、丈夫"。（华侃，397）

namtox "绰号"。aniǧi namtox adïnï böri čalaba. "他的绰号叫'狼'。"藏语：ŋaŋ "名字、名称"。ŋaŋ tok "挂名的、有名义的"。（华侃，323）

nad "伤"。bu armutčüxge nad vara. "这梨有伤疤。"藏语：nɐt "病"。（耿显宗，458）

namdun "表情、样子"。藏语：nam hdaŋ "举止、表情、样子"（口语）。（仁增）

nana- "睡觉（儿语）"。藏语：ŋa "睡、卧下"。（华侃，213）

napa "瘦"。藏语：ne pa "面黄肌瘦的、无精打采的"（口语）。（仁增）

narang "那让（人名，来自藏语'长鼻子'）"。藏语：hna raŋ "长鼻子"。（华侃，325）

narza "同龄"。藏语：nardza "同岁"。（耿显宗，66）

nimang "（人）多"。藏语：nə maŋ "大众、人们、众多"。（耿显宗，601）

nordong "沼泽、（小孩）脑门"。藏语：hmer doŋ "小深水潭"。（华侃，415）

palong "巨大、肥大"。藏语：pha loŋ "巨石、磐石"。（华侃，343）

parxïlan- "（睡觉时）翻转（身体）"。藏语：phak ra jel "打滚、挣扎"。（华侃，355）

pong "身体"。藏语：pong'u "身体"。（仁增）

qang "权力"。藏语：ʁaŋ "权、权力；占有"。（耿显宗，557）

qošqan "马屁、奉承"。u manga qošqan qoyar. "他奉承我。"藏语：mgo şkor "欺骗、哄骗、愚弄"。（耿显宗，180）

rama "山羊"。藏语：rama "山羊"。（华侃，524）

račïx "（简易）房子"。藏语：ra hdzak "打围墙、扎篱笆"。（华侃，524）

rang'a "白白地、无益地"。藏语：raŋ ŋa "寻常、随便、白白地"。（华侃，528）

ratang "山羊"。藏语：ra thoŋ "三岁公山羊"。（耿显宗，756）

ri "很、特别"。藏语：rŋi "亲自、真的、实在的、真正的"。（耿显宗，258）

rïtïx "猎物"、rïtïxjï "猎人"。藏语：rə dak "走兽、野兽（食草类的）"。（华侃，534）

ru "狐臭"。藏语：ru "臭"。（华侃，67）

sam "印迹、界线"。藏语：tsham "界、分际、间隙"。（华侃，451）

samagu"外甥女"。藏语:tsha mo"侄子、甥女,孙女、外孙女"。(华侃,438)

sereke"缝隙、裂缝"。藏语:sher kha"裂缝、裂口"。(华侃,602)

Siliang"西宁(市)"。藏语:sə ləŋ"西宁(城)"。(耿显宗,152)

so"外甥"。藏语:tsha wo, tshu"侄子、外甥、孙子、外孙"。(华侃,437)

sova"部族(科哇地区的社会组织名称)"。藏语:tsho wa"部落"。(华侃,447)

šangïr"甘草"。藏语:ɕaŋ ŋar"甘草"。(华侃,576)

šarï"残茶"。藏语:tɕa ro"残茶、熬过的茶叶"。(耿显宗,322)

šarï šiurï"稀里哗啦"。藏语:tɕha le tɕhə le"杂乱无章、哗啦哗啦、唰啦唰啦"。(耿显宗,298)

šuxu"朋友"。藏语:ɕhak hwo"盟友"。(耿显宗,828)

tambu"看不起、瞧不起"。anačüx bu armuta tambu enderba."那姑娘挑这梨的毛病。"藏语:tha ma"最后、末尾、低劣、下等"。(华侃,249)

to"标志、标记、符号、界碑"。dağda to tixmiš."山上立碑了。"藏语:tho"桩、牌子、墩"。(耿显宗,390)

totix"碰巧、恰巧"。qoğa čïx barsa totix anï učiraji."出门后恰巧遇见他了。"藏语:tho thək"符合、吻合、合得来"。(华侃,263)

umusu"牦牛"。藏语:mdzo"公犏牛(公黄牛和母牦牛或公牦牛和母黄牛杂交所产犏牛,多用其耕地或驮东西)"。(耿显宗,665)

vama"锅"。藏语:wa ma"烙锅、锅"。(耿显宗,528)

xarï"小箱子、盒子"。藏语:hgam ri"小箱子"。(华侃,140)

xarï-xurï"粗心、马马虎虎"。藏语:ha rə hə re"草率、马马虎虎、粗心大意"。(华侃,627)

xavar"矮子"。藏语:hlər wa"矮人"。(华侃,104)

xaynax"牦牛"。藏语:ɣnak"牦牛"。(耿显宗,465)

xoğïr"(精致)小瓶子"。藏语:kho gor"鼻烟盒"。(耿显宗,86)

xunbu"洪布(藏族寺院住持人)"。藏语:khan bo"寺院中的住持人"。(华侃,73)

yağï yuğï"说话不注意场合、分寸,不严肃,开玩笑的样子"。u buğün yağï yuğï biji yenšeji."他今天不加注意地说了一些(话)。"藏语:ŋa ɣə ŋo ɣe"杂乱的、

无头绪的（如讲话），乱哄哄的"。（华侃，212）na ʏə nok ʏə"乱七八糟、胡乱"。（华侃，306）

yarčïx"上门枢"。藏语：jar ra cɐk"上坎、上门坎"。（耿显宗，731）

yaxo"山口"。藏语：ŋak ʏa"豁口、山口、垭口"。（华侃，212）

yïnda-munda"一定、无论如何"。藏语：yən da mən da"一定、无论如何"。（华侃，512）

yïnsïn"礼（钱等）"。藏语：rən tɕɛn"代价、价钱、偿还物、代替品"（口语）。（仁增）

yoğ"奴役"。藏语：ʏjok"仆人"。（耿显宗，492）

yoğmo"仆人"。藏语：hjok ma"女仆、女佣人"。（华侃，523）

yolax"左、左撇子"。藏语：hjon lak"左撇子、左手"。（华侃，523）

yurma"羊粪蛋"。藏语：ri ma"羊粪、兔粪"。（华侃，538）

zafa"（草原上）的草皮"。藏语：ʂtsa wa"根（草、木等），根子、根源；关键、重点"。（耿显宗，626）

zam-zam"摹拟词，跃跃欲试的样子、着急的样子"。藏语：tsham tshom"迟疑、犹豫、踌躇"。（耿显宗，643）

zamïš"（村里等）头人"。藏语：sam ɕhe"懂事的、有见识、通达事理的，长老（村庄、部落里的长老，常请来调解纠纷）"。（华侃，623）

zampüx"赞卜乎（村名）"。藏语：sam pa"桥"。sam pa kha"桥边、桥头"。（耿显宗，700）

zanbu"强硬、恃强"。藏语：tsan bo"强的、凶的、严格的"。（华侃，426）

zapa"热"。藏语：tsal pa"热、炎热"。（华侃，422）

zaru"青年"。藏语：has rə"青年、年轻人"。（华侃，616）

zasang"家、家庭、家族"。藏语：hza tshaŋ"家口、家人、家属"。（华侃，497）

zïngjalu"陀螺"。藏语：ʂtse ʂtɕɛl"玩具"。（耿显宗，630）

zonba"松树、松木"。藏语：好 hsom ba"松树、白松"。（华侃，621）

zong（xay）"（婚礼上新娘家给新郎家成员准备的作为）嫁妆（的鞋子）"。藏语：rdʑoŋ wa"嫁妆、陪奁"。（耿显宗，673）

二、语法成分的借用

以上所举撒拉语中的藏语借词大都是名词，还有部分是动词和形容词等，这些词都是开放性词类，它们容易从一种语言被引入到另一种语言。和开放性词类相对的是封闭性词类，如代词、前置词或后置词、连词、助动词、冠词等，这些词相对于开放性词类较难从一种语言进入另一种语言。撒拉语从藏语中借用代词 čo（你\复数标记），并在此基础上发展出新的语法功能，使撒拉语与其他突厥亲属语言相比具有了新的特点，这也是使它成为一种"奇怪语言"[①]的重要原因之一，是作为突厥语的撒拉语与藏语深度接触的重要证据。

关于人称代词，撒拉语和其他亲属语言有很大的共同性，如：[②]

语言	第一人称		第二人称		第三人称	
	单数	复数	单数	复数	单数	复数
撒拉语	men	pise(r)	sen	seler	u	ular
土耳其语	ben	biz	sen	siz	o	onlar
阿塞拜疆语	men	biz	sen	siz	o	onlar
土库曼语	men	biδ	θen	θiδ	ol	olar
塔塔尔语	min	bez	sin	sez	ul	alar
哈萨克语	men	biz	sen	sender	ol	olar
吉尔吉斯语	men	biz	sen	siz/siler/sizder	al	alar
乌兹别克语	men	biz/bizlär	sen	sizlär/senlär	u	ulär
维吾尔语	män	biz	sän/siz	sänlär/silär	u	ular
西部裕固语	men	məs	sen	seler	gol/ol/a	golar/olar/alar

除以上代词外，撒拉语中存在着一种不见于其他突厥语的特殊成分 čo 及其变化形式，如 čo（大家、我们）、čosïm (lar)（我们）、čosïng (lar)（你们）、čosï (lar)（他们）等：

[①] Marcel Erdal，2011 年 4 月，个人交谈。
[②] 撒拉语以外的其他突厥语材料来自李增祥：《突厥语言学基础》，中央民族大学出版社，2011。

čo   var–a.

大家   去 – 祈使

我们走。（包括说话人和听话人）

čo-sï-m(-lar)   var-jï.

大家 –3 属人称 –1 属人称（–复数）   去 – 过去时

我们去了。（不包括听话人）

čo-sï-ng(-lar)   var.

大家 –3 属人称 –2 属人称（–复数）   去

你们去。（指听话人一方）

čo-sï(-lar)   va(r)-mïš.

大家 –3 属人称（–复数）   去 – 过去时

他们去了。（指说话人和听话人以外的第三方）

在和撒拉语有亲属关系的语言中我们见不到 čo 这种特殊的成分，但在藏语中存在作为复数标记的 tɕho，如：[1]

方言点	藏语人称代词						
	第一人称			第二人称		第三人称	
	单数	复数		单数	复数	单数	复数
		包括式	排除式				
夏河	ŋa	ə tɕho	ŋə tɕho	tɕho	tɕhe tɕho	khər ga	khə tɕho
同仁	ŋa	ə tɕho	ŋə tɕho	cɕho	cɕhe tɕho	khə ge	khə tɕho
循化	ŋa	o tɕho	ŋə tɕho	tɕho	tɕhi tɕho	khə ka	khə tɕho

由上可见，藏语中各人称复数部分都有复数标记 tɕho。此外，藏语名词后有可

---

[1] 华侃：《藏语安多方言词汇》，甘肃民族出版社，2002，第 11 页。

时出现 tɕho（有些方言中有 tsho 的变体），表示复数意义，如：老师们（hge hgan tɕho）、学生们（łop ma tɕho）、哥哥们（a wo tɕho）、姐姐们（a tɕe tɕho）、车子（复数）（çəŋ hta tɕho）等。

考虑到撒拉语和藏语之间长期而强烈的接触事实，我们认为撒拉语的 čo[ʧho]可能来自藏语 tɕho（在撒拉语中我们转写为 čo）。čo 在撒拉语中可单独运用，表示包括式意义的"我们"。它还以名词形式出现，然后再附加撒拉语名词的词缀形式（-sï 为名词第三人称领属标记，-lar 为名词复数标记），就形成了这种特殊的代词形式。čo 及其变化形式也有各种格的变化，它们都表示复数意义，如：

	我们（包括式）	我们（排除式）	你们	他们
主格	čo	čosïm	čosïng	čosï
宾格	čonï	čosïmnï	čosïngnï	čosïnï
领格	čoniği	čosïmniği	čosïngniği	čosïniği
与/向格	čoğa	čosïma	čosïnga	čosïna
位格	čoda	čosïmda	čosïngda	čosïnda
从格	čodan	čosïmdan	čosïngdan	čosïndan
工具格	čola(nï)	čosïmla(nï)	čosïngla(nï)	čosïla(nï)
等同格	čojo	čosïmjo	čosïngjo	čosïjo

复数词缀 -lar 附加于 čo 及其变化形式之后意义基本相同，也有各种格的变化，如：

	我们（包括式）	我们（排除式）	你们	他们
主格	čolar	čosïmlar	čosïnglar	čosïlar
宾格	čolarnï	čosïmlarnï	čosïnglarnï	čosïlarnï
领格	čolarniği	čosïmlarniği	čosïnglarniği	čosïlarniği
与/向格	čolara	čosïmlara	čosïnglara	čosïlara
位格	čolarda	čosïmlarda	čosïnglarda	čosïlarda
从格	čolardan	čosïmlardan	čosïnglardan	čosïlardan
工具格	čolarla	čosïmlarla	čosïnglarla	čosïlarla
等同格	čolarjo	čosïmlarjo	čosïnglarjo	čosïlarjo

čo 在附加了名词词缀形式 -sï（第三人称领属标记）或 -lar（名词复数标记）以后，还可与撒拉语的代词成分共现，如：

me(n)　　čo-sï-m(-lar)　　　　　　var-jï.
我　　　大家 –3 属人称 –1 属人称（–复数）　去 – 过去时
我们去了。

se(n)　　čo-sï-ng(-lar)　　　　　　var.
你　　　大家 –3 属人称 –2 属人称（–复数）　去
你们去。

u　　　　čo-sï(-lar)　　　　　　　va(r)-mïš.
他　　　大家 –3 属人称（–复数）　　　去 – 过去时
他们去了。

除人称代词外，čo 还可与疑问代词组合，如：

kem(ler)	kem čo	kem čo-sï-m(-lar)	kem čo-sï-ng(-lar)	kem čo-sï(-lar)
谁	谁	谁	谁	谁
qaysï(lar)	qaysï čo	qaysï čo-sï-m(-lar)	qaysï čo-sï-ng(-lar)	qaysï čo-sï(-lar)
哪（些）	哪些	哪些	哪些	哪些

以上 kem čo 和 qaysï čo 都表示包括说话人和听话人在内的一些人，kem čo-sï-m(-lar) 和 qaysï čo-sï-m(-lar) 都表示包括说话人在内的一些人，kem čo-sï-ng(-lar) 和 qaysï čo-sï-ng(-lar) 都表示包括听话人在内的一些人，kem čo-sï(-lar) 和 qaysï čo-sï(-lar) 都表示包括已知第三方在内的一些人。

指示代词 bu(lar)"这（些）" 和 u(lar)"那（些）" 也可以和 čo 组合，如 bu čo-sï-(lar)"这些"、u čo-sï-lar"那些"。čo 还可以和撒拉语反身代词 i（自己）、im（我自己）、ing（你自己）、izi（他自己）组合成各种复合式的反身代词，并有人称、数和格的变化，如：

	我们（包括式）	我们（排除式）	你们	他们
主格	ičo(lar)	imčosïm(lar)	ingčosïng(lar)	izičosï(lar)
宾格	ičo(lar)nï	imčosïm(lar)nï	ingčosïng(lar)nï	izičosï(lar)nï
领格	ičo(lar)niği	imčosïm(lar)niği	ingčosïng(lar)niği	izičosï(lar)niği
与/向格	ičo(lar)a	imčosïm(lar)a	ingčosïng(lar)a	izičosï(lar)a
位格	ičo(lar)da	imčosïm(lar)da	ingčosïng(lar)da	izičosï(lar)da
从格	ičo(lar)dan	imčosïm(lar)dan	ingčosïng(lar)dan	izičosï(lar)dan
工具格	ičo(lar)la(nï)	imčosïm(lar)la(nï)	ingčosïng(lar)la(nï)	izičosï(lar)la(nï)
等同格	ičo(lar)jo	imčosïm(lar)jo	ingčosïng(lar)jo	izičosï(lar)jo

i 和 čo 组合的单数复合式反身代词本身表达的是复数意义，因此和其复数形式的意义基本相同，在许多情况下可以互换。但在细微之处可能有些差别，其复数形式并不表达复合代词所指对象的多个数量，而是表达以复合代词所指对象数量为代表的包括其他对象的多个数量，正如 Ali-ler 不是指多个阿里，而是指以阿里为代表的许多人。

撒拉语反身代词 i（自己）在实际运用中既可以指说话人自己，也可以指包括说话人在内的人，如：

mu-nï　　　　i　　　　yiy-a.
这 – 宾格　　自己　　 吃 – 祈使
这个自己吃。

以上句子中，"自己"即可以是说话人自己，即"这个我自己吃"，也可以指"我们"，即"这个我们自己吃"。但 i 和 čo 结合后，只指"我们"，不再单指"说话人自己"。

撒拉语中由基数词加 -čo 可构成复数代词，并结合撒拉语名词领属人称词缀在某种程度上形成了包括式和排除式的对立现象，如：

基数词	包括式		排除式	
išgi（二）	išgi–čo	我俩	išgi–si–m	我们俩
			išgi–si–ng	你们俩
			išgi–si	他们俩
üš（三）	üš–čo	我们仨	üš–ti–si–m	我们仨
			üš–ti–si–ng	你们仨
			üš–ti–si	他们仨

撒拉族自迁到青藏高原后，由于和藏族长期而频繁的交往，使得藏语对撒拉语产生了深刻的影响。不仅许多藏语词语进入了撒拉语，而且某些形态成分也被借入撒拉语中。藏语中作为复数标记的 tɕho 进入撒拉语，这是撒拉语与藏语发生深度接触的具体反映。tɕho 在藏语中一般出现在表示人的词后，相当于汉语中的"们"，但也可出现在一般名词后，进入撒拉语后却只出现在代词或数词后面表示复数意义。由 tɕho 演变的 čo 在撒拉语中并不只是形态成分，它还可以作为词根而运用，并有自己的形态变化。tɕho 的进入使得撒拉语封闭性的代词系统发生了变化，从而产生了和其他突厥语亲属语言不同的形态特点。形态特点相对丰富的撒拉语从形态特点不太丰富的藏语借用其复数标记，使两种不同类型的形态成分的结合达到了水乳交融的程度，也更加丰富了原本较为丰富的撒拉语形态手段。Lars Johanson 指出，在适当的社会环境下，经过强烈而持续的接触，一种语言的任何特点最终可被借入另一种语言中。[①] 撒拉语的 čo 显示的正是突厥语与藏语发生深度接触后的语言借用现象。

第三节 从语言接触看撒拉族与藏族的互动层次

撒拉语当中存在的大量藏语成分说明了历史上撒拉族与藏族之间的密切关系。在过去，由于语言研究并不深入，人们对撒拉族与藏族之间的关系主要是从民间传

---

① Johanson, Lars. 2010. Turkic Language Contacts. In Raymond Hichey eds. *The Handbook of Language Contact*. John Wiley & Sons: 654.

说、社会交往、经济交流、风俗习惯等来方面认识的，但基于这些视角的对于两个民族的关系解读并不能完全清楚地反映历史的真实情况。通过对撒拉语中的藏语成分的分析有助于我们加深对两个民族关系的认识，可以了解到在近 800 年的族群接触过程中，藏族和撒拉族之间的交往主要发生在哪些层面上，撒拉族吸收了哪些藏族文化等。

一、婚姻关系

撒拉族的先民初至循化地区，据民间传说首先和藏族发生了族际通婚关系。这在语言学方面得到了佐证。撒拉语中的 arang（舅舅）一词来自藏语 a zaŋ（舅父、岳父、亲家公），so（外甥）来自藏语 tsha wo, tshu（侄子、外甥、孙子、外孙），samagu（外甥女）中的词根 sama- 来自藏语 tsha mo（侄女、甥女、孙女、外孙女）。由于当时撒拉族人口较少，在寻求族际通婚时，当地藏族自然是最主要的考虑对象。随着撒拉族男子与藏族姑娘之间缔结婚姻关系、生儿育女后，新一代的撒拉族小孩自然称藏族母亲的兄弟为"舅舅"，而藏族青年称撒拉族小孩为"外甥（女）"。在土库曼语、土耳其语和阿塞拜疆语等中表示"舅舅"的词语 deyi[①] 在个别地方的现代撒拉语中只表示"伯父"，目前并没有"舅舅"的含义。可能是由于撒拉族青年做了藏族的女婿，藏语中的 muxu（女婿）也进入了撒拉语中。有意思的是该词在藏语中还有"丈夫"之义，但撒拉语中"丈夫"一词并未借用藏语 muxu，而是使用了 xarsï。该词在撒拉语的其他亲属语言中很难见到，我们推测其可能是 xarï 附加了第三人称领属词缀 –sï 构成的。在较早的撒拉语中，xarï 一般指村里有威望的男性头人。

撒拉族婚礼中出现的 bağrïxjagu（伴娘）一词的词根 bağrïx- 来自藏语 wak rok（伴娘）。撒拉族在婚礼中给人搭的 yïnsïn（礼钱）可能来自藏语 rən tɕən（代价、价钱、偿还物、代替品），该词除了特指婚礼上搭的"礼（钱）"外，还引申出"（婚礼）宴"，如：

---

① Öztopču, Kurtuluş etc.1996. *Dictionary of the Turkic Languages*. London and New York: Routledge:159.

men　　　yïnsïn　　vur-ma　　　var-jï.
我　　　 礼　　　 打 – 副动词　去 – 过去时
我去打礼了。

u　　　　yïnsïn　　yïğ-ba.
他　　　 礼　　　 收 – 副动词
他在收礼（引申为"他在举行婚宴"）。

yïnsïn（礼）一词，除了在婚礼语境中使用以外，并不会指其他礼钱，也不会指其他宴席。同样，在撒拉族"婚礼祝词"中有一段话语：

širağï döt ayaxï čutïmağï ete,
unniği yilexini alï,
jalïxniği simusini alï,
yağniği durïsïnï alï,
beliği etse,
qulïx shï mi(niği)öyčiniği(er)er i,
lonba shï se(n)öyčiniği(er)er i.

四条桌子腿并不能承载它，
您用了细面，
您用了肥壮的牲畜，
您用了清澈的油，
如此地热情，
面子是我们女方家的，
财物是你们男方家的。[1]

---

[1] Ma, Wei, & Ma, Jianzhong and Stuart, Kevin. 1999. The Xunhua Salar Wedding. *Asian Folklore Studies*, Volume 58: 31–76. 为统一起见，此次引用时对撒拉语拼写符号作了点改动。

以上这段祝词中的 lonba（财物）一词就来自藏语 nomba（财物）。该词在撒拉族日常生活中并不使用，但在笔者搜集到的婚礼祝词中却在使用，说明撒拉族的婚礼祝词形式也有可能受到了藏族婚礼祝词的影响。

在撒拉族婚礼举行的夜晚，展示嫁妆是很重要的一个环节：

> 饭后，将一张桌子摆在庭院的中间以便所有人都能看到。新娘的嫁妆将在这里展示。嫁妆包括两个精致的图绘门箱、两个板箱、棉被、褥子、色毡、绣花枕头，还有从杯子到镜子一类其他的家庭生活必需品。如果新娘家富裕的话，还得有洗衣机。一些新娘的嫁妆里还有化妆品。"协商彩礼"中提到的鞋子也要展示。为新郎父母、所有阿格乃成员都准备有一双鞋、一双袜子。新郎、新郎父母和媒人还额外得到一对枕套。鞋子锁在两个箱子里。新娘的弟弟拿着钥匙，新郎家给他令人满意的开箱钱后他才会打开箱子。那些帮忙搬嫁妆的年轻人，新郎家也要给他们辛苦钱。所有的鞋子和其他嫁妆清单也要展示。鞋子是给新郎家在场的人的。①

以上情景在 20 世纪 90 年代的循化撒拉族地区是常见现象。其中，给新郎家成员赠送的鞋子在撒拉语中被称为 zong xay。其中的 zong 来自藏语 rdzoŋ wa（嫁妆、陪奁）。

以上无论是表示亲属称谓的词语，还是在婚礼中特有的词语都跟藏语有关，这说明历史上撒拉族和藏族人民在婚礼场合应该有着你来我往的亲密关系，甚至可能有着民间传说中所提到的族际通婚。

二、社会生活

由于长期的往来关系，一些藏族社会组织文化及社会生活方式也进入撒拉族文化当中，撒拉语中存在的许多相关藏语借词便是最好的证明。

---

① Ma, Wei, & Ma, Jianzhong and Stuart, Kevin. 1999. The Xunhua Salar Wedding. *Asian Folklore Studies*, Volume 58: 31–76.

第五章　撒拉语与藏语的接触

在循化撒拉族自治县白庄镇的科哇村存在一种特殊的社会组织，称为 sova（部族）。2010 年 8 月，笔者在白庄地区的苏合四儿村调查，发现当地的社会组织很有意思。他们虽也有撒拉族地区普遍存在的 kumsan（孔木散）社会组织，但不受重视，一般更重视"党家"（近亲社会组织）。比孔木散甚至比村落更大的社会组织是 sova。根据当地的传统习俗，苏合四儿村和崖曼村组成了一个 sova，而且规定苏合四儿占这一 sova 的四分之三，崖曼占四分之一。在更大范围上，由苏合四儿村和崖曼村为一个 sova，衙门、条井、库让等村组成一个 sova，米亥村和朱格村组成一个 sova。可见 sova 是个比村落还大的社会组织。在决定科哇清真寺的阿訇人选时，由苏合四儿村和崖曼村轮流派人主持宗教事务。当苏合四儿村决定的阿訇任职三届后，才由崖曼村任职一届。在过去，上级政府的赋税、兵役任务等下达时，往往以 sova 为单位进行摊派。这种社会组织在其他撒拉族地区是不存在的。究其词源，该词来自藏语 tsho wa（部落）。

为什么在科哇村存在其他撒拉族地区不存在的社会组织名称呢？应该说这与科哇村与邻近藏族村落——夕昌村共建的"利益共同体"相关。相传，夕昌藏族在历史上与岗察藏族发生过草场纠纷。在长期的争斗中，夕昌藏族伤亡较重，处于弱势地位。为了在战争中处于不败地位，以保持自己的草场资源，夕昌藏族需要寻求军事联盟来应对来自岗察方面的压力。在经过深思熟虑的战略抉择后，夕昌藏族选择了居住在自己村子下方的科哇撒拉人。双方各以自己的宗教经典为证结成了盟友，进行了肩并肩的斗争。虽然，夕昌藏族并未能如愿赢得与岗察人的冲突，但却与科哇撒拉人结成了"同父的儿子，同牛的皮子"式的"利益共同体"，双方共用山上的草场资源，并在面临土地争端、草场纠纷时，双方都相互协作支持，形成了长期而稳定的"统一战线"。① 在这种同甘共苦的生活中，双方学习吸收对方文化也就并不奇怪了。

比 sova 使用更广的另一社会组织名称是 čïmsang（家庭），该词来自藏语 tɕhəm tshaŋ（家庭、住户、宅子）。该词在撒拉语中的主要意义是"家庭、户数"，如 yol qïrğïnda altï čïmsang var."路边有六户人家"；ular čïmsang yaxšï dïr."他们家庭条件

---

① 旦正才正：《藏撒族际交往之变迁研究》，硕士学位论文，北京大学，2015。

好"。可以想象，撒拉族和藏族相互来往，对双方的社会组织比较熟悉，尤其是撒拉族可能对藏族的情况更为了解，所以，关于藏族社会组织的名称 čïmsang 便自然而然地进入撒拉语当中来了。

另一社会组织名称 zasang 来自藏语 hza tshaŋ（家口、家人、家属）。该词虽然具有"家、家庭、家族"等意义，但和 čïmsang 的用法不同，不能出现在其位置上，其意义偏重于"家庭事务"等，如 u miniǧi zasangïmnï lollajï."他搅乱了我的家庭。"

在撒拉族社会组织中扮演最重要角色的当属 aǧini（阿格乃），该词应该由 aǧa（哥哥）和 ini（组合）而成。aǧa 一词在撒拉语已不再单独使用，表示"哥哥"的词语已由汉语借词 gaga 所代替，但在土库曼语等许多突厥语中此词仍指"哥哥"。ini 一词在目前的撒拉语中还普遍使用。"阿格乃"是以父系血缘为纽带的近亲组织。它由兄弟分居后的小家庭组成，不包括嫁出去的姐妹家庭，但姐妹招女婿不外嫁，其家庭也在"阿格乃"的范围之内。一个"阿格乃"包括 2~10 户人家，他们的血缘关系，或为同一父亲，或为同祖父，或为同高祖，而有的只知祖先，说不清辈数。当"阿格乃"户数扩大，难以维系共同的正常生活时，便会分化为几个 kumsan（孔木散）。该词大概的意义指"一姓人"或"一个根子"，是由"阿格乃"血缘关系中分化出来的，以父系血缘为纽带的远亲组织。一个"孔木散"包括三五个"阿格乃"，有时包括不属"阿格乃"的单门独户（或为支系中绝户及外来户）。几个"孔木散"又可以组成一个村子。在过去，一个村庄一般由一个"孔木散"组成。

"孔木散"成员在内部的生产活动中有互相帮助的义务。春天的播种和夏天的收割工作，都是很繁忙而紧张的时刻，单门独户的人家无法完成整个劳作，这时撒拉族的"孔木散"就团结互助，共渡难关。以前连翻地、打碾都是以工换工，互相帮助，有一种自发的合作社性质。在 20 世纪 70 年代把生产大队分成小队时，许多撒拉族村子也大多以"孔木散"为基本单位来划分。若某家盖房、围建庄廓时，全"孔木散"也得协助人力。像兴修水利、开垦土地等公益事业需要合作，已经由"孔木散"内部扩展到"孔木散"与"孔木散"之间。遇有婚姻喜事，同"孔木散"各户要把女方的"阿格乃"和"孔木散"各户客人请到自己家招待。婚礼期间的劈柴、挑水、做饭等事务，更需要他们的全力帮助。遇有丧事，主人家陷入悲痛之中，料理丧事自然落到了"孔木散"等人家身上。他们要以主人身份筹措埋葬钱物，要招待来"宽心"的客人,要挖好坟墓,通知亡人的所有亲戚前来送葬,还要煮麦仁饭召集全村人来吃。亡人之家一两日内不烧火做饭,他们就轮流做饭送去。

"孔木散"有公有土地,这些土地是"孔木散"中绝户的遗产。该"孔木散"对这些遗产只有使用权,没有出卖权。"孔木散"内的小家庭都是独立的经济单位,各家在典当、出卖土地时,本"阿格乃"和"孔木散"有优先购买权,在他们中有几人都想购买时,则采用先亲后疏的原则,而且价格要低于出卖给其他人的价格。若卖给其他人,本"阿格乃"和"孔木散"在契约上有画押权,有优先赎回的权力,买方不得违抗。

同"孔木散"家庭内在过去禁止相互通婚,后来,随着血缘关系的淡化,内部可以通婚了,但现实生活中同"孔木散"之内通婚的比例还是很低。

长期以来,学术界对"孔木散"的词源,未能给予正解的阐释。在土库曼语、土耳其语、阿塞拜疆语以及维吾尔语、哈萨克语等属语言中,我们未发现有类似的表示社会组织名称的词语。这一词语应该来源于藏语 čïmsang 的变体 kimsang。捷尼舍夫也明确记载,撒拉语的 čïmsang 就来自安多藏语方言的 kʻi ym-tsʻān"家庭"。① 那怎么解释撒拉语中同时存在有 čïmsang 和 kimsang 呢?我们认为,表示"家庭"意义的藏语词是在不同的历史时期进入撒拉语的,前者代表的是晚期的读音,而后者代表的是早期的读音。

据 20 世纪五六十年代曾在撒拉族地区进行过田野调查的芈一之先生记载,当时撒拉族"孔木散"中都有头目,称"哈尔",意为"长老、长者"。② 从语言学角度分析,该词应该就是 xarï(老、老的)。在目前的撒拉语中该词只做定语使用,不能作为名词使用。修渠挖泥、开垦荒地、管理宗教事务方面,均由村里的"哈尔"出面负责。各户间如有纠纷,先由"哈尔"调解,若"哈尔"解决不了,直接交土司解决,土司废除之后交"工"里的乡约处理。乡约解决不了再呈上由循化厅解决。"哈尔"既是行政上的基层统治者,又是宗教事务的基层管理者。"哈尔"最初是选举产生的,以年长而生产经验和生活阅历丰富为推选标准。后随土司制的世袭,

---

① 捷尼舍夫:《撒拉语结构》,白萍译,民族出版社,2014,第 278 页。
② 芈一之:《撒拉族史》,四川民族出版社,2004,第 391 页。

"哈尔"也实行世袭。土司制废除以后，"哈尔"由世袭变为轮流担任。目前，土司制时代意义上的"哈尔"一职早已消失。笔者在过去二十多年的田野调查中从未听老人说起过作为头人的"哈尔"一词，倒是时常听到表示同样意义的 zamïš 一词，如 u ağïldiği zamïš dïr. "他是村里的长老。"zamïš 一词的意义主要指"头人、长老"，该词来自藏语 sam ɕhe（村庄、部落里的懂事的、有见识、通达事理的长老，常被请来调解纠纷）。

撒拉语中表示"头领"意义的 dambasï 一词的词根 damba- 也来自藏语 hdam ba（主要的），如 u pisiniği dambasï dïr. "他是我们的头领。"dambasï 可能是由来自藏语中的 damba- 和撒拉语名词第三人称领属词缀 -sï 组合而成的。

以下撒拉语中的藏语借词给我们展示了两个民族互相交往的生动情景：

  撒拉族和邻近藏族的关系由 čamat "陌生"（来自藏语 tɕha met "陌生、生疏、不熟悉"），变成了 čayït "熟悉"（来自藏语 tɕha yot "熟悉、了解、认识"），由双方之间的 čam "客气"（来自藏语 tɕham "客气、谦让"），变成了 šuxu "朋友"（来自藏语 ɕhak hwo "盟友、亲朋好友"）。双方谈论他们的岁数，说他们 narza "同龄"（来自藏语 nardza "同岁"），双方的 zaru "青年"（来自藏语 has rə "青年、年轻人"）之间也慢慢相互了解了，也开始使用对方的 namtox "绰号"（来自藏语 ŋaŋ "名字、名称"，ŋaŋ tok "挂名的、有名义的"），甚至给某人取名 narang "那让"（人名，来自藏语 hna raŋ "长鼻子"），有时说话也 yağï yuğï "说话不注意场合、分寸，不严肃，开玩笑的样子"（来自藏语 ɲaəŋ e "杂乱的，讲话无头绪的，乱哄哄的"）。相互说对方或已方 nimang "（人）多"（来自藏语 nə maŋ "大众、人们、众多"），谈论 jama "伙夫、炊事员"（来自藏语 tɕa ma "厨师、伙夫、炊事员"）的事情，yoğ "奴役"（来自藏语 yjok "仆人"），yoğmo "仆人"（来自藏语 hjok ma "女仆、女佣人"）。也说起他们的 jayï "敌人"（来自藏语 hdʑaja "敌人、仇敌"），说某人 zanbu "强硬、恃强"（来自藏语 tsan bo "强的、凶的、严格的"）等。

  撒拉族人常去藏族地方 Garang "尕让"（循化的藏族村名，来自藏语 ka reŋ），Kargang "卡力岗（地名）"（来自藏语 kha rgaŋ "卡力岗"），Lablang "拉卜楞"（来自藏语 ɤlap raŋ"拉卜楞"，在今甘南夏河县），Gonba"关巴（化隆县甘都镇村名）"（来自藏语 hgom ba"寺庙、寺院"），zampüx"赞卜乎（村名）"（来自藏语 sam pa"桥"，sam pa kha"桥边、桥头"）等。可能通过藏族，撒拉族知道了西宁市的名称 Siliang（来自藏语 sə ləŋ）。

撒拉族和藏族相遇最主要的问题自然是 gača"话、语言"问题（来自藏语 hka tɕha"话、语言"），对于说话的样子他们用 ana-mana"特别好，符合标准"（来自藏语 a na ma na"一模一样"），alï-balï"凑合、差不多"（来自藏语 a la pa la"草率、将就、凑凑合合、马马虎虎"），bağ-bağ"说话没完没了、不依不饶地"（来自藏语 nba ɤə nbə ɤə"叽哩咕噜、嘀嘀咕咕"）等词来描写，说话不连贯时说 dede"结巴、口吃"（来自藏语 htɕe tək"结巴、口吃"，ta ɤə tə ɤe"结结巴巴"），把使用混合语的人称为 gashba（来自藏语 kar ba"牦牛和黄牛所生之牛，愚蠢"），在商谈事情时等待着对的 lan"答复、回复"（来自藏语 lan"答复、回话"）。

他们还谈论 qang"权力"（来自藏语 ɤaŋ"权、权力；占有"），qoşqan"马屁、奉承"（来自藏语 mgo ʂkor"欺骗、哄骗、愚弄"），düğ"悲伤、忧愁"（来自藏语 hdək"忧愁、痛苦、难过"），hamba"贪心、欲望"（来自藏语 ham ba"贪心、贪婪"），他们 gala-"笑、高兴"（来自藏语 hgal"笑、发笑"，rga wa"开心、快活"），他们开 karji"玩笑、取笑"（来自藏语 kə re tɕhe wa"恶作剧"）；他们一起想 gohba"办法、计划、主意"（来自藏语 ɸkot pa"办法、计谋、计筹、措施"），讨论事物的 dağ"标记、标志"（来自藏语 htak"记号、标志、特征、预兆"），人们的 isge / ga"份子"（来自藏语 ʂka / hka"份儿、份子"）。

三、经济生活

撒拉族先民曾在历史上从事游牧经济生活，但由于缺乏文献实物证据，撒拉族先民在迁徙至今天的青海循化地区时，其经济生活方式以畜牧为主还是以农业为主是个悬而未决的问题。撒拉语中关于经济生活方式的一些词语，为我们回答这一问题提供了有力的材料。

撒拉族和藏族之间经济上的互通有无很早就已经发生了。撒拉语中表示"钱"的词语 heli（来自藏语 hla "工钱、租金、报酬"）表明双方之间发生了经贸往来，并以实物或货币结算，久而久之，来自藏语中的 heli 一词以"钱币"之义在撒拉语中落地生根了。

撒拉语中存在的一些来自藏语的畜牧词语说明了藏族游牧文化对撒拉族的影响，如 jalax "待宰的牲畜"（来自藏语 tɕa lak "家具、用具、东西、物件"），karta "驮畜"（来自藏语 kha hta "驮马"），mogu "牛（小孩语言）"（来自藏语 mor gu "小母犏牛"），ratang "山羊"（来自藏语 ra thoŋ "三岁公山羊"），umusu "牦牛"（来自藏语 mdzo "公犏牛"），rama "山羊"（来自藏语 rama "山羊"），xaynax "牦牛"（来自藏语 ɤnak "牦牛"），kanïx "牲畜吃剩的草荏"（来自藏语 kha łak "余、剩余"）等。

每年夏天打碾时，农民用大背斗将麦粒皮背回家。这种农业用具被称为 langsa "背斗"，该词无疑来自藏语的 hloŋze "钵"（口语），但二者在语义上的联系不是十分清楚，仍需进一步探讨。在农业生活中，撒拉族还从藏族借用了 lasgur "手磨、手推磨"（来自藏语 lɛk kor "手磨、手扒磨、碾子"），与撒拉族固有词 dermen "磨"同时使用。冬天时期，撒拉族将翻犁曝晒的土地称为 loğma（来自藏语 lok ma "庄稼收割后犁过的田地"），将未浇冬水的土地称为 gamčux（来自藏语 kam thɛk "干透"）。这说明在农业生活方面，藏族对撒拉族产生了一定的影响。

撒拉族和藏族生活的循化地区山高林密，野生动物众多，在传统生计方式中打猎也占有一定的比重。孟达地区的撒拉族打猎时，三四个人便可形成一个小组，这种小组被称为 baka "组、小组"（来自藏语 wa kha "组、同伙"）。属于同一 baka 的人打猎时，所获猎物要平分。而 rïtïx "猎物"、rïtïxjï "猎人"来自藏语 rə dak "走兽、野兽"。可见，撒拉族和藏族曾有过共同打猎的经历。

河道运输曾是撒拉族重要的生计方式之一。由于生活在黄河岸边，撒拉族男子大多娴熟水性，胆识超人。在清末民初，当内地商人到青海地区贩运羊毛和木材时，撒拉族的 čovajï（水手）便有了用武之地。在春暖花开时节，他们把羊毛、羊皮等放到用木材扎成的木排上，在黄河水流中运至兰州、包头等地。返回时，他们又由陆路捎回内地产日用品。河道运输凶险万分，稍有不慎便有生命危险，因此，

能成为 čovajï 的人自然要熟悉水道，还要有超人的胆识和强健的体魄，要善于随机应变，化解各种突如其来的险情。①čovajï 是撒拉族社会受人尊敬的职业之一。该词是藏语词根 čova-（来自藏语 tɕhə wa "水手"）和撒拉语词缀 -jï 组合而成。据记载，当时在黄河水面上充当水手的大多是甘青一带的穆斯林，并不是藏族。②那为什么撒拉语的"水手"一词借用了藏语成分呢？合理的解释是撒拉族从藏族聚居区运送木材、畜产品时，与藏族论及河道运输事情，久而久之，藏语中的"水手"一词便悄然进入撒拉语中了。

虽然藏族在畜牧业、农业甚至狩猎业、商业、运输业等方面对撒拉族产生了一定影响，但根据撒拉语词语的系统分析，我们认为撒拉族祖先早在蒙古高原时就已从事游牧生活。撒拉语中基本的畜牧词语就来自当时。撒拉语中的农业词语在中亚时期已基本定型，也就是说撒拉族先民东迁之时就已经从事稳定的农业生活。根据撒拉语中的藏语借词，我们可以得知在和藏族接触之后，撒拉族的畜牧业和农业等都得到了不同程度的发展。

四、日常生活

撒拉语中有许多来自藏语的日常生活方面的词语，如 račïx "（简易）房子"（来自藏语 ra hdzak "打围墙、扎篱笆"），yarčïx "上门枢"（来自藏语 jar ra cek "上坎、上门坎"），marčïx "下门枢"（来自藏语 mar tɕhak "下降、降低"），zonba "松树、松木"（来自藏语 hsom ba "松树、白松"），zafa "（草原上）的草皮"（来自藏语 ʂtsa wa "根、根子、根源；关键、重点"），yurma "羊粪蛋"（来自藏语 ri ma "羊粪、兔粪"），jatux "绳子"（来自藏语 tɕhon thak "帐房拉绳"，tɕhi thak "捆经绳"），katüx "细绳子"（来自藏语 kha dək, kha thək "带子"），joɣ "大勺、大瓢"（来自藏语 htɕok "大勺、大瓢"），vama "锅"（来自藏语 wa ma "烙锅、锅"），xarï "小箱子、盒子"（来自藏语 hgam ri "小箱子"），xoɣïr "（精致）小瓶子"（来自藏语 kho gor "鼻烟盒"），čuxu "碗

---

① 马伟：《撒拉族风情》，青海人民出版社，2004，第 84~88 页。
② 詹姆斯·艾·米尔沃德：《1880—1909 年回族商人与中国边境地区的羊毛贸易》，李占魁译，《甘肃民族研究》1989 年第 4 期。

柜"（来自藏语 tɕha ka"碗架"），duǧu"手镯（卡索地区用语）"（来自藏语 hdə ɤə"镯子"），bağdax"棉衣"（来自藏语 pɐk tɐk"棉衣"），jomu"蕨麻"（来自藏语 tɕo ma"蕨麻"），čura"酸奶渣"（来自藏语 tɕhə ra"曲拉、奶渣"），čuxur su"开水"、čuxra-"沸腾"（来自藏语 tɕhə khu"温泉、热水"），šarï"残茶"（来自藏语 tɕa ro"残茶、熬过的茶叶"），šangïr"甘草"（来自藏语 ɕhaŋ ŋar"甘草"），gamna-"吃（炒面等）"（来自藏语 ngam"干吞、干咽、抛入口"），lola-"炒（菜）"（来自藏语 rŋɵ len"炒、烘、煎、烙"）等。

  以上词语的绝大部分在整个撒拉族地区都在使用，这说明撒拉族社会分化之前藏族与撒拉族关系就非常密切。等撒拉族社会逐步分化，向四周扩散时，与藏族在地理上更接近的撒拉族继续受到藏族文化的影响。如，duǧu"手镯"一词，笔者只在化隆县阿什努乡的卡索撒拉族地区听到。据当地撒拉族讲，该词是典型的撒拉固有词，但对比语言材料，我们找不到该词来自古代撒拉语的证据，相反，却与藏语非常接近。因此，我们倾向于认为该词来自藏语。"卡索"一词，也来自藏语，意为"山顶、崖顶"。卡索是个地区名称，该地区由七个撒拉族村子组成，其中尕加、纳哈隆、言木、克家、尕全吉五个村子相连在一起。这五个村的南边还有列仁村与和什家村，另外俄家村有一个社称为角让，这个社也是撒拉族社。这些撒拉族村子名称基本上都来自藏语。这说明，这些地方原来由藏族居住，撒拉族是之后才迁入的。这与相关的民间记忆相吻合：据化隆县政协相关材料，卡索撒拉族是明代期间从循化街子三兰巴亥村迁来。他们先在拉木峡藏托定居，当时该地区为藏族居住之地，马姓撒拉族给藏族放牧为生，后逐渐买地耕种。经 100 余年以后，随着人口增加，藏托地方狭小，土地少，便买了纳哈龙村藏族土地，前往纳哈龙落户，以农为主，兼营畜牧。该村尕全吉的清真寺建筑年代久远，是伐本山林木修建的，约有300 年的历史。① 正是如此特殊的环境，才使得卡索地区撒拉族拥有 duǧu（手镯）这样的词汇。

  šangïr"甘草"（来自藏语）一词主要使用于清水大寺古等地区，在街子一带

---

① 全国政协文史和学习委员会、青海省政协学习和文史委员会：《撒拉族百年实录》（上），中国文史出版社，2015，第 126~127 页。

表示"甘草"的词语为 sūjimĭgan，该词词根为 sŭčig"甜的"，来自古代突厥语。①可见，固有词和借词并存，使得撒拉语中形成了同义词。但从严格意义上来说，这两个词分属于不同的语言系统，在街子一带人们一般不说 šangïr，而在清水一带人们一般不说 sūjimĭgan。因此，有些藏语借词在撒拉语中有其地理分布上的局限性。

撒拉族信仰伊斯兰教，藏族信仰佛教，两个民族在饮食上体现出较大的差别，但这并不影响两个民族在饮食方面的相互交流。撒拉语的藏语借词 joğ"大勺、大瓢"，vama"锅"，čuxu"碗柜"，jama"炊事员"，jomu"蕨麻"，čura"酸奶渣"，čuxur（su）"开水"、čuxra-"沸腾"，šarï"残茶"，gamna-"吃（炒面等）"，lola-"炒（菜）"等的存在，给我们描画出了历史上两个民族共享饮食的场景。

bağdax"棉衣"一词反映了藏族服饰与撒拉族服饰的关系。虽然从形式而言，我们并未看到藏族服饰对撒拉族服饰的影响，但该藏语借词的存在说明撒拉族曾经和藏族共同讨论过"棉衣"，之后便借用该藏语词来指称"厚衣服"。而传统的词语如 terden（皮袄，来自 teri don"皮衣"）等词含义也仅仅指"皮衣"了，用布匹制作尤其内夹棉花、绒毛等物的棉衣都用 bağdax 来指称了。

五、人体形貌

撒拉族曾和藏族共同谈论过人体形貌，因而在撒拉语中留下了许多涉及人体形貌、动作及性质状态的藏语词语，如 pong"身体"（来自藏语 pong'u"身体"），gurï"驼背"（来自藏语 hgə ro"驼背，弯曲的东西"），hali"瘦"、halïn-"变瘦"（来自藏语 xha łoŋ"变瘦"），kašo"豁、豁口、豁嘴"（来自藏语 kha xho"兔唇、豁嘴"），kačü"口水"（来自藏语 kha tɕhə"口水、唾液"），kaku"胯骨"（来自藏语 kha khor"裤腰、边沿、边子"），lağjï"手臂残废的人"（来自藏语 lak ɕa"独臂、缺一只手者"），yolax"左、左撇子"（来自藏语 hjon lak"左撇子、左手"），jamba"腮、面颊、坡面、页"（来自藏语 ndʑam ba"腮、面颊"），jamtux"腮骨，下巴骨后部"（来自藏语 ndʑam htak"腮骨，下巴骨之后部"），xavar"矮子"（来自藏语 hlər

---

① 耿世民：《古代突厥文碑铭研究》，中央民族大学出版社，2005，第252页。

wa"矮人"），napa"瘦"（来自藏语 ne pa"面黄肌瘦的、无精打采的"），namdun"表情、样子"（来自藏语 nam hdaŋ"举止、表情、样子"），mörğü"容貌"（来自藏语 mor gol"漂亮、标致"），gongkïr"愚笨"（来自藏语 ngo nkhor"迷惑、上当、被骗、晕头转向"），nordong"沼泽、（小孩）脑门"（来自藏语 hmer doŋ"小深水潭"），ru"狐臭"（来自藏语 ru"臭"）。

他们一起描述人体动作行为及性质状态，如 jongna-"骄傲"（来自藏语 ɟaŋ ŋa"傲慢"），jerlen-"撒娇"（来自藏语 htɕe laŋ"娇惯、溺爱、惯纵"），jortu"固执、顽固"（来自藏语 ɟoŋ thi"硬的、顽固、倔强、生硬、执拗"），palong"巨大、肥大"（来自藏语 pha loŋ"巨石、磐石"），parxïlan-"（睡觉时）翻转（身体）"（来自藏语 phak ra jel"打滚、挣扎"）；他们可能讨论说不喜欢有人找 kïx"借口"（来自藏语 kha ʋjar"借口、口实"）；他们甚至谈论一些不雅的话题，如 jağla-"解大便"（来自藏语 htɕak kwa"粪、屎、大便"）。

六、文学艺术

由于和藏族的关系密切，撒拉族在文学艺术方面也受到了藏族影响。撒拉族民间故事中，有英雄格斯尔和恶魔莽古斯斗争的情节，并说有恶魔莽古斯的地方就会有英雄格斯尔出现。很明显撒拉语中的 geser（格斯尔）来自藏语 ke shar，在藏语中其指"格萨尔（史诗《格萨尔》中的主人公）、英雄（本教用语）"。笔者小时候在撒拉族村子里还能听到人们在讲格斯尔和莽古斯斗争的故事，其情节曲折，引人入胜。非常遗憾的是，从事撒拉族研究后，笔者再也没能搜集到类似的故事了。由于特殊的宗教原因，唱歌跳舞在撒拉族民间处于禁绝状态。然而，音乐歌曲的魄力在撒拉族民间依然存在。除了传统的歌曲 yür（原意为"诗歌"，现指"情歌"）以外，撒拉族中还有人会唱 layï"拉伊（藏族情歌）"。该词来自藏语，甚至表示"调子、曲调、音调"的 gağ 一词也来自藏语。据笔者在撒拉族民间的田野调查，个别撒拉族的藏语拉伊唱得非常动听，甚至因为此原因，在过去有藏族姑娘和撒拉族小伙结婚的。在过去年代，相当一部分撒拉族已经熟练地掌握了藏语，因此，藏族的民间故事、民歌、谚语等文学艺术也被撒拉族所喜爱和熟悉。

七、其他方面

借词归根到底是文化的借用，因此，帕默尔说通过语言中借词的分析可以了解到文化接触及其背后的民族关系。① 萨丕尔也说"只要有文化借贷，就可能把有关的词也借过来"②。一般情况下，借词主要是对借入方而言新奇的文化名词。王力先生在谈及汉语中的西域借词时，所举例子都是关于植物、动物、食品、用品、乐器等类的名词，如"葡萄""安石榴""苜蓿""茄""酥"等。③

撒拉语中的以上藏语借词不仅涉及文化上的新奇内容，同时也有一些日常用词。这些日常用词在撒拉语中本来就存在自己固有的表达方法，但由于和藏族的密切接触，撒拉语也逐渐接受了藏语的表达方法，甚至一些动作行为、性质状态、程度、情貌等的表达方法也被撒拉语所借鉴，如表示动作行为的词语有ačïš-"心疼、疼爱、爱"（来自藏语 htɕi"爱、抚爱、爱怜、爱惜"），čola-"吱声、吭声"、čolaš-"吵"（来自藏语 tɕol"口角、纠纷"），čöy-"脱、解、放、下（面）等"（来自藏语 tɕhu"脱、褪、散开、脱开、解开"），dang-"捆、绑"（来自藏语 ɣdam"捆、扎、绑、束、系"），gağla-"阻挡"、gağlan-、galan-"阻塞、阻碍、卡住（反身态意义）"（来自藏语 ngak"阻塞、阻碍"），garla-"分开、隔离"（来自藏语 hgar"分开、隔离、排斥"），giyle-"劈开"、giylen-"裂开"（来自藏语 ngi"裂开、劈开"），jada-"撕、（弄）断、断绝"（来自藏语 tɕhot la"弄断、断绝、隔开、断绝"，tɕhotha"弄断"），kiple-"遮盖、遮挡"（来自藏语 ngep"盖、遮、掩盖"），merle-"（水等）溢出"（来自藏语 mer"充满、溢出"），nana-"睡觉（儿语）"（来自藏语 ŋa"睡、卧下"）等。

表示事物性质状态的词语有 gösgür"圆形、圆形的"（来自藏语 kor şkor"圆形的、圆圈的"），jadax"大"（来自藏语 tɕhe tɕhe ko"大大的"、tɕhethəx"大"），zapa"热"（来自藏语 tsal pa"热、炎热"），čarmux"浑浊的（水）"（来自藏语 tɕhər ŋok"浊水、浑水"），kangtu"空"（来自藏语 khoŋ thi"洞、孔、穴、窟窿"），xarï-

---

① 帕默尔：《语言学概论》，李荣等译，商务印书馆，2013，第154页。
② 爱德华·萨丕尔：《语言论》，陆卓元译，商务印书馆，2007，第174页。
③ 王力：《汉语史稿》，中华书局，2004，第589页。

xurï"粗心、马马虎虎"（来自藏语 ha rə hə re "草率、马马虎虎、粗心大意"）等。

用来修饰限制谓语的副词有 data "马上、立即"（来自藏语 ta hta "现在、现今"，ta ta "马上、立刻"），basgi "确实、真正地"（来自藏语 wap kə "根本、完全、绝对、实在、确实"），kama "很快、马上"（来自藏语 kha mkho "急忙、匆忙"），lorčïxqa "突然地、猛然地"（来自藏语 hlor dʑak ɣa "忽然"），mayï "助词，表示否定"（来自藏语 majə "实际上、原来，根本、基本"），maysï "原来、本来"（来自藏语 ma hzə "原来、当初，基础、根基"），rang'a "白白地、无益地"（来自藏语 raŋ ŋa "寻常、随便、白白地"），yïnda-munda "一定、无论如何"（来自藏语 yən da mən da "一定、无论如何"），ri "很、特别"（来自藏语 rŋi "亲自、真的、实在的、真正的"）等。

还有一些特殊的摹拟词，如 lem-lem "摹拟词，闪烁的样子"（来自藏语 lem lem "闪闪的"，loǧ-loǧ "摹拟词，人山人海的样子"（来自藏语 lok lok "全体、全部"），zam-zam "摹拟词，跃跃欲试的样子、着急的样子"（来自藏语 tsham tshom "迟疑、犹豫、踌躇"）等。

可见，藏语对撒拉语的影响是深远的。在撒拉族东迁之后到20世纪80年代之间相当长的一段时期内，藏语对撒拉语的影响是持续不断进行的。通过借词，我们发现藏族文化对撒拉族的影响范围也非常广泛，涵盖了婚姻生活、社会生活、经济生活、日常生活、人体形貌描述、文学艺术等方面。

第六章　撒拉语与汉语的接触

第一节　撒拉族与汉族、回族的互动

一、我国古代北方民族与中原王朝的互动

正如绪论中的叙述，撒拉族源自古代乌古斯（Oğuz）突厥。著名历史学家巴托尔德认为，隋唐时期称雄蒙古高原的鄂尔浑突厥汗国的主人就是突厥乌古斯人或是九姓乌古斯人。这些人长期在同自己部落和周边部落的作战中，建立起了有名的草原帝国——突厥汗国。① 突厥自称是"匈奴之别种"。② 学者们一般认为是早期铁勒的一种，铁勒先世是战国秦汉时期的狄（也译作丁零）、魏晋南北朝时期的敕勒、高车。③

东夷、南蛮、西戎、北狄，是西周诸侯国对北方人群的称呼，不是他们的自称。狄的本义，王国维先生认为是"远"与"剔除"的含义，"后乃引申为驱除之于远方之义"。此外，狄还有强悍有力，行动疾快等含义④。春秋初，在今陕北及山西、河北两省的中部与北部，有许多强悍有力的部落，对西周诸侯国构成很大威胁，其中就有狄，但当时与其他部落统称为戎。春秋中叶，出现了狄的记载，以后又出现了赤狄、白狄、长狄等许多称号。在这些支系中以赤狄的势力最强，分布于

---

① 威廉·巴托尔德：《中亚突厥史十二讲》，罗致平译，中国社会科学出版社，1984，第 30 页。
② 《周书》卷五十《突厥传》。
③ 杨建新：《西北少数民族史》，民族出版社，2003，第 278、264~265 页。
④ 王钟翰：《中国民族史》，中国社会科学出版社，1994，第 133 页。

今山西的东、北部。狄人曾建立了潞国，与西周诸侯国对抗。春秋中期以后，狄的大部分华化，也有相当一部分融入胡人中，成为匈奴的重要来源之一。

公元 1 世纪末叶，铁勒成为我国北方一个强大的游牧民族，过着逐水草而居、衣皮食肉的生活。撒拉族的祖先乌古斯就出自铁勒部。公元 4 世纪末以来，随着铁勒力量的壮大，经常与北魏为敌，但后来大部分归服北魏，少部分为柔然所役属。当时，铁勒人留下了描写他们所居住地方漠南的千古绝唱《敕勒歌》：

> 敕勒川，阴山下，
> 天似穹庐，笼盖四野。
> 天苍苍，野茫茫，
> 风吹草低见牛羊。①

公元 546 年，突厥首领阿史那土门发兵漠北，大败柔然，建立了突厥汗国。其统治范围东到辽海，西至里海，南抵阿姆河，北到贝加尔湖，可汗的牙帐设在于都斤山。公元 583 年，突厥分裂为东西两部。之后，东突厥归于唐朝政权，而西突厥在今天的中亚、新疆一带形成了"十箭部落"。突厥与隋唐两朝时战时和，在东突厥灭亡之后，大量突厥贵族入居长安生活。在后突厥汗国时期，大量曾迁居唐朝边境的突厥部落返回故土，但这些突厥人当时已受汉地影响很深，部分人已习惯于定居生活。对此，突厥可汗也忧心忡忡，在用突厥文和汉文（唐玄宗亲自书写）撰写而成的《阙特勤碑》(*Köl Tegin*) 中说道："突厥诸官舍弃了突厥称号，亲唐朝的诸官采用唐朝称号，臣属于唐朝皇帝，（并为他们）出力五十年。"② 可见，当时北方少数民族与中原王朝互动非常频繁，关系非常紧密。

二、撒拉族与汉族的互动

撒拉族祖先迁居今天的青海循化地区后，就与汉族发生了持续而强烈的接触。

---

① 《乐府诗集》卷八十六，"敕勒歌"。
② 耿世民：《古代突厥文碑铭研究》，中央民族大学出版社，2005，第 122 页。

第六章 撒拉语与汉语的接触

《循化志》卷四载：撒拉族首领韩宝"系前元世袭达鲁花赤"[①]。在他们所管辖的积石州既有撒拉族人民，也有藏族人。同时，在周边地区，他们应该有和汉族人交往的机会。明洪武三年（1370年），撒拉族首领归附明朝。洪武六年（1373年），韩宝被任命为积石州千户所的百户，职衔为"昭信校尉管军百户"[②]。这个作为武职土司的百户可以世袭。此时，撒拉族土司已被檄调从征七次，屡立战功。从此之后，不仅撒拉族和明朝统治者有了直接的联系，而且还加强了和其他民族包括汉族的交往。

和汉族的接触，使得撒拉族整体上接受了汉族的姓氏文化。在元代，撒拉族是不使用汉姓的，到了明代，他们纷纷改用汉姓，这不仅是民族间文化经济交流的结果，更有政治上的原因。洪武三年（1370年）四月明朝曾通令全国："尝诏告天下，蒙古诸色人等，皆吾赤子……令以汉字为姓。"撒拉族属色目人，他们自然也采用汉姓了。关于汉姓，民间有这样的说法，"十个撒拉九个韩"，韩姓是撒拉族的大姓。历史上，撒拉族的土司、尕最、哈尔等要职人物都为韩姓。人们普遍认为韩姓是撒拉族的根子姓。撒拉族为什么采用韩姓呢？撒拉族祖先在历史上曾称其首领为"可汗"，这种称呼在撒拉族的民间语言口碑材料中还依然存在。汗与韩音同，故明代要求全境内的少数民族改用汉姓时，撒拉族首领就采用了韩姓。撒拉族第一任土司原名为神宝，改用汉姓后就称为韩宝。土司改用韩姓，其同族及其属民自然也就纷纷使用韩姓了，这样把原来同血统和不同血统的居民都紧密地联系在一起了。

除了韩姓外，马姓也是撒拉族社会的一个大姓。虽然有"十个撒拉九个韩"之说，但这与撒拉族的实际情形并不相符。乾隆四十六年，清政府从撒拉族老教中调拨兵力前往兰州镇压撒拉族反清起义军，其中当时的查家工中二十三人阵亡，都为查姓人。当年阵亡的十二名苏只工人，除一名马姓外，其余十一名皆为韩姓；清水工有七人阵亡，皆为韩姓人；别列工有十五人阵亡，除两人为韩姓外，其余皆为马姓；街子工有四十人阵亡，韩姓有二十九人，马姓有十一人；崖曼工有十二人阵

[①] 龚景瀚：《循化志》，青海人民出版社，1981，第219页。
[②] 同上。

亡，马姓有十人，韩姓有二人；张哈工有十九人阵亡，十四人为马姓，五人为韩姓；查汉大寺工有二十六人阵亡，皆为马姓人；孟达工有十八人阵亡，都为马姓人。以上出现的工名有九个，当时撒拉族十二工中的大寺古工和草滩坝工不在其中，另夕昌工基本为藏族村落，现在大寺古村中马姓占绝大多数，草滩坝村中韩姓、马姓都有，因此当时的撒拉族中韩姓并不占多数。现在的撒拉族社会是在原有基础上发展起来的，若韩姓和马姓人口发展速度一样，其人数比例当不会有太大变化，因此，十个撒拉九个韩的说法，就撒拉族姓氏比例而言并不正确。现在除了韩、马两大姓外，撒拉族还有冶、何、沈、靠、张、喇等二十余姓。①

在明清两朝相当长一段时间内，撒拉族通过土司维持着和中央王朝的联系。撒拉族土司的主要职责是朝贡、征调、保塞，后来还要缴纳赋税。朝贡，其意义主要体现在政治方面。通过朝贡，可以显示对皇朝的服从，可以宣扬朝廷威严，增强整个国家的内聚力和向心力。撒拉族土司大约三年一贡，贡物主要为马、酥油等，而皇帝的回赐为彩缎等。征调是土司的主要职责。在明代，撒拉族土司有额设土兵120名，曾到南京参加检阅。在明代的270年中，撒拉族土兵就被大规模地征调过17次。虽然撒拉族土司充当了明朝的统治工具，但在客观上为维护祖国边疆的统一起了一定的积极作用。关于撒拉族土司的活动，史书留下的记载大致如下：

1. 洪武六年（1373年），撒拉族土司韩宝随邓愈征黑白二章哑等处（当时的西宁卫和河州卫番族）。

2. 洪武二十五年（1392年），撒拉族土司韩撒都刺被征罕东等处（今青海省西北部）。

3. 洪武二十六年（1393年），韩撒都刺征建昌（今四川西昌）。

4. 洪武二十七年（1394年），韩撒都刺被调征大炒围。

5. 洪武二十八年（1395年），韩撒都刺被调征洮州。

6. 宣德十年（1435年），韩贵被调凉州黑山等处。

7. 正统元年（1436年），韩贵被调凉州扒沙等处。并升至副千户职衔。

---

① 马伟：《撒拉族风情》，青海人民出版社，2004，第76~77页。

8. 正统二年（1437年），韩贵从总兵赵安征板井等处。

9. 正统十四年（1449年），韩琦从总兵王敬征甘州。

10. 景泰六年（1445年），韩琦从总兵肖敬征青海湖一带抗击蒙古贵族。

11. 天顺元年（1457年），韩琦从总兵刘杰至宁夏一带与蒙古贵族作战。

12. 成化五年（1469年），韩恺从抚宁侯朱永在庆阳一带作战。

13. 弘治十一年（1498年），韩清被调至甘州等处沿边把守。

14. 正德十一年（1516年），韩通被征甘宁等处把守。

15. 万历四十三年（1615年），韩增赴甘州戍守。

16. 天启三年（1623年），韩进忠被调赴黑章哑、汉南沔县等处剿"贼"。

17. 崇祯七年（1634年），韩进忠被调至岐山、宝鸡、麻岭关等处与张献忠、马守应等作战。①

清雍正元年（1723年）年羹尧调撒拉族土司韩炳、韩大用在阿尔加囊索（碾伯县境内）征战。雍正二年（1724年），年羹尧又调二人赴桌子山作战。雍正七年（1729年），保安堡兵变和马满舟事件中，撒拉族土司帮助清军平乱。雍正八年（1730年）清政府设立循化营，属河州镇辖，次年循化城池竣工，雍正皇帝命名为"循化"，意为"遵循王化"。从此之后，汉族开始入居循化县城，和撒拉族有了直接而有规模的接触。乾隆二十七年（1762年），移河州同知于循化，称循化厅，隶兰州府。乾隆四十六年（1781年），撒拉族举行反清起义，持续四个多月后被镇压。乾隆四十九年（1784年），土司率兵帮助清军平定田五起义。嘉庆年间，由于活跃于湖北、陕西、四川一带数十年的白莲教徒给周边的居民以很大的冲击，清廷对此十分惊恐，更使清政府担心的是派去进行镇压的清军官兵软弱无能。因此，有识之士提议从民间招募乡勇，但当初乡勇也只不过是一群乌合之众，指望他们的战斗力只能是徒劳。于是，清朝出动了驻守满洲的八旗军，随之调遣驻守要塞的部队，同时决定调用熟悉山险地区活动的"番兵"。撒拉族三千二百人在土司韩

---

① 龚景瀚:《循化志》，青海人民出版社，1981，第217~220页。

昱、韩光祖的带领下参与了此行动。① 韩光祖因水土不服，病疫行间。② 嘉庆十二年（1807年），镇压"西番"叛乱时，那彦成征调了撒拉族。土司韩辉宗、韩卿等撒拉族上层人物因军功而受赏。③ 道光三年（1823年），循化厅改属西宁府。1851年，内地爆发的太平天国农民起义也波及西北地区。同治元年（1862年），西北回族、撒拉族人民也起来反抗清朝，史称"西北回民起义"。撒拉族人民在其首领马文义的领导下，在西宁、循化一带进行了英勇的武装斗争。1873年，起义失败。光绪二十一年（1895年），撒拉族所在的循化地区又一次爆发了反清斗争，并迅速蔓延到河州、狄道、西宁等广大地区，史称"河湟事件"。一年多后，反清斗争失败，撒拉族的土司制也被废除。

民国时期改西宁府为道，循化厅也于1912年改为循化县，属甘肃西宁道辖。1929年青海正式建省，循化县也归青海省直辖。民国成立后，军阀马麒被任命为西宁镇总兵，后又任青海"蒙番宣慰使"，1915年任"甘边宁海镇守使"。从此，包括撒拉族地区在内的广大青海都基本在马家军阀的统治之下，直至1949年。民国时期，撒拉族被当作"五族共和"中的"回"的一部分，被称为"撒拉回"。

在清末土司制被废除后，撒拉族的军事才能就无用武之地了。因此，当马麒进驻西宁扩充其军事力量时，许多男子将入伍充军作为谋生的重要方式，他们大量进入马麒的"宁海军"。由于善于作战，撒拉族当中产生了不少军官。当时的口头俗语说"乐都的文书，二化的官，大通、互助的一二三"，意为在马家军文书中以乐都籍居多，在官员中以循化和化隆籍的居多，在士兵中以大通、互助等地的居多。加之，马家军阀强行推行的拔兵制度，使得不仅军队人员在当时的撒拉族人口占有很大比重，而且其中位至高级军官者也不少，如草滩坝撒拉族韩起功曾任新编骑兵军中将军长，草滩坝撒拉族韩起禄曾任新编步兵军第二师少将师长，草滩坝撒拉族韩云鹏曾任骑兵第七师少将副师长，草滩坝撒拉族马仁曾任第八师少将参谋长，街子团结村撒拉族韩有禄曾任八二军少将高参、二四八师少将师长，甘都撒拉族韩有文曾任整编骑一师师长，积石镇瓦匠庄撒拉族韩德庆曾任骑五军少将参谋长、新编

---

① 嘉庆二年五月初九上谕，载青海民族学院民族研究所编印《撒拉族档案史料》，1981，第165页。
② 嘉庆二年九月初三上谕，载青海民族学院民族研究所编印《撒拉族档案史料》，1981，第169页。
③ ［清］那彦成：《那彦成青海奏议》，宋挺生校注，青海人民出版社，1997，第89页。

骑兵军副参谋长等。著名学者顾颉刚曾写道："他们（指撒拉族——笔者注）乐于应征入伍，临战又喜欢冲锋，所以青海和宁夏两省军队中，撒拉人充作旅、团、营长和下级干部的很多。女子亦然。听说马鸿宾将军的夫人就是一位撒拉，她曾代马氏当过司令。"①

1938年，青海省取消乡约制，实行保甲制。在撒拉族地区进行编组保甲时，以撒拉族社会组织"工"（相当于乡镇一级的社会组织）和"孔木散"（撒拉族远亲社会组织）为基础，将一工编为一乡，一孔木散编为一个甲，数甲为一保。

1937—1939年，撒拉族参加了青海骑兵师的抗日行动，远赴中原地区，在黄泛区、孔庄血战和宝塔山之役及中原会战中，撒拉族士兵英勇杀敌，沉重打击了日寇，他们用自己的生命和鲜血，和其他回族、汉族、东乡族、保安族、藏族等各族人民共同谱写了可歌可泣的爱国主义英雄篇章。1949年9月1日，王震司令员率领的人民解放军解放了撒拉族聚居地循化。

循化县解放后，新政府投入很大精力进行了全面的剿匪工作。在肃清国民党残余势力后，开始了减租反霸运动。通过这一运动，将地主恶霸的土地和财产分给贫苦农民，之后进行了土地改革和社会主义改造，使得普通撒拉族人民也得到了自己的土地，循化县的农业、手工业和私营工商业等完成了社会主义改造。1954年，国务院批准成立青海省循化撒拉族自治县，是全国唯一的撒拉族自治县，总面积2100多平方千米，全县3镇6乡154个行政村。

20世纪70年代末，国家的改革开放政策充分调动了撒拉族人民的创业积极性，尤其是家庭联产承包责任制的实行，使得撒拉族人民将自己的聪明才智与满腔热情发挥到建设家园、追求美好生活的时代洪流中。在他们的努力下，初步打造了工业、农业、建筑业、运输业、商业、饮食业、养殖业等多业并举的发展格局。目前撒拉族群众的足迹已遍及祖国的大江南北，和各族人民的联系更加紧密了。

三、撒拉族与回族的互动

撒拉族和回族有着非常紧密的联系。虽然二者在族源方面并不完全相同，但可

---

① 顾颉刚：《撒拉回》，《西北通讯》1947年第1卷第10期。

以肯定的是，二者在族源方面也具有重要的关系，回族来源中讲突厥语的中亚人是占有重要地位的。后来，不断有回族血缘融入撒拉族之中，也有一些撒拉族血缘融入回族之中。回族与撒拉族自古以来就有密切的交往。历史上他们患难与共，共同斗争，反抗清王朝的残酷统治，谱写了一曲又一曲悲壮之歌。由于这两个民族都信仰伊斯兰教，在长期的宗教文化生活中，他们形成了相近的文化心理素质，在生产、生活习俗等方面都有许多共同点。撒拉族在历史上曾被当作"回"的部分，有"撒拉回""循回"之他称。由于部分撒拉族信仰伊斯兰教的门宦，使得在某些特定的门宦群体中，部分撒拉族和回族之间的关系要远远紧密于这些撒拉族和其他撒拉族之间的关系。在甘肃积石山等地的撒拉族已经基本丢失了母语——撒拉语，他们在经济、宗教、语言等方面已经和当地回族没什么区别。甚至在族群的主观认同方面，和回族之间基本没有什么边界存在。部分和回族交往频繁的撒拉人已经将民族身份改变为回族了。在现代生活中，回族和撒拉族之间的通婚也越来越频繁，因而二者之间的关系也越来越近。

族际通婚率的高低被一些社会学研究人员当成民族关系远近的重要指标。我们虽然不能依据两个民族之间较低的通婚率来判断他们之间关系较为疏远，但较高的通婚率一定反映了两个群体之间的紧密关系。人口普查数据显示，在与撒拉族通婚的民族中，回族以9.93%名列第一，往下依次是汉族（1.14%）和东乡族（1.13%）。[①] 在撒拉族、回族杂居地区，他们之间的交往越来越频繁，相互之间的差别越来越小。循化县积石镇草滩坝村就是撒拉族和回族通婚率很高的一个村子，村民们认为两个民族之间差异很小，甚至两个民族是相同的：

个案1：

"回族、撒拉族，从前关系就很好，互相开斋，语言不通时，女方不会说撒拉话，就慢慢地学会，互相也没隔阂了。现在社会发展了，结婚的更多，回民、撒拉一个话（一样）。我们（撒拉）念圣纪时，邀请周围的回民参加，还送油香，来往很多，关系很好。可惜现在，大家都忙着发展经济，来往少了。

---

① 李晓霞：《中国各民族间族际婚姻的现状分析》，《人口研究》2004年第3期。

撒拉内部也是来往比以前少了。草滩坝人和周围的回族村庄结婚的很多，汉话说得很好。"（韩国才，男，88岁，撒拉族，下草村）

韩国才老人接受访谈时，常说"我们回民"，来和汉族区别，老人心目中，回族、撒拉可以统称为"回民"，这两个民族是没有区别的。

个案2：

"回族，撒拉族基本上没什么分歧，就是语言不一样，宗教信仰、风俗习惯都一样。"（王占元，男，47岁，回族，下草村，干部）

个案3：

"县城周围（草滩坝村即属此列），回撒不分，回撒结婚的很多，语言上没有障碍，受过教育的人，无所谓回族、撒拉族，主要是宗教信仰一致（就可以）。纯撒拉地区，（因通用撒拉语）语言上有障碍；农村包办的较多，有职业的，受过教育的都不计较你是撒拉、我是回族。撒拉族在宗教上较细，在穿戴上也有一些差异。出门较多的人较开放，不太讲究；闭门不出的人较为讲究。总体上，两个民族没什么差别。"（村民男，撒拉族，35岁）

个案4：

"我丈夫是撒拉族，我们在一起的时候，都说汉话，没有任何不方便。只是到他祖父母那里，他才用撒拉语，他平常说撒拉话不多，说得不太流利。撒拉族和回族基本上没什么区别，只是有一些小的差异。撒拉族比较封闭，教门上较为严格。现在，撒拉族受回族同化，回族也接受撒拉族的一些习俗，两个民族越来越接近了。我希望，也提倡下一代能说撒拉话，多和撒拉族打交道。"（村民女，回族，24岁）

通过下表可以说明这一点：

对两族差异的评价　　　　　　　　　　　　　　单位：%

	大	较大	不大	几乎没有差别
撒拉族	5.26	7.89	78.95	7.89
回族	0	0	66.67	33.33

语言是民族间最明显的区别之一，如果语言上不通，就无法进行思想交

流，那么民族成员之间的社会交往也容易因语言隔阂造成误解。循化回族与撒拉族语言不相同，回族说汉语，撒拉族有自己的民族语言。从表面上看，似乎造成交流上的困难，但事实上，这两个民族在长期的交往中，互相影响，很多回族会讲撒拉语，而撒拉族在和其他民族，尤其是与回族和汉族的交往过程中，越来越多的撒拉人会说汉语，另外，学校用汉语讲课，撒拉族文字失传等等，在文化素质提高的同时，语言方面有所同化。在这个方面，草滩坝村表现得尤为突出。笔者在本村了解到，本村几乎所有的撒拉族都能流利地讲汉语（除了少数从外村嫁入的撒拉族妇女），下一代中，大部分都不会说撒拉语。总之，草滩坝村回族和撒拉族在语言交流方面，基本不存在障碍。①

在2003年云南大学组织的全国少数民族村寨调查当中，我们在撒拉族村子——石头坡村发现了一本家谱，根据这个家谱的记载，该村陈家迁到石头坡村约有150年的历史。《陈氏家谱》记载：石头坡村陈姓始祖陈鸿政和其弟陈鸿发原居今江苏省南京市大柳树巷，清咸丰年间，陈氏应拔募兵，迁眷先到今陕西省西安城小学习巷，不久陈鸿政、陈鸿发兄弟拔应"团勇"，驰援甘肃省地道县（今临洮县）兵变，后自由择居步行到达甘肃省循化县街子工，兄弟二人留居当地，陈鸿政定居草滩坝、沙坝塘一带，陈鸿发定居石头坡村，与本村撒拉族韩氏女结婚，其子孙后代繁衍100多年，已到第十辈，共有200余人。② 这部分群体在其身份证上写的是"回族"，但都能说较为流利的撒拉语，在村子日常生活中与撒拉族并无两样。

撒拉族信仰伊斯兰教，而关于伊斯兰教的知识主要是通过清真寺经堂教育来传授的。撒拉族人口少，教育基础差，因此关于较高层次的伊斯兰知识往往是到邻近回族清真寺学习的。2003年7月，笔者在循化县积石镇石头坡村调查宗教生活现状时，发现该村清真寺几位历任教长都有在回族地区清真寺学习或主持宗教活动的经历。《陈氏家谱》对出自该家族的艾撒阿訇描述如下：

---

① 陕锦风：《撒拉族——回族族际通婚的人类学调查：以循化撒拉族自治县草滩坝村为个案》，《中国撒拉族》2008年第2期。
② 陈琮主编：《陈氏家谱》，1995年油印本。

艾撒系陈松德四子，1914年出生，青年时已名列新教十大阿訇之列，因年青号称尕循化。壮年时天庭饱满，地角方圆，鼻直口方，目如朗星，脸如圆月，高大魁伟，光彩照人。从小得天独厚，浸受黄河积石名山大川之灵气，生得敏慧逸群。自有超人志气，手不释卷；读书学经，一点就透，举一反三，融会贯通；纵横领会，浃肌沦髓。家庭呵护异常，学业日益长进。后至清水等大寺深造。此时尕阿訇提倡新教，陈艾撒以品学兼优而荐拔之西宁东关大寺，上有名师教诲，下有群英切磋；穷原究委，如虎生翼。十年寒窗苦学经，一举成名天下知。1931年大寺举行毕业庆典，万人争睹，盛极一时。艾撒品高学博，名列前茅，被委以大通某海乙寺教长，时年方十七岁。在职期间，惠泽一方；领拜、讲哇尔兹，指点愚蒙，开塞通迷；诲人不倦，讲经教学，更是殚精竭虑。夜半起身，拥被教学势如破竹酬向甘露浸心；声如叩钟，耐心在加。而自己圣思哲想，溯流穷源，探幽索隐，深明表意外延，理解内涵真谛，参悟奥妙玄机，学业日臻炉火纯青。天长日久蜚声在外，尕循化之名，遐迩传及甘青。循化清水乡父老措辞曾在该地念经求学，意欲受惠其德泽为由聘至清水，学经者蜂拥而来。其认真教学，酬问有答；威信更著，深孚众望。可谓弟子数百，佼佼者二十。1961年冬在德令哈归真。①

由于家谱性质，以上文字对艾撒阿訇自然有许多溢美之词，我们只关注其求学与任职经历。艾撒阿訇青年时期在西宁东关清真大寺学习，终成当时青海省"新教十大阿訇"，后又在大通县等地任清真寺教长。在这些地方学习任职，其交往对象主要是回族，需要用汉语学习阐释伊斯兰教义。

73岁的牙海牙阿訇是2003年我们调查时村里唯一在世的老阿訇。他对自己的经历叙述如下：

我小时候在本村念经，为小学。等初学之后背着包袱在甘都的阿河滩、冈巴、苏乎加、牙路乎、号日加等村子转学。阿訇在不同村子轮着开学，我们满

---

① 陈琮主编：《陈氏家谱》，1995年油印本。

拉也跟着他走。因马步芳拔兵，先人们不敢在石头坡村里住。我们搬到同仁县城住，就近在当地清真寺学习到28岁。同年（1957年）我开了石头坡清真寺的学。1958年循化发生叛乱，清真寺关闭。期间，我在家劳动，成为一名社员。（20世纪）80年代清真寺重新开放后（按：据县志记载石头坡清真寺开放时间为1984年，但清真寺修建年代为1980年）二次开学，直至1992年。1993年克力木阿訇开学1年，之后撒力阿訇（积石镇别列村人）开学3年半，接着由乙布拉阿訇（街子塘坊村人）开学2年多，之后由本村白克日阿訇开学至今。①

牙海牙阿訇求学的甘都部分村子以及同仁县城中撒拉族较少，主要面对人员是回族。他在这些地方学习或传授宗教知识，主要以汉语为交际工具。2015年10月，当笔者见到牙海牙阿訇的二儿子艾乙布时，他谈及其父亲生前曾得了脑溢血，有段时间完全处于失语状态，后来恢复意识后，首先说的语言竟然是汉语，跟家人只说汉语而不是母语撒拉语。随着病情好转，他父亲的撒拉语才慢慢恢复了。他猜测这可能与其父亲青年时期的汉语环境相关。

撒拉族信奉伊斯兰教，阿訇在撒拉族群众中的地位很高，其言谈举止在潜移默化中对撒拉族民众有很大影响。即使是在纯粹的撒拉族地区，阿訇在平时的讲经论道中虽然使用母语撒拉语，但这种撒拉语演讲语言其实是一种混合了撒拉语、汉语和阿拉伯语的语言。撒拉族阿訇普遍认为，汉语程度高有助于他们阅读以汉语为媒介的各种知识，有助于加深他们对宗教的认识。因此，阿訇们非常重视对汉语的学习，这在无形中自然会影响普通撒拉族群众对汉语的学习热情。

第二节　国家通用语言文字认同与语言接触

一、社会经济变化与语言接触

撒拉族在历史上曾对汉文化持排斥态度。在20世纪初，他们宁愿上交罚款，

---

① 牙海牙阿訇，73岁，2003年7月个人访谈。

也不愿送孩子上学。① 在改革开放前,许多撒拉族人认为学习汉语会丢失他们的宗教信仰。撒拉族人对宗教是非常虔诚的,对他们来说,最重要的是宗教,而不是语言。他们的宗教认同远远超过了民族认同。当他们进行族际通婚时,其前提条件不是对方的民族身份,而是对方的宗教信仰。即使在撒拉族内部通婚,他们也考虑对方的宗教派别。如果通婚双方不属于同一个宗教派别时,有时他们宁愿与属于同一个派别的其他民族的穆斯林通婚,如回族等。② 历史上的撒拉族发现,排斥汉语是保护他们宗教信仰的一种有效方法。这就是撒拉族在历史上拒绝汉文化的主要原因。但在改革开放初期,越来越多的撒拉族儿童开始学习汉语,到目前撒拉族的语言观已经发生了巨大的变化。

撒拉族最终改变对汉语的态度并且开始大规模地学习汉语,是由撒拉族社会经济的变化引起的。循化县积石镇石头坡村撒拉族对语言观念的变化就是整个撒拉族社会的一个缩影。

大约三四十年前,石头坡撒拉族开始较大规模地将孩子送到汉语学校学习。从那时开始,该村的学龄儿童入学率逐步提高。小学毕业时,孩子们也就能够用当地汉语进行交流了。石头坡村撒拉族群众对汉语态度的转变与该村社会经济结构的变化有着密切关系。

20世纪70年代末的改革开放政策,对撒拉族社会也产生了深远的影响。在农村土地承包之前,石头坡村的撒拉族群众在公有土地上集体劳动,到了年底按劳动业绩进行决算,获得报酬。除了极少数国家干部外,绝大部分石头坡人在村里一起劳动,相互之间的交流语言就是撒拉语。在村子以外,他们交往的绝大部分人也是来自其他村子的撒拉族,也用撒拉语进行交流。当需要自己无法生产的生活用品时,他们就去周边的藏族地区进行物物交换。由于这种特殊的经济联系,当时石头坡村的绝大部分男性都能说一口流利的藏语。撒拉族和藏族的关系非常密切,几乎每个家庭都有自己的藏族朋友。当撒拉族去藏族地区做生意时,他们往往住在自己的朋友家里。而当藏族群众去循化县城或去其他地方朝拜时,也往往到撒拉族

---

① 韩五十九,石头坡村第一个识汉字的人,2003年7月,个人交谈。
② 马成俊:《土库曼斯坦访问纪实》,《青海民族研究》2001年第1期;马伟,田野调查,2006年。

朋友家住宿。① 笔者清楚地记得，三十多年前石头坡村经常有三三两两的藏族客人来访。

2003 年，在进行云南大学组织的全国少数民族村寨调查时，笔者曾和谢佐教授对石头坡村的马六十老人进行了采访。马六十老人当年 88 岁，是石头坡村接受我们采访的最年长的撒拉族老人之一。他一生中的大部分时光都往返于黄河南北两岸，通过经营农产品以物易物的方式养家糊口。新中国成立前后一段时期，由于自产的粮食不够吃，马六十老人以自产的辣子、水果和大蒜到黄河对岸化隆十几个村庄（今金源乡一带）换粮食。马六十老人从十四五岁开始就学做这种生意。他说自己在当地各村寨都有藏族朋友，帮他换粮食，最早的时候一斤辣子只能换到两斤粮食，后来能换到三四斤粮食（包括青稞、豌豆等）。他和周围的藏族交朋友，有时赶庙会就住在藏族朋友家，免费吃住，藏族朋友到黄河南岸办事也在他家吃住。撒拉族村民将这种朋友关系称作"许乎"。在我们采访时，马六十老人根本听不懂谢佐教授讲的汉语，只好由笔者给他进行撒拉语的翻译。但当谢佐教授了解到老人会讲流利的藏语时，就开始说藏语。马六十老人也立刻用藏语回答问题。当他们用共同语言交谈时，我却根本听不懂他们的谈话内容了。

自农村土地承包后，和其他地区的农民一样，循化的撒拉族也摆脱了土地对他们自由的限制，越来越多的年轻人开始离开家乡，去外面闯荡。撒拉族也到周边藏族聚居区做生意，但他们的足迹已不再局限于循化周边了，藏语也不再是他们和外界交流的主要工具了。越来越多的撒拉族群众和藏族群众已经掌握了汉语，他们之间更多地是用汉语进行交流了。在石头坡村，目前大约 50 岁以上的男子基本上都可以用藏语交流。我接触到的一些老人甚至对藏族的谚语、民间故事等也非常熟悉。他们用撒拉语交谈时，也时不时引用藏族谚语、故事等说明自己的观点。撒拉语当中也有许多借词来自藏语。但是由于撒拉族和循化周边藏族的经济联系被更大范围的经济来往所替代，撒拉族对藏语的依赖程度就大大降低了，而汉语则是这种更大范围经济交往中的主要交流工具了。在分得自家的土地后，许多撒拉族家庭的收入比以往有了很大提高，但随着人口的不断增加，人多地少的矛盾也就逐渐显现

---

① 马伟:《撒拉族与藏族关系述略》,《青海民族学院学报》1996 年第 1 期。

出来。在石头坡村人均土地面积为四五分地,在邻近的街子地区,有些村人均土地面积仅三四分地①。仅依靠土地已很难满足撒拉族农民日益增长的物质生活需求了。于是,撒拉族群众外出谋生。他们当中有的在青藏高原上搞运输,成立了几家大型运输公司。在青藏铁路建成之前,撒拉族的运输业在青藏线上占有举足轻重的地位。有的撒拉族农民则办起了自己的公司,经过市场经济的洗礼,撒拉族企业已有几家全国驰名的商标了。这些企业的员工有的多达上千人。有的撒拉族在外地经营餐饮业,像北京、广州、深圳、上海、郑州等许多城市都有撒拉族的身影。还有很多撒拉族在政府机关、银行、企业等部门工作。撒拉族已不再只和自己的族人打交道了,撒拉语的使用范围也就逐渐缩小,而汉语已经成为撒拉族和外界交往的主要交际工具了。2003年,一位72岁的石头坡村老人告诉我们:

> 我家7口人,种3亩2分地,其中苹果园占2亩1分。一年打1000多斤粮食,就是500元收入,出卖苹果能收入400元,种植业一年只有900元收入。一年买粮食需要2000元,还要出去开饭馆、跑运输、卖下水,卖冬虫夏草,或者搞建筑、修路,增加收入。种庄稼要买化肥、交电费,村里现在有了电灶、自来水,这很好,但都要花销。所以目前儿子儿媳和孙子4口人在西宁,石头坡村家里剩下3口人,两处一年花销12000元左右,全家人上下努力,儿子做点生意,买卖好时一年能挣2万元,不好时就七八千元。所以,根据现在的情况看,做买卖算账,种庄稼也得算账。②

当时这位老人的两个孙子也恰好在家。我向他们问了几个问题,发现他们的撒拉语和普通话都说得非常流利。城市生活不仅使成人学习使用汉语,而且也使小孩很小就学会了普通话(循化的大部分撒拉族孩子所说汉语为当地汉语方言——循化话)。

当不懂汉语的撒拉族首次来到城市时,在生活上他们困难很多。由于交流不畅

---

① 马伟,田野调查,2000年7月。
② 朱和双、谢佐主编:《撒拉族——青海循化县石头坡村调查》,云南大学出版社,2004,第145页。

通，一些简单的事情如买车票、在餐厅吃饭、坐车等都让他们感到吃力。他们意识到如果外出就必须要学会汉语。在石头坡村，一位年轻的、没有上过学的小伙子告诉我：他曾去西宁市谋生，但由于他的汉语很差，他做什么事情都很困难。几年后，他慢慢学会了汉语，但他仍然不识字。因此，他还在闲暇时间学习汉字。这种情况在撒拉族人中是非常普遍的。为了不让他们的孩子也遭受相同的痛苦，目前绝大部分撒拉族都将子女送到学校上学。①

二、语言文字态度

丁石庆教授主持的国家社科基金项目"中国北方（部分）人口较少民族语言保持模式个案研究"调查队于2008年对撒拉族的语言文字观进行了较为全面的田野调研（笔者参与了这项课题的社会调查）。当时调查队对积石镇的下草村、石头坡村，清水乡的孟达大庄村、塔沙坡村，街子镇的三兰巴海村、塘坊村等撒拉族进行了257份的有效问卷调查，结果发现：

1. 高达77.82%的受访者表示对撒拉语有着深厚的感情，甚至还有人认为自己使用撒拉语完全处于将母语更好地传承和保持下去的意识，超过八成的被调查者还希望自己的孩子能继续流利地使用撒拉语。大部分人认为，孩子不会撒拉语是不应该的。对于会说撒拉语而不继续使用母语的撒拉人，半数以上的被访对象表示有些不习惯甚至表示反感。当会撒拉语的本族多语人不用撒拉语交谈时，被访对象有四成以上的感到别扭甚至讨厌。出于对母语的深厚感情，在257份样本中，167人认为本族语还能保持很长时间，占六成以上；各有20人认为还能保持大约三代或两代人，各占7.78%。仅有6人对撒拉语的未来持悲观态度，他们认为撒拉语仅能保持大约一代人，占2.33%；另有44人对此问题表示不知道，占17%。为此，许多人提出保持母语的方法，即家庭内部必须使用本族语、学校应专设本族语课、必须创制文字等。

2. 由于对母语文化的热爱，在201名被访对象中123人觉得有必要创制撒

---

① 马伟：《撒拉语的濒危状况及原因分析》，《青海民族研究》2009年第1期。

拉族文字，占六成以上。其中，89人认为应该使用阿拉伯字母，86人认为该文字应该用于学校教材课本中，55人认为可用于政府牌匾、标语，57人认为应主要用于记录民间文学故事等，还有少数人（13人）认为可用于其他方面。

3.和多语使用者交谈时，250名被访对象中有133人更愿意对方使用自己的民族语，占53.2%；而117人则愿意使用多种语言，占46.8%。在有利孩子今后发展的语言排序选择上，214名被访对象中有163人认为汉语和撒拉语都很重要，其中，31人还将撒拉语放在第一位。①

根据笔者在循化撒拉族地区的多次田野调研，发现2004—2005年，几乎没有撒拉族受访者认为撒拉语是濒危语言，但至2008年调查时已经有部分人意识到撒拉语是个濒危语言，认为撒拉语将在两三代人以后会消失。近一两年来，得知笔者在研究撒拉语，许多从内地大城市打工回来的撒拉族农民工也主动和笔者提起撒拉语的濒危现状与传承问题。这些在内地大城市工作的撒拉族已经意识到，他们的孩子在当地城市生活和学习以后，母语的传承遇到了严重的问题，许多孩子开始无意中放弃了他们的母语。

虽然绝大部分撒拉族受访对象都表示，他们对撒拉语有着较为深厚的感情，但考虑到升学、工作等现实因素，他们当中的绝大部分认为从功能而言汉语是最重要的语言，因此，他们都特别重视自己的孩子在学校学习汉语文。至于对母语的传承问题，许多人意识到了母语的危机，但他们觉得对此无能为力。只有部分年轻人及知识分子对此问题显得有危机感。2014年1月，在循化县进行调查时，一些受访对象对笔者谈及他们对语言文字的认识。虽然他们的观点不能代表全体撒拉族人员，但这些看法也具有一定的代表性：

1.受访人：马青梅，女，13岁，初一学生。
话题一：生活学习中的语言使用情况

---

① 丁石庆：《撒拉族母语场域分析》，载王德怀、阿布都外力·克热木主编《中国突厥语言文化研究新论》，甘肃人民出版社，2012，第53~54页。

从小使用的都是撒拉语,从一年级开始正式学习汉语。在这之前,通过看电视、汉语书籍,与汉族交往等方式,接触过一点汉语。从三年级开始学习英语,只有在课堂上才学英语。心里想问题用撒拉语,和汉人打招呼用汉语,和撒拉族打招呼用撒拉语。学校里汉族老师多,提倡说普通话,只有课间才会和撒拉族同学说撒拉语。没有用撒拉语播报的电视或者广播,只能看汉语类节目。

话题二:身边外出打工回来后的小孩语言使用情况

外出打工回来的小孩撒拉语说得不是很流利,但是回来后重新学会,与大家交流也没有障碍。

话题三:语言的学习难度

汉语写作没有困难,但英语写作有困难。撒拉语最简单,愿意主动学习文字,汉语比撒拉语难,英语比汉语难。

话题四:对撒拉语发展的看法

身边的人都在说撒拉语,有些汉族同学也会说简单的撒拉语,觉得撒拉语会发展下去。

2. 受访人:韩永录(伊尔曼·撒鲁尔),男,高三学生。

话题一:语言使用情况

现在在河南省读高三,因多在外地生活,汉语使用得多,在家中与父母也都用汉语交流。两年前,觉得身为撒拉族却不会撒拉语,很是愧疚,便开始学习撒拉语,现在可以正常交流,但不是太流利。在学校会学习英语,对维吾尔语、哈萨克语的基本词语也能掌握。思考问题时仍然用汉语,课堂上,撒拉族的老师禁止课上使用撒拉语,只有课间才用撒拉语。

话题二:学习撒拉语的途径

从网上学习,跟着别人学,主动用撒拉语与撒拉族人沟通。但由于是在网上学习撒拉语,发音有问题,与人沟通会有点困难。

话题三:对撒拉语发展的看法

撒拉语汉语借词多,没有正式书面语,也没有文献资料,这样不利于撒拉语的保护,但是书籍文字可以保留,若发展撒拉族文字,可以让更多人了解撒拉族历史文化。若大家都不保护撒拉语，那么50年后撒拉语可能会消失。

3. 受访人：韩文志，男，大一学生。

话题一：学习经历

2002年到2008年，父母外出在北京打工，此时在北京借读，高中在平安县上学，现在在华东交大读大一，全校只有两个撒拉族，且都是男生。

话题二：语言使用情况

因常年在外读书，使用汉语的情况多，现在基本都说汉语、写汉字。撒拉语使用范围太小，只有遇到撒拉族才会说撒拉语，因为与同族人用汉语沟通让人感觉别扭。有时想问题，都不知道怎么用撒拉语表述，离开语言环境对撒拉语就不再敏感。但是回家之后，有语言环境就能流利交流。

话题三：对撒拉语发展的看法

虽然主张教自己的孩子说撒拉语，但是不主张发扬撒拉族的文字，因为这样没有必要，现在的大环境都是用汉字，发扬撒拉族文字会增加人们的负担，再过两代也许说撒拉语的人会越来越少，撒拉语也会消失。

4. 受访人：Salsun TEKE，29岁，银行工作人员。

话题一：大学专业

本科专业中文，选修突厥语。

话题二：对民族语言的看法

作为撒拉族的一员，热爱自己的民族，但是经济飞速发展的过程中，撒拉语流失严重，沉重的担子激发了自己的使命感。

话题三：身边人学习撒拉语的情况

身边学习的主要是撒拉族青年，也有来自上海、北京、福建的汉族青年人支持，大多自发学习，互相讨论帮助。

话题四：撒拉语保护问题

大学毕业后至今，大概有六七年，自己一直在为保护撒拉语努力。主要侧重撒拉族音乐、舞蹈的创作，同时，无偿为大家提供学习平台，对身边的朋友一对一教学，大概指导过200多人，也会通过网络开展对青年学子的教学。有专门编写的教材，青年人都自费买资料学习，自觉发扬撒拉语，有能力的自己录制视频、歌曲，身边还有一位朋友用撒拉文字进行史诗创作。

话题五：遇到问题

想把撒拉族语言文字的保护工作做好但不好做，上大学的时候大家一起努力过，但是很少有人坚持。撒拉语没有文字作载体，语言学习较慢，如果有系统的符号为依托，相信能更快地被大众接受。个人力量有限，除青海省撒拉族研究会之外，没有统一的民间组织保护撒拉族文化，图书出版也因版权、出版费等问题增加了难度，希望政府、基金会等能支持并提供帮助。

话题六：保护撒拉语的措施

通过普及撒拉族的历史文化这一方法，能让更多的人了解本民族。希望能有更多更好的书籍、音乐、文字的宣传，有自己的报纸、电台、广播；希望政府能重视，年轻人自发保护民族语言。

话题七：对撒拉语发展的看法

当今撒拉族青年这一群体对撒拉语掌握得很好，都在努力掌握文字，能用民族"文字"作诗写文章，大家都对撒拉语的发展抱积极态度，即使没有成果大家也会坚持。韩建业、张进锋等人为撒拉语的保护和推广做了很大的努力，希望年轻人以及下一代能传承好，不让这份事业断裂。

5.受访人：马光辉，男，退休干部。

话题一：寒假期间给学生义务教撒拉语的情况

从身边选择，多是亲戚朋友家的孩子，也有自己孙子的同学，一共有15个学生。

话题二：办学目的

主要为探索儿童对母语的认识，保护发扬民族语言。希望撒拉族儿童能掌握这套"文字"符号，为正规学习打基础。

话题三：办学经历

20世纪80年代政府曾组织开办过撒拉语学习班，当时与韩建业、韩玉春等人一起，针对成人、教师、机关干部进行了为期40天的培训。现在是第二次尝试，教学工具都是自己置办，政府对此也并不知情。到现在辅导班开展了8天的教学，先看教学效果，再据此判断如何发展。虽然现在没有正式教材，但规模扩大以后会编写。

话题四：学生接受程度

孩子们都感兴趣，也能接受。学生年龄段不同，年龄大点的接受得快。主要采取启发式教学，发挥学生的联想以此来扩充认识。

话题五：对撒拉语发展前景的看法

撒拉族中一部分人认为应说汉语学普通话，因此没有必要保护撒拉语。自己曾经认为撒拉语会消失，在发现撒拉语整体保留完整后，改变了想法，但仍然有危机感。随着经济发展，人口流动量增大，撒拉族人口外流，以打工的方式融入大城市，多数人能流利使用汉语，而撒拉语使用频率变低。

在青年人这一人群中，语言消失的速度加快。在对学生做调查时发现，五、六年级10个班中，用撒拉语能数到36的只有一个。初中12个组，每组3人，只有15%的同学能数到50，大多数只能数到30。高中7组，多数人的数数区间在10到50，基本数不到50以上。大人大多数也只能数到50。现在撒拉族用语中数词多用汉语表示。在与周边城市的撒拉族交流时，30%～60%的人都使用汉语。因此对撒拉语的发展，自己有很大危机感。

6. 受访人：马亚楠，21岁，女，宾馆服务员。

话题一：语言使用情况

撒拉族都会说撒拉语，有些藏族也会说撒拉语，自己也会主动教汉族朋友撒拉语。工作生活中撒拉语用得多，与家人用撒拉语交流（祖母用普通话沟通困难，父母汉语表达水平也一般），思考问题时用撒拉语，去外地与外地的撒拉族用撒拉语沟通，但有时也会用汉语。

话题二：对撒拉语发展的看法

全国的人都在说汉语，大家都在努力提高自己的汉语水平，撒拉语受汉语影响较大，汉语借词多。以前撒拉族大多数汉语掌握得不好，现在大部分人都会说汉语。虽然撒拉族会说汉语的人越来越多，自己更愿意教孩子母语，让他延续民族语言。撒拉语不会消失，相信政府会有保护措施。

在新的形势下，许多撒拉族对撒拉语与汉语的关系问题有了自己新的认识，普遍认为汉语越来越重要。赵琳 2015 年在循化县积石镇石头坡村的调查也反映了同样的情况：

> 在语言传承的选择上，石头坡村的村民普遍认为汉语对个人的工作与发展更为重要，为了后代的"前途"，更倾向于汉语传承。调查对象中希望孩子学习汉语的人数最多，有 125 人；希望孩子学习撒拉语的人数次之，与前者差 9 人，有 116 人。对子女学习母语持无所谓态度的有 14 人，这个比例也多于对汉语学习的回答（5 人）（见图 6-1）。可见石头坡村民的语言传承态度已经发生了一定的变化，在对汉语实用性的渴望中，人们逐渐认识到了汉语的重要性，这是汉语的高语言声望值对民族语言传承态度的影响。

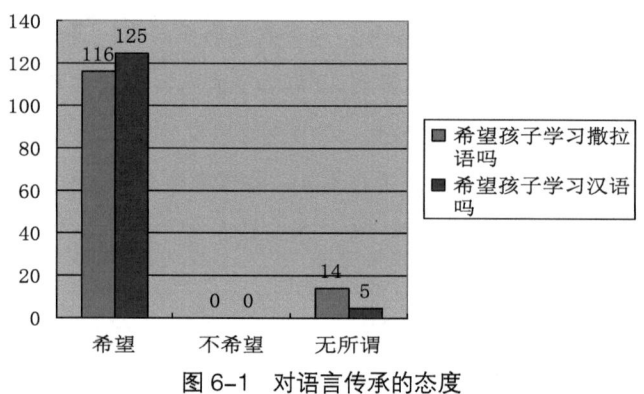

图 6-1　对语言传承的态度

部分受过高等教育的年轻女性的语言传承问题观念发生了很大转变，如一位年轻母亲说：

> 我在外面上学上得多，觉得汉语对我很重要，不论是上课还是生活你都得用汉语，工作的话会汉语也有很多优势。我的孩子快一岁了，我准备先教他学会汉语，这样等他上幼儿园的时候在语言上不会太吃力。虽然撒拉语是我们的母语，我现在暂时不会刻意去教，毕竟他长大以后还会住在循化，周围的人都还在说撒拉语，慢慢地他肯定还是能学会的。相比起来，我还是更愿意让他学

习汉语，这对孩子以后的发展很重要。（访谈时间：2015年7月27日）①

可见，从总体而言，撒拉族对汉语的态度已经发生了巨大变化。比起母语撒拉语，撒拉族人在实际上更加重视国家通用语言汉语的学习，在情感上对国家通用语言文字产生了强烈的认同，甚至在某种程度上已经导致了语言功能的变化以及母语濒危问题。

三、语言功能的变化

语言是人类最重要的交际工具和思维工具。如果语言的交际功能降低，其活力自然会下降，进一步的发展也会出现问题。双语现象是语言功能发生变化的必要过程。根据抽样调查结果，早在20世纪80年代中期，在交通较为发达、靠近城镇的撒拉族地区，双语人口已达75%。②2008年，根据对积石镇下草村（13份）和石头坡村（66份）、清水乡孟达大庄村（66份）和塔沙坡村（19份）以及街子镇三兰巴海村（28份）和塘坊村（65份）共257个对象的调查，发现此时的撒拉族双语人口已经达到了93%，而且257人中汉语为第一熟练使用语言的占16%。③ 随着社会的发展，学校义务教育的普及，撒拉族的双语人口应该会越来越高，而且在某个节点之后撒拉族的语言人口又会朝着单语化方向，即朝着单一的汉语化方向。

近几年来，无论是撒拉族民间还是学术界都开始关注撒拉语的濒危问题。一些撒拉族民间人士纷纷通过各种方式加入保护撒拉语的行列中来。张进锋是名撒拉族退休干部，长期以来关注撒拉语的保护问题。对于撒拉语的现状，他说：

> 我深深意识到，由于没有自己的民族文字，撒拉语的生存遇到了严重的问题。随着社会的发展和国际一体化步伐的加快，目前的撒拉语连最基本的生活

---

① 赵琳：《语言濒危与社区反应——以人口较少民族撒拉族为例》，硕士学位论文，青海民族大学，2016。
② 中国社会科学院民族研究所：《中国少数民族语言使用情况》，中国藏学出版社，1994，第326页。
③ 丁石庆：《撒拉族母语场域分析》，载王德怀、阿布都外力·克热木主编《中国突厥语言文化研究新论》，甘肃人民出版社，2012，第53~54页。

用语部分都所剩无几了，撒拉族的民族特征越来越少。撒拉人如果不说撒拉话，你就很难区别他是什么民族。我通过对不同场合和不同人物的谈话录音分析，感觉再过几十年，撒拉族的年轻一代对自己民族的历史、语言、习俗、服饰等将会变得越来越陌生。没有文字记载，即使再丰富的口头文学也是经不起历史考验的。我不甘心祖辈们用心血传承的撒拉尔语言就这样在我们这一代人身上走向消亡之路。我一边在自己的诊所工作，一边利用业余时间学习语言知识，向不同年龄、不同性别、不同阶层的撒拉族同胞搜集传统的撒拉族谚语和歇后语，丰富完善自己原有的语言知识，并开始创制拼写符号来记录撒拉尔传统语言，以便把它记录下来，进行永久的保存。①

著名语言学家孙宏开教授在对我国少数民族语言活力进行排序研究时，将我国的少数民族语言按活力情况分为充满活力的语言，有活力的语言，活力降低、已经显露濒危特征的语言，活力不足、已经走向濒危的语言，活力很差、已濒危的语言，无活力、已经没有交际功能的语言等六种语言。根据他的研究，撒拉语属于活力降低、已经显露濒危特征的语言。② 联合国教科文组织濒危语言问题特别专家组成员之一 Arienne Dwyer（杜安霓）教授也谈到撒拉语的濒危情况：

考虑到多语的需要和撒拉语使用范围的缩小，撒拉语很有可能只在私人场合受到重视，但是它的影响在其他方面会进一步减少，特别是由于没有母语学校教育和拼写符号（译者注：撒拉语已经有了使用范围还很有限的拼写符号）。由持续不断的语言接触引起的变化在撒拉语的各个层面上都将发生。③

实际上撒拉语功能的变化很早就已发生。撒拉族在历史上曾使用过以阿拉伯字母为基础的文字，虽然这种文字目前已基本失传，读写该种文字的人已凤毛麟角，

---

① 张进锋，个人访谈，2014 年 1 月。
② 孙宏开：《中国少数民族语言活力排序研究》，《广西民族大学学报》2006 年第 5 期。
③ Dwyer, Arienne. 2007. *Salar: A Study in Inner Asian Areal Contact Processes, Part I: Phonology*. Wiesbaden: Otto Harrassowitz: 93.

但这种文字的历史存在却是不争的事实。① 在过去,这种文字在撒拉族民间是广泛运用的。只是在全面接受汉语言文字后,才最终导致这种传统文字的消失。撒拉族人目前的书面交流完全使用汉字。因此,出现了一种非常有趣的现象:在保持母语撒拉语的家庭中,家庭成员之间的口头交流一般都只使用撒拉语,而不用汉语;但目前手机短信、微信等功能出现后,在迫不得已用文字交流时,从不使用汉语进行口头交流的家庭成员之间又用汉字进行联系。这种口语和书面语的脱节极大地限制了撒拉语的发展,使得撒拉语的保存形式仅仅存在于口头上。

第三节 撒拉语中的汉语成分

由于接触时间长、范围广,作为国家通用语言的汉语对撒拉语产生了深刻的影响,这种影响不仅表现在词语方面,还表现在语音甚至语法方面。

一、撒拉语中的汉语借词

agu"姑姑",来自"阿姑"。

aju"舅舅",来自"阿舅"。

ayi"姨",来自"阿姨"。

azï"姐姐",来自"阿姊"。

babin"主意",来自"把柄"。

badanggu"肩胛骨",来自"拨浪鼓"(?)。

badan"线毯",来自"铺毯"(?)。

baje"巴结"。

balla-"办"。

banbur"(孩子们玩游戏用的)木板",来自"板板儿"。

banche"长途公交车",来自"班车"。

---

① 依布拉·克力木:《谈历史上的撒拉文——土尔克文》,《语言与翻译》1989年第3期;马成俊,个人交谈,2008年5月;笔者近二十年的田野调查。

banding"凳子"，来自"板凳"。

banfang"监狱"，来自"班房"。

bang"帮（量词）"。kiš bir bang gelji. "来了一帮人。"

bangbangyou"棒棒油"。

bangjan"差不多"，来自"傍肩"。

bangna-"帮助"，来自"帮"。

banzhang"班长"，来自"班长"。

banzi"匹（布匹量词）""行列""板子"，来自"班子""板子"。

bayüeshivu"八月十五（节日）"。

beğ"官"，来自"伯"。

belen-"变、变成"。

benden"扁担"。

ben'ger"木棍"，来自"鞭杆儿"。

besang"（过去给新娘陪嫁的）箱子"，来自"板箱"。

benshi"扁食"（食物名称）。

binguan"宾馆"。

bintang"冰糖"。

binšang"冰箱"。

biz"篦子"。

bïn"本（量词）"。

bïnshi"本事"。

bo"包（量词）、"宝"。

bobi"宝贝"。

bogu"苞谷"。

boguan"保管"。

boguanyüen"保管员"。

bola-"包（动词）、"报、上报"、"保证"，后一意义来自"保"。

boli"玻璃"。

borïn"保人"。

botou"包头（过去妇女的头巾）"。

boz"布"，来自"帛子"（？）。

bozi"包子""豹子"。

bozhi"报纸"。

bozhïn"保证"。

bozhunji"播种机"。

bögü"鸽子"，来自"脖鸽"。

böle-"簸"（动词）。

böxü"簸箕"，此为汉语古音，与现在的 tieboji"铁簸箕"中的 boji"簸箕"显示了同一借词的不同历史层次特点。

bunsïn"本钱"。

ča、cha"茶"，这两个词也是不同历史时期进入撒拉语的同一个词。

čajung"碗"，来自"茶盅"。

čalan-"差、缺少"，来自"差"。

čangna-"撞"。

čazi"卡子"。

čezi"茄子"。

či"气""漆"。

čiche"汽车"。

čienbi"铅笔"。

činja"亲家"。

činsey"芹菜"。

čiyiu"汽油"。

čïngna-"长大、成长""秤""成功"，分别来自"长"（？）"秤""成"。

čola-"吵"。

čölle-"劝"。

čügü"竹筷"（？）。

čügülüx "筷笼"，来自 "竹筷"（？）附加撒拉语后缀 -lüx 构成。

čünzi "裙子"。

chagangzi "茶缸子"。

chaji "茶几"。

chaku "裤衩"，来自 "叉裤"。

chala- "察觉"，来自 "察"。如 balux dogandan chalaba. "鱼儿对钓竿有察觉。"

chang "厂" "床"。

changbali "长把梨"。

changjiu vol- "长久"，来自 "长久" 和撒拉语 vol- "成、变成" 的组合。

chanliang "产量"。

changzhang "厂长"。

chanzi "铲子"。

chi "尺"。

chima "尺码"。

chǐn "秤"。

chezi "车子"。

chezhan "车站"。

chola- "朝（觐）" "恶心"，后者来自 "（发）嘲"。

chou "仇"。

chouzi "绸子"。

chualla- "传、传播"。

chuan "船"。

chula- "锤打"，来自 "锤"。

chunje "春节"。

chunla- "冲"。

chosuo et- "挑唆"，来自 chosuo "挑唆" 和撒拉语动词 et- "做"。

dachang "大氅"。

dadui "大队"。

daduizhang "大队长"。

dagun "大工"。

dajin "大襟"。

dajiu "搭救"。

daling "单独"，来自"单另"。

dalu "大路"。

damna- "担"。

dan "单薄、单个"、"偏、偏偏"，来自"单""端"。

dangun "弹弓"。u dan'gun datba. "他在拉弹弓。"（既可以指拉弹弓的动作行为，也可以比喻生气的样子）

dan'gur "犟脾气"，来自"弹弓儿"，引申为"犟脾气"。此词也可用于撒拉族人的绰号。

danku "单裤"。

dangna- "挑选""当""（用木闩等）顶（门）""装订"，分别来自"挑"（？）"当""顶""订"。

danzi "弹子、子弹、冰雹"，来自"弹子"。

danjin "担惊"。

dangja "党家（同宗同姓家族）"。

dangyüan "党员"。

dan xay "单鞋"。

dasïn "清算"，来自"打算"，如 axïr günda heme kišni dasïn etger. "世界末日所有人都会被清算。"

dašüe "大学"。

dayi "大衣"。

deduni "都统、都督（官名？）"。

dego "很快、马上"，来自"带过儿"。

dele- "叠"。

delle- "清点""点燃"，来自"点"。

demne-"租",来自"佃"。

deyfu"大夫"。

deyle-"带"。

deyzi"袋子"。

dičüeliang"的确良"(布料名称)。

dien"电""店"。

dienbo"电报"。

dienchi"电池"。

diender"点点儿"。

dienja"店家"。

dienmo"电磨"。

dienno"电脑"。

dienshi"电视"。

dienxu"暖瓶",来自"电壶"。

dienxua"电话"。

dienyin"电影"。

dienzo"电灶"。

difang"地方"。

dika"涤卡"(布料名称)。

dincha"订茶"。

ding"等(平均)"。

dingne-"听"。

dingjir"顶针儿"。

dinran"定然"。

diozhïn"吊针"。

dïnzi"戥子"。

dïng"镫"。

dïngna-"确定、预定"。

dïnji et–"登记"，由汉语"登记"和撒拉语 et–"做"构成。

dïnlu"灯笼"。

dïngnan–"死""沉没"，来自"定"（？）。

dïnpo"灯泡"。

dodan"捣蛋、折腾、出问题"，来自"捣蛋"。

dodou"刀豆"。

doguzi"头朝地、相反顺序"，来自"倒个子"（？）。

dola–"倒（东西）"。

dolan–"衰弱"，来自"倒"（？）。

doli"道理"。

domi"倒霉"。

don"缎"。

dondon"合适"，来自"端端"。

dongzi"墩子"。

doufu"豆腐"。

dubu"赌博"。

dubučang"赌徒"，由汉语"赌博"和撒拉语词缀 –čang 构成。

dulan–"赌气"，由汉语"赌"和撒拉语词缀 –lan 构成。

dui"队"。

duizhang"队长"。

duizi"对联"，来自"对子"。

dunši"东西"。

dunzhi"冬至"。

duyüe"毒药"。

fadunji"发动机"。

fa"法、法律"。

fala–"分发""发（芽等）""发酵"，来自"发"。

falla–"反、犯"。

fangbianmian"方便面"。

fan'gui"犯规"。

fangna-"防、预防"。

fanpio"饭票"。

fang"方（量词）"。ağïš bir fang."一方木头。"

fanguan"饭馆"。

fanrïn"犯人"。

fayüen"法院"。

fazi"法子""筏子"。

fazhan et-"发展"，由汉语"发展"和撒拉语动词 et-"做"构成。

fiji"飞机"。

fïn"分（时间、货币、面积等单位）"。

fïnbi"粉笔"。

fïnfïnji"缝纫机"。

fïnshua"粉刷"。

fïntio"粉条"。

fucha"茯茶"。

fula-"负（责任）"。

funie"副业"。

fushila-"伺候"，来自"服侍"。

futan"舒坦"。

fuvu"服务"。

ga"小"（用于人名前，表示喜爱），来自"尕"。如 Galinto（女性名字），来自"尕樱桃"；Gaputo（女孩名），来自"尕葡萄"。

gaga"哥哥"。

galla-"干"。

galčang"擀面杖"。

gamei"尕妹（女孩名）"。

ganban"干办"。

ganbu"干部"。

gandan"干蛋"。

gang"间"(量词)、"工"(社会组织名称)、"钢""光""缸""虹",其中表示社会组织的"工"来自汉语"工"(清代社会工区)。

gangban"钢板"。

gangbi"钢笔"。

gangjin"钢筋"。

gangtou"光头"。

gangyin"光阴"。

gangzi"缸子"。

gansan"干散"(好)。

ganzi"根子"(量词)、"杆子"。

gedo"街道"。

gide"疙瘩"。

gijir"戒指"。

gile-"记"。

gilen-"急"。

gin"紧""铅"。

ginzi"根子"。

gišang"县城",来自"街上"。

gitu"盖头"。

giyzi"芥子"。

go"瓜"。

goho"寡妇""姑父"。

golla-"管"。

gonjin"关紧"。

gozi"膏药",来自"膏子"。

gökü"木制蒸笼"，来自"栲栳"。

gönšin"斗"，来自"官升"。

gu"鼓"。

guaguazi"香瓜"。

guamien"挂面"。

guazi"瓜子""傻瓜"，后者来自"瓜子"（方言）。

guanzi"饭馆"。

gudu"骨朵"。

gudumo"人名（绰号）"，由"骨朵"和撒拉语词缀 -mo 构成。

gufu"女婿"，来自"姑夫"。

gugur"钩钩儿"。

gugur xay"钩钩鞋"。

gueile-"怪"。

gui"贵"。

guishun-"归顺"。

gula-"雇"。

gulu"轱辘"。

gungu"公鸡"。

gunfin"工分"。

gunja"公家"。

gunjin"公斤"。

gunli"公里"。

gunshe"公社"。

gunzi"银环"（过去女性挂饰），来自"滚子""工资"。

gunzo"工作"。

guoja"国家"。

gu:zhu"桌子"，来自"供桌"。

habagu"哈巴狗"。

ïrnan "二铵"。

jaban "夹板"。

ja činle- "请假"。

jaja "夹夹（背心）"。

jala- "织"。

jan "签" "奸"。

jang "姜、生姜" "刚、刚才"，后者来自 "将"。

jangshïn "缰绳"。

janggi "庄稼"。

jangyiu "酱油"。

javu "家务"。

janzi danla- "负责"，来自 "担肩子"。

jazi "架子"。

jaziche "架子车"。

jefangjun "解放军"。

jefu "姐夫"。

jeri "节日"。

jexun "结婚"。

jexunzhïn "结婚证"。

jeyang "羯羊"。

jigi "几个"。

ji:le- "移"，来自 "迁"（?）。

ji:len- "迁移"，来自 "迁"（?）。

jin "斤"。

jing "真"。

jingne- "挣" "蒸"。

jinkou "劲扣（有精神）"。

jiule- "救"。

jiutu "镢头"。

jiuzi "舅子"。

ji:shi "结实、胖"。

jĭngnan- / jĭngnaš- "争论"，来自"犟"。

joda "打搅"，来自"搅打"。

jola- "交"。

jolu "笊篱"。

jomïn "宗教"，来自"教门"。

jon、zhuan "砖"。

jongna- "装""骄傲"。

joshi "教室"。

jozi "饺子"。

jüanzi "卷子"。

jünzhang "军长"。

jüxua "菊花"。

kabu "书包"，来自"挎包"。

kala "栲栳（一种由柳条编织的容器）"。

kan "件"。

kang "矿""强行"，后者来自"强"（？）。

kangjan "健康"，来自"康健"。

kangzi "腔子"。

kanjïr "坎肩儿"。

kanshou "看守"。

kodan "搅团"。

kola- "托靠""考"。

kolan- "靠、依靠"。

koshi "考试"。

könköndi "全部地"。u nemesini könköndi qaldïrmïš. "他把饭全部剩下了。"

köxši "口弦"。

kuaiji "会计"。

kui "亏" "块、元"。

kuičin "亏欠"。

kunsi "孔雀"。

kuxan "口唤"，汉语伊斯兰经堂语，意为"同意"。

la "蜡烛" "蜂蜡"。

laba "喇叭"。

lala- "安置" "抚养"，来自"安"。

lallan- "安顿"，来自"安"。

lamien "拉面"。

lan "懒、懒惰"。

langan "懒惰"，来自"懒干"。

lasu "醋"，来自"老醋"（？）。

lata "邂逅"。

lazi "辣子"。

len'gi "桂枒"。

len'gine- "发亮"，来自"亮光"（？）。

lienzhang "连长"。

liang "梁" "两"。

liang'a "袜子"，来自"凉袜"。

liangfur "凉粉儿"。

liangzi "兵"，来自"粮子"。

liangzïn "凉快"，来自"凉爽"（？）。

liangmian "凉面"。

lianpïn "脸盆"。

lidang "礼当"。

lim "檩"。

linjan"零件"。

lishi"历史"。

liši"利息"。

lizi"李子"。

lobešin"老百姓"。

loge"劳改"。

logefan"劳改犯"。

lolla-"弄乱"。

lolan-"乱"。

longgu"火锅",来自"暖锅"。

longxuashïn"落花生"。

longzi"笼子"。

lorïnja"老人家（伊斯兰教苏菲派领袖）"。

losa"骡子"。

loshi"老实、妥当""老师"。

loto"骆驼"。

loye"腊月"。

ludo"道路",来自"路道"。

lun"龙"。

luzi"炉子"。

luyinji"录音机"。

mabu"抹布"。

mafan"麻烦"。

Maği"马家（村名）"。

maiyanshe"货郎",来自"卖颜色"。

majang"麻将"。

maji"麻渣"。

mala-"抹"。

malaji "播种机"，来自"马拉机"。

malan- "麻"。

mali "快"，来自"麻利"。

matang "麻糖"。

mazi "麻子"。

mei "煤"。

meifu "妹夫"。

mi "米（量词）"。

mien ku "棉裤"。

mienpien "面片"。

mien xay "棉鞋"。

min "命、命运"。

minbin "民兵"。

minshïn "名声"。

minzhang "名章"。

mïnšang "门箱"。

mobi "毛笔"。

modan "牡丹"。

mogu "蘑菇"。

mokïn "厕所"，来自"茅坑"。

monxan "门宦"，伊斯兰教苏菲主义派别。

moto "摩托"。

mu "亩"。

muïr "木耳"。

muyang "模样"。

nanšïn "难心"。

nandïr "脸蛋儿"。

nangua "南瓜"。

niosu"尿素"。

nixïla-"喜爱",来自"爱护"(？)。

neyši"爱惜"。

nuno"恼怒",来自"怒恼"。

pansen"盘缠"。

peyang"白杨"。

pian"偏"。

pienyi"便宜"。

pi:gür"勺子",来自"瓢羹儿"。

ping"平、平坦"。

pingne-"评、评理""聘"。

pin'go"苹果"。

pite-"写",来自"笔"。

po"枪、炮",来自"炮"。

pozhangzi"鞭炮、烟火",来自"炮仗子"。

pufïn"扑粉"。

pula-"铺"。

puto"葡萄"。

puzi"铺子"。

rangna-"让"。

rangpizi"酿皮子"。

rili"日历"。

rïla-"喊叫、说",来自"嚷"。

rïnkou"人口"。

runku"绒裤"。

ruzi"褥子"。

raru"软儿（梨）"。

sala-"擦"。

samtu "散土"。
san "伞"。
sancha "三岔（地名）"。
san'gunša "过去带三个抽屉的桌子"，来自"三个匣（？）"。
sanja "参加"。
sanliang "钱粮"。
sanzi "馓子"。
sey "菜"。
seybochi "猜宝吃（游戏名称）"。
seygua "菜瓜"。
seyfïn "裁缝"。
shafa "沙发"。
shandanxua "山丹花"。
shang "伤"。
shangkï "上课"。
shangshang "双胞胎"，来自"双双"。
shangsi "双嘴"，shangsi balux "黄河鲫鱼"。
shazi "沙子"。
she "社"。
sheyüen "社员"。
shi "是"。
shido "拾掇"。
shixo "实话、确实"。
shixui "石灰"。
shiyzi "筛子"。
shiyle- "筛"。
shizhang "师长"。
shizi "狮子"。

shïn "省"。

shïnchandui "生产队"。

Shïnji "沈家（村名）"。

shïnrïn "圣人"。

shïnzhang "省长"。

shoubio "手表"。

shougïji "收割机"。

shouji "手机"。

shoula- "受、接受，收、接收"。

shoushu dunla- "动手术"。

shouto "手套"。

shu "书"。

shuini "水泥"。

shuitangzi "水塘子"。

shuji "书记"。

shuro "饶恕"，来自"恕饶"。

si "才"。

silin "司令"。

sin "信" "层"。

sïnča "清茶"。

sirun "丝绒"。

seydu "菜刀"。

sobu "梭布"。

sogo "草果"。

sola- "锁"。

solan- "错"。

somo "草帽"。

sozi "锁子"。

songgur "蒜罐儿"。

suanban "夯土墙板",来自"墙板"(?)。

suanpan "算盘"。

sumuli "酥梅梨"。

sumurla- "思谋"。

sunmin "聪明"。

sunzhang "村长"。

sunzi "孙子"。

šang "乡"。

šangjoli "香蕉梨"。

šangyüe "乡约"。

šangzhang "乡长"。

šangna- "伤、影响"。

šanrïn "先人"。

šatang "沙糖"。

šazhi "夏至"。

šelen- "折"。

šen "县"。

šenku "线裤"。

šenzhang "县长"。

šeya "血压"。

ši "戏"。

šinči "星期"。

šiogun "小工"。

šiojin "经堂语文本",来自回族汉语"小经"或"消经"。

šioshi "小时"。

šiošüe "小学"。

šiuxuagu "雪花膏"。

šiyiji "洗衣机"。

šizhang "西装"。

šo "孝（布）"。

šüe（aš-）"（主持清真寺）教务"，来自"（开）学"。

šüedun "学董（清真寺管理人员）"。

šüeshïn "学生"。

šüešo "学校"。

šügün "手绢"。

tala- "拓"。

tam "淡"。

tan "滩"。

tang "趟（量词）"。

tangun "坛罐"。

tangšün "堂兄"。

telle- "填"。

tila "提篮"。

tienmizi "甜麦子"。

tientang "天堂"。

tiodan "挑担（连襟）"。

to "桃"。

toguji "脱谷机"。

toko "托靠"。

tolaji "拖拉机"。

toli "脱离"。

toronglu "（金属）蒸笼"。

toshi "讨喜"。

touvasey "头发菜"。

tuenje "团结"。

tuenyüen "团员"。

tuenzhang "团长"。

tufi "土匪"。

tuile- "推"。

tuituji "推土机"。

tuja "屠家"。

tunšüe "同学"。

tunxu "烧水壶"，来自 "铜壶"。

vala- "挖"。

vang "网、互联网"。

vanzi "碗子"。

vejabu "外家抱（人名）"，来自 "外家抱"，意为 "生养在母亲家里的孩子"。

veshïn "外甥"。

vibo "围脖"。

vïndang "稳当"。

vu "雾"。

vuchang "死、去世"，来自 "无常"。

vuyüevu "五月五"（节日）。

xači "下气"（？）。

xağït "纸"，来自 "榖纸"（通过波斯语进入撒拉语的）。

xalla- "旱"。

xangdou "黄豆"。

xandu "巷道"。

xanggua "黄瓜"。

xangshang "皇上、皇帝"。

xansi "咸菜"。

xantïr "汗褐儿"。

xay "鞋"。

xaydey "海带"。

xayla- "害、陷害"。

xiban "黑板"。

xïn "厉害"，来自"狠"。

xo "货"。

xoban "群"，来自"伙伴"。

xoylan- "变坏"。

xoche "火车"。

xu "壶" "胡乱"。u xu yenšeba. "他在胡说。"

xuafi "化肥"。

xuajuan "花卷（食物名称）"。

xuashǐn "花生"。

xui "会"。

xuzi "瓠子" "胡子"。

yabï "哑巴"。

yago "牙膏"。

yamïn "衙门"。

yangchangji "扬场机"。

yangsun "洋葱"。

yangxo "火柴"，来自"洋火"。

yangshizi "西红柿"，来自"洋柿子"。

yangxui "水泥"，来自"洋灰"。

yangyiu "洋芋"。

yangzi "样子"。

yanshe "颜色"。

yashua "牙刷"。

yezike "厉害的人、勇敢的人"，来自"叶子客"。

yibizi "一辈子"。

yin'gang"消失",来自"隐光",如 yin'gang vol-"去世",信奉伊斯兰教门宦的人在描述其宗教领袖去世时所用的委婉语,表示敬重。

yinshou"接受",来自"领守"。

yinxang"银行"。

yinzhang"营长"。

yishïn"医生"。

yiupio"邮票"。

yizi"香皂",来自"胰子"。

yogo"全部",来自"一挂"。

yojin"要紧"。

yon"又、还是",来自"原"(?)。

yonfa"缘法"。

yonyin"原因"。

youdang"窑洞"。

youji"油茶"。

youzo"油枣"。

yüenzho"圆桌"。

yüeji"月季"。

yüepu"药铺"。

yünche"晕车"。

yündu"熨斗"。

yünxun"粉红"。

yüshi"玉石"。

zala-"砸"。

zanjin"攒劲(精干、好)"。

zanzi"碗",来自"盏子"(?)。

zasui"杂碎(食物名称)"。

zelle-"剪"。

zen"贱、便宜，调皮、淘气"。

zenzi"剪子"。

zhado"铡刀"。

zhadan"炸弹"。

zhala-"炸"。

zhalla-"占"。

zhan"站、车站"。

zhang"张（量词）""账"。

zhanggudi"掌柜的"。

zhangmu"丈母"。

zhangrïn"丈人"。

zhayo"炸药"。

zherïn"责任"。

zheyin"香烟"，来自"纸烟"。

zhiba"证据、凭证"，来自"执把"（？）。

zhiba"值班"。

zhigan"知感"。

zhigui"最宝贵的"，来自"至贵"。

zhijado"指甲刀"。

zhiliang"质量"。

zhinü"侄女"。

zhizi"侄子"。

zhïn"镇"。

zhïnche"政策"。

zhïnzhang"镇长"。

zhun"钟"。

zhunbi"中拜（衣服）"。

zhungo"中国"。

zhunšüe "中学"。

zhuntou "钟头"。

zhuši "主席"。

zi "集、集市"。

zi:le- "栽"。

zimiyxua "刺梅花"。

zišinche "自行车"。

ziugang "缸、酒缸"。

zi:zi "苗、秧"。

zĭng "井"。

zunla- "遵守、遵从"。

zuzhang "组长"。

除以上词语外，撒拉语还成系统地借用了汉语数词、二十四节气名称，以及与汉语数词相关的量词。在计算小数量的事物时，撒拉语还在运用自己的固有数词，但数目越大越基本倾向于使用汉语数词。现在新出现的事物名称，撒拉语基本上直接从汉语中借用，因此根据目前的这种趋势，我们认为撒拉语中的汉语借词将会越来越多。

二、撒拉语和汉语中的远古共有词

以上撒拉语中的汉语借词有的是早期借词，如 dingjir（针）、gijir（戒指）、jang（刚）、ča（茶）、jing（真）、čügü（竹筷）、yamïn（衙门）、dingne-（听）、len'gi（桎梏）、zi（集）、gišang（县城）、xansi（咸菜）、sey（菜）、pite-（写）、jingne-（蒸）、jiutu（镢头）、xağït（纸＜穀纸）、banding（板凳）、kanjïr（坎肩）、zenzi（剪子）、sinča（清茶）、zen（贱）、xay（鞋）、liangzi（兵＜粮子）、šügün（手巾）、tam（淡）、gile-（记）、gang（间）、kan（件）、zele-（接）、jongna-（装）、kodan（搅团）、sin（信）、zanzi（碗）、janggi（庄稼）等。除了这些早期

汉语借词外，撒拉语中还有大量的现代汉语借词，如 zhuši（主席）、šanzhang（县长）、dianno（电脑）、shouji（手机）等。这些汉语借词反映了汉文化对撒拉族文化的深刻影响。然而，撒拉语中还有一些非常古老的词语，这些词语也能在汉语中找到相应的形式，如：①

1. 毕：bi⁴，完结、完成。古音：pĭĕt。撒拉语：pit-（完成）。
2. 冰：水在0℃或0℃以下凝结成的固体。古音：pĭəŋ。撒拉语：muz（< buz）（冰）。
3. 缠：chan²，缠绕。古音：dĭan。撒拉语：dang-（缠、扎）。
4. 䞢：chen¹，止。古音：thĭəm。撒拉语：ding-（停、休息）。
5. 齿：chi³，牙。古音：tɕhĭə。撒拉语：tiš（牙）。
6. 歭：chu⁴，直立、耸立。古音：thĭəuk。撒拉语：tix-(<tik-)（竖立）。
7. 逮：dai³，捉。古音：dət。撒拉语：tut-（捉）。
8. 岱：dai⁴，山名，即泰山。古音：dək。撒拉语：dağ（山）。
9. 迨：dai⁴，等到、达到。上古音：dˀəg（高本汉）、dəgx（李方桂）、də（王力）。撒拉语：değ-（<deg-）（接触、达到）。
10. 缔：di⁴，结合。古音：diĕk。撒拉语：düğ（结、绾）。
11. 堵：du³，堵塞。古音：tu。撒拉语：tus-（堵住）。
12. 分：fen¹，使整体事物变成几部分或使联在一起的事物离开。古音：pĭwən。撒拉语：böl-（分）。
13. 粪：fen⁴，屎。古音：pĭwən。撒拉语：box（屎）。
14. 割：ge¹，用刀截断。古音：kăt。撒拉语：kes-（割）。
15. 给：ji³，充足。古音：kĭəp（高本汉）、kjəp（李方桂）、kĭəp（王力）。撒拉语：köp（多）。
16. 肱：gong¹，胳膊上从肩到肘的距离。古音：kuəŋ。撒拉语：qol（胳膊）。

---

① 下面汉语古音例子中高本汉、李方桂、王力的拟音来自东方语言学网 http://www.eastling.org/oc/oldage.aspx 和 http://www.eastling.org/tdfweb/midage.aspx［2015/7/7］。其他未标明的拟音例子来自郭锡良：《汉字古音手册》，商务印书馆，2010。拼音右上角数字1、2、3、4分别代表汉语的四个声调。

17. 革：ge², 去毛的兽皮。古音：keək。撒拉语：gön（皮革）。

18. 何：he², 什么。古音：ɣa。撒拉语：*qa（哪）＜ qadan（从哪里）、qala（到哪里）、qaysï（哪个）。

19. 湖：hu², 被陆地围着的大片积水。古音：ɣa。撒拉语：göl（湖）。

20. 划：hua², 用尖锐东西把别的东西分开或在表面上刻过去。古音：kwɑ（高本汉）、kuarx（李方桂）、kuai（王力）。撒拉语：qïr-（划）。

21. 羟：hua⁴, 有角的母羊。古音：g'wɔ（高本汉）、gwragx（李方桂）、ɣoa（王力）。撒拉语：qoy（羊）。

22. 皇：huang², 君主。古音：ɣauŋ。撒拉语：xan（汗）。

23. 笄：ji¹, 古代的一种簪子，用来插住绾起的头发，或插住帽子，如：发笄、弁笄；古代特指女子十五岁可以盘发插笄的年龄，即成年：及笄、笄年。古音：kiei。撒拉语：qïz（女孩、姑娘）。

24. 缉：qi¹, 把麻析成缕连接起来：缉麻。古音：tshiəp。撒拉语：yipek（线、丝线）。

25. 加：jia¹, 增多，把本来没有的添上去。古音：ka（高本汉）、krar（李方桂）、keai（王力）。撒拉语：qar-（加）。

26. 鞬：jian¹, 马上盛弓箭的器具。古音：kĭan。撒拉语：qïn（鞘：如刀鞘）。

27. 降：jiang⁴, 落下。古音：koəm。撒拉语：qum-（落、降落）。

28. 景：jing³, 日光，太阳。古音：kiăŋ（高本汉）、kjianx（李方桂）、kyaŋ（王力）。撒拉语：gün＜kün（太阳）。

29. 掘：jue², 挖、刨。古音：gĭwɐt。撒拉语：qazï-（挖）。

30. 窥：kui¹, 从小孔或缝隙里看，暗中察看。古音：g'iwăt（高本汉）、gjuat（李方桂）、giuat（王力）。撒拉语：gör-（看见）、göz（眼睛）。

31. 民：min², 人、人群。古音：mĭen。撒拉语：-mang（词缀，出现在人名后，如 qaramang 尕勒莽、axmang 阿合莽）。

32. 蓦：mo⁴, 上马。古音：meăk。撒拉语：min-（骑）。

33. 暼：pie¹, 日落的样子。古音：p'iat（高本汉）、phiat（李方桂）、phyat（王力）。撒拉语：bat-（日落）。

34. 潜：qian²，隐在水下，隐藏。古音：dzǐəm。撒拉语：čöm-（游泳）。

35. 思：si¹，容、容纳，想。古音：siəg（高本汉）、sjəg（李方桂）、siə（王力）。撒拉语：six-（容、容纳）、sağan-（想念）、sağïs（哭嫁歌）。

36. 踏：ta⁴，踩。古音：thĕp。撒拉语：tüt- < *tep-（踢）。

37. 泰：tai⁴，滑。古音：tāt、tai。撒拉语：*döy-（滑）、döyin-（döy- 的反身态）。

38. 矘：tang³，眼睛无神，茫然直视。古音：thaŋ。撒拉语：tang（不知道、不清楚）。

39. 毋：wu²，不、别。古音：miwo（高本汉）、mjag（李方桂）、mia（王力）。撒拉语：-ma/-me（否定）。

40. 丫：ya¹，上端分叉的东西。古音：ʔɔ（高本汉）、ʔrag（李方桂）、ea（王力）。撒拉语：yovu（木杈）。

41. 拽：ye⁴，拖、拉。dǐat（高本汉）、rat（李方桂）、ʎiat（王力）。撒拉语：dat-（拉）。

42. 音：yin¹，声音。古音：ǐəm。撒拉语：ün（声音）。

43. 又：you⁴，重复或继续。古音：ɣiwə。撒拉语：nene < yene（又、再）。

44. 源：yuan²，水流起头的地方。古音：ŋǐwǎn（高本汉）、ŋjuan（李方桂）、ŋiuan（王力）。撒拉语：yul（泉）。

45. 指：zhi³，手脚伸出的支体。古音：tǐər（高本汉）、krjidx（李方桂）、tɕiei（王力）。撒拉语：dïrnax（指甲）。①

以上这些词有的可能并不具有对应关系，但显然这么多的词语具有大致相同的音义形式不可能是偶然的巧合。撒拉族的先民突厥乌古斯部在古代属于铁勒，而突厥、铁勒以及狄历、丁零、狄、翟等都是 Turk 的音译（撒拉族民间至今还把自己过去曾使用的文字称之为 Turk Oxïš）。古代狄人曾与华夏诸部相邻而居，其间关系

---

① 更多相关内容可参考赵相如：《突厥语与古汉语关系词对比研究》，社会科学文献出版社，2012；德力夏提·肉孜：《汉语维吾尔语对应关系词研究》，中央民族大学出版社，2014。

非常密切。甚至有先秦文献认为狄人与华夏同祖，如"有北狄之国。黄帝之孙曰始均，始均生北狄"①。还有学者认为黄帝出自北狄：

> 兴于北方草原而后进蹠中原的有熊氏黄帝，是北方游牧氏族部落所追思的祖先。推定黄帝为胡狄宗神的依据是：1.黄帝请旱魃助战大败蚩尤，黄帝族是适应北方干旱气候的游牧部落。2.黄帝族的后裔，其中姬姓的骊戎、狐戎、鲜虞都是戎狄。3.周初将黄帝后裔分封在黄帝故乡的幽燕。4.黄帝又称轩辕，传说黄帝造车。游牧民族逐水草而居，最早使用马车，被称之为"马背上的民族"。5.黄帝的后裔夏后氏夏禹，称之为"戎禹"。《诗经·长发》："禹敷下土方"，夏后氏是从河套一带沿黄河南下中原。6.《史记》："匈奴，其先祖夏后氏之苗裔也。"②

在现阶段，我们还很难说撒拉语和汉语之间的对应关系词是接触的结果，还是具有同源关系，但不管怎样，这些词的存在说明历史上撒拉族先民和汉族之间至少存在非常紧密的互动关系，在非常遥远的时期，他们在许多方面共同拥有一些重要的文化现象。在这种共同的文化现象背后其实就是共同的民族心理意识。

三、深度接触的实例："工"的词源

"工"是撒拉族地区特有的社会组织，自清雍正以来在撒拉族历史上发挥着非常重要的作用。对于"工"的来源与解释，目前还没有统一的看法。结合民族学、历史学材料，我们对撒拉族的"工"这一社会组织名称进行新的词源阐释。

（一）撒拉族社会组织"工"

在清代，循化撒拉族地区曾有十二工，当时人们习惯上把县城以西的街子、查加、草滩坝、苏只、别列、查汗都斯地区称为"上六工"，县城以东的清水、大寺

---

① 《山海经·大荒西经》，上海古籍出版社，1980，第395页。
② 李葆嘉：《中国语的历史和历史的中国语——7000年中国语史宏观通论》，载《中国语研究》（日本），1996，第38页。

古、孟达、张尕、夕厂、崖曼地区称为"下六工"。乾隆四十六年（1781年），撒拉族举行了著名的苏四十三反清起义，起义失败后清朝政府进行了残酷的镇压，撒拉族人口锐减，于是十二工缩为八工。上六工的别列工并入苏只工，草滩坝工并入街子工。下六工的崖曼工并入张尕工，大寺古工并入清水工。从此改称撒拉八工。后来随着人口的增长，撒拉族从街子一带迁到黄河以北的化隆甘都等地，这样在化隆地区也形成了五个工，即甘都工、卡日岗工、上水地工、黑城子工及十五会工，这样就有了"撒拉八工外五工"的说法。撒拉八工是撒拉族的核心，而外五工人实际并非都为撒拉族，无论从历史记载看，还是从现在的民族分布来看，该地区相当一部分人为回族和藏族，那为什么把这些地方称为撒拉外五工呢？有学者曾精辟地指出这个名称的来源，其即不依宗教范畴，也不依民族界限，而是撒拉族兴起后其统治影响势力的外延。乾隆年间苏四十三起义虽被镇压，但此事震动了清廷和西北，撒拉族也随之名声大振。后来同治、光绪年间的西北回民起义中，青海地区的首领为化隆昂思多（属撒拉外五工之一的黑城子工）、撒拉人马文义（又称马尕三），而撒拉八工应之，风动河湟，直至光绪二十一年后，才归平定，当地人不只在当时称此为"撒拉反了！"就是在20世纪初期还有如此说法。民国时期马麒的宁海军，原均为河州回民，到马步芳时期，便以化隆、循化的撒拉为骨干，而尤依重外五工撒拉。外五工回民等被称为撒拉，实际上是八工撒拉兴起后其声势的外延。①

"工"是由数个村庄组成的一种社会组织，它是撒拉族社会发展的产物。各工逐渐从街子地区脱离后，二者之间在世俗行政事务上不再是隶属与被隶属的关系，但街子由于是撒拉族的发祥地，在撒拉族心目中居有重要的地位，因此在重大事情面前街子工最具号召力。撒拉族发动的多次反清起义中对街子工"余七工惟马首是瞻"。撒拉族花儿中唱道："撒拉八工的外五工，街子工有头人哩。"这儿的"撒拉八工的外五工"不是指"外五工"属于"撒拉八工"，而是指"撒拉八工和外五工"。"的"不是现代汉语中的结构助词，而是连词，意为"和"。

撒拉族各工都有领导者，俗称"头人"，负责本工的对内外重大事务，如光绪十二年（1886年）水案发生后，在官府会同撒拉八工头人所立的"水利章程碑"中

---

① 李文实：《撒拉八工外五工》，《中国撒拉族》1994年第1期。

署名的各工头人有 17 人：

  崖慢工头人 韩五十七 马七十五
  街子工头人 韩努力 马来迟
  清水工头人 韩老大 韩户长
  苏只工头人 韩阿力 韩主麻
  张哈工头人 韩且令 马老三
  查汉大寺工头人 马六十五 何三三
  孟达工头人 马寒木则 马阿自保
  查家工头人 韩木洒 韩乙麻木 韩木素①

"工"的产生可上溯至雍正八年（1730 年）。乾隆《循化志》卷四说："雍正以前，并无工名，故雍正七年册，但称草滩坝庄十一庄"；"据韩光祖云，雍正八年征桌子山，调兵三千协剿，始分十二工名目。其取名不知何义？"这说明雍正八年即 1730 年始有十二工的名称，以前都以"庄"来称呼撒拉族地区的村庄。

（二）关于"工"的研究

关于"工"的名称来源，已有多种解释，兹罗列分析如下：

据成书于清代的《循化志》讲："（工）其名不知何，岂立功而仍讹为工耶？"意撒拉族立了军功，之后把"功"讹传成"工"。《循化志》是最早记录"工"的书面文献，也最早对"工"的名称来源进行了解释。但这种解释仅仅是一种猜测。说"工"来自"功"从语音上来说有可能，但用"功"来称呼撒拉族的村落既缺乏意义上的逻辑基础，也缺乏事实依据。

柔克义（Woodville Rockhill）曾于 1891—1892 年在蒙古和藏族地区进行考察时，也对撒拉族地区进行了短时间的访问。他在发表的日记中记载道：The word

---

① 芈一之、朱刚：《循化光绪十二年水案的重要史证》，《青海民族学院学报》1982 年第 2 期。此段文字中的"崖慢"即"崖曼"，"张哈"即"张尕"，"查汉大寺"即"查汗都斯"，"查家"即"加"。

kun① in pa kun is, so they said, the Chinese "sun", "a village"②，即正如当时的撒拉族所说"工"就是"村"。他指出"工"就是一个行政区，其来源值得研究。③但他并没有最终就"工"和"村"之间的语音联系给予进一步的解释。著名突厥语学家捷尼舍夫曾在1957年于循化地区进行深入的田野调查，之后发表了一系列关于撒拉语方面的论著，可谓成就辉煌。在他的博士论文《撒拉语的结构》绪论中，对"工"的解释基本沿用了"工＝村"的观点。④日本学者片冈一忠也持同样的观点。⑤非常可惜的是，他们也没有从语言学角度对此问题进行科学的阐释。

周振鹤提出"工者，族也"的观点⑥。按照这种观点，"十二工"就是"十二族"，"八工"就是"八族"。虽然从语义而言，这种解释有一定的可能性，但无法解释"工"的语音来源。从语音而言，"工"和"族"之间根本没什么联系。周氏也仅仅提出自己的观点，没有进行进一步的解释与说明。

顾颉刚推测撒拉族的"工"可能是"沟"的转音。他指出"工"（kung）和"沟"（keu）为东候对转，并说番地中以沟作地名的很多，如卓尼有车八沟、喇利沟等。而且，就其含义来说，"工"大约与现在的"区"相等。⑦很显然，"工"和"沟"在语义上并不相同，而且，从语音角度而言，"工"源自"沟"也缺乏学理依据。

李文实认为撒拉族的"工"系藏语音译。他认为，撒拉族生活之地本为番（藏）地，名从主人，"工"当系藏语的音译。藏语中沿河较高之处为"工"（gong），如青海贵德的阿什贡、化隆的唐思岗等藏语地名。其中岗、贡、工均一音之转。⑧从语义而言，撒拉族的"工"有可能来自藏语岗、贡、工，而且其语音形式也基本相同，但撒拉族外五工之一"卡日岗工"的名称，则否定了李文实先生关于撒拉语的

---

① kun 即"工"——引者注。
② 片冈一忠：《试探清代的撒拉族——兼谈撒拉族的"工"》，秦永章、李丽译，《青海民族研究》1991年第4期。
③ 妥超群：《美国藏学家柔克义对青海土族、撒拉族的民族学考察及文献译注》，《中国撒拉族》2011年第2期。
④ 捷尼舍夫：《撒拉语结构》，白萍译，民族出版社，2014。
⑤ 片冈一忠：《试探清代的撒拉族——兼谈撒拉族的"工"》，秦永章、李丽译，《青海民族研究》1991年第4期。
⑥ 周振鹤：《青海》，台湾商务印书馆，1971，第116页。
⑦ 顾颉刚：《撒拉回》，《西北通讯》1947年第1卷第10期。
⑧ 李文实：《撒拉八工外五工》，《中国撒拉族》1994年第1期。

"工"来自藏语岗、贡、工的说法。"卡日岗工"中来自藏语的"岗"与来自撒拉语的"工"并存,这说明二者并不是一回事。其实,后来李文实自己也改变了"工"来自藏语的观点(见下文)。

韩中义将"工"与哈萨克语的 qonus 联系起来。他提出,哈萨克族把夏牧场扎帐房之住所称之为 qonus,意为"住地",而 qon 意为动词"住"。他推测在早期撒拉语使用过 qon 一词,指帐房的居住地。撒拉族先民由中亚东迁中国后,随着由游牧生活向农业生活的转变,qon 的意义发生了变化,由"帐房的居住地"意义转变为"自己的居住地",其语音变化过程为 qon → qong → gong,由此产生了"工"。① 实际上,现代撒拉语中存在与哈萨克语相似的动词 qon-(现在大多有 qom- 的变化形式),其意义为"飞落、居住",但这个词的名词形式只有 qonax(客人),qon 本身并不表示事物名称。更主要的是撒拉语 qon- 中的 q[q] 为小舌音,如前面所说,这个音与"工"(gang)的 g[k] 是两个不同的音,根据语言的历时研究,撒拉语中没有 q[q] 演变为 g[k] 的现象。因此,说"工"来自 qon 缺乏语言学方面的依据。

有观点认为,"工"来自撒拉语,意为城镇,是"干"(kand)的转音。在中亚一带以"干"为名者甚多,如塔什干、撒马尔干等。② 这种分析具有一定的道理,撒拉族历史学家芈一之也持这一观点。他认为"依名从主人的原则,撒拉语地名用撒拉语解释,且工乃干之转音,既符合语言学规律,也符合民族地名演变规律"③。kand 确实是个古老的撒拉语词,早在 11 世纪的《突厥语大词典》中就有这一词条。该书记载,kɛnd 为"城市、城镇"之意,如 ordu kɛnd 意为"国王居住的城市"。该书还进一步说,kɛnd 在乌古斯人及与他们相邻的人的语言中,是"乡村"的意思,而绝大多数突厥人的语言里则指"城市"。如称费尔干纳城为 öz kɛnd,意思是"我们自己的城市",semiz kɛnd 也是个大城市,波斯人称它为 semer kɛnd。④ 这里的 semiz kɛnd 或 semer kɛnd 实际上就是撒马尔罕。因此,说撒拉族的"工"来自早期

---

① 韩中义:《撒拉族社会组织"工"之初探》,《西北民族研究》1993 年第 1 期。
② 青海民族学院民族研究所编印:《撒拉族史料辑录》(油印本),1981,第 33 页;郝苏民:《甘青特有民族文化形态研究》,民族出版社,1999,第 106 页。
③ 芈一之:《撒拉族史》,四川民族出版社,2004,第 57 页。
④ 麻赫默德·喀什噶里:《突厥语大词典》(第一卷),校仲彝等译,民族出版社,2002,第 362~364 页。

的突厥语 kɛnd（在乌古斯人的语言中其意义为"乡村"，撒拉族源自乌古斯部①），似乎已成定论。但从词源的角度讲，kɛnd 来自波斯语，意为"村"或"城市"，②因为在古代突厥碑铭语言中，我们见不到 kɛnd 一词，表示"城市"意义的词为 balïq。③ 撒拉语中至今还有 semerqandi（撒马尔罕）一词，其中 –qandi 实际上就是 kɛnd。撒拉族的"工"不太可能来自 –qandi，因为，–qandi 中的 q 在撒拉语实际发音为小舌音［q］，而"工"在撒拉语中的发音为 gang［kang］，其中 g［k］为舌根音。如前所述，［q］和［k］是两个不同的音，根据语言事实，我们也没有发现古代突厥语中的小舌音在撒拉语中演变为舌根音的例子。另外，在撒拉语中表示"村"意义的词有专门的 ağïl。该词在撒拉语中的使用频率很高，而且该词在古代突厥碑铭语言中就早已存在（当时意为"畜圈"）。但在目前的撒拉语中除了 semerqandi（撒马尔罕）一词外，我们根本看不到表示"村"或"城市"意义的 kɛnd 的使用现象。可见 kɛnd 的构词能力很弱，这表明它很可能是个借词。考虑到波斯语的 kɛnd（"村"或"城市"），我们断定撒拉语的 kɛnd 就是个借词。因此，虽然从语义方面而言撒拉族的"工"有可能来自 kɛnd，而且二者在语音方面也较接近，但正如前面所述，从严格的语言学角度而言，这种可能性是不存在的。对此问题我们在后文中还将继续讨论。

由撒拉族学者参与撰写的、广泛反映社会各界意见的《撒拉族简史》提出，"所谓'工'，是相当于乡一级的行政区划单位，下属若干自然村"④。这种解释准确反映了"工"的社会功能，但回避了对其来源的说明。

（三）对"工"的词源阐释

关于"工"的来源，除以上观点外，还有一种认为是来自"水利工程"的"工"。任美锷指出，"循化乡间有八工六沟的名目，撒拉居八工，藏民居六沟。'工'字意谓水利工程，'沟'字则代表荒野的山沟"⑤。罗郁记载，"撒拉族人一天天地增多，

---

① 马伟：《撒鲁尔王朝与撒拉族》，《青海民族研究》2008 年第 1 期。
② Steingass, F. 1892. *A Comprehensive Persian-English Dictionary, Including the Arabic Words and Phrases to Be Met with in Persian Literature*. London: Routledge & K. Paul: 1053.
③ 耿世民：《古代突厥文碑铭研究》，中央民族大学出版社，2005，第 133 页。
④ 撒拉族简史编写组：《撒拉族简史》，青海人民出版社，1982，第 18 页。
⑤ 任美锷：《循化的撒拉回回》，《地理教育》1936 年第 5 期。

辛勤艰苦地向外拓殖，多以务农为业，最能讲求水利，引山泉以灌田，故有'撒拉十三工，一工一道渠'之说，所谓'工'者，就是一村镇，其命名的原因，或即与水利有关"。① 李文实先生在后来出版的《西陲古地与羌藏文化》一书修正了他以前关于"工"来自藏语"岗、贡、工"的看法，认为撒拉族的"工"来自移民屯垦的垦区名称"工"。② 但其中原因，以上几位学者并未给予任何说明。芈一之先生提及龚景瀚的《循化志》中也记载有此观点③，他认为以"水利工程"之"工"去解释撒拉语之"工"，望文生义，为不正确做法。④

我们认为，"撒拉八工外五工"之"工"确实与开垦土地、兴修水利相关。促使我们得出这一结论最主要的原因为以下方面的内容：

元辅音和谐是突厥语音位组合方面的一个很重要的特点，是音节层面上的一种语法化了的顺同化现象。它决定着不同元音音位类别和辅音音位变体之间的选择。这种现象一直被称为元音和谐，这是因为对于辅音而言它只是在次音位层面上起作用，而对于元音而言它在音位层面上起作用。⑤ 耿世民教授把这种元辅音和谐现象称之为"辅音和谐"⑥。他说，古代突厥语的辅音和谐只限于一部分辅音，如 g、k 只出现在前元音的词中，而 q、ğ[ʁ] 只出现在后元音的词中。现代撒拉语保留了许多古突厥语词语，而且同样遵循着元辅音和谐规律。在目前的撒拉语中，有一部分词严格遵循着元辅音和谐律，但还有一部分词却并不遵守这一语音规律。从数量上看，遵循和谐律的词远多于不遵循的。我们如果对不遵循元辅音和谐律的词作一详细的分析，就会发现，从来源上看这些词基本上都是来自汉语或藏语的借词。如来自汉语的词有：gaga（哥哥）、gang（间）、kan（件）、kon（宽）、kodan（搅团）等；来自藏语的词有：gağ（音律）、gača（话）、gar（寺庙）、garla-（分开）、kačïx（缺口）、kačü（口水）、kïx（借口）、kašo（豁嘴）、katüx（绳子）、baka（小组）等。笔者在所能考察的所有撒拉语固有词中还未发现不遵守元辅音和谐律的例

---

① 罗郁：《穿行在河湟之间》，《旅行杂志》1949 年第 12 期。
② 李文实：《西陲古地与羌藏文化》，青海人民出版社，2001，第 1 页。
③ 笔者翻阅该书，未见有相关记载。
④ 芈一之：《撒拉族史》，四川民族出版社，2004，第 56 页。
⑤ Erdal, Marcel. 2004. *A Grammar of Old Turkic*. Leijen · Boston: Brill, 86–87.
⑥ 耿世民：《古代突厥文碑铭研究》，中央民族大学出版社，2005，第 69 页。

子。可见，撒拉语中凡是来自古突厥语的固有词都遵守元辅音和谐律，但来自汉藏语的一些借词却破坏了这一语音和谐现象。因此，我们假设：在撒拉语中，当一个词不遵守元辅音和谐律的时候，我们基本上可以断定这个词属于借词。这种元辅音和谐现象的破坏，是跟撒拉族先民来到青藏高原后撒拉语与汉藏语发生接触以后才开始产生的。①

"撒拉八工外五工"中的"工"，在撒拉语中其实际读音为 gang。这个音节中辅音 g 和后元音 a 相拼。根据以上元辅音和谐规律，可以判定这个词不是撒拉语的固有词，它可能来自其他语言。考虑到长期以来撒拉语和汉藏语的接触现象，我们认为它可能来自汉语或藏语。关于来自藏语的可能性，我们在前文已经排除。因此，这个词来自汉语的可能性很大。一个重要的语言事实是，"工"（撒拉语发音为 gang）在使用时，即使是在说撒拉语的过程中，这个词总是只和汉语词同时出现，如 tienša bagang（天下八工）、shang si gang（上四工）、xa si gang（下四工），我们还看不到"工"（gang）和撒拉语词语搭配使用的现象。至此，我们可以判定"工"是来自汉语的借词。

那么，撒拉族作为社会组织的"工"是否与开垦土地或兴修水利相关呢？我们的答案是肯定的。近年来，笔者在新疆对撒拉族语言与文化进行田野调研时偶然发现新疆有许多地名都有"工""宫"字。新疆地名中的"工"或"宫"是否与撒拉族的"工"有关呢？这引起了笔者极大的兴趣。当我查阅新疆有关清代屯垦历史及地名材料时，这种怀疑完全得到了证实。

乾隆嘉庆时期，清政府统一新疆后，为了巩固边疆，在新疆地区实施了大规模的屯田移民实边政策。嘉庆末年，在哈喇沙尔："屯田三处。头工在城东北六十里，屯兵七十一名，种地一千四百二十亩，由西北引开都河灌溉。二工在城东七十里，屯兵一百零一名，种地二千二十亩，由正西引开都河灌溉。三工乌沙克塔尔，在城正东二百二十里，屯兵一百三十名，种地二千六百亩，由东北察罕通格山沟内，引雪水灌溉。""屯，亦称'工'，是兵农合一的组织，是绿营兵丁屯田生产的基层组

---

① 马伟：《撒拉语元辅音和谐的破坏与保持》，载张公瑾、丁石庆主编《浑沌学与语言文化研究新起点》，中央民族大学出版社，2013，第 141~148 页。

织单位。""现在的乌鲁木齐和昌吉的头工、二工、三工、四工、下四工、五工、六工、下六工……都还保留着清代屯田的屯名。"①

研究地名的学者也指出,在新疆有许多以"工"字命名的地名,如头工、二工、三工、四工、东五工、西五工等。这些地名都是因屯田而保留的地名。为了保证农田的引水灌溉,需要开挖河渠。河渠是分段开挖的,这些被划分的地段叫作工区,依次称头工、二工等。据不完全统计,新疆有"工"字地名约 80 个。② 除了新疆,在目前的甘肃河西走廊也有一些以"工"字命名的地名。

撒拉族地区的"工"也是清代雍正八年(1730 年)才出现的。③ 如果我们考察一下当时的社会背景,就会发现"工"在雍正八年出现的原因。为了加强对撒拉族居住地区的直接统治,雍正八年六月,清政府改变通过撒拉族土司对撒拉族实行的间接统治方式,开始在撒拉族地方设营驻兵,并开始修建城池。雍正皇帝"亲赐佳名",将这一城池命名为"循化",意为"遵循王化"。同时,修建了循化所辖的起台和保安二堡,和循化县城形成了互为掎角之势。这使得中央王朝的军政统治得到了巩固,社会治安得到了加强,撒拉族社会从此正式迈入了中央政权直接统治下的封建社会。循化营设立后,清王朝在此驻兵 800,兵马有 265 匹,需每年供支粮料 6089 石。④ 于是,当时的撒拉族土司造具文册,向官府呈报各村田地数目,以此作为纳粮依据。虽然并无史料记载有兵丁直接开垦土地来解决兵粮严重不足的问题,但对循化地区已有的田地是按清朝屯田惯例划分工区的。因此,根据田地数目,清政府将撒拉族地区分为十二工(其中包括一个由藏族人构成的夕昌工),生活在这些地区的百姓以此为标准缴纳赋税。可见,撒拉族地区的"工"也完全来自种粮地段"工区",简称为"工"。从词源来说,这完全是个汉语借词。这也解释了为什么它的撒拉语发音 gang 不符合撒拉语元辅音和谐规律。

撒拉族先民于元代从中亚迁徙至今天的青海循化地区。在元明时期,撒拉族的首领被中央王朝封为"世袭达鲁花赤""世袭百户"和"副千户"等。这一时期,中

---

① 赵予征:《丝绸之路屯垦研究》,新疆人民出版社,1996,第 231、293 页。
② 牛汝辰:《新疆地名概说》,中央民族大学出版社,1994,第 96 页。
③ 龚景瀚:《循化志》卷四,青海人民出版社,1981,第 156 页。
④ 龚景瀚:《循化志》卷四,青海人民出版社,1981,第 106 页。

央王朝对撒拉族及其周边民族是通过本民族的首领来统治的。① 虽然从地理和军事意义而言，撒拉族生活的循化地区已属内地，但从行政和法律的角度而言，中央王朝此时并未能直接统治这些地区。从这个角度而言，这些"番区"仍属"边疆"。② 清雍正时期，中央王朝开始加强对这些地区的有效统治。撒拉族社会组织"工"（撒拉语音为 gang）就是这一历史背景的产物，其来源完全是汉语词"工"，原意为"工区"，后发展为相当于乡一级的行政区划。长期以来，学术界未能对撒拉族社会组织"工"进行正确解读。正确分析"工"的词源，无论是对了解撒拉族社会文化，还是理解清王朝如何具体将"边疆"地区真正纳入其直接而有效的统治范围当中，都具有重要意义。

四、汉语对撒拉语语音的影响

语言是一个由语音、词汇、语法构成的系统。系统中的一个要素发生变化，自然会引起其他要素的变化。随着大量汉语词语的借入，汉语的语音形式也对撒拉语产生了较大影响。

（一）卷舌辅音的出现

在撒拉语固有的语音系统中并不存在卷舌辅音，但由于和汉语的强烈接触，汉语的卷舌辅音进入了撒拉语当中，对撒拉语的语音格局产生了深远影响。如：

zhan	（车）站	zhangmu	丈母
zheyin	纸烟	zhun	钟
chi	尺	chang	厂
changzi	铲子	chala-	查
shang	伤	shido	拾掇
shixo	实话	shazi	沙子
rangna-	让	rili	日历
rangpizi	酿皮子	raru	软儿（梨）

---

① 关于撒拉族历史和文化的研究参见马成俊、马伟：《百年撒拉族研究文集》，青海人民出版社，2004；马成俊、马伟：《民族小岛——新世纪撒拉族研究（2001—2009）》，民族出版社，2010。
② 马海云：《番回还是回番？汉回还是回民？——18世纪甘肃的撒拉尔族群界定与清朝行政变革》，李丽琴、马成俊译，《青海民族研究》2009年第2期。

在我们的书写系统中音位符号 r 实际既代表撒拉语固有颤音 r，也可以代表汉语借词中的卷舌音 ʐ，如 bir "一"、rili "日历"。sh[ʂ] 在撒拉语中本来不存在，但随着汉语借词的增多，它不但在撒拉语中取得了自己的独立地位，而且也开始出现在非汉语借词中，可以取代本族语的 š 音，如：

qash	←	qaš	逃
doshan	←	došan	兔子
üsh	←	üš	三
bashla-	←	bašla-	带领
sash	←	saš	头发
qosh	←	qoš	双

（二）送气和不送气辅音的对立

在大多数突厥语中，塞音和塞擦音有清浊之别，但撒拉语的塞音和塞擦音只有送气和不送气的差别，并没有清音和浊音的对立。如：

b[p]----p[pʰ]   d[t]----t[tʰ]
g[k]----k[kʰ]   j[tʃ]----č[tʃʰ]
zh[tʂ]----ch[tʂʰ]

举例：

bala	孩子	palla	泡
bo	伯父	po	炮
dam	墙	tam	淡
dox	盖子	tox	盘子
gala	高兴	kala	篮子
gön	皮子	kön	宽
jille-	刺	čille-	咬
jalla-	绣（花）	čalla-	叫
zhala-	炸	chala-	查
zhezi	折子	chezi	车子

由于汉语词汇的大量借入，汉语塞音和塞擦音的送气与不送气对立现象也系统地移植到撒拉语中来了。捷尼舍夫早就注意到这点，而且认为由于汉语词汇的吸收，撒拉语中才出现了送气音。[1] 我们可以把撒拉语中系统的送气与不送气对立归结于汉语的影响，因为，同样的现象也出现在受汉语影响很深的西部裕固语中[2]，而这两种语言都是远离其他突厥语言，同时又和汉语关系密切的突厥语族语言。但送气音是否是由汉语影响而产生的问题，学者们有不同意见。美国学者 Arienne Dwyer 教授则将撒拉语中的送气音解释为维吾尔语的影响。她说撒拉语和其他乌古斯语同源词词首是送气清塞音 p 和浊塞音 b 对应，但维吾尔语和撒拉语却高度一致，因此，撒拉语的送气音是在维吾尔语的地域影响下产生的。[3]

从音位角度而言，大部分突厥语族语言中塞音和塞擦音确实没有送气和不送气的区别，但送气音是存在的。[4] 在古代突厥语中，送气音也是存在的，只不过当时送气清塞音是与不送气浊塞音相对立的。[5] 因此，撒拉语送气音不应该是在汉语影响下产生的，但撒拉语和其他语言的接触尤其是和汉语的接触是导致送气音与不送气音对立的根本原因。

（三）复合元音

由于汉语词汇的吸收，撒拉语中出现了为数不少的复合元音，如：

fanpio	饭票	shoubio	手表
tieboji	铁箥箕	čienbi	铅笔
bayüeshivu	八月十五	dašüe	大学
čiyiu	汽油	jiule-	救
dianno	电脑	liang	梁

捷尼舍夫在论及汉语对撒拉语影响时，还提出汉语儿化韵的整体借入现象。他

---

[1] 捷尼舍夫：《突厥语言研究导论》，陈鹏译，中国社会科学出版社，1981，第553页。
[2] 买提热依木·沙依提：《突厥语言学导论》，民族出版社，2004，第310页。
[3] Dwyer, Arienne. 2007. *Salar: A Study in Inner Asian Areal Contact Processes, Part I: Phonology*. Wiesbaden: Otto Harrassowitz: 213.
[4] 韩建业：《撒拉族语言文化论almacén》，青海人民出版社，2004，第29页。
[5] 赵明鸣：《〈突厥语词典〉语言研究》，中央民族大学出版社，2001，第156~165页。

将撒拉语名词（短语）的不定标记 -or 理解为受汉语影响的"儿化音"。他认为，名词——purer/puřař"狼"；jaɣar/jaɣař"油，脂肪"；taɣar"山"；joŋar"羊毛"；čiŋar（汉语）"真话，真理"；pāsar/pasyr/pāsur"狮子"；a'tur/atuř"马"；anur/anuř"小姑娘，女儿"；enexoř/inexoř"母牛"；aɣɣĭnur"兄弟，亲属"；kuna/kunera/kunura"天"等中的词末 r/ř 赋予单词表爱、表小的色彩，对单词的语义不产生任何影响。但我们认为，-or 表示不定范畴，与名词（短语）的有定范畴形成了对立关系。①-or 可能是由撒拉语的 bir"一"演变而来。从语音演变的角度看，bir 可能和前面的名词结合后导致词首辅音 b 脱落。其音变过程可能为 –b->-w->-j->ø，并且在 –b->-w- 的过程中可能导致 b 后元音 i 圆唇化为 o。从 –b- 转变为 –w- 被认为是早期乌古斯语的典型特点。② 古代突厥语的 sub/suw"水"、sawči"使者"、suwsa-"渴"、tawïš"声音"、toprax"土"、yapïrǧaq"叶子"、käpäk"麸子"、säbin-/säwin-"高兴"③，在撒拉语中分别为 su"水"、sojï"媒人"、susa-"渴"、doš"声音"、torïx"土"、yahrïx"叶子"、küx"麸子"、söyin-"高兴"。古代突厥语的词尾或词间唇音在撒拉语中往往消失。④

五、语法成分的借用

和语音、词汇相比，语法具有相对稳定的特点。因此，在语言接触过程中，一种语言的语法结构受其他语言的影响较小，但这并不是说语法不会受到其他语言的影响。和汉语的接触不仅使撒拉语的语音、词汇发生了较大变化，甚至在语法层面撒拉语也发生了一定的变化。撒拉语有自己固有的系词判断句，由系动词 (i)dïr、ira 结合名词或名词性短语构成，如：

men　　Ali　　　i-dïr.
我　　阿里　　是 - 现在时

---

① 马伟、马成俊：《〈撒拉语结构〉中译本序》，《青藏高原论坛》2014 年第 2 期。
② Johanson, Lars and Csato, Éva Á.. 1998. *The Turkic Languages*. London and New york: Routledge:103.
③ 冯·加班（A.Von Gabain）：《古代突厥语语法》，耿世民译，内蒙古教育出版社，2004，第321~354页。
④ 马伟：《撒拉语名词（短语）的有定与无定范畴》，《语言研究》2015 年第 2 期。

我是阿里。

u　　　mi–niği　　imi–m　　　　　(i)–dïr.
他　　我－领格　　弟弟－1属人称　（是）－现在时
他是我弟弟。

ana–čüx　　Salïr　　ir–a.
姑娘－定指　撒拉尔　是－现在时
那姑娘是撒拉族。

由于和汉语的接触，汉语的"是"字判断句开始进入撒拉语之中，和撒拉语原有的系词判断句融合为一体，尤其是年轻人讲的撒拉语更是如此，如：

men　　shi　　Ali　　i–dïr.
我　　　是　　阿里　　是－现在时
我是阿里。

u　　shi　　mi–niği　　imi–m　　　　　(i)–dïr.
他　　是　　我－领格　　弟弟－1属人称　（是）－现在时
他是我弟弟。

ana–čüx　　　shi　　Salïr　　　ir–a.
姑娘－定指　　是　　撒拉尔　　是－现在时
那姑娘是撒拉族。

很明显，以上撒拉语的系词判断句中融入了汉语的"是"字结构，但撒拉语的意义并没有发生变化。

第四节　从语言接触看撒拉族与汉族、回族的互动层次

撒拉语中的汉语成分尤其是词汇成分显示了历史上撒拉族与汉族、回族之间的紧密联系，也反映了撒拉族语言文化的发展趋势。根据前文的粗略统计，我们发现撒拉语中的汉语借词就有500多个，其中我们还未将许多数词、量词以及大量新事物名称等算进去，也未将撒拉语和汉语在远古时期的共有词计算在内。因此，可以说在所有接触语言中汉语对撒拉语的影响是最大的。这显示了撒拉族与汉族人民包括讲汉语的回族人民在政治、社会、经济、科技、教育、文化、宗教等方面的深层互动关系。

一、政治社会

撒拉族先民在13世纪从中亚迁徙至今天的青海地区时人口较少，在政治上和中亚地区完全失去了联系。在随后近800年的社会历史发展过程中逐渐完成了中国化的过程，其中最重要的内容就是在政治上融入统一的多民族国家当中。通过历史语言材料和亲属语言的比较，我们发现无论是历史上蒙古高原的突厥汗国还是之后中亚地区政权的相关政治方面的词汇在现代撒拉语中保存得都非常少。仅有的从古代撒拉语继承下来的 xan（汗）、beğ（官、官员）、deduni（都督）等政治官制术语在现代撒拉语中使用频率已经很低，其中 deduni（都督）一词只在文献中才存在，而且如前文所列这三个词都应该为汉语借词。现代撒拉语关于政治方面的词语基本上都来自汉语，社会生活方面也有相当一部分来自汉语。

"汗"或"可汗"是北亚草原游牧民族政体最高首领的称号，其早在魏晋时期的鲜卑语中就已存在，后来被柔然、吐谷浑、突厥、蒙古等民族广泛使用。至于其来源，学者们认为可能并不是一个阿尔泰语的原生词汇。[①] 我们认为其与汉语的"皇"有着一定的对应关系。从语义上看，北方游牧民族的"汗"或"可汗"确实与中原王朝的帝权传统有着一定的对应关系。从语音而言"汗"或"可汗"与汉语的

---

① 罗新：《中古北族名号研究》，北京大学出版社，2009，第2~3页；Golden, Peter B. 1992. *An Introduction to the History of the Turkic Peoples: Ethnogenesis and State-Formation in Medieval and Early Modern Eurasia and the Middle East.* Otto Harrassowitz · Wiesbaden: 71.

"皇"有着对应关系。"皇"的古音为 ɣuang,① 与北方民族语言的 xan 或与 qaǧan 中的第二音节有着对应关系。因此,关于撒拉族先民最早的政权首领称号 xan 与中原王朝的"皇"应该有着共同的来源。

撒拉语的 beǧ（官、官员）一词在古代突厥语中就已经存在。② 部分学者认为其本身是突厥语,部分学者认为其来源不详,③ 但较多学者认为其来源于汉语,如克劳森认为其来源于汉语的"百、佰"（pɐk）,意为"百夫长",④ 邓浩、杨富学等也认为其来源于汉语"伯克"。⑤

deduni 一词出现在手抄本撒拉语历史文献《土尔克杂学》中:

（明）洪武三年,撒拉尔（Salari）占领了这个地方（指循化）。从撒马尔罕出走而来的祖先是尕勒莽得都尼,子奥买尔得都尼,奥买尔之子顺宝得都尼和他的四个儿子即谢里夫、得日威西、巴颜撒都剌等。⑥

deduni（得都尼）一词应该就是古代突厥语的 tutuŋ,该词被认为是来自汉语的"都统、都督"。⑦

更多关于政治社会制度方面的撒拉语词语,应是撒拉族在中国化过程中逐渐从汉语中借入的,这类词语数量较多,且具有一定的系统性,如 guoja（国家）、xangshang（皇上、皇帝）、yamïn（衙门）、šangyüe（乡约）、gunja（公家）、dangja（党家,指同宗同姓家族）、zhungo（中国）、zhuši（主席）、shuji（书记）、shïn（省）、shïnzhang（省长）、šen（县）、šenzhang（县长）、zhïn（镇）、zhïnzhang（镇长）、šangzhang（乡长）、gang（工）、gunshe（公社）、sunzhang（村长）、dadui（大队）、daduizhang（大队长）、dui（队）、shïnchandui（生产队）、duizhang（队

---

① 郭锡良:《汉字古音手册》,商务印书馆,2010,第 415 页。
② 耿世民:《古代突厥文碑铭研究》,中央民族大学出版社,2005,第 235 页。
③ 罗新:《中古北族名号研究》,北京大学出版社,2009,第 56、72 页
④ Clauson, Sir Gerard. 1972.*An Etymological Dictionary of Pre-Thirteenth-Century Turkish.* London: Oxford University Press: 322.
⑤ 邓浩、杨富学:《西域敦煌回鹘文献语言研究》,甘肃文化出版社,2002,第 124 页。
⑥ 韩建业:《青海撒拉族史料集》,青海人民出版社,2005,第 4 页。
⑦ 冯·加班:《古代突厥语语法》,耿世民译,内蒙古教育出版社,2004,第 312 页。

长）、she（社）、ganbu（干部）、lobešin（老百姓）、sheyüen（社员）、dangyüan（党员）、tuenyüen（团员）、zhïnche（政策）、fa（法、法律）、jefangjun（解放军）、liangzi（士兵、军队）、silin（司令）、jünzhang（军长）、shizhang（师长）、tuenzhang（团长）、yinzhang（营长）、lienzhang（连长）、banzhang（班长）、zuzhang（组长）、minbin（民兵）、boguan（保管）、boguanyüen（保管员）、dangna-（当）、banfang（监狱）、fanrïn（犯人）、fayüen（法院）、minzhang（名章）、zhiba（证据、凭证）、tufi（土匪）、gunzo（工作）、sanja（参加）、ja činle-（请假）、zhiba（值班）、gunfïn（工分）等。目前的撒拉语中关于政治行政体制的词语基本上都来自汉语，这说明撒拉族已完全置身于中国的政治行政体制当中，并积极融入其中，成为中国政治行政制度的地区建设力量。

新政治社会制度的接受，自然引起社会生活的变化。撒拉族已不再局限于传统社会生活中封闭的族内交往，而需要面对更为广阔的社会对象。族际通婚范围的扩大与国家政策的实施，使得撒拉语中出现了 jexun（结婚）、jexunzhïn（结婚证）、lixun（离婚）等词，也出现了较为丰富的亲属称谓词语，如撒拉语固有词的称谓系统中，母方亲属没有专门的称谓，而是用父方称谓去称呼。但受汉语的影响，撒拉语的亲属称谓出现了 aju（舅舅）、ayi（姨母）、jumu（舅母）、ayfu（姨父），使得母方亲属有了自己的专有名称，与父方亲属形成了区别。此外，gaga（哥哥）、zhangrïn（丈人）、zhangmu（丈母）、goho（姑父）、jefu（姐夫）、meifu（妹夫）、tangšün gaga（堂哥）、tangšünazï（堂姐）、tangšünini（堂弟）、tangšün singni（堂妹）、gufu（女婿）、zhizi（侄子）、zhinü（侄女）、vešïn（外甥）、sunzi（孙子）、činja（亲家）等汉语借词也被吸收到撒拉语当中。这些词的出现，说明撒拉族的婚姻制度及生活受汉族、回族等影响很深。而汉语村名 Maği（马家）、Shïnji（沈家）等，反映的是历史上撒拉族与回族之间融合的事实。

二、经济生活

撒拉族先民在中亚之时就已经从事农业生活，等迁徙至今天的居住地后继续经营农业。在之后的发展进程中，撒拉族从汉族、回族那儿学习了农业生产技术，不断丰富了自己原有的农业文化，并在撒拉语中留下了历史的痕迹。撒拉语中表示

"种地"的词有两个，一个是 exen ex-，该词为撒拉语固有词；一个是 janggi ex-，其中 janggi 就来自汉语的"庄稼"。这是撒拉族与讲汉语的汉族、回族在农业方面学习交流的证据。撒拉语的 lazi（辣子）、xuzi（瓠子）、xangdou（黄豆）、xanggua（黄瓜）、seygua（菜瓜）、yangyiu（洋芋）、dodou（刀豆）、bogu（包谷）、čezi（茄子）、činsey（芹菜）、yangshizi（西红柿）、go（瓜）、nangua（南瓜）、giyzi（芥子）、pin'go（苹果）、sumuli（酥梅梨）、šangjoli（香蕉梨）、to（桃）、lizi（李子）、puto（葡萄）、raru（软儿梨）、changbali（长把梨）、jüxua（菊花）、modan（牡丹）、yüeji（月季）、peyang（白杨）等都是汉语借词，说明撒拉族从与周边汉回民族的交往中引进了这些农作物。撒拉语中还存在一些关于农作物的其他汉语借词如 jang（姜）、yangsun（洋葱）、guaguazi（香瓜）、mogu（蘑菇）、muïr（木耳）等，虽然这些农作物不在撒拉族地区种植，但这说明撒拉族是和汉族、回族的交往中接触、了解和掌握了它们的名称。如今，辣子、苹果等成了撒拉族地区的主要经济作物，在撒拉族人民的经济生活中扮演着举足轻重的作用。

农作物的引进也革新了农业技术，改变了传统的农业生产方式。撒拉语中的汉语借词记录了他们的农业技术一步步得以提高的过程。böxü（簸箕）、shiyzi（筛子）、böle-（簸）、shiyle-（筛）、tieboji（铁簸箕）、len'gi（榱枷）、jiutu（镢头）、chanzi（铲子）、xuafi（化肥）、niosu（尿素）、ïrnan（二铵）、malaji（马拉的播种机）、bozhunji（播种机）、shougïji（收割机）、toguji（脱谷机）、yangchangji（扬场机）、chanliang（产量）、dienmo（电磨）等词展现了撒拉族农业机械化的场景。

精耕细作的农业种植对农事活动提出了较为精确的时间要求。直至今天，撒拉族民间还保留着传统的十二生肖纪年方式，如：

geme yïl	鼠年
gölex yïl	牛年
bas yïl	虎年
došan yïl	兔年
lun yïl	龙年
yïlan yïl	蛇年
at yïl	马年
qoy yïl	羊年

bijin yïl	猴年
tox yïl	鸡年
it yïl	狗年
dongïs yïl	猪年

这种纪年方式早在唐代就已经被突厥人所使用。公元 571 年在蒙古高原用粟特文撰写的突厥碑文中，首次提到了"兔年"。① 在那之前，突厥人"不知年历，唯以青草为记"。② 在唐代鄂尔浑突厥碑铭中十二生肖的记载逐渐增多，如：

kül tigin qoñ yïlqa yiti yägirmikä učdï.toquzïnč ay yäti otuzqa yoγ ärtürtimiz. barqïn bädizin bitig taš(in) bičin yïlqa yitinč ay yiti otuzqa qop alqadïmïz.

阙特勤于羊年十七日去世。九月二十七日举行葬礼。祠庙、绘画、碑石于猴年七月二十五③日全部竣工。④

撒拉语十二生肖名称 lun yïl（龙年）中的 lun 应来自汉语"龙"。在突厥语固有词汇中没有以"l"起首的词语，这说明该词肯定是外来词。实际上关于十二生肖的来源，学者们有不同的解释，有的认为汉地的十二生肖源自北方突厥（甚至匈奴），但较为有力的说法应是：十二生肖早在公元初就在中原被广泛使用，公元 6 世纪由中原传入突厥社会。⑤

撒拉语中的 rili（日历）、šazhi（夏至）、dunzhi（冬至）、šinči（星期）、loye（腊月）以及其他节气名称等都是汉语词语，尤其是在农事活动中频繁使用汉语二十四节气与九九节气名称，这说明撒拉族农事活动的时间安排来自内地汉族社会。随着社会的发展，现代化的计时工具不断出现，汉语的 zhun（钟）、shoubio（手表）、zhuntou（钟头）、šioshi（小时）、dien（点）、fin（分）等词语也进入了撒

---

① 路易·巴赞：《突厥历法研究》，耿昇译，中华书局，1998，第 164 页。
② 《周书》卷五十《突厥传》；《北史》卷九九《突厥传》。
③ 此处原引文为"二十五日"，根据上面突厥语原文应为"二十七日"。
④ 耿世民：《古代突厥文碑铭研究》，中央民族大学出版社，2005，第 136 页。
⑤ 路易·巴赞：《突厥历法研究》，耿昇译，中华书局，1998，第 738 页。

拉语。撒拉族精确的时间观念和汉语词语密不可分。

除农业生产外，汉族、回族在商业、服务业、工业等方面对撒拉族也有着很大影响。在其他一些突厥语族语言中 bazar 一词具有"市场"之义，但在撒拉语中其语义发生了变化，转变为"庄廓"。过去撒拉语中表达"市场"意义时，就用 zi，该词来自汉语的"集"。在循化县街子河与黄河交汇之处有一个三岔路口，40多年前该地在撒拉语中还被称为 özen（河流）。由于地理位置便利，周围的撒拉族人在此买卖农产品，久而久之便形成了一个农贸市场。随着周边的回族、汉族甚至藏族等其他民族来此地做小本生意，讲汉语的回汉等群众把此地称为"三岔"。现在，在撒拉语中该地很少被称为 özen 了，而是用 sancha（三岔）称呼了。

撒拉语中从 özen 到 sancha 名称的变化反映了撒拉族和讲汉语的回汉人民的交往历史。我们无法还原撒拉语中每一个汉语借词的借入过程，但可以肯定的是每一个词的借入都有它自己的历史，而这个"历史"反映的正是撒拉族与回汉人民的互动过程。撒拉语中的 gišang（县城）、gedo（街道）、puzi（铺子）、dien（店）、dienja（店家）、zhanggudi（掌柜的）、xo（货）、zhang（账）、suanpan（算盘）、bunsïn / bïnčen（本钱）、pansen（盘缠）、gönšin（斗）、gunjin（公斤）、jin（斤）、gunli（公里）、chima（尺码）、mi（米）、chi（尺）、pienyi（便宜）、zen（贱、便宜）、maiyanshe（货郎）、fazhan（发展）、funie（副业）、gula-（雇）、tuja（屠家）、fuvu（服务）、binguan（宾馆）、chang（厂）、changzhang（厂长）、yinxang（银行）、liši（利息）等都为汉语借词，从这些词语中我们窥见的是撒拉族与回汉人民的密切交往，以及如何从传统的农业经济向商业服务、工业经济转变的历史进程。

三、宗教文化

撒拉族信仰伊斯兰教跟阿拉伯、波斯人有很大关系，这从撒拉语中关于宗教的阿拉伯语、波斯语借词看得非常清楚。同时，撒拉族先民东迁中国后，在伊斯兰教的传承发展方面受回族影响很大。在和回族的交往过程中，一些跟宗教相关的汉语词语进入了撒拉语，使得撒拉族的伊斯兰教信仰具有了本土化的特点。

撒拉语中的 jomïn 一词来自汉语"教门",该词在汉语中指各种宗教教派,有时还指佛的教法。在回族汉语中该词特指他们信仰的宗教——伊斯兰教。撒拉语中的 jomïn(教门)一词也指"宗教",同时还专指"伊斯兰教",如 anga jomïn var. 直译为"他有教门",实际指"他在伊斯兰教信仰方面很虔诚"。

kuxan 一词来自汉语"口唤",撒拉语 kuxan 一词的意义和回族汉语"口唤"的意义完全相同。撒拉语中除了 kuxan(口唤)表示"去世"意义外,还有 vuchang 一词也可以表示"去世"之义,其来源于回族汉语"无常"。该词在汉语中原为佛教用语,指万事万物都处在生死变化当中,没有"常在"形态。回族借用该词后表示"死亡"之意。撒拉族又从回族汉语中借用了它。

回族穆斯林把伊斯兰教苏菲主义称为"门宦"。该词在汉语中原指门派、门阀、官宦等,回族穆斯林将其引申为伊斯兰苏菲主义教团、派别,如一般所说的哲赫林耶、虎非耶、嘎地林耶、库布林耶为"四大门宦"。撒拉语的 monxan 就来自回族汉语的"门宦"一词。这反映了撒拉族群众中的苏菲主义信仰与回族有着密切关系。四大门宦中的哲赫林耶、虎非耶、嘎地林耶等苏菲主义在撒拉族当中都有较大影响。回族把门宦的领袖称为"老人家",撒拉语中的 lorïnja 也来自此。

在信奉苏菲主义的撒拉族穆斯林中,精神领袖"老人家"的去世被说成 yin'gang vol-。其中 yin'gang 来自汉语"隐光",vol- 为撒拉语词,意为"成为、变成",二者合在一起表示"消失、去世"。显然,撒拉族也是从回族那儿借用了 yin'gang 一词。撒拉族主要聚居地循化地区的汉语属于河州方言,河州(以今天的甘肃省临夏回族自治州为中心)是回族聚居地,被称为"中国的小麦加"。在循化汉语方言中,声母之后出现的复韵母 uang 中的介音 u 往往被丢失。① 因此,yǐnguāng 的发音变成了 yǐngāng。

撒拉语的 šüedun 来自回族汉语的"学董",该词在旧时汉语中指学校董事。回族将其引进到清真寺管理制度中,将清真寺维修、财务管理、聘请阿訇等日常事务管理的人称为"学董"。撒拉族将回族的清真寺学董制引进之后,"学董"一词就自然进入撒拉语中来了。撒拉语中还把阿訇主持清真寺教务称为 šüe aš-,直译为"开学",其中 šüe 就来自回族汉语"学"。

---

① 郭纬国:《循化方言志》,青海人民出版社,1995,第12页。

为了更好地理解伊斯兰教知识，撒拉族直接引进了回族的用阿拉伯文字母拼写汉语的经堂语"小经（消经）"文字，许多阿訇在清真寺里用这种经堂语进行教学。因此，šiojin（小经、消经）、shïnrïn（圣人）、tientang（天堂）、zunla-（遵守、遵从）、dasïn（清算）、shuro（恕饶）、toli（脱离）、toko（托靠）、sanliang xuala-（化钱粮）、kanshou（看守）、nuno（怒恼）、ludo（路道）、kangjan（康健）、dajiu（搭救）、zhigan（知感）、ganban（干办）、joda（搅打）、yinshou（领守）、guishun（归顺）、yiji（益济）、zhïndo（正道）等汉语词也源源不断地进入撒拉语当中。

四、饮食习俗

撒拉族在长期的历史发展过程中形成了自己独具特色的饮食文化，而这种民族文化也从来不是独立发展的结果，而是融合了多民族文化的养分，是撒拉族与其他各族人民深情厚谊的结晶。撒拉族饮食以面食见长，其中 bozi（包子）有 šatangbozi（糖包）、simienbozi（死面包子）、turmabozi（萝卜包子）、gördibozi（韭菜包子）、yangyiu bozi（洋芋包子）等。糖包以白糖或黑糖为馅，有时适当拌以葡萄干等干果，用手捏制而成。死面包子，是以未发酵的面作包子皮，以韭菜等为馅子做成。其他的用萝卜丝、洋芋、韭菜等拌以肉馅捏成。在包子的各类名称中 bozi（包子）、šatang（沙糖）、simien（死面）、yangyiu（洋芋）等词都为汉语借词。

炸制技术是撒拉族饮食文化中的传统技艺，撒拉族的油炸面食也非常富有特色，sanzi（馓子）就是其中之一。在《循化志》中谈到撒拉族婚礼时说："其送亲男眷不入门，环坐野地，婿家以牛肉、馍馍、油面疙瘩、馓子饷之。"[①] 撒拉语的 sanzi 一词来自汉语。该词很早就出现在中国古代史书中，当时称其为"寒具""环饼""捻头"等，其独特的色泽、香味、质地、形态曾引得无数文人墨客的称赞。宋代著名诗人苏东坡专门给馓子赋诗《寒具》曰：

纤手搓来无数寻，
碧油轻蘸嫩黄深。

---

① 龚景瀚:《循化志》,青海人民出版社,1981,第292页。

> 夜来春雨浓于油，
>
> 压褊佳人缠臂金。

这种源自中原地区的佳美食物在西北地区信仰伊斯兰教的撒拉、回、维吾尔等民族中得到了很好的传承发扬。kodan（搅团）、xuajuan（花卷）、benshi（扁食）、jozi（饺子）、youzo（油枣）、mienpien（面片）、lamien（拉面）、rangpizi（酿皮子）、liangfur（凉粉儿）、tienmizi（甜麦子）、liangmian（凉面）等都为汉语名称，说明撒拉族饮食与回族、汉族饮食之间的重要联系。

在以面食和肉食著称的撒拉族传统食谱中，蔬菜并不占有地位，但随着和回族、汉族之间的交往交流，撒拉族也开始慢慢学习炒菜技术。sey（菜）、xansi（咸菜）、lazi（辣子）、xuzi（瓠子）、seygua（菜瓜）、yangyiu（洋芋）、čezi（茄子）、činsey（芹菜）、doufu（豆腐）、seyxua（菜花）、nangua（南瓜）、xanggua（黄瓜）、fintio（粉条）、dodou（刀豆）、yangshizi（西红柿）、mogu（蘑菇）、muïr（木耳）、xaydey（海带）等各种菜名的借入就反映了撒拉族饮食结构已发生了很大变化。

longgu（火锅）是撒拉族颇具特色的一种饮食。在撒拉族婚礼等筵席中，最后一道压轴戏便是火锅。在第一道食物开始前，就有专人准备火锅。火锅中的配料大多是牛肉片、洋芋块、萝卜片、粉条、蒜苗、盐、花椒等。把配料放进火锅后，倒一些肉汤或水，然后添水烧火锅。烧火锅时，火力要均匀，时间也要掌握得恰到好处。火锅讲究汁水滚烫，味道纯正，并且最底层为洋芋、萝卜等，上面放粉条，最上面铺两层牛肉片。过去，撒拉族火锅都是烧制而成的陶瓷火锅，现在逐渐被铜制火锅所代替。家道殷实人家一般都购置有火锅，除宴席上使用外，平常来贵宾时也做火锅。其他人家需要时，向他们借用，用完后，火锅当中要回送包子、肉份子（肉块）等。撒拉语的 longgu 一词应该来自汉语的"暖锅"。

传统撒拉族农村地区严格禁酒，但其茶文化却非常丰富，既有其自制的麦茶、奶茶等，又有高原各族共同喜欢的清茶、酥油茶和碗子等。sïnča（清茶）是用产于湖南等地的茯茶熬制而成的茶，是撒拉族人民最主要的饮料。撒拉语 sïnča 应来自汉语的"清茶"一词。熬清茶时，先用茶壶将水烧开，然后放进茶叶，并调点盐，有时也调花椒粉、姜粉或草果粉等。撒拉族聚居地循化原属河州（今甘肃临夏），而河州自唐以来就是中原王朝与少数民族进行茶马交易的市场之一，明清时期，撒拉族成为河州领茶中马的十九族之一。因此，长期以来茶不仅是撒拉族日常生活中的必需品，而且也成为他们生活中的一种文化物，它已渗透到撒拉族生活的方方面面，如婚事中有定茶、彩礼茶、人情茶、舅舅茶、媒人茶等，在丧事中有施散茶，平时人情往来也是以茶作为礼品。在撒拉族地区，贺喜或吊唁时客人都带着茶，有的带两三包，有的带四五十包。撒拉语的 ča（茶）是早期汉语借词，而 cha（茶）是较为晚近的借词。

vanzi（碗子）是后来兴起的一种较时尚的饮料，其茶具融茶碗、碗盖和掌盘为一体，其中所沏之茶为花茶、绿茶等。在撒拉族人家作客，他们首先端出碗子，泡茶让客人饮用，然后再叙说正事。刮碗子要讲究茶叶新鲜，颜色纯正，要配以桂圆、冰糖、红枣、核桃仁、杏干、葡萄干、枸杞等；讲究茶水纯净无染，讲究饮用刚烧开的水，讲究炊具专用，而且他们很喜欢收藏茶具，至今在许多撒拉族人家仍然能见到七八十年前制作的用于烧水的火壶，人们对当时名闻一时的"义信马"火壶还记忆犹新。此种火壶外形似高脚酒壶，有壶身、壶嘴、壶脚，内有烟炉。若有客人来，用它烧开水供人喝，然后边烧边喝，不断续水，顷刻之间水便沸腾起来，因而俗语云，"喝暖瓶水，喝死水；喝火壶水，喝牡丹花水"，意指倒进暖瓶里的开水已经凉了不好喝，不新鲜，而火壶当中烧开的水沸腾不息，如盛开的牡丹花，饮用此水，会顿觉神清气爽，尤其两三好友集聚聊天，此物更添不少雅趣。在撒拉族地区，vanzi（碗子）不仅是一种饮品，同时也是屋中重要摆设。不仅器物本身来自内地，而且它的撒拉语名称 vanzi 也来自汉语。

撒拉语中与茶相关的词语 youji（油茶）、fucha（茯茶）、bintang（冰糖）、šatang（沙糖），副食品 matang（麻糖）、lasu（醋）、jangyiu（酱油）等，以及 čügü（筷子）、čügülüx（筷笼）、galčang（擀面杖）、zanzi（碗）、čajung（小碗）、gangzi（缸子）、chagangzi（茶缸子）、pi:gür（勺子）、seydu（菜刀）、jolu（笊篱）、gang（缸）、ziugang（大缸）、songgur（蒜罐儿）、xu（壶）、toronglu（金属蒸笼）、gökü（木制蒸笼）、tangun（坛罐）、tila（提篮）、tunxu（烧水壶）、dienxu（暖瓶）、chaji（茶几）、binšang（冰箱）、fanguan（饭馆）、guanzi（馆子）、fanpio（饭票）等与饮食相关的事物名词都来自汉语。这些词语展示了撒拉族与回族、汉族等共有

的饮食文化现象。

五、服饰变迁

撒拉族的服饰文化有着悠久的历史，其既有中亚突厥文化和伊斯兰文化等的色彩，也体现出受周边回族、汉族等兄弟民族多元文化影响的变迁特点。

过去撒拉族妇女头戴 botou（包头），之后 gitu（盖头）在撒拉族妇女中流行开来，并取代了包头。盖头由质地柔软的沙绒、乔其纱、条绒、丝绒或其他面料制成，状似面罩。妇女戴在头上，遮住额、耳、头发、脖颈部分，只露出面庞。盖头颜色分为白、黑、绿三种，一般老年妇女戴白色盖头，中年妇女戴黑色盖头，年轻妇女则戴绿色盖头，有些姑娘也戴绿色盖头。撒拉语中的 botou（包头）、gitu（盖头）以及其制作材料 sharun（沙绒）、suxun（丝绒）等都来自汉语。

在过去，撒拉族男女都爱穿 kanïr（坎肩儿）。坎肩儿有长短之分，其基本样子为无袖无领。短坎肩儿又有单棉之分，单的一般为双层棉布，如同现在的马甲，有的衣面为连缀而成的三角布。棉的在两层棉布间夹以棉絮，或以羊皮（羔皮）作里子。扣子或为 zimukou（子母扣），或为普通扣子，或为自己逢制的结扣。长坎肩儿为 dajin（大襟），长至膝盖，缝丝金 teben（贴边）。撒拉族男女的坎肩儿色彩有所不同，男子多穿黑色，而女子多穿红绿颜色，且多绣有花案。在坎肩儿之下，人们多穿 xantïr（衬衣）。过去衬衣多为大襟，竖领，有的还在袖口镶有丝金，现已穿大众化的市面上销售的各式衬衣。在衬衣上面还系围肚，在围肚表面常常绣有精美花卉图案，如牡丹、荷花、菊花等，此物除装饰作用外，还可以在围肚中装硬币等其他实物。撒拉语中的 kanjïr（坎肩儿）、zimukou（子母扣）、dajin（大襟）、teben（贴边）以及后来出现的 jaja（夹夹，主要指 T 恤）等词都来自汉语。

过去撒拉族男子多穿开口在右臂下的大襟衣服，目前改穿开口在前面正中的 zhunbi（中拜，相当于风衣）或各式单棉 dayi（大衣）。裤子也有单棉之分，称为 danku（单裤）、mienku（棉裤），后来慢慢出现了 chaku（裤头）、šenku（线裤）、runku（绒裤）等新的各式裤子。在撒拉族民间偶尔还能看到妇女过去穿的一种称为guguxay（钩钩鞋）的绣花鞋，其鞋面、鞋帮都绣有花卉图案，鞋尖翘起，形状似钩，鞋尖以丝穗点缀，鞋底有厚薄两种，皆用细绳密纳。这种鞋主要为妇女所穿，盛行于清末民初，式样美观，穿起来舒适，走路平稳轻巧，深受撒拉族妇女的青睐。zhunbi（中拜）、dayi（大衣）、danku（单裤）、mienku（棉裤）、chaku（裤头）、šenku（线裤）、runku（绒裤）、guguxay（钩钩鞋）以及xay（鞋）等汉语借词的存在反映了内地服饰文化在撒拉族群众中的传播事实。

除以上汉语借词外，撒拉语中的boz（布）、čünzi（裙子）、chouzi（绸子）、dachang（大氅）、dičüeliang（的确良，布料名称）、dika（涤卡，布料名称）、don（缎）、gijir（戒指）、liang'a（袜子）、sobu（梭布）、somo（草帽）、vibo（围脖）、šizhang（西装）、šügün（手绢）、banzi（匹，布匹量词）、shouto（手套）、ruzi（褥子）、seyfin（裁缝）、dingjir（顶针儿）、čazi（卡子）、gunzi（滚子，一种银环，过去女性挂饰）等词都来自汉语。这说明撒拉族服饰文化的发展与讲汉语的回族、汉族的关系密不可分。

六、学校教育

撒拉族传统教育是在家庭、清真寺和社会中进行的。随着民国时期学校教育开始在撒拉族地区的兴起，尤其是1949年新中国成立之后撒拉族学校教育的长足发展，撒拉族儿童开始接受现代国民知识教育。由于客观原因，这一知识体系教育基本是在汉语环境下进行的，也就是说撒拉族学校教育的教学语言是汉语。因此，撒拉语中关于现代教育的所有词语都直接借自于汉语，如šuešio（学校）、dašüe（大学）、zhunšüe（中学）、šiošüe（小学）、loshi（老师）、šüeshïn（学生）、tunšüe（同学）、joshi（教室）、mobi（毛笔）、čienbi（铅笔）、gangbi（钢笔）、finbi（粉笔）、jüanzi（卷子）、shangkï（上课）、shu（书）、sin（信）、xiban（黑板）、kabu（书包）、kola-（考）、koshi（考试）、lishi（历史）、bozhi（报纸）、duizi（对联）等。

至于pite-（写）和xağït（纸）两个词进入撒拉语的时间要早许多。这两个词至少在撒拉族先民东迁中国之前就已经在撒拉语中存在了，因为，中亚地区许多突厥语中都存在这两个词。

七、其他方面

除了以上方面之外，和汉族、回族的接触还使得撒拉族在电子科技、交通运输、医药卫生、建筑家俱、日常用品、文化娱乐等许多方面发生了很大变化。撒拉语中的相关汉语借词清楚地显示了撒拉族和汉族、回族在这方面的互动情况，如：

电子科技方面的词语：dien（电）、dienxua（电话）、dienbo（电报）、shouji（手机）、dienno（电脑）、vang（网）、dienyin（电影）、dienshi（电视）、dïnpo（灯泡）、luyinji（录音机）、dienchi（电池）。

交通运输方面的词语：fiji（飞机）、xoche（火车）、banche（长途公交车）、čiche（汽车）、chuan（船）、chezi（车子）、chezhan（车站）、tolaji（拖拉机）、tuituji（推土机）、fadunji（发动机）、moto（摩托）、zišinche（自行车）、jaziche（架子车）、fazi（筏子）、zhan（站、车站）、dalu（大路）、yiupio（邮票）。

医药卫生方面的词语：yishïn（医生）、deyfu（大夫）、shoushu（手术）、šeya（血压）、yüepu（药铺）、gozi（膏药）、duyüe（毒药）、diozhïn（吊针）、yago（牙膏）、yashua（牙刷）、yizi（香皂）、pufïn（扑粉）、šiuxuagu（雪花膏）、bangbangyou（棒棒油）。

建筑家俱方面的词语：bali（笆篱）、shuitangzi（水塘子）、mokïn（厕所）、liang（梁）、lim（檩）、jon、zhuan（砖）、suanban（夯土墙板）、jaban（夹板）、gangjin（钢筋）、shuini（水泥）、boli（玻璃）、dagun（大工）、šiogun（小工）、gu:zhu（桌子）、yüenzho（圆桌）、san'gunša（过去带三个抽屉的桌子）、mïnšang（门箱）、daligui（大立柜）、jüezigui（角柜）、godigui（高低柜）、shafa（沙发）、šiyiji（洗衣机）、chang（床）、banding（板凳）、sozi（锁子）。

日常用品方面的词语：dunši（东西）、yangxo（火柴）、čiyiu（汽油）、dïnlu（灯笼）、luzi（炉子）、mei（煤）、la（蜡烛）、dïnzi（戥子）、chïn（秤）、čïngna-（秤）、benden（扁担）、besang（过去给新娘陪嫁的箱子）、dïng（镫）、yanshe（颜色）、biz（篦子）、kala（栲栳）、zïng（井）、longzi（笼子）、jangshïn（缰绳）、či（漆）、yangxui（水泥）、yündu（熨斗）、zenzi（剪子）、zhijado（指甲刀）、lianpïn（脸盆）、san（伞）、zhado（铡刀）、po（枪、炮）、danzi（子弹）、pozhangzi（鞭

炮、烟火）、zhadan（炸弹）、gangban（钢板）。

文化娱乐方面的词语：jeri（节日）、chunje（春节）、vuyüevu（端午节）、bayüeshivu（中秋节）、gu（鼓）、ši（戏）、köxši（口弦）、seybochi（猜宝吃，游戏名称）、banbur（孩子们玩游戏用的木板）、dubu（赌博）、dubučang（赌徒，由汉语"赌博"和撒拉语词缀 –čang 构成）、majang（麻将）。

第七章　新疆撒拉语和维吾尔语的接触

第一节　撒拉族与维吾尔族的互动

一、撒拉族和维吾尔族的历史联系

我国维吾尔族约有 1000 万人（2010 年），主要分布在新疆维吾尔自治区，其语言——维吾尔语属阿尔泰语系突厥语族葛逻禄语支。"维吾尔"（Uyğur）是维吾尔族的自称。公元 4 世纪的汉文史料《魏书·高车传》中首次被记作"袁纥"，之后被写作"韦纥"，至唐朝时期写为"回纥"，8 世纪时自己改为"回鹘"，13~17 世纪被写作"畏兀儿"，之后 200 多年间被称为"回部"或"回民"。目前学术界对维吾尔族的自称 uyğur 有不同的解释，较为一致的看法是该词指"联合、结合、同盟辅助"[1]等义，是动词词根 uy- 与词缀 -ğur 的结合，其意为"他和我们合并，并协助我们"[2]。维吾尔族的形成发展和其他许多民族一样，经历了长期的历史发展。古代的回纥人融合了许多民族，尤其是新疆许多古代民族，最终才形成了现代意义上的维吾尔族。

"袁纥""韦纥"和"回纥"等都是 Uyğur 的音译，源自我国古代民族北狄。北狄早在公元前 2000 年前就生活在我国的北部与西部地区，与当时的华夏族毗邻而

---

[1] 刘义棠：《维吾尔研究》，正中书局，1997，第 17 页；杨圣敏：《回纥史》，广西师范大学出版社，2008，第 26 页；维吾尔族简史编写组：《维吾尔族简史》，民族出版社，2009，第 17 页；李树辉：《乌古斯与回鹘研究》，民族出版社，2010，第 127 页。

[2] 拉施特主编：《史集》（第一卷第一分册），余大钧、周建奇译，商务印书馆，1983，第 136 页。

居。作为匈奴前身的"鬼方"等在商周时期也是"翟"或"狄"的组成部分。在秦汉时期"狄"被称为"丁零""狄历"等，魏晋南北朝时期被为"敕勒""铁勒"，公元6世纪以后被称为Türk或Türük（突厥）。实际上，翟、狄、丁零、狄历、铁勒等都是Türk或Türük的音译。①

正如前文绪论中所述，撒拉族源自突厥乌古斯部，而乌古斯也被认为是维吾尔族的重要来源。②因此，撒拉族在历史上和维吾尔族应该有着同源关系，而且撒拉族的自称Salïr和维吾尔族的自称Uyğur可能也有着共同的来源③。撒拉族和维吾尔族先民虽然有着共同的历史来源，但应该是自唐代以后就各自走上了不同的发展道路。

二、撒拉族和维吾尔族的互动

自东迁至今天的青海循化之后，撒拉族和远在几千公里之外的新疆维吾尔族在清末之前很少发生联系，但两起与伊斯兰教传播相关的事情发生在撒拉族与维吾尔族之间，并且对撒拉族历史产生了较大影响。

明清之际，伊斯兰苏菲主义乃格什板地耶从中亚地区传到了西域叶尔羌汗国，形成了白山派和黑山派两个派别。据《阿帕克和卓传》记载，乃格什板地耶以穆罕默德·玉素甫为首的一支在哈密地区传教时，曾到达河西走廊以及今天青海撒拉人的地区。对此，美国学者约塞夫·佛莱彻写道：

> 穆罕默德·玉素甫来到肃州传教，声望超越了人称瓦凡尼布阿［Wafānīb Akhūnd］的回族学者["ulamā"]领袖，并获得玉素甫毛拉［Mullā Yūsuf Akhūnd］的归附，后来玉素甫毛拉又归附穆罕默德·玉素甫之子阿帕克和卓。穆罕默德·玉素甫从肃州前往撒拉人［Salars］的村庄，他们是中国西北说突厥语的穆斯林，宣称投入穆罕默德·玉素甫门下，穆罕默德·玉素甫为撒拉

---

① 杨圣敏：《回纥史》，广西师范大学出版社，2008，第5页。
② 维吾尔族简史编写组：《维吾尔族简史》，民族出版社，2009，第19页。
③ 详见本书绪论第二节"撒拉族历史源流"部分内容。

人建立了一处修道所（khānagah），交代信徒每日念鲁米的 Mathnawi，在当地逗留了六个月之后离开，临行他指定了一位撒拉学者为继承人，留给他一份 Mathnawi 经卷、一副拜毯和一支绿金色的令牌作为传教凭证，并对他说："如果你每周五晚间和每周一晚间与白天读此神圣的《Mathnawi》并讨论其义理，那就好像是我在讲道一样。"①

穆罕默德·玉素甫祖上曾居于费尔干纳盆地的撒马尔罕，据传为阿拉伯人，但其少年时代曾在撒马尔罕生活，后来又长期在叶尔羌汗国维吾尔人当中传教。因此，穆罕默德·玉素甫用维吾尔语交流应该不是个问题。除了穆罕默德·玉素甫外，后来他的儿子阿帕克和卓也可能到过撒拉族地区：

> 有一则阿帕克派的说法是，阿帕克和卓来到满洲城[Manjur Shahrï]，担任了一年撒拉人的宗教领袖[sajjādnishān]，所有的撒拉族人都向他归顺，他就像他的父亲穆罕默德·玉素甫一样倾心传授《Mathnawi》。这一年结束时，他指定了威盖亚阿拉[Wiqāyat Allāh]，也就是阿尔通白希阿訇[Altun bash Akhūnd]做他的继承人，交付和卓的金色头巾[dastār paranjī]、一份《古兰经》抄本、一卷《Mathnawi》、一支绿金令牌和一副拜毯。然而，不管是威盖亚阿拉，还是先前穆罕默德·玉素甫所指定的撒拉继承人，都没有继续建立后来的传系。②

阿帕克和卓在撒拉族群众中传教，也应该是用维吾尔语和撒拉语进行交流，再辅之以波斯语或阿拉伯语。以上史料中作为撒拉继承人"阿尔通白希阿訇[Altun bash Akhūnd]"的名字 Altun baš Axun 可以是维吾尔语，也可以是撒拉语，都指"金头阿訇"，可能此人很聪明，用"金头"来表示褒扬。在越是较早的历史时期，维吾尔语和撒拉语之间沟通交流的可能性越大。两种语言之间沟通度高的事实，可能是

---

① 佛莱彻：《中国西北的纳格什班底教团》，赵秋蒂译，《青海民族研究》2010 年第 3 期。
② 同上。

穆罕默德·玉素甫以及他儿子阿帕克和卓选择在撒拉族地方停留较长时间的原因。循化也就成为当时乃格什板地耶白山派在内地传播的中心。这也可能是为什么大约100年之后马来迟和马明心都在循化撒拉族当中传播虎夫耶和哲赫林耶苏菲主义的根本原因。

1858—1876年，循化街子村的嘎地林耶门宦创始人穆撒（撒拉族，汉文名为韩呈祥，道号为阿布都里·嘎地热·撒拉热耶）前去新疆牙热岗（叶尔羌，即莎车）道堂进修，历时18年。回到循化撒拉族地区后，开始在撒拉族群众中传播苏菲主义"乃格什板地耶"的学理，教徒多称其为穆撒阿爷。穆撒所传嘎地林耶被其教徒称为"四门通行的嘎地林耶"。穆撒所传嘎地林耶在当时的循化地区发展较快，并于光绪二十一年（1895年）最终引发了"河湟事件"，对以后循化乃至甘青地区的历史发展都产生了深远的影响。①我们认为，这也可能是穆罕默德·玉素甫以及他儿子阿帕克和卓200多年前在撒拉族群众中传播乃格什板地耶的后续影响。直至现在，循化街子苏哇什村撒拉族尕新江老人声称他们作为穆撒阿爷的信众，还保留有穆撒曾在新疆叶尔羌领受的乃格什板地耶印章。2007年，他们专程拜访了叶尔羌道堂。

三、新疆撒拉族

撒拉族和维吾尔族较大规模的接触发生在清末由青海撒拉族迁入新疆地区以后。根据第六次人口普查数据，新疆撒拉族为3728人，主要分布在伊犁地区的伊宁县、阿勒泰哈巴河县、乌鲁木齐市等地。人口统计数据可能无法真实地反映新疆撒拉族的具体人数，因为随着族际通婚的增多，升学、就业等现实利益的考虑，许多撒拉人把民族称谓改成回族、维吾尔族、哈萨克族。虽然撒拉族在新疆至少有200多年的历史，但由于撒拉族还是没有被当作世居民族，因而，撒拉族不像新疆的13个世居少数民族一样能享有一些特殊待遇。当然，还有一个原因就是撒拉人被当地人当作回族的一部分，一些撒拉人也可能就此填报了回族。

---

① 马成俊，马伟：《嘎地林耶、文泉堂与撒拉族：一个西北伊斯兰神秘主义教团的田野调查》，《北方民族大学学报》2014年第3期。

第七章 新疆撒拉语和维吾尔语的接触

图 7-1 青海撒拉族拜访南疆叶尔羌道堂（2007 年）①

① 个人访谈，图片由尕新江老人提供，2010 年 7 月 31 日。

图 7-2　伊宁县萨木于孜乡撒拉村的撒拉人（2011年7月）

根据传说与相关材料，我们所知最早定居新疆的撒拉人是魏家堡。此人原籍青海，撒拉族，经名穆罕默德·伊斯玛仪·西里甫。他本姓马，魏家堡不是他的真实姓名。传说母亲是在娘家生下的他，后来是从外婆家抱回来的，人们便称他"外家抱"，等他去世后，人们便把他的名字写成了"魏家堡"。我们认为，这种传说可能是真实的，因为青海循化的撒拉族取名"外家保"的也很多，意为"从外家抱过来的"，因此，外家保和魏家堡可能都是"外家抱"的音变与不同的写法。撒拉族在过去由于汉文化程度很低，对人名、地名等的拼写随意性很大。如，即使在今天，在循化的洋苦浪清真寺里的地毯上，对村名至少有好几个不同写法，令人大为吃惊。魏家堡是新疆乃格什板地耶分支伊麻目然巴尼派著名宗教人士马方的再传弟子，是迪化城（乌鲁木齐的旧称）内北梁寺的第一任开学阿訇，死后葬在北梁寺旁。据传，魏家堡去世前，曾留言说64年后将他的遗体移到城东冒白气的地方。1876年，清军刘锦棠收复乌鲁木齐，下令将迪化城内的回民全部迁到城外。北梁寺因此也就被废置，魏家堡的弟子们便将其遗骨迁葬到城东大湾，并在那儿修建了拱北。笔者曾到此地专门考察，发现确实有名为魏家堡的拱北。据此，魏家堡可能于 1812 年左右去世。北梁寺被认为是乌鲁木齐最早修建的清真寺，约建于 1780 年前后。因此，撒拉人最早定居乌鲁木齐应该在循化苏四十三领导的反清起义（1781 年）之前。根据《循化志》记载，1769 年，在循化撒拉族哲赫林耶和虎夫耶信众当中发生第二次教争，后官府将哲赫林耶一派贺麻路乎发至乌鲁木齐给兵丁为奴，虎夫耶一派尕最韩哈济弟弟韩伍被流放 3000 里。因此，同属虎夫耶的魏家堡与韩伍是否存在着一定的联系，我们不得而知，但二者都是撒拉族，在时间上二者也确实有重合之处。

魏家堡的拱北，后来由马八十、阿不都·董拉希、马福有兄弟三人重修过。他们都是青海的撒拉族，猎户出身。马福有原为马占鳌的部下，因负伤退伍，于光绪九年（1883 年）来到迪化。马福有一身武功，爱打抱不平，受到迪化撒拉族的拥戴。后其两个哥哥也来到了迪化。撒拉族刚开始在西宁寺礼拜，后来于 1900 年前后在现在的乌鲁木齐市和平南里修建了撒拉寺，清真寺所在巷子也就被称为"撒拉巷"。2004 年 8 月，当笔者在该清真寺调查时，许多撒拉人对青海撒拉族非常关心，他们让我介绍一下撒拉族历史文化。在没有事前准备的情况下，我向他们简单介绍了就目前我们所知的撒拉族历史，尤其是清代几次反清运动，希望他们能珍惜当地和平环境，搞好清真寺的团结，民族之间的团结，共同创造一个和谐稳定的社区生活。许多人从没到过青海循化，听了一个多小时的介绍后已是泪流满面。我的心情也久久难以平复。因为，当时在场的 20 多人当中已经没有一个会说撒拉语了。据他们介绍整个乌鲁木齐市撒拉族约有 300 人，原来都集中生活在撒拉巷，但随着城市改造，许多人迁到不同地方了，他们的联系已经明显减少，只有星期五聚礼或节日礼拜时，大家还能集中在撒拉寺中见一次面。据介绍，在乌鲁木齐所有撒拉人中只有马耐斯、卢明仁等三位老人会说撒拉语，其他人都已丢失了母语。

据伊犁伊宁县阿不都·卡得尔先生的讲述，先辈们相传在左宗棠军队到达伊犁时，在喀什阿古柏政权中就已经有称 kanji 阿訇的撒拉族军官。根据阿不都·卡得尔先生对自己前辈的追述，撒拉族到达伊犁至少有 140～150 年的历史。这些人先在伊犁县城南边居住，后来到了现在的伊宁县喀什乡一带，然后才迁居至现在的萨木于孜乡撒拉村。光绪二十一年（1895年），循化撒拉族反清斗争失败后，有一部分撒拉逃难至新疆各地，这些人有些在乌鲁木齐生活，有些到了阿勒泰哈巴河，有些向伊犁撒拉族投奔。新中国成立后，也有部分撒拉族因生活困难从青海来到了新疆。

撒拉村是全新疆撒拉族最为集中的一个地方，位于伊犁州伊宁县萨木于孜乡。根据伊宁县民族宗教事务局提供的材料，2003年全县总人口为405051人，其中撒拉族1709人，其中吉里于孜镇59人，愉群翁乡69人，吐鲁番于孜乡7人，阿热吾斯塘乡14人，巴依托海乡69人，维吾尔玉其温乡5人，萨木于孜乡1097人，喀什乡383人，麻扎乡6人。

撒拉村是全新疆唯一的以撒拉族为主要构成民族的村庄。据撒拉村相关材料记述，该村始建于1850年，位于伊宁县东部78公里处，南滨伊犁河，西靠喀什河，

图7-3 伊宁县英也尔村撒拉族（2012年4月）

北临 218 国道。该村辖 5 个村民小组，耕地 7315 亩，人均 2.5 亩。据 2011 年撒拉村村委会提供的材料，该村有 495 户人家，共 2600 人，主要构成民族有撒拉族、维吾尔族、哈萨克族、回族、乌孜别克族、保安族、东乡族、汉族等，其中撒拉族有 371 户，共 1950 人，占全村总人口的 75%。

撒拉村的撒拉族来自循化不同的村子，就笔者询问到的有来自孟达、大寺古、白庄、科哇、瓦匠庄、细沟、红庄街子、果什滩、古及莱、波立吉、塘坊、果哈拉、伊麻目、托隆都、查汗都斯、查汗都斯哈大亥、昌克尔、立伦、俄家、吾土波那亥、石头坡、丁江、山根、田盖、甘都、唐寺岗、苏合加、尕日仓、卡力岗、德恒隆、拉木等地的人。在撒拉村虽然有"孔木散"（撒拉族的一种社会组织）的概念，但已经不同于循化撒拉族地方传统的社会组织。他们的孔木散更多是以直接的血缘和姻亲为纽带组成。

村里有小学 1 所，直接命名为"撒拉小学"。该小学始建于 1947 年，占地面积

图 7-4　伊宁县萨木于孜乡撒拉村清真寺（2004 年 8 月）

31亩，全校有12个班级，其中10个汉文班，2个双语班，在校生315人，教职工20名。其中撒拉族学生占全校学生的78%，撒拉族教师占89%。村里有两座清真寺，分别命名为"撒拉大寺"和"撒拉新寺"。撒拉大寺有信教户390户，主要为格底目。撒拉新寺有信教户66户，主要为伊黑瓦尼。两派群众关系融洽，在笔者多次调研过程中没有看到有什么大的纠纷与矛盾。村里还有卫生所1所，药店1间，小商店11个，大型面粉加工厂1座，小型面粉加工厂4座。

撒拉村主要种植作物是玉米、小麦和黄豆等，玉米单产约为800公斤/亩，每公斤约可卖1.5元（2011年，下同），小麦单产约为350公斤/亩，每公斤约可卖2元，黄豆单产约为250公斤，每公斤约可卖4元。同时，撒拉村群众还积极利用伊犁河滩和大山草场资源发展畜牧业。一般人家都有几头牛和几十只羊，有些专业户人家拥有50头牛、100只羊等。牛肉在当地价格为30元/公斤，羊肉为35元/公斤，牛奶为2元/公斤。

图7-5 伊宁县萨木于孜乡撒拉村民居（2004年8月）

近年来，国家民委"人口较少民族扶持发展项目"的实施对撒拉村带来了很大变化。2006年，审批"文化活动中心建设"项目资金20万元。在此基础上，2008年由循化县人民政府、企业及相关人士共同捐资40余万元，在活动中心建立了"撒拉民族文化展厅"。这个展厅在近几年对当地撒拉族的宣传和认识起到了非常大的作用。《伊犁晚报》《伊犁日报》《新疆日报》等相关报纸及广播电台对撒拉村进行了多次报道。撒拉村的人们认为，这使撒拉族群众对本民族历史文化有了更进一步的认识，增强了本民族的自豪感和使命感，也起到了宣传撒拉族的作用，使其他民族了解到撒拉族是一个有着自己语言、文化、历史的单独民族。由于成绩突出，该展厅被列为伊宁县民族团结教育、爱国主义教育的基地之一。

除文化建设外，2006—2010年间，国家还在庭院供水、畜牧养殖及品种改良、育肥羊、奶牛繁殖等"人口较少民族扶持发展项目"方面先后拨款200多万元。

在文化方面，撒拉村的撒拉族与循化撒拉族已经有些不同。撒拉村的文化受维吾尔族、哈萨克族等的影响较大，如在饮食方面，抓饭、馕、拉条子、那仁等为主要食物，而这些在循化撒拉族生活中是看不到的。服饰方面，除了极个别妇女戴盖头外（也是近来才产生的现象），撒拉村妇女多头戴包巾，身穿长裙，脚穿靴子。在庭院建筑方面，撒拉村完全受到维吾尔族的影响，他们的房子和附近维吾尔族没有什么差别。房子墙壁很厚，屋内冬暖夏凉，炕比起循化的要低很多，且很宽大。许多人家都种植葡萄。虽然经济生活远比不上循化的撒拉族，但撒拉村撒拉族的生活相对安逸，也更富于人情味。撒拉村的撒拉族男性的主要语言已经不是撒拉语，而是维吾尔语。对他们来说，维吾尔语比撒拉语更能表达他们的意思。对妇女来说，仍然以撒拉语为主，虽然许多妇女也能说流利的维吾尔语。根据我对不同年龄、不同文化程度对象的采访，发现在学校受过维吾尔语教育的撒拉族，其撒拉语明显地受到维吾尔语的影响。由于撒拉语和维吾尔语是亲属语言，因此，对他们来说，在说撒拉语时他们已分不清哪是维吾尔语成分，哪是撒拉语成分。那些没受过维吾尔语教育的老年人的撒拉语，和循化撒拉语基本上没区别。如笔者采访的90岁的曼苏尔老人，也是撒拉村出生的，他在说撒拉语时和循化撒拉族几乎没有分别。但阿不都·卡得尔老师曾学习并讲授过维吾尔语等语言，因此，他在说撒拉语时夹杂有许多维吾尔语、哈萨克语成分。这种现象在年轻人身上也非常突出。非常

图 7-6　伊宁县萨木于孜乡撒拉村饮食（2004 年 8 月）

有意思的是，我看到来自甘都拉木的撒拉族在家庭内部使用藏语来交流。①

第二节　新疆撒拉语中的维吾尔语成分

一、新疆撒拉语中的维吾尔语借词

ağine "朋友"。维吾尔语：ağinä "朋友"。②

ağïz "间（量词）"。维吾尔语：eğiz "间（量词）"。

aktip "积极"。维吾尔语：aktip "积极"。

aja "姐姐"。维吾尔语：ača "姐姐"。

alim "科学家"。维吾尔语：alim "科学家"。

aliğirat "李子"。维吾尔语：aligirat "李子"。

anglïx "故意"。维吾尔语：angliq "故意"。

aniqla- "澄清"。维吾尔语：eniqla- "澄清"。

aptobus "公共汽车"。维吾尔语：aptobus "公共汽车"。

arja dal "柏树"。维吾尔语：arja därixi "柏树"。

asas, negizi "基础"。维吾尔语：asas, negiz "基础"。

asma (kömür) "吊（桥）"。维吾尔语：asma (kövrük) "吊（桥）"。

ašxana "饭馆"。维吾尔语：ašxana "饭馆"。

avam kiši "百姓"。维吾尔语：avam hälq "百姓"。

ayğïr "公马"。维吾尔语：ayğïr "公马"。

ayran "酸奶"。维吾尔语：ayran "酸奶"。

ayrupilan "飞机"。维吾尔语：ayrupilan "飞机"。

azatlïq armiye "解放军"。维吾尔语：azatliq armiyä "解放军"。

---

① 马伟：《新疆的撒拉人》，载全国政协文史和学习委员会、青海省政协学习和文史委员会编《撒拉族百年实录》，中国文史出版社，2015，第141~163页。

② 本节句首单词为新疆撒拉语。此处语料部分来自笔者2004年、2011年、2015年等在伊宁县萨木于孜乡撒拉村的调查，部分来自许伊娜、吴宏伟：《新疆撒拉语》，新疆大学出版社，2005。

azat vol-"解放"。维吾尔语：azat bol-"解放"。
bağča"公园"。维吾尔语：bağča"公园"。
bağši"巫士"。维吾尔语：baxši"巫士"。
baj"税"。维吾尔语：baj"税"。
balğa"榔头"。维吾尔语：balqa"榔头"。
bane"借口"。维吾尔语：banä"借口"。
banka"银行"。维吾尔语：banka"银行"。
bar dixan"富农"。维吾尔语：bay dixan"富农"。
baš baxar"立春"。维吾尔语：baš baxar"立春"。
baš küz"立秋"。维吾尔语：baš küz"立秋"。
baš qïš"立冬"。维吾尔语：bašqïš"立冬"。
baš yaz"立夏"。维吾尔语：baš yaz"立夏"。
batari"电池"。维吾尔语：batari"电池"。
baxa"价钱"。维吾尔语：baxa"价钱"。
baxar"春"。维吾尔语：baxar"春"。
baxdilix"幸福"。维吾尔语：bähtilik"幸福"。
bay"富人"。维吾尔语：bay"富人"。
bayram"节日"。维吾尔语：bayram"节日"。
bayrax"旗"。维吾尔语：bayraq"旗"。
baytal"牝马"。维吾尔语：baytal"牝马"。
belet"车票"。维吾尔语：belät"车票"。
bikar"空"。维吾尔语：bikar"空"。
bilim"文化"。维吾尔语：bilim"文化"。
bir terep qïl-"解决"。维吾尔语：bir täräp qil-"解决"。
boğaltir"会计"。维吾尔语：boğaltir"会计"。
bor"粉笔"。维吾尔语：bor"粉笔"。
bölüm baši"科长"。维吾尔语：bölüm bašliqi"科长"。
buqa"牡牛"。维吾尔语：buqa"牡牛"。

buya "苦豆"。维吾尔语：buya "苦豆"。
čana "冰橇"。维吾尔语：čana "冰橇"。
čaqirim "里（量词）"。维吾尔语：čaqirim "里（量词）"。
čavax čal- "鼓掌"。维吾尔语：čavax čal- "鼓掌"。
čax "车轱辘"。维吾尔语：čaq "车轱辘"。
čaxmax daš "火石"。维吾尔语：čaqmaq taš "火石"。
ček al- "抽签"。维吾尔语：čäk al- "抽签"。
čilex "水桶"。维吾尔语：čiläk "水桶"。
čong "大"。维吾尔语：čong "大"。
čoqur "麻子"。维吾尔语：čoqur "麻子"。
čošqa "猪"。维吾尔语：čošqa "猪"。
čot "锛子"。维吾尔语：čot "锛子"。
čömüš "瓢"。维吾尔语：čömüš "瓢"。
čüšül- "明白"。维吾尔语：čüšän- "明白"。
dada "爸爸"。维吾尔语：dada "爸爸"。
daki "绷带"。维吾尔语：daka "绷带"。
damax "饭"。维吾尔语：tamaq "饭"。
dap- "挣（钱）、猜"。维吾尔语：tap- "挣（钱）、猜"。
depter "本子"。维吾尔语：däptär "本子"。
ders "课"。维吾尔语：därs "课"。
derya "河"。维吾尔语：därya "河"。
desmayi "本钱"。维吾尔语：däsmayä "本钱"。
devet qïl- "动员"。维吾尔语：dävät qil- "动员"。
deng'iz "海"。维吾尔语：deng'iz "海"。
dimurdumjux "啄木鸟"。维吾尔语：tömur tumšuq "啄木鸟"。
din "宗教"。维吾尔语：din "宗教"。
dingziya "牛黄"。维吾尔语：dingziya "牛黄"。
doklat qïl- "报告"。维吾尔语：doklat qil- "报告"。

dolqun "波浪"。维吾尔语：dolqun "波浪"。

dölet "国家"。维吾尔语：dölät "国家"。

dölet bayrimi "国庆"。维吾尔语：dölät bayrimi "国庆"。

dukan "商店"。维吾尔语：dukan "商店"。

duzla- "腌"。维吾尔语：tuzla- "腌"。

ebkiš "扁担"。维吾尔语：äbkäš "扁担"。

elči "媒人"。维吾尔语：älči "媒人"。

elektir istansï "电站"。维吾尔语：elektir istansisi "电站"。

elektir lampisi, tok čiralux "电灯"。维吾尔语：elektir lampisi, tok čiraq "电灯"。

eng "极、特别"。维吾尔语：äng "极、特别"。

esker "士兵"。维吾尔语：äskär "士兵"。

etret bašliği "队长"。维吾尔语：äträt bašliqi "队长"。

funtozi "粉条"。维吾尔语：pintoza "粉条"。

geme "窑洞"。维吾尔语：gämä "窑洞"。

gizit "报纸"。维吾尔语：gezit "报纸"。

göynek "衬衫"。维吾尔语：göynäk "衬衫"。

guman et- "猜"。维吾尔语：guman qil- "猜"。

günlüx "伞"。维吾尔语：künlük "伞"。

haraq "酒"。维吾尔语：haraq "酒"。

harva, mašina "车"。维吾尔语：harva, mašina "车"。

hava armiyä "空军"。维吾尔语：hava armiyisi "空军"。

hazïr "现在"。维吾尔语：xazir "现在"。

herbi "兵"。维吾尔语：härbi "兵"。

hesap "数学"。维吾尔语：hesap "数学"。

hesapdin kötürvet- "报销"。维吾尔语：hesaptin kötürwät- "报销"。

höddige al- "承包"。维吾尔语：höddigä al- "承包"。

hökümet "公家"。维吾尔语：hökümät "公家"。

hükümet "政府"。维吾尔语：hökümät "政府"。

ilim"科学"。维吾尔语：ilim"科学"。

iltimas et-"申请"。维吾尔语：iltimas qil-"申请"。

imtihan al-"考"。维吾尔语：imtihan al-"考"。

inqilap et-"革命"。维吾尔语：inqilap qil-"革命"。

intayin, bekmu "格外"。维吾尔语：intayin, bäkmu "格外"。

inzhener "工程师"。维吾尔语：inzhener "工程师"。

iqtisat "经济"。维吾尔语：iqtisat "经济"。

isčočik "电表"。维吾尔语：isčočik "电表"。

isčot, talon "发票"。维吾尔语：isčot, talon "发票"。

islah et-"改革"。维吾尔语：islah qil-"改革"。

ispirt "酒精"。维吾尔语：ispirt "酒精"。

istansa, vagzal, beket "车间"。维吾尔语：istansa, vagzal, mašina bekiti "车站"。

iščilar uyumisi "工会"。维吾尔语：iščilar uyumisi "工会"。

iš heqqi, maaš "工资"。维吾尔语：iš häqqi, maaš "工资"。

ištixanï "胃"。维吾尔语：ištixani "胃"。

itbax azasi "团员"。维吾尔语：itpaq äzasisi "团员"。

jazala-"惩罚"。维吾尔语：jazala-"惩罚"。

jennet "天堂"。维吾尔语：jännät "天堂"。

jimjit "安静"。维吾尔语：jimjit "安静"。

kadïr "干部"。维吾尔语：kadir "干部"。

kalpux "唇"。维吾尔语：kalpuk "唇"。

kanay "喇叭"。维吾尔语：kanay "喇叭"。

kapalet qïl-"保证"。维吾尔语：kapalät "保证"。

karta "卡片"。维吾尔语：karta "卡片"。

kava "南瓜"。维吾尔语：kava "南瓜"。

kelin "儿媳"。维吾尔语：kelin "儿媳"。

kemčilik "缺点"。维吾尔语：kämčilik "缺点"。

kenit "庄"。维吾尔语：känt "庄"。

kenit bašlaǧï"村长"。维吾尔语：känt bašliqi"村长"。

kila"公斤"。维吾尔语：kilo"公斤"。

kim"谁"。维吾尔语：kim"谁"。

kino"电影"。维吾尔语：kino"电影"。

kitap"书"。维吾尔语：kitap"书"。

kiyim tikiš mašnisi"缝纫机"。维吾尔语：kiyim tikiš mašnisi"缝纫机"。

koča, bazar"街"。维吾尔语：koča, bazar"街"。

kollektip"集体"。维吾尔语：kollektip"集体"。

kompartiye"共产党"。维吾尔语：kompartiyä"共产党"。

kora"罐，罐子"。维吾尔语：kora"罐，罐子"。

küräš qïl-"斗争"。维吾尔语：küräš qil-"斗争"。

küt-"等待"。维吾尔语：küt-"等待"。

lere"房梁"。维吾尔语：lärä"房梁"。

lim"梁"。维吾尔语：lim"梁"。

lipex"膝盖"。维吾尔语：lipäk"膝盖"。

luǧet"字典"。维吾尔语：luǧät"字典"。

marka"邮票"。维吾尔语：marka"邮票"。

mašina"机器"。维吾尔语：mašina"机器"。

mašina bekit"汽车站"。维吾尔语：mašina bekiti"汽车站"。

mal"货"。维吾尔语：mal"货"。

mangqa"鼻涕"。维吾尔语：mangqa"鼻涕"。

maxta-"捧"。维吾尔语：maxta-"捧"。

mejlis"大会"。维吾尔语：mäjlis"大会"。

mektep"学校"。维吾尔语：mäktäp"学校"。

memliket"国家"。维吾尔语：mämlikät"国家"。

mes vol-"醉"。维吾尔语：mäs bol-"醉"。

meš"炉子"。维吾尔语：mäš"炉子"。

meš'el"火把"。维吾尔语：mäš'äl"火把"。

metir"米（量词）"。维吾尔语：metir"米（量词）"。
mijez"脾气"。维吾尔语：mijäz"脾气"。
miliyen"百万"。维吾尔语：milyon"百万"。
millet"民族"。维吾尔语：millät"民族"。
mive"果子"。维吾尔语：mivä"果子"。
mizan"标准"。维吾尔语：mizan"标准"。
mïltïx"枪"。维吾尔语：miltiq"枪"。
mïx"钉子"。维吾尔语：mïx"钉子"。
mom, šam"蜡"。维吾尔语：mom, šam"蜡"。
moma"老太太"。维吾尔语：momay"老太太"。
monax"和尚"。维吾尔语：monax"和尚"。
muellim"教师"。维吾尔语：muällim"教师"。
mubaliğe qïl-"夸"。维吾尔语：mubaliğä qil-"夸"。
mukapat"奖金"。维吾尔语：mukapat"奖金"。
načir"弱"。维吾尔语：načar"弱"。
nahiyä bašlïğï"县长"。维吾尔语：nahiyä bašliqi"县长"。
nam"名声"。维吾尔语：nam"名声"。
namazoxu-"做礼拜"。维吾尔语：namaz oqu-"做礼拜"。
nan"馕"。维吾尔语：nan"馕"。
nar"单"。维吾尔语：nar"单"。
navat"冰糖"。维吾尔语：navat"冰糖"。
naxša"歌"。维吾尔语：naxša"歌"。
nerse"物件"。维吾尔语：närsä"物件"。
nesi ver-"赊"。维吾尔语：nesi qil-"赊"。
nevure"孙子"。维吾尔语：nävrä"孙子"。
ney"笛子"。维吾尔语：näy"笛子"。
nomur"号"。维吾尔语：nomur"号"。
nomur al-"挂号"。维吾尔语：numur al-"挂号"。

nöl"零"。维吾尔语：nöl"零"。

nurlux"光荣"。维吾尔语：nurluq"光辉的、光亮的"。

ofitser"军官"。维吾尔语：ofitser"军官"。

ong"右"。维吾尔语：ong"右"。

ora"窖"。维吾尔语：ora"窖"。

orda"宫"。维吾尔语：orda"宫"。

orumtux"凳子"。维吾尔语：orunduq"凳子"。

oyla-"想"。维吾尔语：oyla-"想"。

oyunčux"玩具"。维吾尔语：oyunčuq"玩具"。

öküz"公牛"。维吾尔语：öküz"公牛"。

ölke"省"。维吾尔语：ölkä"省"。

ölke bašlïx"省长"。维吾尔语：ölkä bašliqi"省长"。

ösim"利息"。维吾尔语：ösüm"利息"。

öy ornï"庄廓"。维吾尔语：öy orun"庄廓"。

öyli"户"。维吾尔语：öylük"户"。

palax"浆"。维吾尔语：palaq"浆"。

palex"菠菜"。维吾尔语：paläk"菠菜"。

panar"灯笼"。维吾尔语：panar"灯笼"。

paraxot"轮船"。维吾尔语：paraxot"轮船"。

parče"块（量词）"。维吾尔语：parčä"块（量词）"。

partiye"党"。维吾尔语：partiyä"党"。

partiye azasi"党员"。维吾尔语：partiyä äzasi"党员"。

pasport"护照"。维吾尔语：pasport"护照"。

paša"蚊子"。维吾尔语：paša"蚊子"。

pemidur"番茄"。维吾尔语：pämidur"番茄"。

pidiğen"茄子"。维吾尔语：pidigän"茄子"。

pilen"方案"。维吾尔语：pilan"方案"。

pojangza"鞭炮"。维吾尔语：pojangza"鞭炮"。

polat"钢"。维吾尔语：polat"钢"。

polo"抓饭"。维吾尔语：polo"抓饭"。

polïx kamandi"团长"。维吾尔语：polk komandiri"团长"。

pomišix"地主"。维吾尔：pomišik"地主"。

pošta"邮局"。维吾尔语：počta"邮局"。

poyiz"火车"。维吾尔语：poyiz"火车"。

poyiz istansï"火车站"。维吾尔语：poyiz istansisi"火车站"。

pul"钱"。维吾尔语：pul"钱"。

pursen"百分比"。维吾尔语：pursänt"百分比"。

pušman"后悔"。维吾尔语：pušayman"后悔"。

professor"教授"。维吾尔语：professor"教授"。

qan besim"血压"。维吾尔语：qan besim"血压"。

qara"靶"。维吾尔语：qara"靶"。

qarǧay"松树"。维吾尔语：qariǧay"松树"。

qaš"眉毛"。维吾尔语：qaš"眉毛"。

qayče"剪刀"。维吾尔语：qayča"剪刀"。

qaynax"烧开的（水）"。维吾尔语：qaynaq"烧开的（水）"。

qerzdar (vol-)"（负）债"。维吾尔语：qärzdar (bol-)"（负）债"。

qïz mal"嫁妆"。维吾尔语：qiz meli"嫁妆"。

qïzïx"热闹"。维吾尔语：qizik"热闹"。

qol saet"手表"。维吾尔语：qol saiti"手表"。

qol čiralux"手电筒"。维吾尔语：qol čiriǧi"手电筒"。

qolxap"手套"。维吾尔语：qolqap"手套"。

qopal"笨拙"。维吾尔语：qopal"笨拙"。

qululï"蜗牛"。维吾尔语：qulülï"蜗牛"。

qulup"锁子"。维吾尔语：qulup"锁子"。

qumčax"蝌蚪"。维吾尔语：qumčaq"蝌蚪"。

qurǧuy"鹞鹰"。维吾尔语：qurǧuy"鹞鹰"。

qurut "酸奶疙瘩"。维吾尔语：qurut "酸奶疙瘩"。
radiyo "广播"。维吾尔语：radio "广播"。
rende "刨子"。维吾尔语：rändä "刨子"。
regetke (oxï) "弹子"。维吾尔语：rägätkä oqi "弹子"。
rexmet "感谢"。维吾尔语：räxmät "感谢"。
reys "主席"。维吾尔语：räys "主席"。
salqin "凉爽"。维吾尔语：salqin "凉爽"。
sanaet "工业"。维吾尔语：sanaät "工业"。
sapan "犁"。维吾尔语：sapan "犁"。
sarang "疯子"。维吾尔语：sarang "疯子"。
sebir "耐心"。维吾尔语：säbir "耐心"。
seper "路途"。维吾尔语：säpär "路途"。
seren'ge "火柴"。维吾尔语：särängge "火柴"。
sinip "班"。维吾尔语：sinip "班"。
sinip bašliği "班长"。维吾尔语：sinip bašliqi "班长"。
sir "漆"。维吾尔语：sir "漆"。
sirke "陈醋"。维吾尔语：kona sirkä "陈醋"。
sirla- "漆"。维吾尔语：sirla- "漆"。
siya "墨水"。维吾尔语：siya "墨水"。
sizğuč "尺子"。维吾尔语：sizğuč "尺子"。
som "元"。维吾尔语：som "元"。
sotči "法官"。维吾尔语：sotči "法官"。
sögel "瘊子"。维吾尔语：sögäl "瘊子"。
söğet "柳树"。维吾尔语：sögät "柳树"。
söyüš- "接吻"。维吾尔语：söyüš- "接吻"。
süpet "质量"。维吾尔语：süpät "质量"。
süpirğe "扫帚"。维吾尔语：süpürgä "扫帚"。
süret dat- "照相"。维吾尔语：sürät tart- "照相"。

šalang "稀少的、稀薄的"。维吾尔语：šalang "稀少的、稀薄的"。

šaptul "桃"。维吾尔语：šaptul "桃"。

šeher bašllïx "市长"。维吾尔语：šähär bašliqi "市长"。

šeher bazar "城镇"。维吾尔语：šähär bazar "城镇"。

šekär "食糖"。维吾尔语：šekär "食糖"。

šerep "光荣"。维吾尔语：säräp "光荣"。

šerq (sarï) "东边"。维吾尔语：šärq täräp "东边"。

šimal "北"。维吾尔语：šimal "北"。

šir "狮子"。维吾尔语：šir "狮子"。

tal "根（量词）"。维吾尔语：tal "根（量词）"。

tamaka "香烟"。维吾尔语：tamaka "香烟"。

tamǧa "公章"。维吾尔语：tamǧa "公章"。

tapšur-, töle- "交"。维吾尔语：tapšur-, tölä- "交"。

tarazi "秤"。维吾尔语：taraza "秤"。

tarïx "历史"。维吾尔语：tarïx "历史"。

tartma "抽屉"。维吾尔语：tartma "抽屉"。

taqax "（门）闩"。维吾尔语：taqax "（门）闩"。

tay, qulun "驹子"。维吾尔语：tay, qulun "驹子"。

tejribe "经验"。维吾尔语：täjribä "经济"。

tekšür- "考察"。维吾尔语：täkšür- "考察"。

telefon "电话"。维吾尔语：telefon "电话"。

telefon ver- "打电话"。维吾尔语：telefon bär- "打电话"。

televizor "电视"。维吾尔语：televizor "电视"。

teretxana "厕所"。维吾尔语：tärätxana "厕所"。

termus "暖瓶"。维吾尔语：termus "暖瓶"。

teyaz "浅"。维吾尔语：teyiz "浅"。

tezije "哀悼"。维吾尔语：tezijä "哀悼"。

til "语言"。维吾尔语：til "语言"。

tiliğarama "电报"。维吾尔语：telegramma "电报"。
tiramvay "电车"。维吾尔语：tiramvay "电车"。
tiyatir "戏"。维吾尔语：tiyatir "戏"。
tïraxtor "拖拉机"。维吾尔语：tiraktor "拖拉机"。
tonna "吨"。维吾尔语：tonna "吨"。
tonur "馕坑"。维吾尔语：tonur "馕坑"。
top "炮"、"匹（量词）"。维吾尔语：top "炮""匹（量词）"。
toqunuš- "冲突"。维吾尔语：toqunuš- "冲突"。
tox "电"。维吾尔语：tok "电"。
toz "孔雀"。维吾尔语：toz "孔雀"。
töle- "付、赔"。维吾尔语：tölä- "付、赔"。
tul "寡妇"。维吾尔语：tul "守寡的"。
türme "班房"。维吾尔语：türmä "班房"。
umurtqa "脊梁"。维吾尔语：umurtqa "脊梁"。
usul "做法"。维吾尔语：usul "做法"。
ut gel- "赢"。维吾尔语：ut- "赢"。
utur- "输"。维吾尔语：utur- "输"。
utux vol- "成功"。维吾尔语：utuqluq bol- "成功"。
üzengge "镫"。维吾尔语：üzänggä "镫"。
üzüx "戒指"。维吾尔语：üzük "戒指"。
velsipit "自行车"。维吾尔语：välsipit "自行车"。
vekil "代表"。维吾尔语：väkil "代表"。
xata "错误"。维吾尔语：xata "错误"。
xavanči "臼"。维吾尔语：xavanča "臼"。
xet "字、信"。维吾尔语：xät "字、信"。
xerite "地图"。维吾尔语：xäritä "地图"。
xïš "砖"。维吾尔语：xïš "砖"。
xïzmet et- "办公、服务"。维吾尔语：xizmät qil- "办公、服务"。

xošamet qïl- "恭维"。维吾尔语：xošamät qil- "恭维"。

xuduldur- "救"。维吾尔语：xuduldur- "救"。

yalang(boyqïrax) "单（衣）"。维吾尔语：yalang (kiyim) "单（衣）"。

yalla- "雇佣"。维吾尔语：yalla- "雇佣"。

yanpaš "胯骨"。维吾尔语：yanpaš söng'iki "胯骨"。

yap- "关（门）"。维吾尔语：yap- "关（门）"。

yaylax "放牧点"。维吾尔语：yaylaq "放牧点"。

yaz "夏"。维吾尔语：yaz "夏"。

yaz- "写"。维吾尔语：yaz- "写"。

yazil- "订"。维吾尔语：yezil- "订"。

yel qazan "火锅"。维吾尔语：yäl qazan "火锅"。

yerlix "本地"。维吾尔语：yärlik "本地"。

yilpiz "豹"。维吾尔语：yilpiz "豹"。

yügen "嚼子"。维吾尔语：yügän "嚼子"。

zavut "厂"。维吾尔语：zavut "厂"。

zenbirex "炮"。维吾尔语：zämbiräk "炮"。

ziyan dat- "吃亏、赔"。维吾尔语：ziyan tart- "吃亏、赔"。

二、"水乳交融"的亲属语言接触结果

撒拉语和维吾尔语都属于阿尔泰语系突厥语族语言，两者在结构上本来有许多共同点。因此，和维吾尔语接触以后在新疆撒拉语中出现了撒拉语和维吾尔语成分"水乳交融"的融合现象。

（一）词汇

和维吾尔语的接触使得新疆撒拉语的词汇出现了新的活力，有些历史上消失的词又重新"复活"。如：

bayram（节日）一词在青海撒拉语中被汉语借词 jeri（节日）所代替，受维吾尔语的影响，新疆撒拉语中又出现了 bayram（节日）。

青海撒拉语的汉语借词 jingne-（挣）在新疆撒拉语中变成了 dap-（挣）。dap- 在新疆撒拉语中还可表示"猜"，这两种用法都来自维吾尔语的 tap-（挣、猜）。古突厥语的 tap-（发现、找到、获得）（Clauson, 435）在青海撒拉语中变成了 dat-（找到、获得）。撒拉语 dombax（故事）、tiuder-（猜）两词的词根可能与 tap- 相关。

青海撒拉语表示"窑洞"的词是汉语借词 youdang，但受维吾尔语影响后，新疆撒拉语借用维吾尔语的 geme 来表示"窑洞"。这样在新疆撒拉语中原来表示"老鼠"的 geme 又可以表示"窑洞"了，而且表示"老鼠"的 geme 和表示"窑洞"的 geme 应该具有同源关系，即历史上维吾尔语的 gämä（窑洞）和撒拉语的 geme（老鼠）应来自同一个词。

在青海撒拉语中除婴儿外套被称为 göngelex 以外，"衬衫"一词一般都用 xantïr（来自汉语"汗褟儿"）。新疆撒拉语中 göngelex 表示"衬衫"之义，同时又借用维吾尔语的 göynäk 来表示"衬衫"。这样新疆撒拉语中表示"衬衫"之义的词有了两个。有意思的是，这两个词应该都来自古代突厥语的 könglek（衬衫）（Clauson, 732），是同一个词在维吾尔语和撒拉语中不同形式的发展。könglek（衬衫）最终的来源则可能是古代突厥语的 köngül（思想、心、心脏）（Clauson, 731），包裹 köngül（心脏）的东西自然就成了 könglek（衬衫）。

青海撒拉语的 xay"海"来自汉语，但新疆撒拉语则借用了维吾尔语的 deng'iz"海"，恢复了撒拉语早期的形式。古代突厥语时期，表示"海"的词为 teng'iz"海"（Clauson, 527）。

"儿媳"一词在青海撒拉语中用 oğïl kine 表示，其中 oğïl 意为"儿子"，kine 意为"妻子"。kine 一词来自古代突厥语的 kelin"儿媳"（耿世民，2005: 242）。受维吾尔语影响，新疆撒拉语在表示"儿媳"之义时直接使用了 kelin，恢复了古代突厥语形式。

古代突厥语的 äng（最）（耿世民，2005: 233）在青海撒拉语中已经消失，而新疆撒拉语在和维吾尔语接触后又恢复了该词。

和维吾尔语接触后，新疆撒拉语中出现了一些新的词语。这些词语都是整体从维吾尔语借过来的，但从形式而言，要么显得是以撒拉语原有词为基础创造的，要么和撒拉语其他词产生了联系。因而，相比青海撒拉语，新疆撒拉语词汇的系统性在一定程度上得到了加强。如：

表示房子单位时，青海撒拉语用汉语借词 gang（间），而新疆撒拉语则借用了维吾尔语的 ağïz（间）。该词在撒拉语中有 ağzï（嘴、口）、ağïs（话、句）等形式，但不表达房屋单位"间"的意义。借用维吾尔语形式 ağïz 外后，新疆撒拉语中该词形式更加多样并系统化，ağzï 和 ağïs 有了更为古老的古代突厥语 ağïz（口、嘴）形式（Clauson, 98）。

青海撒拉语中的 özüngü 一词表示"梯子"意义，表示"马镫"之义时使用汉语借词 dïng，但新疆撒拉语 üzengge 除表示"梯子"外，还可表示"镫"。表示"镫"的形式显然来自维吾尔语的 üzänggä（镫）。和维吾尔语接触的结果使得新疆撒拉语 üzengge 的"梯子"和"镫"两个意义产生了关联，音义结合形式更加接近古代突厥语形式 üzeng'ü（马镫、梯子）（Clauson, 289）。

青海撒拉语的 qaynar 表示"沸腾的、特别烫的"之义，但表示"烧开的（水）"意义时则多用藏语借词 čuxur（烧开的）一词，如 čuxur su（开水）。新疆撒拉语中，表示"烧开的"意义的词有两个，一是 čoxrax（青海撒拉语 čuxur 的另一种变化形式，同样来自藏语）；二是 qaynax，该词来自维吾尔语的 qaynaq（烧开的）。这样，新疆撒拉语表示"开水"意义的 qaynax su 中的 qaynax（烧开的）和撒拉语中原有的 qayna-（沸腾、翻滚、熟）、qaynat-（烧开、做饭）等词又形成了一组意义相关的词。

新疆撒拉语的 alim（科学家）、asma kömür（吊桥）、bilim（文化）、ašxana（饭馆）、bağča（公园）、baš baxar（立春）、baš küz（立秋）、baš qïš（立冬）、baš yaz（立夏）、günlüx（伞）、kemčilik（缺点）、qïz mal（嫁妆）、qïzïx（热闹）、qol saet（手表）、qol čiralux（手电筒）、qolxap（手套）、yaz-（写）、töle-（付、赔）、yel qazan（火锅）、šir（狮子）、tamğa（公章）等词都来自维吾尔语。这些词借入以后或与撒拉语原有的一些词产生了联系，如 alim（科学家）和撒拉语 alin（知识），asma kömür（吊桥）和 as-（挂）、kömür（桥），bilim（文化）和 bil-（知道、懂），ašxana（饭馆）和 aš（饭），bağča（公园）和 bağ（园子），baš baxar（立春）和 baš（头），baš küz（立秋）和 baš（头）、güz（秋），baš qïš（立冬）和

baš（头）、qïš（冬天）、baš yaz（立夏）和 baš（头）、gaz（夏），günlüx（伞）和 gün（太阳）、-lüx（后缀），kemčilik（缺点）和 kemjile-（欺负）、-k（后缀），qïz mal（嫁妆）和 qïz（女儿）、mal（彩礼、牲畜），qïzïx（热闹）和 qïzï-（变热）、-x（后缀），qol saet（手表）和 qol（胳膊），qol čiralux（手电筒）和 qol（胳膊）、čiralux（油灯），qolxap（手套）和 qol（胳膊）、xap（袋子）等；或更加接近撒拉语历史上的面貌，如表 yaz-（写）、töle-（赔）、yel qazan（火锅）、šir（狮子）、tamǧa（公章）等词，而在青海撒拉语中表达这些意义的一般都为汉语借词。

新疆撒拉语从维吾尔语借用的部分词语和撒拉语原有的词语语音形式相同，但语义有差别。这些语义差别对了解突厥语的语义发展史具有重要意义，如：aǧine 在新疆撒拉语中意为"朋友"，青海撒拉语中意为"兄弟"；kitap 在新疆撒拉语中意为"书"，但在青海撒拉语中意为"（伊斯兰教）经书"；bazar 在新疆撒拉语中意为"街"，但在青海撒拉语中意为"庄廓"；šalang 在新疆撒拉语中意为"稀少的、稀薄的"，但在青海撒拉语中意为"浅的"；mangqa 在新疆撒拉语中意为"鼻涕"，但在青海撒拉语中意为"鼻子不通气的"；yaz 在新疆撒拉语中意为"夏天"，但在青海撒拉语中意为"春天"等。

新疆撒拉语借用维吾尔语词的结果之一是撒拉语的乌古斯语特征在一定程度上有所弱化，如 dodax（唇）是阿塞拜疆语、土库曼语、土耳其语和撒拉语等乌古斯语的共同特征，由于用维吾尔语的 kalpuk（唇）代替了撒拉语的 dodax（唇），新疆撒拉语的乌古斯语特征在词汇方面就减少了一点。

（二）语法

由于维吾尔语的影响，新疆撒拉语在语法方面也出现了一定程度的变化，如：

1. 名词数范畴的变化

青海撒拉语是中国突厥语中在地理位置上处于最东面的语言，由于远离突厥语中心区，撒拉语长期以来受到了和突厥语类型差别很大的汉语及藏语的影响，因而使得撒拉语的黏着性特点在减少，撒拉语逐渐地体现出类似汉语的分析语的特点。在古代突厥语中，名词有完整人称和数的领属附加成分，如：[1]

---

[1] 耿世民：《古代突厥语语法》，中央民族大学出版社，2010，第 103~104 页。

at-ïm　　　　　　　　　我的名字
qan-ïng　　　　　　　　你的血
qut-ï　　　　　　　　　他的福气
qang-ïmïz　　　　　　　我们的父亲
ini-ngiz　　　　　　　　你们的弟弟
qut-ï　　　　　　　　　他们的福气

其他许多现代突厥语名词领属人称附加成分也都有人称和数的区别，但青海撒拉语名词领属人称附加成分已没有数的区别，只剩下人称区别了，如：①

人称	土耳其语	撒拉语	词义	土耳其语	撒拉语	词义
第一人称	qol-um	qol-ïm	我的胳膊	qol-umuz	qol-ïm	我们的胳膊
第二人称	qol-un	qol-ïng	你的胳膊	qol-unuz	qol-ïng	你们的胳膊
第三人称	qol-u	qol-ï	他（她）的胳膊	qol-u	qol-ï	他（她）们的胳膊

一般认为，新疆撒拉语也和青海撒拉语一样，其名词领属附加成分除了第一、二、三人称的区别外，并无数的区别。②但新疆撒拉语名词在个别情况下出现了数的区别，如：

新疆撒拉语③	青海撒拉语	意义
zasang-ïm	(miği)zasang-ïm	我的家
zasang-ïmiz	(pisiniği)zasang-ïm	我们的家
zasang-ïng	(siniği)zasang-ïng	你的家
zasang-ïnglar	(selaniği)zasang-ïng	你们的家
zasang-ï	(aniği/ulaniği)zasang-ï	他/她（们）的家

有意思的是，即使是认为新疆撒拉语名词领属附加成分没有数的区别的学者，在其研究成果中也出现了相反的例子，如：

---

① 土耳其语例子来自捷尼舍夫：《土耳其语语法》，科学出版社，1959，第29页。
② 许伊娜、吴宏伟：《新疆撒拉语》，新疆大学出版社，2005，第39页。
③ 阿不都热西提·亚库甫：《新疆撒拉语特点试析》，《新疆大学学报》1997年第1期。

pisernigi　turmuš-ïmïz　yaxši. 我们的生活好。①

这儿的 –ïmïz 显然是名词领属附加成分复数的标志。但同样在该研究成果的另一个地方，几乎相同结构的一个句子中却并没有这种名词领属附加成分的复数现象，甚至连数的区别也没有，如：

　　pisernigi　turmuš　yaxšilanji. 我们的生活好起来了。②

后一种现象在青海撒拉语也会出现，但带有复数标志的现象在青海撒拉语已消失。为什么在新疆撒拉语会出现这种古代突厥语或其他现代突厥语共同的特点呢？是新疆撒拉语保留了古代突厥语的特点吗？

如果我们分析前面句子中 –ïmïz 之前的词"turmuš"（生活）就会理解其中原因了。"turmuš"（生活）不存在于青海撒拉语中，很明显该词是从维吾尔语中借入新疆撒拉语的。在借用的过程中，顺便把维吾尔语名词的领属附加成分数的后缀 –ïmïz 也借过来了。因此，新疆撒拉语和维吾尔语接触的过程中，原本消失的一些语法特征又"复活"了。这在青海撒拉语中是不存在的。

2. 动词人称范畴的变化

古代突厥语动词有人称和数的区别，如：③

人称 \ 数	单数	复数
第一人称	–m	–mïz/-miz, –q/-k
第二人称（通称）	–ng（较少见；-ǧ/-g）	–nglar/-nglär
第二人称（尊称）	–ngïz/-ngiz(-ǧïz/-giz)	
第三人称	——	——

---

① 许伊娜，吴宏伟：《新疆撒拉语》，新疆大学出版社，2005，第 155 页。
② 许伊娜，吴宏伟：《新疆撒拉语》，新疆大学出版社，2005，第 41 页。
③ 耿世民：《古代突厥语语法》，中央民族大学出版社，2010，第 147 页。

土耳其语等其他现代突厥语也有类似的特征，但青海撒拉语的动词失去了人称和数的区别，如：

人称	土耳其语[①]		撒拉语		意义
	单数	复数	单数	复数	
第一人称	gel-miš-im	gel-miš-iz	gi-miš	gi-miš	（看来）我/我们来了。
第二人称	gel-miš-sin	gel-miš-siniz	gi-miš	gi-miš	（看来）你/你们来了。
第三人称	gel-miš	gel-miš-ler	gi-miš	gi-miš	（看来）他/他们来了。

由于青海撒拉语动词没有人称变化，因此，表示以上各种意义时，在撒拉语中还需在句中加相应的人称代词。

根据笔者实地考察，在绝大部分情况下新疆撒拉语动词也没有人称变化，但有时也能观察到动词有人称变化，如：

新疆撒拉语：men geji geldi-m.
青海撒拉语：men geji gelji.
我昨天来了。

新疆撒拉语动词过去时 geldi 后出现了第一人称单数的标志 -m，但在青海撒拉语中我们看不到这种现象。

青海撒拉语动词条件式以在动词干后加 -sa/-se 来表示，新疆撒拉语也有同样的语法特点，但不同的是新疆撒拉语 -sa/-se 后有时还附加了人称的变化，如：

新疆撒拉语[②]	青海撒拉语	意义
men va(r)masa-m	men va(r)masa	如果我不去
sen va(r)masa-ng	sen va(r)masa	如果你不去
u ge(l)mese	u va(r)masa	如果他（她）不去

---

① 捷尼舍夫：《土耳其语语法》，科学出版社，1959，第 84 页。
② 许伊娜、吴宏伟：《新疆撒拉语》，新疆大学出版社，2005，第 96 页。

· 299 ·

新疆撒拉语的这种特点，跟维吾尔语完全相似，如：①

men barmisa-m　　如果我不去
sen barmisa-ng　　如果你不去
u barmisa　　　　如果他（她）不去

在早期的青海撒拉语中，我们也见不到这种条件式的人称变化。如：

sen öydin dašina čïx-sa, sinïng ilindiki bir kišike učirï-sa, sen seliam ber, imartin datlisi sini yirikingnga kirer; sen ögči yan-sa, öyčilara seliamni ber, sini yaxši öyčingni yaxši veler berket köplener.

当你离家外出，碰到同教的人时，致"赛俩目"问安，信仰的馨香会注入你的心灵；当你回家看见你的家属时，致"赛俩目"问安，因你那贤惠的眷属而获得更多的幸福。②

以上语句中有三处出现了动词条件式 -sa，但并没有相应的同新疆维吾尔语相一致的第二人称单数条件式成分 -ng。因此，新疆撒拉语的这种现象可能是受维吾尔语影响而产生的。这种语法现象使得新疆撒拉语又"返回"到其他突厥语所共有的特点，而却同青海撒拉语产生了一定的区别。换句话说，与维吾尔语的接触，使得新疆撒拉语原来消失的黏着性成分又恢复了。③

3. 表达领有意义结构形式的变化

在青海撒拉语中可用向格表示领有所属关系，如：

---

① Eba Beker 博士（维吾尔族），2010 年，个人交流。
② 韩建业：《〈土尔克杂学〉与世俗礼法》，载马成俊、马伟主编《民族小岛——新世纪撒拉族研究（2001—2009）》，民族出版社，2010，第 663 页。
③ 马伟：《新疆撒拉语的浑沌学分析》，载张公瑾、丁石庆主编《浑沌学与语言文化研究新探索》，2011，第 161～169 页。

mang-a	iš	var.
我 – 向格	事情	有

我有事情。

这种现象在其他突厥语中是少见的，如维吾尔语：①

men-ing	iš-im	bar.
我 – 领格	事情 – 单数 1 属人称	有

我有事情。

在上例中，维吾尔语是用代词的领格形式结合中心词人称领属的主格形式来表达类似青海撒拉语的领属关系意义。新疆撒拉语在和维吾尔语接触以后，表达领有意义的结构形式发生了一定程度的变化，如：

mang-a	ini-m	yox.
我 – 向格	弟弟 – 1 属人称	无

我没有弟弟。

mang-a	išgi	aja-m	var.
我 – 向格	二	姐姐 – 1 属人称	有

我有两个姐姐。

很显然，新疆撒拉语是以撒拉语人称代词的向格形式结合中心词人称领属的主格形式来表达领有意义，也就是说这种表达形式结合了撒拉语固有特点与维吾尔语的结构。甚至新疆撒拉语有着和维吾尔语完全一样的结构，如：

---

① 新疆大学中国语文系：《维汉词典》，新疆人民出版社，1982，第 39 页。

u–niği	išgi	bala-sï		var.
他 – 领格	二	孩子 –3 属人称		有

他有两个孩子。

4. –(A) p 副动词形式的出现

在青海撒拉语的早期书面形式中，我们才能看到 –p 副动词，如：

qaysï	kiši	behil	bol-up,	ğabidal	bol-sa	da	dozax-qa	bar-ar.
哪一个	人	吝啬	成为 – 副动	阿比达力	成为 – 条件	也	地狱 – 向格	去 – 现在时

吝啬的人，即便是混饭吃的阿比达力，也会坠入地狱。

seler	öli-ler-i-ni		köm-ir-i,	üšir-ip	ğibaret	al-mur-i.
你们	死者 – 复数 –3 属人称 – 宾格		埋 – 现在时 – 语气	看 – 副动	经验	取 – 否定 – 语气①

你们晓得埋葬亡人，却不领悟其中的教训。②

这是循化乃曼人 Loğman Zayif Molla 于光绪九年（1883 年）所著文献中的材料，其中语言反映了 130 年前的书面撒拉语情况。撒拉族迁徙到新疆大约有 140 年历史。从理论上讲，新疆撒拉语完全可以继承 140 年前青海书面撒拉语的 –(A) p 副动词形式，但鉴于新疆撒拉语不同于青海撒拉语的特点主要见于在新疆出生并且受维吾尔语影响较深的撒拉族身上，③ 我们认为，新疆撒拉语不同于青海撒拉语的一些特点主要是在语言接触影响下产生的。我们在目前的青海撒拉语中看不到 –(A) p 副动词，但如下例子所示，在新疆撒拉语中发现有该形式，可能的解释就是新疆撒拉语受到了维吾尔语的影响，因为，在维吾尔语中还保留着古代突厥语

---

① 原文中没有具体的语法结构分析，此处分析都为笔者所加，如果有任何错误，都归本人，与原文作者无关。
② 韩建业：《〈土尔克杂学〉与世俗礼法》，《中国撒拉族》2008 年第 2 期。
③ 2012 年笔者对新疆伊宁县萨木于孜乡撒拉村年龄最大的撒拉族老人曼苏尔进行了访谈。老人出生于撒拉村，当年 90 岁。根据笔者的观察，老人的撒拉语和青海撒拉族老人讲的撒拉语几乎没什么区别。

第七章 新疆撒拉语和维吾尔语的接触

的 -(A)p 副动词形式。

新疆撒拉语：

u   mang-a   tamaq   et-ep   ber-di.
她   我 – 向格   饭   做 – 副动词   给 – 过去时
她给我做了饭。

u   mang-a   hikaye   sözle-p   ber-di.
他   我 – 向格   故事   讲 – 副动词   给 – 过去时
他给我讲了故事。①

以上两句在现代青海撒拉语中的表达形式为：

u   mang-a   neme   qaynat   ber-ji.
她   我 – 向格   饭   做   给 – 过去时
她给我做了饭。

u   mang-a   dombax   yenše   ber-ji.
他   我 – 向格   故事   讲 – 副动词   给 – 过去时
他给我讲了故事。

维吾尔语：

oltur-up   oqu-du-m.
坐 – 副动词   读 – 过去时 –1 属人称
我坐着读了。

---

① Idris，36 岁，伊宁县萨木于孜乡撒拉村人，2011 年 7 月个人访谈。

u	kül–üp	sözli–di.
他	笑 – 副动词	说 –3 属人称

他笑着说了。①

第三节 从语言接触看新疆撒拉族与维吾尔族的互动

一、政治社会

新疆撒拉族关于国家政治制度方面的知识，主要是从维吾尔族获得的。表示"国家"的两个词 dölet（国家）和 memliket（国家）都来自维吾尔语，来自维吾尔语的 dölet bayrimi（国庆）应该是新疆撒拉语中的第一个表示国家生日的概念；表示行政区划的 ölke（省）、kenit（庄），社会结构的 hökümet（公家、政府）、avam kiši（百姓）、bay（富人）、bar dixan（富农）、pomišix（地主），职官名称 kadïr（干部）、reys（主席）、ölke bašlïx（省长）、šeher bašllïx（市长）、nahiyä bašliǧï（县长）、bölüm baši（科长）、sotči（法官）、kenit bašlaǧï（村长）、etret bašliǧi（队长），以及相关的 türme（班房）、mejlis（大会）、iščilar uyumisi（工会）、tamǧa（公章）、pasport（护照）、millet（民族）、kollektip（集体）等词都来自维吾尔语；表示党团组织的名称 kompartiye（共产党）、partiye azasi（党员）、partiye（党）、itbax azasi（团员），军事组织及相关术语 azatlïq armiye（解放军）、ofitser（军官）、hava armiyä（空军）、polïx kamandi（团长）、sinip bašliǧi（班长）、esker（士兵）、herbi（兵）、top（炮）、zenbirex（炮）、mïltïx（枪）、bayrax（旗）、azat vol–（解放）等都从维吾尔语进入到撒拉语中来了。

新疆撒拉族人口少，没有自己通用的书面文字和学校教育体系，关于政治社会方面的新生事物，他们接触的渠道主要是当地周边主要民族维吾尔族的语言文字。因此，维吾尔语中关于政治社会的词语系统地进入了当地的撒拉语。这些词语的存在，表明新疆撒拉族是如何在和维吾尔族的接触过程中被纳入国家行政体系当中

---

① 赵相如、朱志宁：《维吾尔语简志》，民族出版社，1985，第107页。

的。换句话,在维吾尔族的帮助之下,当地撒拉族从此拥有了新的政治社会生活,他们不仅了解这套政治生活方式,而且自己也融入它的建设过程中了。

ağine(朋友)、dada(爸爸)、aja(姐姐)、kelin(儿媳)、moma(老太太)、nevure(孙子)、elči(媒人)、qïz mal(嫁妆)、tul(寡妇)等也是新疆撒拉语中关于社会生活的维吾尔语借词。这些词表明撒拉族如何和维吾尔族在日常生活中交往甚至是通婚的事实。只有频繁的社会生活交流,才有可能引起相关词语的借用。

二、生活方式

撒拉族到达新疆后,除了周边民族外,其地理环境也明显不同于青海循化地区。显著的地理环境差异在语言中留下了很深的痕迹,如新疆撒拉语中的 yerlix(本地)、deng'iz(海)、derya(河)、dolqun(波浪)、ağïz(间,量词)、bağča(公园)、šeher bazar(城镇)、koča(街)、bazar(街)、lere(房梁)、lim(梁)、orda(宫)、öy ornï(庄廓)、öyli(户)、ora(窖)、geme(窑洞)、xïš(砖)、teretxana(厕所)、taqax(门闩)等表示水流及居住方面的词都借自于维吾尔语,aliğirat(李子)、šaptul(桃)、mive(果子)、kava(南瓜)、palex(菠菜)、pemidur(番茄)、buya(苦豆)、pidiğen(茄子)、arja dal(柏树)、söğet(柳树)、qarğay(松树)等表示水果、蔬菜与树木名称的词来自维吾尔语,öküz(公牛)、ayğïr(公马)、yilpiz(豹)、baytal(牝马)、buqa(牡牛)、šir(狮子)、čošqa(猪)、tay(驹子)、qulun(驹子)、qurğuy(鹞鹰)、toz(孔雀)、dimurdumjux(啄木鸟)、dingziya(牛黄)、paša(蚊子)、qumčax(蝌蚪)、qululï(蜗牛)等动物名称的词来自维吾尔语。其中有些动物如 šir(狮子)、yilpiz(豹)、toz(孔雀)等在新疆撒拉族生活地区并不存在,但语言中借词的存在反映了撒拉族是通过维吾尔族了解到这些动物的。可见,撒拉族移居新疆后其居住环境发生了较大变化。

新疆撒拉语中的 ašxana(饭馆)、ayran(酸奶)、damax(饭)、haraq(酒)、funtozi(粉条)、polo(抓饭)、nan(馕)、navat(冰糖)、šekär(食糖)、sirke(陈醋)、tamaka(香烟)、qurut(酸奶疙瘩)、tonur(馕坑)、qaynax(烧开的)、termus(暖瓶)、xavänči(臼)、yel qazan(火锅)等词反映了维吾尔族饮食文化

对撒拉族的影响，yalangboyqïrax（单衣）、göynek（衬衫）、qolxap（手套）、üzüx（戒指）等词反映了撒拉族在衣着打扮方面的变化，而 bayram（节日）、baxar（春）、baš baxar（立春）、yaz（夏）、baš yaz（立夏）、baš küz（立秋）、baš qïš（立冬）、hazïr（现在）、šerq sarï（东边）、ong（右）、šimal（北）等借词反映了撒拉族在时间和空间概念方面与维吾尔族交流学习的情况，din（宗教）、jennet（天堂）、bağši（巫士）、monax（和尚）等借词反映的是宗教方面的接触。

在经济生活方面，新疆撒拉族受维吾尔族影响也不小，如 mal（货）、bazar（市场）、dukan（商店）、pul（钱）、desmayi（本钱）、baxa（价钱）、metir（米，量词）、tarazi（秤）、kila（公斤）、sizğuč（尺子）、som（元）、tal（根，量词）、tonna（吨）、top（匹，量词）、čaqirim（里，量词）、pursen（百分比）、miliyen（百万）、nomur（号）、nöl（零）、nar（单）、iš heqqi（工资）、maaš（工资）、banka（银行）、boğaltir（会计）、isčot（发票）、talon（发票）、ösim（利息）、baj（税）、mukapat（奖金）、yaylax（放牧点）、iqtisat（经济）、zavut（厂）、sanaet（工业）、sapan（犁）等表示商业、计量以及其他经济方面的词语均来自维吾尔语。这说明撒拉族在经济生活方面已完全融合于当地维吾尔族等的市场体系当中。

由于和维吾尔族的密切往来，新疆撒拉族的生活方式受维吾尔族影响很大，新疆撒拉语中关于生活用品方面的借词反映了这个事实，如 nerse（物件）、tartma（抽屉）、orumtux（凳子）、oyunčux（玩具）、qayče（剪刀）、balğa（榔头）、rende（刨子）、qulup（锁子）、kiyim tikiš mašnisi（缝纫机）、kora（罐，罐子）、meš（炉子）、mïx（钉子）、mom（蜡）、šam（蜡）、panar（灯笼）、meš'el（火把）、günlük（伞）、palax（浆）、ebkiš（扁担）、čot（锛子）、čömüš（瓢）、daki（绷带）、čana（冰橇）、čax（车轱辘）、čaxmax daš（火石）、čilex（水桶）、üzengge（镫）、yügen（嚼子）、seren'ge（火柴）、süpirğe（扫帚）、sir（漆）、kanay（喇叭）、karta（卡片）、ispirt（酒精）、pojangza（鞭炮）、polat（钢）、qara（靶）等。

三、教育科技

由于特殊原因，长期以来新疆撒拉族用维吾尔语接受教育，因此，与教育文化相关的术语及新生科技事物名称不断地从维吾尔语进入撒拉语。如 ilim（科学）、alim（科学家）、professor（教授）、bilim（文化）、mektep（学校）、muellim（教师）、sinip（班）、depter（本子）、ders（课）、hesap（数学）、kitap（书）、luǧet（字典）、xet（字、信）、xerite（地图）、tarïx（历史）、til（语言）、bor（粉笔）、siya（墨水）、gizit（报纸）、kino（电影）、radiyo（广播）、naxša（歌）、ney（笛子）、tiyatir（戏）等借词反映的就是这样一个事实。

科学技术的进步，极大地改变了人们的生活方式。新疆撒拉族对科技的掌握或对现代科技生活的拥抱主要是通过维吾尔族来完成的，因为，新疆撒拉语相关方面的词语有许多是维吾尔语，如 tox（电）、telefon（电话）、televizor（电视）、tiliǧarama（电报）、elektir istansï（电站）、elektir lampisi（电灯）、tok čiralux（电灯）、batari（电池）、qol saet（手表）、qol čiralux（手电筒）、isčočik（电表）、regetke oxï（弹子）、mašina（机器）、harva（车）、mašina（车）、mašina bekit（汽车站）、aptobus（公共汽车）、ayrupilan（飞机）、belet（车票）、marka（邮票）、pošta（邮局）、poyiz（火车）、poyiz istansï（火车站）、paraxot（轮船）、tiramvay（电车）、türaxtor（拖拉机）、velsipit（自行车）、asma kömür（吊桥）等。因此，在和维吾尔族接触的过程中，新疆撒拉族的社会生活方式逐步朝着现代化的方向发展。

四、人体名称

由于新疆撒拉语和维吾尔语的深度接触，一些与人体相关的维吾尔语也进入了撒拉语，如 čoqur（麻子）、lipex（膝盖）、mangqa（鼻涕）、qaš（眉毛）、kalpux（唇）、ištixanï（胃）、yanpaš（胯骨）、sögel（瘊子）、umurtqa（脊梁）。鉴于撒拉语和维吾尔语人体部位名称基本相同（见下表），再加上以上共有词语，新疆撒拉语和维吾尔语在人体名称方面的共性更多了。

维吾尔语和撒拉语人体共有词语

维吾尔语	词义	撒拉语	词义
baš	头	baš	头
čač	头发	saš	头发
til	舌头	dil	舌头
yüz	脸	yüz	脸
mängiz	面颊	menzi	面额
köz	眼睛	göz	眼睛
köz yeši	眼泪	yaš göz	眼泪
kirpik	眼睫毛	su kürlük	眼睫毛
burun	鼻子	purnï	鼻子
qulaq	耳朵	qulax	耳朵
eğiz	嘴	ağzï	嘴
čiš	牙齿	tiš	牙齿
eziq čiš	白齿	azux tiš	白齿
saqal	胡子	sağal	胡子
boyun	脖子	boynï	脖子
tük	汗毛	tüx	汗毛
qol	手	qol	胳膊
barmak	手指，指头	burmax	手指，指头
tirnaq	指甲	dïrnax	指甲
ämčäk	乳房	emčüx	乳房
qosaq	肚子	xusax	肚子
bäl	腰	bel	腰
kindik	肚脐	gindix	肚脐
ayak	脚	ayax	脚
tiz	膝盖	düz	膝盖
qoltuq	腋下	xoltux	腋下
tärä	皮肤	tire	皮肤
söngäk	骨头	sinex	骨头
qan	血	qan	血
tomur	脉、脉搏	damur	脉、脉搏
böräk	肾	böğrex	肾
yüräk	心	yirex	心
beğir	肝	bağïr	肝

tal	脾	dalax	脾，脾脏
öt	胆	öt	胆
tär	汗	der	汗
mangqa	鼻涕	mangga	鼻子不通气的
tükürük	痰	tüxürčïx	唾液
süt	奶	süt	奶
süydük	尿	südüx	尿
poq	屎	box	屎
čečäk	天花	jijex	天花
bäzgäk	疟疾	bezgex	疟疾
taz	秃子	daz	秃子
qor	瞎子	qorï	瞎子
aqsaq①	瘸子	axsax	瘸子

五、其他方面

新疆撒拉族还注意到了维吾尔族的许多动作行为，借用了这些动作行为的表达方法。其中有些是日常生活中的动作行为，如 dap-（挣、猜）、duzla-（腌）、küt-（等待）、oyla-（想）、yalla-（雇佣）、yap-（关）、yaz-（写）、yazil-（订）、xuduldur-（救）、töle-（付、赔）、sirla-（漆）、söyüš-（接吻）、toqunuš-（冲突）、ček al-（抽签）、namazoxu-（做礼拜）、guman et-（猜）、nesi ver-（赊）、qerzdar (vol-)（负债）、maxta-（捧）等，而有些则是较为抽象的、反映新的社会生活的动作行为，如 devet qïl-（动员）、doklat qïl-（报告）、höddige al-（承包）、hesapdin kötürvet-（报销）、iltimas et-（申请）、imtihan al-（考）、inqilap et-（革命）、islah et-（改革）、jazala-（惩罚）、kapalet qïl-（保证）、küräš qïl-（斗争）、mes vol-（醉）、mubaliğe qïl-（夸）、nomur al-（挂号）、ut gel-（赢）、utur-（输）、utux vol-（成功）、xïzmet et-（办公、服务）、xošamet qïl-（恭维）、ziyan dat-（吃亏、赔）、tekšür-（考察）、telefon ver-（打电话）、süret dat-（照相）、aniqla-（澄清）、čavax čal-（鼓掌）、bir terep qïl-（解决）。

---

① 赵相如、朱志宁：《维吾尔语简志》，民族出版社，1985，第230~231页。

撒拉语中书面化的抽象名词较少，因此，和维吾尔族的接触过程中，新疆撒拉族逐渐注重较为抽象的思维方式，开始用维吾尔语词表达较为复杂的思想，如 mijez（脾气）、kemčilik（缺点）、mizan（标准）、tejribe（经验）、nam（名声）、bane（借口）、pušman（后悔）、rexmet（感谢）、pilen（方案）、sebir（耐心）、seper（路途）、süpet（质量）、usul（做法）、tezije（哀悼）、šerep（光荣）、vekil（代表）、xata（错误）、baxdilix（幸福）、qïzïx（热闹）等。

新疆撒拉族在描写事物性质状态、动作行为的程度或方式等方面也学习了维吾尔族的表达方法，如 salqin（凉爽）、qopal（笨拙）、bikar（空）、čong（大）、jimjit（安静）、načir（弱）、nurlux（光荣）、šalang（稀少的、稀薄的）、teyaz（浅）、aktip（积极）、anglïx（故意）、eng（极、特别）、bekmu（格外）等。

结 语

撒拉族于 13 世纪从中亚迁徙到今天的青海循化地区，经过长期的历史发展已成为我国 56 个民族之一。由于史料的缺乏，我们对撒拉族的历史认识较为模糊。然而，让人欣慰的是撒拉族的语言却奇迹般地从古代一直传承到今天。任何一个族群都不是孤立封闭的，任何一种语言也不只是直线发展的，因此在历史发展过程中族群之间的互动交流频繁发生，不同语言之间的接触现象也非常普遍。现代撒拉族的形成发展与撒拉语的发展变化，与古代突厥语民族、阿拉伯—波斯人、蒙古族、藏族、回族、汉族、维吾尔族等及其语言关系密切。基于这样的现实，我们试图采用语言学与人类学相结合的研究方法，关注撒拉语与其他语言的接触事实，努力用语言学视角在撒拉族历史文化研究方面取得突破。通过在青海、甘肃、新疆等地的田野调查，在土库曼斯坦、土耳其等国的学术考察，以及中外各种文献材料的阅读，我们分析了撒拉族的历史源流，撒拉语对古代突厥语的传承，撒拉语与阿拉伯语、波斯语、蒙古语、藏语、汉语以及维吾尔语的接触情况，挖掘语言背后的历史文化。

一、撒拉语中的古突厥语成分

通过对撒拉族自称 Salïr 的词源分析，我们认为该词的演变过程为 Salïr < Salur < Salğur < *Sarağur < *Sarïğ Oğur。Sarïğ Oğur 意为"黄箭"，曾是匈奴时期的一个重要部落。撒拉族等乌古斯（Oğuz）民族和维吾尔族、裕固族的祖先回纥（Oğur）应该有共同的来源。

根据撒拉语与唐代鄂尔浑突厥碑铭文献语言的比较研究，我们发现撒拉语中保留了许多古代突厥碑铭文献语言的特点，尤其是古代碑铭文献语言中的词语在现代撒拉语中保留数量较多，范围涵盖了名词、数词、动词、形容词、代词、助词、语气词等，反映的内容有畜牧、农业、天文、地理、房屋、亲属称谓及个别的社会组织名称。这些词语给我们展示了撒拉族先民在1000多年前的社会生活状况。

通过撒拉语与现代阿塞拜疆语、哈萨克语、吉尔吉斯语、塔塔尔语、土耳其语、土库曼语、维吾尔语和乌兹别克语等语言较为系统全面的语音对比，以及个别形态特征的比较研究显示：撒拉语确实跟乌古斯语较近；撒拉语和克普恰克语之间存在着某种特殊的关系，但不清楚这是包括撒拉语在内的乌古斯语和克普恰克语在历史上的交流事实还是对古代突厥语的共同继承；撒拉语和包括维吾尔语在内的葛逻禄语之间的共性反映的是早期同源关系。

二、撒拉语与不同语言的接触特点

在中亚地区，撒拉族先民和阿拉伯人、波斯人发生了联系，阿拉伯语和波斯语对撒拉语产生了影响。阿拉伯语对撒拉语的影响主要体现在词语方面，这些词语主要是跟伊斯兰教相关，如伊斯兰教信仰、制度、派别、仪式、服饰、婚丧等方面的内容。在语音方面，阿拉伯语借词有时并不遵守元音和谐规则，如 imam（领拜人），出现了古代突厥语中没有的 f 和 h 音位，如 fayda（好处、利益），ferizi（伊斯兰教的主命），hal（力量），haliali（合法的）。

虽然撒拉语中的阿拉伯语借词数量远远大于波斯语，但这些阿拉伯语借词大多不是直接从阿拉伯语吸收过来的，而是通过波斯语转借过来的。除了宗教词语外，撒拉语还吸收了波斯语中农业、建筑等生活等方面的词语，以及 eğe（那么）、ham（也）、heme（每个、所有）、her（所有的、每个）、heš（任何）等功能词。这说明，和阿拉伯语相比，波斯语和撒拉语的接触更为直接、全面，对撒拉语的影响更深。

撒拉语和蒙古语族语言具有大量的关系词，其中相当一部分我们认为是同源词，但也有许多因接触导致的借词。撒拉语中的蒙古语族语言借词涉及范围广泛，进入撒拉语的时间也较早。由于两种语言是亲属语言，其语音格局基本相同，因此，有时判定两种语言中的关系词到底是同源词还是借词非常困难。在古代突厥语中，词首一般不出现 n、l、j 等辅音，但由于和蒙古语等语言的接触，撒拉语词首开始出现这些辅音，如 Neman（撒拉族地区一个村子的名称）、nöxür（情人）、longxa（瓶子）、loxda（笼头）、jamna-（接请、搬运）、jara-（使用、用、宰）、jerǧeli（按顺序）。

撒拉语中的藏语借词是撒拉族迁到今天的青海循化以后吸收进来的。藏语对撒拉语的影响时间长、范围广，虽然，无论是民间还是学术界都意识到藏语对撒拉语的影响很大，但前人从未对此问题展开过较为系统的研究，因而未能认识到这种影响的深度和广度。由于大量的藏语词语进入撒拉语，撒拉语的语音和谐特点也出现了一定的变化，如 gaǧla-（阻挡）、gala-（笑、高兴）、garla-"分开、隔离"、gaǧ（调子、曲调、音调）、gača（话、语言）等藏语借词都已经不遵守元辅音和谐规律，出现舌根音 g 和后元音 a 相拼的现象。l、n、r、z 等辅音大量出现在词首，如 lan（答复、回复）、langsa（背斗）、lasgur（手磨、手推磨）、layï（拉伊，藏族情歌）、namdun（表情、样子）、nana-（睡觉，儿语）、napa（瘦）、narza（同龄）、nimang（人多）、rama（山羊）、rïtix（猎物）、rang'a（白白地、无益地）、zamïš（村里等头人）、zanbu（强硬、恃强）、zasang（家、家庭）、zonba（松树、松木）。甚至来自藏语的 čo 在撒拉语中作为形态成分而存在。所有这些因素使得撒拉语的非突厥语特点不断增强。著名突厥学家 Marcel Erdal 教授 2011 年在北京曾经和笔者谈论撒拉语时竟说"撒拉语是一种奇怪的语言"。以 Erdal 教授的学识，对古代突厥语还是现代突厥语都有着精深的研究，但他在理解撒拉语时竟也出现了困难。应该说这与他对撒拉语中的外来成分如藏语因素缺乏思考有一定的关系。

和汉语的接触使得撒拉语不仅有了大量的汉语借词，而且汉语借词的数量目前还在持续增加。语音方面，卷舌音 zh、ch、sh 进入了撒拉语，如 zhala-（炸）、zhalla-（占）、zhan（站、车站）、chala-（察觉）、chang（厂）、changbali（长把梨）、shang（伤）、she（社）、shizi（狮子）等；汉语部分复合元音的进入使撒拉语的音位数量有了增加，语音格局发生了变化，如 pio（票）、čienbi（铅笔）、dašüe（大学）、jiule-（救）、dianno（电脑）等词中出现了 io、ie、üe、iu、ia 等复合元音。汉语的语法也在一定程度上影响了撒拉语，如汉语"是"字判断句结构与撒拉语系词判断句相互融合共存于撒拉语之中。撒拉语黏着特征的减少与汉语的影响也不无关系。由于汉语的标准语是国家通用语言，在国民日常生活中的地位越来越重要，撒拉族对普通话的学习热情超过了其他任何语言，以至于母语撒拉语的地位也受到了削弱。如果不采取行之有效的保护措施，撒拉语在不远的将来很有可能会消失。

由于特殊的语言环境，新疆撒拉语受维吾尔语的影响深刻。不仅一些文化词大量从维吾尔语进入当地撒拉语，而且一些具有维吾尔语特点的早期突厥语词也进入了撒拉语当中，撒拉语中丢失的部分黏着语特征又开始恢复了。新疆撒拉语和维吾尔语之间是典型的亲属语言之间的接触，无论是在词汇还是语法方面都呈现了"水乳交融"的接触现象，这为我们判断因接触导致的成分借用带来了很大困难。

三、从语言接触看撒拉族的形成与发展

撒拉语核心词汇的源头可以追溯至唐代时期的古代突厥语，甚至在更早时期与蒙古语和汉语的祖先有着紧密的关系。根据词汇的比较研究，撒拉语与现代突厥语的土库曼语、土耳其语、阿塞拜疆语等乌古斯语组的语言关系最近，也就是说撒拉族的先民离开中亚迁徙至今天的青海循化地区之前，曾与土库曼人、土耳其人、阿塞拜疆人等的先民有着共同的生活。

在中亚生活时期，撒拉族先民的语言中开始进入大量的阿拉伯语和波斯语借词，这些词语主要集中在两个方面：一是与伊斯兰教宗教信仰有关，而且这些关于伊斯兰教方面的词语是通过波斯人为中介进入撒拉族先民语言之中的，也就是说首先信仰了伊斯兰教的波斯人后来和撒拉族先民接触，才使撒拉族先民信仰了伊斯兰教；二是与农业定居生活相关，而且主要是波斯语借词，这反映了撒拉族先民在中亚时期从游牧生活向农业定居生活转变过程中与波斯人密切接触的历史事实，换句话说，撒拉族先民在此时期已经开始定居，并从事一定规模的农业生活。

撒拉语和蒙古语中存在着大量的难以用接触理论解释的共有词，我们倾向于认为这些词是两种语言作为阿尔泰语的同源词。这就意味着在远古时期撒拉族等突厥语民族和蒙古语族语言民族有着共同的历史来源。13世纪之后，兴起的蒙古人对

撒拉族等产生了较大影响，反映在社会关系、物质生活、自然地理、人体名称、动作行为等方面，也就是说撒拉族先民在中亚以及迁徙到今天青海地区后作为一个单独民族的形成发展与蒙古语民族密切相关。

撒拉语中的大量藏语借词说明了历史上撒拉族与藏族的紧密关系。arang（舅舅）、so（外甥）、muxu（女婿）、bağrïxjagu（伴娘）、yïnsïn（礼钱）、lonba（财物）等借词反映了撒拉族和藏族通婚的传说应该是事实，而且藏族婚礼的部分习俗也被撒拉族所吸收。社会组织和经济生活等方面的系列借词说明撒拉族与藏族的日常生活交往非常频繁，甚至在文学艺术等方面撒拉族受藏族影响很大。撒拉语中不存在太多关于农业、佛教等方面的藏语借词，说明撒拉族在东迁之前就已经从事初具规模的农业生活，由于信仰了伊斯兰教，藏传佛教对撒拉族没有产生影响。可见，两个宗教信仰完全不同的民族在历史的发展过程中仍然形成了水乳交融的紧密关系。这是撒拉族在保持民族文化核心部分的前提下积极与外民族交流交融的生动例证。藏族对撒拉族的形成与发展产生了重要作用。

撒拉语和汉语当中存在的远古共有词反映了在几千年前两个民族的祖先们相互往来的情景，而且反映的也可能是两个民族共同的历史来源。根据撒拉语中较为确定的汉语借词，我们得知汉族在政治、经济、饮食、服饰、教育等许多方面对撒拉族产生了巨大影响。撒拉语中（新疆撒拉语除外）表示"国家""中国""中国人"等意义的词都为汉语借词，这说明撒拉族主要是通过与汉族的接触产生了现代国家及中华民族意识。撒拉族现代化的过程是与汉族的接触同步进行的。撒拉语中还有一些伊斯兰教方面的汉语借词，这些词应该是通过与回族的接触后借入的。宗教信仰的相同使得撒拉族和回族的关系尤为密切，相互之间的交流交融更为频繁。通与藏族、汉族以及回族等的接触，撒拉族已彻底完成了中国化的过程。

不同于青海撒拉语，新疆撒拉语还受维吾尔语很大影响。新疆撒拉语中的维吾尔语借词主要集中在政治社会、生活方式、教育科技等方面，也就是说新疆撒拉族的现代化过程主要是通过维吾尔族来实现的，其生活方式与维吾尔族较为接近。

参考文献①

阿宝斯·艾克巴尔·奥希梯扬尼:《伊朗通史》(下),叶奕良译,经济日报出版社,1997。

阿不都热西提·亚库甫:《新疆撒拉语特点试析》,《新疆大学学报》1997年第1期。

阿布尔·哈齐·把秃尔汗:《突厥世系》,罗贤佑译,中华书局,2005。

阿里·玛扎海里:《丝绸之路——波斯—中国文化交流史》,耿昇译,新疆人民出版社,2006年版。

爱德华·萨丕尔:《语言论》,陆卓元译,商务印书馆,2007。

巴斯卡科夫:《阿尔泰语系语言及其研究》,内蒙古教育出版社,2004。

巴托尔德:《中亚突厥史十二讲》,罗致平译,中国社会科学出版社,1984。

巴托尔德:《蒙古入侵时期的突厥斯坦》(上),张锡彤、张广达译,上海古籍出版社,2007。

Barthold, V. V., translated by V. and T. Minorsky. 1962. A History of Turkman People. In *Four Studies on the History of Central Asia*. Leiden: E. J. Briill.

《北史》卷九九《突厥传》。

Boas, F. 1911. *Introduction: Handbook of American Indian Languages*. Berreau of American Ethnology, Bulletin 40, part I. Smithsonian Institution, Washington.

Boeschoten, Hendrik and Johanson, Lars ed. 2006. *Turkic Languages in Contact*. Harrassowitz Verlag. Wiesbaden.

---

① 参考文献以作者名字的拼音、英文字母顺序排列,若作者不详就以书名音序排列。

Boyle, J. A. 1968. *The Cambridge History of Iran*. London: The Syndics of Cambridge University Press.

曹道巴特尔:《蒙汉历史接触与蒙古语言文化变迁》,辽宁民族出版社,2010。

Clark, Larry. 1998. *Turkmen Reference Grammar*. Harrassowitz Verlag·Wiesbaden.

Clauson, Sir Gerard. 1972. *An Etymological Dictionary of Pre-Thirteenth-Century Turkish*. London: Oxford University Press.

Csaki, Eva. 2006. *Middle Mongolian Loan Words in Volga Kipchak languages*. Harrassowitz Verlag·Wiesbaden.

陈保亚:《语言接触与联盟:汉越(侗台)语源关系的解释》,语文教育出版社,1996。

陈进惠:《对撒拉族珍藏手抄本〈古兰经〉鉴定的初步见解》,《中国穆斯林》2004年第6期。

陈序经:《匈奴史稿》,中国人民大学出版社,2007。

陈云芳、樊祥森:《撒拉族》,民族出版社,1988。

陈宗振:《西部裕固语研究》,中国民族摄影艺术出版社,2004。

戴庆厦:《语言和民族》,中央民族大学出版社,1994。

戴昭铭:《文化语言学导论》,语文出版社,1993。

旦正才正:《藏撒族际交往之变迁研究》,硕士学位论文,北京大学,2015。

道布:《蒙古语简志》,民族出版社,1983。

道润梯布:《蒙古秘史》,内蒙古人民出版社,1979。

德力夏提·肉孜:《汉语维吾尔语对应关系词研究》,中央民族大学出版社,2014。

邓浩、杨富学:《西域敦煌回鹘文献语言研究》,甘肃文化出版社,2002。

邓晓华:《人类文化语言学》,厦门大学出版社,1993。

邓晓华、王士元:《中国的语言及方言的分类》,中华书局,2009。

丁石庆:《达斡尔语言与社会文化》,中央民族大学出版社,1998。

丁石庆:《撒拉族母语场域分析》,载王德怀、阿布都外力·克热木主编《中国突厥语言文化研究新论》，甘肃人民出版社，2012。

杜安霓（Arienne Dwyer）:《撒拉语的突厥语因素——一种具有察哈台语形式的乌古斯语？》，赵其娟、马伟编译，《青海民族研究》2003年第3期。

杜曼·叶尔江、吉合台:《西部裕固语中的藏语借词》，《民族语文》2005年第3期。

Duranti, A. 1997. *Linguistic Anthropology*. Cambridge: Cambridge University Press.

Dwyer, Arienne. 1998. The Turkic Stratigraphy of Salar: An Oghuz in Chagatay Clothes? *Turkic Languages* 2.1.

Dwyer, Arienne. 2000. Direct and Indirect Experience in Salar. In Lars Johanson and Bo Utas, eds. *Types of Evidentiality in Turkic, Iranic, and Neighbouring Languages*. Berlin: Mouton de Gruyter.

Dwyer, Arienne. 2007. *Salar: A Study in Inner Asian Areal Contact Processes, Part I: Phonology*. Wiesbaden: Otto Harrassowitz.

Erdal, Marcel. 2004. *A Grammar of Old Turkic*. Brill: Leiden · Boston.

冯·加班:《古代突厥语语法》，耿世民译，内蒙古教育出版社，2004。

佛莱彻:《中国西北的纳格什班底教团》，赵秋蒂译，《青海民族研究》2010年第3期。

Foley. W. A. 1997. *Anthropological Linguistics: An Introduction*. Cambridge, Mass.: Blackwell Publishers.

《嘎地林耶道统记》，内部材料，1982。

高长江:《文化语言学》，辽宁教育出版社，1992。

高·照日格图:《以词组分析法辨别蒙古语中的突厥语借词》，《中央民族大学学报》2004年第5期。

耿世民:《乌古斯可汗的传说》，新疆人民出版社，1980。

耿世民:《阿尔泰共同语、匈奴语探讨》，《语言与翻译》2005年第2期。

耿世民:《古代突厥文碑铭研究》，中央民族大学出版社，2005。

耿世民、魏萃一:《古代突厥语语法》，中央民族大学出版社，2010。

耿显宗、李俊英、龙智多杰:《安多藏语口语词典》，甘肃民族出版社，2007。

Golden, Peter B. 1992. *An Introduction to the History of the Turkic Peoples: Ethnogenesis and State-Formation in Medieval and Early Modern Eurasia and the Middle East.* Otto Harrassowitz·Wiesbaden.

龚景瀚:《循化志》,青海人民出版社,1981。

顾颉刚:《撒拉回》,《西北通讯》1947年第1卷第10期。

郭纬国:《循化方言志》,青海人民出版社,1995。

郭锡良:《汉字古音手册》,商务印书馆,2010。

Halaçoğlu, Yusuf. 2009. *Anadolu'da Aşiretler Cemaatler Oymaklar (1453- 1650)* Ⅳ. Ankara: Türk Tarih Kurumu Basımevi.

哈密顿:《九姓乌古斯和十姓回鹘考续》,耿昇译,《敦煌学辑刊》1984年第1期。

哈斯巴特尔:《阿尔泰语系语言文化比较研究》,民族出版社,2006。

韩建业:《谈历史上的撒拉文——土尔克文》,《语言与翻译》1989年第3期。

韩建业:《撒拉人的名姓》,《青海民族学院学报》1992年第1期。

韩建业:《从外来词透视撒拉族文化》,《青海民族研究》1995年第1期。

韩建业:《撒拉族语言文化论》,青海人民出版社,2004。

韩建业:《青海撒拉族史料集》,青海人民出版社,2005。

韩建业:《〈土尔克杂学〉与世俗礼法》,《中国撒拉族》2008年第2期。

韩建业:《韩建业民族语言文化研究文集》,民族出版社,2010。

韩中义:《撒拉族社会组织"工"之初探》,《西北民族研究》1993年第1期。

郝苏民:《甘青特有民族文化形态研究》,民族出版社,1999。

何俊芳:《语言人类学》,中央民族大学出版社,2005。

洪堡特:《论人类语言结构的差异及其对人类精神发展的影响》,姚小平译,商务印书馆,1999。

《后汉书》卷八十九《南匈奴列传》。

Houstma, M. Th., A. J. Wensinck, H.A. R.Gibb, W. Heffening and E. Levi-Provençal ed. 1934. *The Encyclopaedia of Islam.* London: E. J. Brill, Leyden: Vol. Ⅳ.

Houstma, M. Th., A. J. Wensinck, H.A. R.Gibb, W. Heffening and E. Levi-

Provençal ed. 1934. *The Encyclopaedia of Islam*. London: E. J. Brill, Leyden: Vol. II.

华侃、龙博甲：《安多藏语口语词典》，甘肃民族出版社，1993。

黄涛：《语言民俗与中国文化》，人民出版社，2010。

Hymes, D. 1963. Objective and Concepts of Linguistic Anthropology. In Mandelbaum, David, G. W. Lasker and E. M. Albert, eds. *The Teaching of Anthropology*. American Anthropological Association. Memoir 94.

Hymes, D. 1964. *Language in Culture and Society: A Reader in Linguistics and Anthropology*. New York: Harper and Row.

Irons, William. 1975. *The Yomut Turkmen: A Study of Social Organization among a Central Asian Turkic-speaking population*. Ann Arbor: The University of Michigan.

贾晞儒：《语言文化学》，青海民族出版社，2017。

蒋其祥、周锡娟：《九至十三世纪初突厥各部的分布与变迁》，《新疆社会科学》1983年第4期。

捷尼舍夫：《土耳其语语法》，科学出版社，1959。

捷尼舍夫：《撒拉语初探——汉语对撒拉语的影响》，《语言学问题》Ⅳ，1960。

捷尼舍夫：《撒拉语》，莫斯科，1963。

捷尼舍夫：《撒拉语材料》，莫斯科，1964。

捷尼舍夫：《撒拉语和裕固语在突厥语中的地位》，《维吾尔语探究》Ⅱ，Alma-Ata，1970。

捷尼舍夫：《撒拉语和裕固语的地域现象》，学术会议论文，Alma-Ata，1976。

捷尼舍夫：《撒拉语数词》，载《J. Nemeth纪念文集》，布达佩斯，1976。

捷尼舍夫：《撒拉语结构》，莫斯科，Hayka，1976年（中文版：白萍译，马伟、马成俊校，民族出版社，2014）。

捷尼舍夫：《突厥语言研究导论》，陈鹏译，中国社会科学出版社，1981。

敬东：《试论乌古斯突厥蛮塞尔柱克人的联系与区别》，《西北民族研究》1996年第2期。

Johanson, Lars and Csato, Éva Á. 1998. *The Turkic Languages*. London and New york: Routledge.

Johanson, Lars. 2010. Turkic Language Contacts. In Raymond Hichey eds. *The Handbook of Language Contact.* John Wiley & Sons.

克劳森：《十四世纪蒙古语里的突厥语成分》，刘照雄、张继忠译，《民族语文研究情报资料集》1983年第1期。

科特维奇：《阿尔泰诸语言研究》，哈斯译，内蒙古教育出版社，2004。

拉施特主编：《史集》（第一卷第一分册），余大钧、周建奇译，商务印书馆，1983。

拉施特主编：《史集》（第二卷），余大钧、周建奇译，商务印书馆，1983。

兰司铁：《阿尔泰语言学导论》，周建奇译，内蒙古教育出版社，2004。

莱茵哈德·韩伦：《论撒拉语的由来及其发展》，马福译，《中国撒拉族》1994年第2期。

勒内·吉罗：《东突厥汗国碑铭考释》，耿昇译，新疆社会科学院历史研究所，1984。

勒尼·格鲁塞：《草原帝国》，魏英邦译，青海人民出版社，1991。

Lewis, Bernard. 1988. *The Emergency of Modern Turky*, Second Edition. Oxford University Press, London. 转引自王治来：《中亚通史》（下），新疆人民出版社，2004。

李葆嘉：《中国语的历史和历史的中国语——7000年中国语史宏观通论》，载《中国语研究》（日本），1996。

李克郁：《土汉词典》，青海人民出版社，1988。

李壬癸：《台湾原住民史·语言篇》，"国史馆"台湾文献馆，1999。

李如龙：《略论语言人类学的一些课题》，《人类学研究》（试刊号）1985年。

李树辉：《乌古斯与回鹘研究》，民族出版社，2010。

力提甫·托乎提：《阿尔泰语言学导论》，山西教育出版社，2004。

李文实：《撒拉八工外五工》，《中国撒拉族》1994年第1期。

李文实：《西陲古地与羌藏文化》，青海人民出版社，2001。

李晓霞：《中国各民族间族际婚姻的现状分析》，《人口研究》2004年第3期。

李增祥：《突厥语言学基础》，中央民族大学出版社，2011。

林莲云、韩建业：《撒拉语概况》，《中国语文》1962年第11期。

林莲云、韩建业：《撒拉语词汇概述》，《民族语文研究文集》，青海人民出版社，1982。

林莲云：《撒拉语简志》，民族出版社，1985。

刘丹青：《语法调查研究手册》，上海教育出版社，2008。

刘义棠：《维吾尔研究》，正中书局，1997。

刘钊：《〈先祖阔尔库特书〉研究》，中央民族大学出版社，2017。

陆离、陆庆夫：《论吐蕃制度与突厥的关系》，《兰州大学学报》2005年第4期。

路易·巴赞：《突厥历法研究》，耿昇译，中华书局，1998。

罗常培：《语言与文化》，北京出版社，2004。

罗新：《中古北族名号研究》，北京大学出版社，2009。

罗郁：《穿行在河湟之间》，《旅行杂志》1949年第12期。

马长寿：《突厥人和突厥汗国》，广西师范大学出版社，2006。

马成俊：《青海撒拉族地名考》，《青海师范大学学报》1989年第2期。

马成俊：《撒拉语谐音考》，《语言与翻译》1990年第2期。

马成俊：《土库曼斯坦访问纪实》，《青海民族研究》2001年第1期。

马成俊、马伟：《百年撒拉族研究文集》，青海人民出版社，2004。

马成俊：《多重边界中的撒拉人》，博士学位论文，中山大学，2009。

马成俊、马伟：《民族小岛——新世纪撒拉族研究（2001—2009）》，民族出版社，2010。

马成俊：《"许乎"与"达尼希"：撒拉族与藏族关系》，《西北民族研究》2012年第2期。

马成俊，马伟：《嘎地林耶、文泉堂与撒拉族：一个西北伊斯兰神秘主义教团的田野调查》，《北方民族大学学报》2014年第3期。

马大正、冯锡时：《中亚五国史纲》，新疆人民出版社，2005。

马海云：《番回还是回番？汉回还是回民？——18世纪甘肃的撒拉尔族群界定与清朝行政变革》，李丽琴、马成俊译，《青海民族研究》2009年第2期。

麻赫默德·喀什噶里：《突厥语大词典》（第一、二、三卷），民族出版社，

2002。

马伟：《循化汉语的"是"与撒拉语 sa/se 语法功能比较》，《青海民族研究》1994 年第 3 期。

马伟：《撒拉族与藏族关系述略》，《青海民族学院学报》1996 年第 1 期。

马伟、马芙蓉：《撒拉族习惯法及其特征》，《青海民族学院学报》1997 年第 2 期。

马伟：《撒拉族风情》，青海人民出版社，2004。

马伟：《撒鲁尔王朝与撒拉族》，《青海民族研究》2008 年第 1 期。

马伟：《论撒拉族的六角形符号》，《中国撒拉族》2008 年第 2 期。

马伟：《撒拉语的濒危状况及原因分析》，《青海民族研究》2009 年第 1 期。

马伟：《撒拉族》，《中国民族报》2009 年 8 月 28 日第 15 版。

马伟：《语言接触与撒拉语的变化》，《青海民族学院学报》2009 年第 3 期。

马伟：《Atden Čïxqïn Masinbo》，《中国撒拉族》2010 年第 1 期。

马伟：《撒拉语和土耳其语语音对比研究》，《青海民族研究》2012 年第 1 期。

马伟：《新疆撒拉语的浑沌学分析》，载张公瑾、丁石庆主编《浑沌学与语言文化研究新探索》，中央民族大学出版社，2011。

马伟：《撒拉语动词传据范畴研究》，载张定京主编《中亚民族语言文化研究》，中央民族大学出版社，2012。

马伟：《撒拉语元辅音和谐的破坏与保持》，载张公瑾、丁石庆主编《浑沌学与语言文化研究新起点》，中央民族大学出版社，2013。

马伟、马成俊：《〈撒拉语结构〉中译本序》，《青藏高原论坛》2014 年第 2 期。

马伟：《撒拉语的 diu 和 šu》，《青海民族大学学报》2014 年第 2 期。

马伟：《撒拉语形态研究》，中国社会科学出版社，2015。

马伟：《新疆的撒拉人》，全国政协文史和学习委员会、青海省政协学习和文史委员会编《撒拉族百年实录》，中国文史出版社，2015。

马伟：《撒拉语名词（短语）的有定与无定范畴》，《语言研究》2015 年第 2 期。

Ma, Wei, & Ma, Jianzhong and Stuart, Kevin. 1999. The Xunhua Salar Wedding.

Asian Folklore Studies, Volume 58.

迈苏尔目·马世仁:《在"田野"中发现历史——保安族历史与文化研究》,中国社会科学出版社,2008。

买提热依木·沙依提:《突厥语言学导论》,民族出版社,2004。

米娜瓦尔·艾比布拉:《撒拉语研究》,博士学位论文,中央民族大学,1998。

米娜瓦尔·艾比布拉:《撒拉语与土库曼语的关系——兼论撒拉语发展简史》,《中央民族大学学报》2000年第3期。

米娜瓦尔:《再论撒拉族的族源与形成问题》,《中央民族大学学报》2001年第6期。

米娜瓦尔·艾比布拉:《撒拉语词汇探析》,《民族语文》2002年第1期。

米娜瓦尔·艾比布拉:《撒拉语与土库曼语的关系》,《中央民族大学学报》2003年第3期。

米娜瓦尔·艾比布拉:《撒拉语动词陈述式研究》,《民族语文》2008年第6期。

米娜瓦尔·艾比布拉:《撒拉语中保留的〈突厥语大词典〉古词语》,《民族语文》2009年第4期。

米娜瓦尔·艾比布拉:《撒拉语动词祈使式探源》,《中央民族大学学报》2010年第2期。

米娜瓦尔·艾比布拉:《撒拉语数词的特点及功能》,《暨南学报》(哲学社会科学版)2010年第4期。

米娜瓦尔·艾比布拉:《撒拉语的副动词》,《民族语文》2010年第4期。

米娜瓦尔·艾比布拉:《撒拉语话语材料集》,中央民族大学出版社,2010。

芈一之:《撒拉族史》,四川民族出版社,2004。

芈一之、朱刚:《循化光绪十二年水案的重要史证》,《青海民族学院学报》1982年第2期。

纳日碧力戈:《语言人类学》,华东理工大学出版社,2000。

内蒙古大学蒙古学研究院蒙古语研究所:《蒙汉词典》,内蒙古大学出版社,1999。

尼·波普：《阿尔泰语理论》，应琳译，载中国社会科学院民族研究所语言研究室编《阿尔泰语文学论文选译》（续集），1982（内部印刷）。

牛汝辰：《新疆地名概说》，中央民族大学出版社，1994。

Nugteren, Hans（汉斯·内和泰仁）. Lexeme of Oghuz and Non-Oghuz in Salar language. In Boeschoten, H., & Stein, H. (eds.). 2007. *Einheit und Vielfalt in der türkischen Welt. Materialien der 5. Deutschen Türkologenkonferenz Universität Mainz, 4.–7. Oktober 2002 (Turcologica 69)*. 该文的中文译文见：赵琳、马伟译《撒拉语中的乌古斯语和非乌古斯语词位》，《青海民族研究》2014年第3期。

Özpopçu, Kurtuluş etc. 1996. *Ditionary of the Turkic Languages*. London and New York: Routledge.

Palmer, G. B. 1996. *Toward a Theory of Cultural Linguistics*. Austin: University of Texas Press.

帕默尔：《语言学概论》，李荣等译，商务印书馆，2013。

片冈一忠：《试探清代的撒拉族——兼谈撒拉族的"工"》，秦永章、李丽译，《青海民族研究》1991年第4期。

Poppe, Nicholas. 1953. Remarks on the Salar Language. *Harvard Journal of Asiatic Studies*. Harvard-Yenching Institute.

普里察克：《匈奴人的语言和文化》，耿世民译，《民族译丛》1989年第5期。

钱伯泉：《乌揭——阿尔泰历史和草原丝路的早期主人》，《西域研究》2000年第4期。

青海民族学院民族研究所：《撒拉族档案史料》，1981（内部印刷）。

青海民族学院民族研究所：《撒拉族史料辑录》，油印本，1981。

青海省地方志编纂委员会：《青海省志·宗教志》，西安出版社，2000。

曲彦斌：《语言民俗学》，辽宁教育出版社，1989。

全国政协文史和学习委员会、青海省政协学习和文史委员会编：《撒拉族百年实录》（上），中国文史出版社，2015。

任美锷：《循化的撒拉回回》，《地理教育》1936年第5期。

撒拉族简史编写组：《撒拉族简史》，青海人民出版社，1982。

Schönig, Claus. 2000. Mongolian Loanwords in Oghuz as Indicators of Linguistic and Cultural Areas in Southwest Aisa. *Turkic Languages*, (4).

《山海经·大荒西经》，上海古籍出版社，1980。

陕锦风：《撒拉族——回族族际通婚的人类学调查：以循化撒拉族自治县草滩坝村为个案》，《中国撒拉族》2008年第2期。

舍秀存：《撒拉语语音研究》，上海大学出版社，2015。

申小龙：《中国文化语言学》，吉林教育出版社，1990。

Simon, Camille. 2015. Linguistic Evidence of Salar-Tibetan Contacts in Amdo. In Hille, Marie-Paule etc. ed. *Muslims in Amdo Tibetan Society: Multidisplinary Approaches*. Lanham·Boulder·New York·London: Lexington Books.

宋挺生校注：《那彦成青海奏议》，青海人民出版社，1997。

Staraostin, S. A., Dybo, A. V. and Mudrak, O. A.. 2003. *An Etymological Dictionary of Altaic Languages*. Leiden: Brill Academic Publishers.

Steingass, F.. 1892.*A Comprehensive Persian-English Dictionary, Including the Arabic Words and Phrases to Be Met with in Persian Literature*. London: Routledge & K. Paul.

孙宏开：《语言识别与民族》，《民族语文》1988年第2期。

孙宏开：《中国少数民族语言活力排序研究》，《广西民族大学学报》2006年第5期。

孙竹：《蒙古语文集》，青海人民出版社，1985。

孙竹：《蒙古语族语言词典》，青海人民出版社，1990。

孙竹：《蒙古语族语言研究》，内蒙古大学出版社，1996。

Sümer, Faruk & Uysal, Ahmet E. and Walker, Warren S.. 1972. *The Book of Dede Korkut (Kitab-i Dede Qorqud)*. Austin: University of Texas Press.

谭志满：《文化变迁与语言传承——土家族的语言人类学研究》，中国社会科学出版社，2010。

Tekin, Talat. 1968.*A Grammar of Orkhon Turkic*. Bloomington: Indiana University.

妥超群：《美国藏学家柔克义对青海土族、撒拉族的民族学考察及文献译注》，

《中国撒拉族》2011年第2期。

王国维：《鬼方昆夷猃狁考》，载《观堂集林》，浙江教育出版社，2014。

Wang, Jianping. 2001. *Glossary of Chinese Islamic Terms*. Richmond, Survey: Curzon Press.

王力：《汉语史稿》，中华书局，2004。

王士元：《汉语的祖先》，中华书局，2005。

王治来：《中亚通史》（古代卷·下），新疆人民出版社，2004。

王钟翰：《中国民族史》，中国社会科学出版社，1994。

魏良弢：《喀喇汗王朝史稿》，新疆人民出版社，1986。

《魏书》列传第八十九。

维吾尔族简史编写组：《维吾尔族简史》，民族出版社，2009。

先巴加、马文理：《青藏铁路通车对循化劳务输出的影响及对策》，《中国撒拉族》2008年第2期。

新疆大学中国语文系编：《维汉词典》，新疆人民出版社，1982。

邢福义：《文化语言学》，湖北教育出版社，1990。

徐通锵：《历史语言学》，商务印书馆，2008。

许伊娜、吴宏伟：《新疆撒拉语》，新疆大学出版社，2005。

薛宗正：《突厥史》，中国社会科学出版社，1992。

循化撒拉族自治县民间文学三套集成办公室编：《撒拉族民间故事》（第二辑），内部出版，1991。

循化撒拉族自治县民间文学三套集成办公室编：《民间歌谣》，内部出版1989。

循化撒拉族自治县文化馆编：《撒拉族民间故事》（第一辑），内部出版，1988。

雅沙尔·卡拉耶夫：《操突厥语族语言民族的"父辈经典"——〈先祖考尔库德书〉》，《中央民族大学学报》2000年第2期。

杨建新：《中国西北少数民族史》，民族出版社，2003。

杨圣敏：《回纥史》，广西师范大学出版社，2008。

杨卫、杨德：《青海土族"神箭"崇拜初探》，《青海民族学院学报》2005年第1期。

杨占武:《回族语言文化》,宁夏人民出版社,1996。

依布拉·克力木(韩建业):《谈历史上的撒拉文——土尔克文》,《语言与翻译》1989年第3期。

亦邻真:《中国北方民族与蒙古族族源》,《内蒙古大学学报》1979年第3、4期。

裕固族简史编写组:《裕固族简史》,民族出版社,2008。

《乐府诗集》卷八十六。

詹姆斯·艾·米尔沃德:《1880—1909年回族商人与中国边境地区的羊毛贸易》,李占魁译,《甘肃民族研究》1989年第4期。

张公瑾:《文化语言学发凡》,云南大学出版社,1998。

张公瑾:《语言与民族物质文化史》,民族出版社,2002。

张公瑾、丁石庆:《文化语言学教程》,教育科学出版社,2004。

张济民:《青海藏区部落习惯法资料集》,青海人民出版社,1993。

赵杰、田晓黎:《语言人类学》,民族出版社,2015。

张进锋:《我所知道的拉卜楞寺"伊麻目官房"》,载全国政协文史和学习委员会、青海省政协文史和学习委员会编《撒拉族百年实录》(上),中国文史出版社,2015。

张铁山:《回鹘文献语言的结构与特点》,中央民族大学出版社,2005。

赵琳:《语言濒危与社区反应——以人口较少民族撒拉族为例》,硕士学位论文,青海民族大学,2016。

赵明鸣:《〈突厥语词典〉语言研究》,中央民族大学出版社,2001。

赵相如、朱志宁:《维吾尔语简志》,民族出版社,1985。

赵相如:《突厥语与古汉语关系词对比研究》,社会科学文献出版社,2012。

赵相如、朱志宁:《维吾尔语简志》,载《中国少数民族语言简志》编委会、《中国少数民族语言简志丛书》修订本编委会《中国少数民族语言简志丛书(修订本·卷五)》,民族出版社,2008。

赵予征:《丝绸之路屯垦研究》,新疆人民出版社,1996。

志费尼:《世界征服者史》(下),何高济译,翁独健校,江苏教育出版社,

2005。

中国民族民间舞蹈集成青海卷编辑部:《青海民族民间舞蹈集成》,内部资料,1989。

中国社会科学院民族研究所:《中国少数民族语言使用情况》,中国藏学出版社,1994。

中国伊斯兰教百科全书编写组:《中国伊斯兰百科全书》,四川辞书出版社,1996。

钟进文:《甘青地区特有民族语言文化的区域特征》,中央民族大学出版社,2007。

周庆生:《语言与人类:中华民族社会语言透视》,中央民族大学出版社,2000。

周庆生:《中国语言人类学百年文选》,知识产权出版社,2009。

《周书》卷五十《突厥传》。

周伟洲:《敕勒与柔然》,广西师范大学出版社,2006。

周振鹤:《青海》,台湾商务印书馆,1971。

周振鹤、游汝杰:《方言与中国文化》,上海人民出版社,1986。

周正清、周运堂:《土耳其语汉语词典》,商务印书馆,2008。

朱和双、谢佐:《撒拉族——青海循化县石头坡村调查》,云南大学出版社,2004。

朱文俊:《人类语言学研究论题》,北京语言文化大学出版社,1999。

朱学渊:《中国北方诸族的源流》,中华书局,2002。